高等院校信息管理与信息系统专业系列教材

电子商务基础教程

（第3版）

兰宜生　编著

清华大学出版社
北京

内容简介

本书把网络经济理论与快速发展的电子商务实践紧密结合，全面介绍网络经济特点和电子商务原理、电子商务模式及其应用领域、电子商务应用技术、网络营销原理和手段、电子金融（包括网上银行、网上保险、网上证券交易等）、物流信息化与电子供应链、数据挖掘技术与客户关系管理、电子政府与电子政务、电子社区与网络媒体、电子商务法律法规等。全书共分为10章，为便于读者理解和深入思考有关内容，每章后均插入两个案例，附设思考题并介绍相关网站。

本书可作为高等学校电子商务专业和其他专业的本科和专科学生使用的教材，也可作为政府管理部门干部、企业经营管理人员了解掌握电子商务原理知识的培训教材或自学用书。

图书在版编目（CIP）数据

电子商务基础教程/兰宜生编著.—3版.—北京：清华大学出版社，2013.1

高等院校信息管理与信息系统专业系列教材

ISBN 978-7-302-30509-5

Ⅰ.①电… Ⅱ.①兰… Ⅲ.①电子商务－高等学校－教材 Ⅳ.①F713.36

中国版本图书馆CIP数据核字(2012)第257273号

责任编辑：白立军
封面设计：傅瑞学
责任校对：白　蕾
责任印制：何　芊

出版发行：清华大学出版社
网　　址：http://www.tup.com.cn，http://www.wqbook.com
地　　址：北京清华大学学研大厦A座　　**邮　　编**：100084
社 总 机：010-62770175　　**邮　　购**：010-62786544
投稿与读者服务：010-62776969，c-service@tup.tsinghua.edu.cn
质量反馈：010-62772015，zhiliang@tup.tsinghua.edu.cn
课件下载：http://www.tup.com.cn，010-62795954
印 刷 者：北京富博印刷有限公司
装 订 者：北京市密云县京文制本装订厂
经　　销：全国新华书店
开　　本：185mm×260mm　　**印　张**：20　　**字　　数**：475千字
版　　次：2003年1月第1版　2013年1月第3版　　**印　　次**：2013年1月第1次印刷
印　　数：1～3000
定　　价：35.00元

产品编号：036661-01

第3版前言

2012年8月，炎炎夏日，人们刚从伦敦奥运会金牌榜的兴奋中缓过劲儿来，两个事件迅速吸引了国内媒体和社会大众的关注：其一是京东商城挑起与苏宁、国美等家电销售巨头的“电商大战”；其二是国内视频网站的老大优酷与老二土豆这对欢喜冤家化干戈为玉帛，最终合二为一。这两件大事均发生在电子商务领域，前者属于电子商务与传统业务相结合的部分电子商务，即经营主体和交易手段已数字化、电子化，而提供的产品是传统产品；后者则是所谓的纯粹电子商务，从经营主体、交易手段到提供的产品服务，全部是数字化的。这些不时发生在我们身边的事证明因特网及电子商务已成为与大众日常生活密不可分的部分。遥想14年前作者撰写《电子商务与经济变革》一书时，国内只有区区几十万网民，电子商务交易量几乎可以忽略不计，如今国内已有5亿多网民，电子商务年交易额高达数万亿元，社会发展的步伐可谓飞快。

《电子商务基础教程》第1版和第2版出版后，承蒙各地师生读者的厚爱，已累计印刷8万余册。第3版因等待申报教育部“十二五”重点规划教材而推迟修订出版。

本书第3版保持原有10章的基本架构，但对内容做了较大幅度压缩、更新和补充，有关数据根据最新可得资料来源做了全面更新。按照当今时代的“精益生产”原则，在增加新内容的同时，全书篇幅精简了20%左右，以适应网络时代惜时如金的快节奏阅读需要。

电子商务作为新生事物，无论是教学或自学这门课程都必须重视与时俱进和灵活运用的问题，希望读者在了解电子商务基本原理的基础上，对电子商务的技术、模式和应用领域等，继续保持一种开放探索心态，不断拓展自己对电子商务的理解和认识。

电子商务的快速发展对从业人员和研究学者提出了挑战，市场变化、技术进步等促使我们不断研究解决新问题，对电子商务人才培养也提出新的更高要求。2009—2011年教育部电子商务教学指导委员会已连续主办三届全国高校电子商务“三创赛”，在培养大学生创新、创意、创业能力方面做出了很好的尝试探索，作者作为一名热爱并从事电子商务教学研究的学者，愿与各位同行一起努力探索创新，共同推进电子商务人才培养和电子商务事业的发展。

兰宜生

2012年9月于上海财经大学

目　录

第1章　电子商务的特点和作用

进入21世纪以来，经济全球化和信息化对世界各国的影响显得更为深刻和剧烈，美国次贷危机、欧债危机不仅是美国政府和欧盟国家面临的难题，也是中国、日本、俄罗斯等多国政府及企业要时刻关注的问题。与此同时，各国民众也期望分享科学技术进步成果，降低碳排放，减少环境污染，实现经济可持续发展，过上更加富足、清洁、舒适的生活。因特网及电子商务的发展被人们寄予厚望，无疑会成为人们生产和生活绿色化、便捷化的重要手段，在未来社会发生越来越大的作用和影响。

1.1　电子商务的产生和发展

1.1.1　电子商务产生的时代背景

当今世界是以数字化、网络化与信息化为特征，以网络通信为核心的信息时代。经济全球化与网络化成为一种强有力趋势，信息技术革命与信息化建设正在推动资本经济转变为信息经济和知识经济，深刻影响着国际经济贸易环境，加快世界经济结构的调整与重组。电子商务不仅对商务的运作过程和方法产生巨大的影响，也对人类的思维方式、经济活动方式、工作方式和生活方式有重要影响，这种影响正逐步增强，这种变革同时要求社会和企业建立新的与之相适应的管理体制。

1. 信息化与全球化

目前，与经济全球化潮流相呼应，经济信息化的潮流来势迅猛，两大潮流互相推动，互为因果，呈加速发展之势。这向刚刚与世界经济接轨、尚未完成工业化进程的中国经济提出了新的挑战，必须较快同步推进国民经济工业化和信息化，才能缩小与发达国家的差距，与此同时，要严格控制碳排放和环境污染。因特网和电子商务环境使国家之间和企业之间的时空距离大为缩小，企业面对着潜力巨大的全球市场，也面对着众多的竞争对手，这无疑是中国企业和社会各行各业面临的新的压力和挑战，当然也包含着新的发展机会。

全球化是指各国、各地区发生的经济活动互相依存，越来越紧密，彼此不可分离的一个不断演变的过程。对一个国家来说，必须把本国经济发展目标建立在统一世界市场的基础上，充分考虑各种可能性和可行性，制订经济社会发展战略；对企业来说，必须善于吸收别国企业的长处优势，甚至进行多国企业的联合生产，方能迅速将产品销往全球最需要的市场；对个人来说，特别是高层次人才，必须迎接世界范围的更激烈的谋职竞争，善于捕捉各种各样的商机，以施展个人的才干。

全球化是在新科技革命的推动下加速的，其中，网络技术对它的成长尤其重要，互联网为经济生活的全球化提供了用之不竭的信息资源、灵活方便的交往手段，还提供了统一的表演舞台——无所不包的网络市场。

因特网使国界的限制作用大大降低。国家和疆界作为历史的产物，对维护社会安定与经济发展有积极作用，但同时又可能产生消极影响，闭关锁国会限制竞争，阻碍科技交流与生产力发展，这种负面作用正面临网络经济的决定性打击。我国这些年的改革开放正是顺应时代潮流的政策。电子商务和因特网的发展，正加速全球成为“地球村”和各国民众成为“地球村”村民的步伐。

根据中国互联网络信息中心(CNNIC)2012 年 7 月发布的第 30 次《中国互联网络发展状况统计报告》，截至 2012 年 6 月底，我国网民数量达到 5.38 亿，比 2011 年底增加 2450 万，互联网普及率为 39.9%；其中，手机网民规模达到 3.88 亿，较 2011 年底增加约 3270 万，手机上网比例增长至 72.2%，已超过台式计算机；网络购物用户规模达到 2.1 亿，网民使用率提升至 39%，较 2011 年底用户增长 8.2%；我国网站总数达到 250 万，比 2011 年底增长 9.1%；全国因特网国际出口带宽为 1 548 811Mbps，半年增长 11.5%。另外，根据瑞典调研机构 Royal Pingdom 公司在 2012 年 1 月 18 日发布的报告，截至 2011 年底，全球互联网用户总数已达 21 亿，其中，亚洲地区网民最多，达到 9.222 亿，中国互联网用户达 4.85 亿，全球第一。根据易观智库的监测数据，2011 年中国网上零售市场交易规模达到 8060 亿元，比上年增长 55%。

2. 信息时代的竞争规则

1) 动物吃植物——不创新则灭亡

由于存在较高的交易成本与信息成本，旧的传统经济是一种市场相对分隔的经济，具有竞争优势的企业不一定能够淘汰相对劣势的企业。但是，网络经济的市场竞争是达尔文式的，这是因为以网络为生产工具的新经济具有交易成本低和信息成本低的特点，使得市场竞争更为有效，优势企业追求市场垄断的努力将使劣势企业遭到无情的淘汰。

行业门槛的降低使企业面临空前激烈的竞争，成功的几率可能是十分之一甚至百分之一；即使你的企业幸运地取得了成功，你会发现周围立即出现多位竞争者或跟进者，企业必须不断创新才能在市场立足和发展。要特别指出的是，创新的定义并不只是局限在技术层面，它包括每一次市场的创新、每一个商业模式的创新。一个不追求创新或没有创新能力的企业注定要被市场所淘汰，要被创新性企业“吃掉”。

2) 快吃慢、新吃旧

新经济是一种时间竞争占据主导地位的经济。一种知识产品(包括信息产品)在市场中的定价不再取决于花费在其生产过程中的工作时间，而是取决于在短期内具有的排他性。结果是市场竞争明显成为争时间、抢速度的竞争，时间价值成了产品价格的决定性因素。

从企业成立到拥有 10 亿美元的市场价值，惠普公司用了 47 年时间，微软公司用了 15 年时间，Yahoo！只用了 2 年时间，而 NetZero 仅用了 9 个月的时间。Google 公司更是在 3 年时间内就达到了千亿美元的市值。网络经济时代，小公司可以战胜大公司，转型快的公司可战胜转型慢的公司，没有一家公司可以永远立于不败之地。要壮大和发展自己，企业必须以更快的速度不断创新。

3）自己淘汰自己

达维多定律指出，任何企业在本行业中必须第一个淘汰自己的产品。微软公司和英特尔公司的运营都是达维多定律的生动体现——自己淘汰自己。以英特尔公司副总裁名字命名的这一定律提出：一家企业如要在市场上占主导地位就必须第一个开发出新一代产品，与其作为第二或第三家将新产品打进市场的企业，不如作为第一家开发出该产品的企业，尽管你的产品那时还并不完美。英特尔公司的微处理器并不总是性能完美、速度最快，但他们总是新一代产品的首家推出者，这巩固了英特尔公司的市场领先地位。微软公司不断推出新的 Windows 操作系统，从 Windows 95 到 Windows 2010，自己淘汰自己，信息时代科技创新加速带来的竞争压力是微软、英特尔和其他高科技企业要不断自我更新产品的原因。

1.1.2 电子商务的产生

1. Internet 的产生和发展

电子商务是伴随着 Internet（因特网）的发展而产生的。Internet 最早是作为军事通信工具而开发的。1958 年，苏联发射了第一颗人造卫星，美国为了在高技术领域、军事领域与苏联竞争，成立了高级研究计划署（Advanced Research Project Agency，ARPA）。20 世纪 60 年代后期，ARPA 承担了开发一个不易遭破坏的实验性的计算机通信网络系统的任务，这个网络叫做 ARPANet，目标是保证通信系统在核战争中仍能发挥作用，因为中央通信系统在战争中是被破坏的主要目标，所以系统的基本设计要求是保证网络上每个节点具有独立的功能并具有等同的地位，资源共享，异种计算机能实现通信。该网络使用“包交换/分组交换”，这种新的信息传输技术，其原理是：一组信息首先被分割为若干个“包”，每个包均包含它的目的地址，每个包通过不同线路到达目的地，再组装还原成原来的信息。这个系统最大的优点是：如果核弹击毁了军事网络的一部分，数据仍然能通过未被破坏的网络到达目的地。这一原理成为 Internet 的标准。1969 年 9 月，ARPANet 联通四个站点，即加州大学洛杉矶分校（UCLA）、加州大学圣巴巴拉分校（UCSB）、犹他大学（Utah）和斯坦福研究所（SRI），这是最早的计算机互联网络，开始利用网络进行信息交换。

1971 年，ARPANet 发展到 15 个站点，23 台主机，新接入的站点包括哈佛大学、斯坦福大学、林肯实验室、麻省理工学院、卡内基·梅隆大学、美国航空航天局等。采用由加州大学洛杉矶分校的斯蒂夫·克洛克设计的网络控制协议（Network Control Protocol，NCP），此协议包括了远程登录以及远程文件传输的协议和电子邮件，从而形成了 ARPANet 的基本服务；1972 年互联网工作组（INWG）宣告成立，其目的在于建立互联网通信协议；1973 年 ARPANet 扩展成国际互联网，第一批接入的有英国和挪威；1974 年，ARPA 的鲍勃·凯恩（Kahn）和斯坦福大学的温登·泽夫（Cerf）合作，提出 TCP/IP 协议和网关结构，其重要之处在于该协议独立于网络和计算机硬件，并提出网络上的全局连接性；1975 年由于 ARPANet 已由实验性网络发展为实用型网络，其运行管理由 ARPA 移交给国防通信局 DCA。

20 世纪 80 年代，局限在军事领域的 ARPANet 开始被用于教育、科研。1981 年，TCP/IP 4.0 版本正式成为 ARPANet 的标准协议。同年，美国国家科学基金会（National Science Foundation，NFS）成立了计算机科学网，连接科研、教学单位共同开发和改进网络，并运行 TCP/IP 协议。1982 年 TCP/IP 加入 UNIX 内核中，商业电子邮件服务在美国 25 个城市开始启动；1983 年，从 ARPANet 分为 MILNet 和 ARPANet 两个网络，MILNet 为军用网络，ARPANet 则完全用于民用科研，DCA 把 ARPANet 各站点的通信协议全部转为 TCP/IP，这是全球 Internet 正式诞生的标志。

1985 年，美国国家科学基金会在美国建立了 6 个超级计算机中心，1986 年，NFS 资助建立 NFSNet，连接这 6 个超级计算机中心。NFSNet 逐渐取代 ARPANet，成为免费的 Internet 的主干网络，对各大学和科研机构开放，用于非盈利性教学和研究方面，成为推动科学研究和教育发展的重要工具；1989 年，欧洲核子研究中心(CERN)的物理学家蒂姆·贝纳斯·李(Tim Berners Lee)研制出 World Wide Web，推出世界上第一个所见即所得的超文本浏览器/编辑器；1992 年 Internet 协会(ISOC)成立；1993 年因特网信息中心 Internet NIC 成立。

1992 年，美国政府提出"信息高速公路"计划，公布"国家信息基础设施建设：行动纲领"，简称 NII 计划，政府进一步加强对 Internet 的资金支持，在全世界掀起信息高速公路热。从 1995 年起，Internet 主干网转由企业支持，实现商业化运营。1997 年，美国开始研发速度提高上千倍的第二代 Internet，日本、欧洲发达国家迅速跟进，中国、印度等发展中国家也不甘落后，进入 21 世纪以来，第二代 Internet 陆续在多数国家投入运营。

2. 对 Internet 经济本质的再认识

对因特网的概念和作用，看来有重新思考和认识的必要。通常人们把因特网看做是一种新信通信工具或信息载体，是与电话、传真、电视类似的东西，但仔细思考一下，两者确有根本区别。因特网具备的开放性、互动性、群体参与、成本低廉、全天候运作的特点是任何其他媒体无法同时具备的，因此其能量和作用也是其他媒体无法比拟的。试想，如果搞电话远程教育、电话广告，其费用和效果如何呢？

正如纱线织成布后用途和功效发生根本变化一样，网络联系与单线联系也有本质区别，任何事物一旦"触网"往往发生质的变化，其能量成十倍、成百倍、成千倍放大。因此，因特网不是通常意义的通信媒介，而是一种新能源——"网能"，它拥有巨大的能量，成为推动生产力发展的一种新动力。如同一个世纪前电能的应用带来社会经济面貌的根本变化(电灯取代了油灯，汽车取代了马车，等等)，因特网在社会经济各个领域的应用也将引发经济革命，人们会发现自己的生活越来越离不开网络，如同对电力的依赖一样。

物质、能源、信息被认为是现代经济的三大资源，而因特网是把能源与信息结合起来的载体，所以因特网的能量将超过单纯的能源，其社会经济影响更为深远。一般而言，只有一种新的能源才能成为新的经济时代的特征，如"蒸汽时代"、"电力时代"，因此，"因特网经济"、"网络社会"这种表述可说是反映了未来社会的本质特点。

因特网是一个平等、开放的平台，互联网的技术性能决定了电子商务可以进行空前广泛的数据交换，可以在全球范围形成开放的用户市场，贸易伙伴的形式和数量不受限制。用个形象的比喻，互联网就好像在真实的三维空间以外构建了一个虚拟的第四空间，这个空间可以提供高效率的商务环境，并将几乎全部传统商业行为"移植"过来并进行改造。因特网在地球上创造了一个新大陆，成为地球的"第八洲"——"虚拟洲"，孕育着新的市场和商机；而且因特网在不远的将来会成为“第一洲”——电子商务销售额将超过任何一洲的国民生产总值；最终还会成为“唯一洲”——绝大多数企业和消费者都将通过因特网、以电子商务形式发生业务和交易关系。可以说采用电子商务是网络时代对众多企业的强制性要求，要么做电子商务，要么将无商可务(E-business or No business)，时代的抉择就在眼前。

1.1.3 电子商务的发展

随着Internet/Intranet技术的飞速发展，电子商务的规模迅速扩大，电子商务在全球的企业用户已达上千万。到2011年底，全球500家最大企业(Fortune 500)中，有99%已建立网络交易系统。根据艾瑞咨询调查统计，2011年中国电子商务市场交易规模达到7万亿元，同比增长46.4%。预计未来3～5年内，中国电子商务市场仍将维持稳定的增长态势，平均增速超过35%，2015年达到26.5万亿元。

电子商务推广应用是一个由初级到高级、由简单到复杂的过程，对社会经济的影响也是由浅入深、从点到面。从网上相互交流需求信息、发布产品广告，到网上采购或接受订单、结算支付账款，企业应用电子商务是从少到多，直至覆盖全部业务环节。从具体业务领域来看也是逐步发展完善，如电子贸易的电子订单、电子发票、电子合同、电子签名；电子金融的网上银行、电子现金、电子钱包、电子资金转账；网上证券交易的电子委托、电子回执、网上查询等。因特网正全面改变着社会经济生活的面貌，电子商务的影响无所不至，日益成为人们生活依赖的内容，“电子社会”(E-society)、“电子生活”(E-life)正悄悄融入我们的日常生活。

1.1.4 信息社会的内容

1. 信息产业的内容

1）波拉特的信息部门划分

美国学者马克·波拉特把独立的信息部门称为“一级信息部门”，把非独立信息部门中的信息性工作，称为“二级信息部门”。他用数量统计方法，从美国“国家产业划分标准”中识别出116个行业，分为八大类，即8个一级信息部门，它们是知识的生产和发明业、信息的分配和传播业、风险管理业、调查和协调业、信息的处理和传输业、信息设备提供业、政府、信息设施建设业。

波拉特又从美国422种职业中，归纳出五大类二级信息部门，由在非独立信息部门中的信息工作构成，它们是：

① 知识的生产和发明者，包括科技人员、金融人员、计算机专家、律师、医生、法官、设计师；

② 知识分配和传播者，包括教育工作者、艺术家、作家、记者、图书馆人员等；

③ 市场调查和咨询人员，包括信息收集、调查、计划管理人员等；

④ 信息处理和传输人员，包括秘书、邮递和收发人员等；

⑤ 信息设备劳动者，包括印刷工人、计算机操作人员、电信工作人员。

2）美国的信息产业划分

以美国为代表的西方发达国家一般把信息产业划分为13个行业。

(1) 电话、电报、卫星通信、其他无线电通信行业。

(2) 纸张、纸浆、纸板和照相器材行业。

(3) 邮电服务行业。

(4) 广播电视行业。

(5) 计算机及其网络、软件服务行业。

(6) 电子元器件行业。

(7) 电影、体育及影剧院、场馆系统。

(8) 报纸、杂志、图书和出版行业。

(9) 广告行业。

(10) 商业行业。

(11) 经纪人、银行、保险和财政部门。

(12) 政府机构的情报、治安和顾问部门。

(13) 法律服务行业。

这其中，除了第2类、第6类、第10类可能有些疑问外，与我们理解的信息产业概念大致相符。其中既包括提供信息基础设施的部门（如电话、电报、卫星通信），也包括提供信息内容服务的部门（如广播、电视、报刊、出版、广告行业）。各国重点发展哪些部门取决于所处的经济发展阶段，对发展中国家而言，因信息产业处于起步阶段，基础设施往往是发展的"瓶颈"。

3) 中国的信息产业划分

中国国家统计局参照国际分类标准，于2003年12月29日颁布了《统计上划分信息相关产业暂行办法》，指出信息产业主要包括以下五个方面内容：以电子信息技术为基础的各种电子信息设备制造活动；电子信息设备的销售和租赁活动；电子信息的传输活动；电子信息的加工处理和软件服务；可通过电子媒介进行传播和管理的文化产品活动。

信息产业成为当今世界非常重要的经济增长点，在社会经济生活中的地位迅速上升，广播、电视、通信、广告、咨询等信息制作、加工、传输部门在国民经济中的比重提高，成为许多国家的支柱产业。美国、欧盟、日本等发达国家信息产业在GDP中比重接近甚至超过50%，成为发达国家的主导产业。信息产业不仅本身创造了大量财富，而且通过对传统产业的信息化改造，提高了整个国民经济的运行效率。

2. 信息的特点

"信息"在信息科学中的定义是指"事物运动过程中偶然性的消除"。这个定义涵盖极广，我们知道，任何事物的运动和发展，都包含不止一种可能，比如天气的变化。由于事物发展存在多种可能性，当事物发展到下一步，就从多种可能性中选取了一种可能性变为现实性，同时排除了其他的可能性。这个消除偶然性的过程就是产生信息的过程，因此，要完整地描述任何事物都需要物质、能量和信息，世界就是由物质、能量和信息构成的，信息是世界是三大构成要素之一。有用信息作为一种重要的经济资源，既具有资源的一般特征，也有它自身突出的特性。

1) 共享性

可以共同分享是信息资源的奇妙之处。其他资源往往具有排他性，无论是土地、劳动，还是资本，用在一个地方意味着已不能同时用于其他地方。而信息则可以同时向多个消费者出售(如检索服务)，由多个消费者共享。你和我各有一个水果，交换以后每人还是各有一个水果；你我各有一条信息，交换后每人都有了两条信息。

2) 时效性

信息资源比其他任何资源具有更强的时效性。迟到的信息没有任何价值，甚至产生负效应，依据过时的信息进行决策会铸成大错。在信息服务的交易中，不是正品就是废品。没有折价的处理品。

3) 独特性

信息是"不确定性的消除"，作为经济资源的信息也不能例外，它必须能够消除人们认识或行为的不确定性。信息的独特性是其价值所在，不会有两条一模一样的信息，或者说，两条一样的信息实际是一条信息。

4) 依附性

任何信息都依附于特定的载体而不能独立存在，由于信息载体的多样性也就形成了信息和信息交流的多态性，如报纸、广播、电视、电影、E-mail、网络新闻等。信息的依附性决定了信息交流范围和规模受信息载体的制约，因而信息技术开发的一个主要方面是对信息载体的开发，因特网这一新型载体大大扩展了信息交流的规模，降低了信息交流成本。

5) 服务性

信息产品具有服务性，信息产品向消费者提供的是服务。要研究信息的服务性特点和相应规则，不能把它简单看做是由计算机生产出来的某种特定商品。前些年，我国一些城市仿照商品展销建了许多信息市场，搞信息交易会，多以失败告终，就是忽视信息产品服务性特点的结果。信息不是简单的服务产品，它具有开发和支配其他资源的能力，不论是物质资源还是能量资源，其开发和利用都有赖于信息的支持。

6) 交易不可逆性

在商品交易中，一般允许退换，实行三包。信息及其网络服务，一旦提供便不能退换，只能是一个单向过程。这也是制订信息服务交易规则必须考虑的特殊问题。

7) 价值的不确定性

消费者购买某项信息服务之前，很难判断它的实际效用大小，也估计不出其中凝结多少小时的一般劳动。一条信息给某甲可能是对牛弹琴，给某乙可能价值连城。信息传递往往是说者无心，听者有意，支付主体和受益主体容易发生错位。

从价值方面看，信息商品的生产，不存在社会必要劳动时间。由于信息具有独特性，信息商品是非重复生产，不存在与之进行比较的同类商品，生产某项信息商品的社会必要劳动时间或劳动消耗平均值，事实上就是生产它所用个别劳动时间本身。因此，信息商品的价格，通常不会由生产它的劳动时间来决定，而主要取决于使用它的效用，也就是使用价值。

8) 成本递减性

一般工业产品的成本曲线呈U字形，产量超过一个适度规模后，随着产量的继续增加，平均成本和边际成本开始上升。而信息在理论上可允许无限多的人同时共享，软件可以零成本复制，以致形成平均成本和边际成本骤减效应。一个信息库建成以后，一百人检索和一万人检索，所消耗的成本基本不变，也就是边际成本趋于零。这直接影响网络服务的价格政策和价格理论，目前一些地方实行的按信息服务次数、信息传输距离计费收费的办法仍是传统物质产品交易思维的延续，而信息服务更适合采用一次付费后在一定时间内不限量使用的契约服务方式。

9）层次性

信息包括四方面的内容，或者说四个层次。

（1）数据。指未经整理的、处于原始状态的信息，包括实验的原始记录、对事物的零星观察、调查问卷等。

（2）资讯。对数据加以整理而得到的有序信息，包括课堂教学笔记、数据库、科技文献、软件、调查报告、新闻报道等。

（3）知识。通过对数据和资讯的分析而得出的对事物本质和规律性的认识。知识可以表达出来，但一经表达就变为资讯甚至成为数据。知识是人的一种主观状态，需要通过实践、学习和理解才能得到。

（4）智慧。是通过对知识的融会贯通和经验积累所产生的认识问题和解决问题的能力。智慧建立在数据、资讯和知识之上，但不能归结于它们。

3. 国民经济信息化

2005 年国务院制定的《2006—2020 年国家信息化发展战略》指出："信息化是充分利用信息技术，开发利用信息资源，促进信息交流和知识共享，提高经济增长质量，推动经济社会发展转型的历史进程。"国民经济信息化就是要在国民经济与社会各个领域广泛而普遍地采用现代信息技术，从而大大提高社会劳动生产率，推动社会物质文明和精神文明不断发展。信息化将根本改变人们的生产劳动方式，发展生产将不再是主要依靠体力劳动，而是靠知识，或者说是靠信息，人类的知识是重要的生产力。当信息产业得到高度发展并成为国民经济的重要部分，信息成为科技发展的重要资源和工农业发展的重要动力，信息技术和设备在社会经济生活中得到普遍应用，全社会建成了发达通畅的信息交流网络，能够充分地交换和利用信息，我们就可以认为这是进入信息社会了。

在国民经济信息化进程中，关键要处理好信息化四要素之间的关系，即信息市场要素（货主）、网络要素（公路）、公用软件和硬件要素（汽车）、数据库资源要素（货物）之间的相互关系，形成相互带动、相互促进的良性循环。通过四要素的发展提高全社会的经济效益，刺激、促进和带动国民经济的持续、稳定增长。为此，政府在信息化进程中必须担负起"交警"的作用。公路、汽车、货物、货主、交警这 5 个要素和角色在国民经济信息化过程中缺一不可。

1.2 网络经济原理

随着因特网的诞生，人们开始关注网络经济这一新概念，从各种角度对它进行探讨、研究。有人认为，网络经济是知识经济的延续，也有人认为网络经济是信息经济的核心，还有人认为网络经济的本质是数字经济。而在网络经济条件下的经济规律和经济理论，也与传统经济模式下的经济规律、理论出现一些不同特点。

1.2.1 网络经济的含义和特点

1. 网络经济的定义

根据美国国际数据公司的定义，网络经济是指为应用因特网技术所进行的投资以及通过因特网销售产品和服务所获得的收入，包括技术开发、营销、内容设计、专业服务以及教育培训等。

网络经济应是指建立在网络基础上并由此所产生的一切经济活动的总和。从信息经济和知识经济的角度也可以把网络经济定义为：信息和知识的生产、获取和使用的经济活动就是网络经济。就网络经济而言，不同的理解会导致不一致的内涵。网络经济既不能单纯地归结为信息经济，也不能单纯地归结为服务经济；因为不具备信息技术的服务经济不是网络经济，而没有服务的信息经济也不是网络经济。

2. 网络经济的本质

网络经济是信息经济和服务经济的有机结合。它是一种新的生产方式，这种生产方式不同于工业时代的迂回生产方式，它是一种直接经济的生产方式。信息技术和互联网技术向社会各领域渗透，在经济、商业活动中广泛应用，是技术对整个社会生产方式、社会消费方式和交换方式、社会再生产过程的彻底改造。新的生产方式必然引起生产力的变革，从这个意义上说，网络经济也是一种全新的生产力。网络经济的生产力表现为更充分有效地利用信息资源，增加无污染可再生资源，减少不可再生资源的消耗，从而实现可持续发展的创新能力。

3. 网络经济的特点

与传统经济相比，网络经济具有一些突出的特点。

(1) 网络经济是全天候运作的经济。信息网络每天 24 小时都在运转中，基于网络的经济活动很少受时间因素的制约，可以全天候地连续进行。网络经济在打破时间限制的同时，也带来了更加激烈的竞争，可谓机遇和挑战并存。

(2) 网络经济是全球化经济。由于信息网络把整个世界变成了“地球村”，跨洋通信与隔壁通信一样简单快捷，地理距离的重要性降低，基于网络的经济活动把空间因素的制约降低到最小限度，使整个经济的全球化进程大大加快，世界各国经济的互相依存性空前加强。全球化只有网络时代才真正成为现实，网络经济是一种完全开放的经济。

(3) 网络经济是中间层次作用减弱的“直接经济”。经济组织结构趋向扁平化，处于网络端点的生产者与消费者可以直接联系，因“产销见面”，而使中间层次失去了存在的必要性。在网络时代，消费者成为中心，不再是生产什么消费什么，而是需要什么生产什么。

(4) 网络经济是“虚拟经济”。网络经济的虚拟性是由于网络本身的性质造成的，在因特网上进行的各种经营活动，如网上购物、网上支付、网上拍卖等都属于虚拟经济。它既可以是实物经济的虚拟化表现，也可以是完全独立的虚拟经济行为，与现实中物理空间意义的实物经济并行不悖。

(5) 网络经济是竞争与合作并存的经济。竞争中有合作,合作也是为了竞争。信息网络使企业之间的竞争与合作的范围扩大了,也使竞争与合作之间的转化速度加快了。整个世界在成为你的客户和朋友的同时,也变成了你的竞争对手。

(6) 网络经济是创新型经济。网络经济的核心是创新,包括科技创新、制度创新、管理创新和概念创新。网络的各种创新交错在一起,不存在固定的先后顺序。技术创新会引起制度和观念的创新,制度创新则会进一步对技术创新产生反作用,而观念创新常常又是技术创新的前提,甚至成为技术创新的一个组成部分。

(7) 网络经济是速度型经济。网络经济中的信息传播速度大大提高,敏捷的生产组织方式,使产品创新周期缩短。信息和知识是网络经济发展的战略性资源,智力资源的创造、开发和利用均需要不断创新,而创新的核心又恰恰是速度。

此外,网络经济还具有价格更灵活、信息更充分、市场更公平、成本更低廉等特点。

1.2.2 网络经济遵循的定理

1. 新需求定理

(1) 梅特卡夫法则。以太网的发明者、3Com 公司的创始人罗伯特·梅特卡夫(Robert Met Calfe)指出,网络的价值以用户数量的平方速度增长,即 $V=n^2$(V 表示网络的总价值,n 表示该网络的用户数量)。梅特卡夫法则描述的是某人连接到一个网络所获得的价值取决于已经连接到该网络的用户数量这一基本的价值定理,即经济学家所称的"网络效应"或"网络外部性"。联网的计算机越多,网络的价值就越大,每台计算机的价值也提高了。新技术只有在许多人使用时才变得更有价值,一部电话没有任何价值,几部电话的价值也非常有限,成千上万部电话组成的网络才能发挥电话通信技术的价值。当一项技术达到必要的用户规模,它的价值会呈爆炸性增长。由于这一原理,起步在前、先获得一定数量用户的网络,往往具有先发优势,可能产生"滚雪球"的良性循环。因特网具有极强的外部性和正反馈性:联网的用户越多,网络的价值越大,联网的需求也就越大。梅特卡夫定律指出了消费方面可能存在效用递增——即需求创造出新的需求。

(2) 对于单个消费者而言,在不考虑网络外部性的情况下,边际效用是递减的,但对包括所有消费者的整个市场而言,网络外部性的影响却是一种内生变量。并且某个消费者的消费所导致的其他消费者效用的增加,抵消了该消费者的边际效用递减,从整个市场来说边际效用是递增的。边际效用决定需求价格,随着市场需求量的增加,市场上消费者愿意支付的价格也随之提高,由此可以推论网络产品的市场需求曲线是一条向右上方倾斜的曲线。但是,消费者对网络产品的消费建立在理性预期基础上,即如果某网络产品的用户基数没有达到消费者认为该产品能产生边际效用递增的临界值以前,消费者不愿意为更大的需求量支付更高的价格。换句话说,在该产品的需求量达到该临界值以前,消费者仍然认为是边际效用递减的。经过这样的分析可以得出,网络产品的市场需求曲线如图 1-1 所

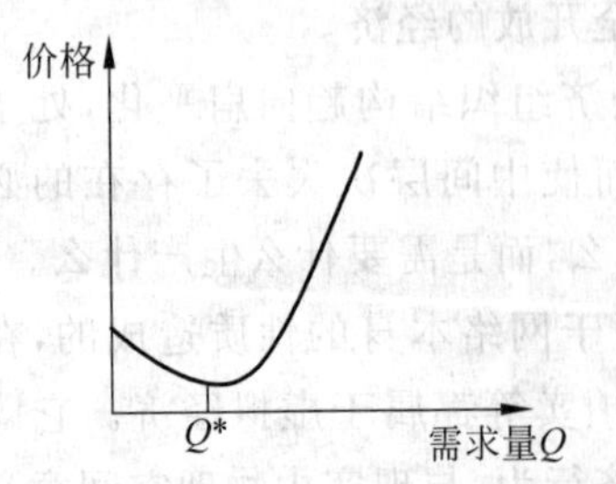

图 1-1 网络产品的市场需求曲线

示，它由两段曲线构成。在市场需求量 $Q<Q^*$ 时，需求曲线是一条向右下方倾斜的曲线，而当 $Q>Q^*$ 时，需求曲线是一条向右上方倾斜的曲线。

（3）由此得到网络经济下的新需求定理：当市场需求量低于某一临界值时，需求价格随需求量的增加而下降，随需求量的减少而上升；当市场需求量超过该临界值以后，需求价格随需求量的增加而上升，随需求量的减少而下降，两者同向变动。

2. 新供给定理

网络产品分为硬件产品和软件产品，其中，硬件产品与传统产品比较相似，因此，这里主要是指软件类产品的供给。

1）网络产品的成本曲线

网络产品的生产具有高固定成本和极低的、近似于零的边际成本。高固定成本主要是需要高额科研投入；一旦第一个产品研制成功，以后的产品生产只不过是对第一个产品的简单复制而已。根据以上分析，可以得出网络产品的边际成本曲线 MC 和平均成本曲线 AC，如图 1-2 所示。由于边际成本在第一单位产品以后几乎都为 0，所以它表现为急剧下降后与横轴重合的水平线，它将永远低于平均成本曲线。又因为边际成本曲线相对于平均成本曲线的位置决定了平均成本曲线的走势，所以平均成本最终也趋近于 0。

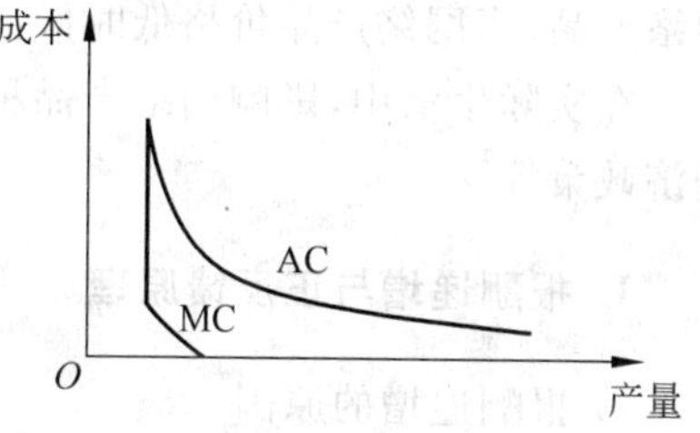

图 1-2　网络产品的成本曲线

2）网络产品的供给曲线

在传统经济中，价格与供给量相互影响。由于边际成本递增规律的存在，平均成本最终也是递增的。在这种情况下，将价格视为自变量，认为价格决定厂商的供给量能够更好地说明供给问题。

但是在网络经济中，由于边际成本几乎为零，平均成本无限接近于零，因此，对于厂商来说，价格对其愿意提供产品数量的影响相当有限，即使产品售价很低，只要出售的数量足够多，厂商也能得到补偿。事实上，不难发现，在任何一个价格下，厂商都有一个至少销售数量的预期。假如以厂商预期的产品市场规模 Q 为自变量，相应地必然存在一个厂商愿意接受的最低价格。因此，可以假设，在网络经济条件下，价格不再是自变量，供给量才是自变量。

供给量决定价格可以从两个方面理解：一方面，产品市场规模越大，根据梅特卡夫法则，产品对消费者的效用就越大，价格就可以较高；另一方面，由于边际成本几乎为零，随着产量的增加，产品的平均成本逐步下降，这就为厂商降低价格提供了基础。

由此，可以推导出信息产品的供给曲线，如图 1-3 所示。随着产量的增加，网络产品的售价却越来越低。正如麻省理工学院的著名经济学家保罗·克鲁格曼所言："在网络经济中，供给曲线下滑而不是上扬。"

3）网络产品的种类供给曲线

以上讨论的是对一种网络产品的厂商的供给曲线。现在，简单介绍网络产品的种类供给曲线。它表示在一定时期内和一定条件下，产品的一般性价格（或平均价格）和厂商提供的网络产品的种类数量之间的关系。如图 1-4 所示，横轴表示网络产品的供给种类数 M，纵轴表示产品的一般性价格 P。

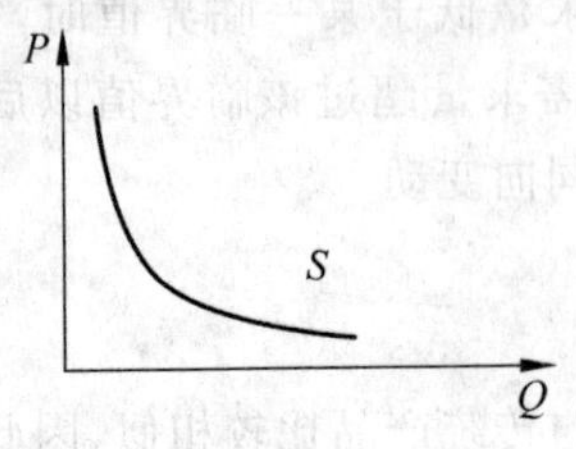

图 1-3　网络产品的供给曲线

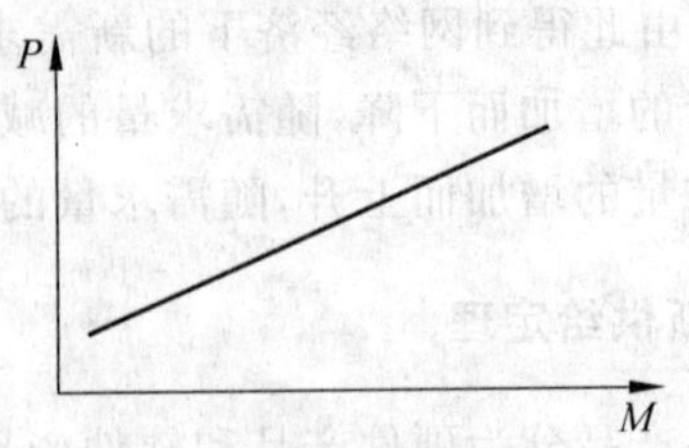

图 1-4　网络产品的种类供给曲线

由于生产者是利润最大化者，所以网络产品的收益越大，生产者供给的网络产品的种类越多，直到边际收益等于边际成本为止，因而网络产品的种类供给曲线是一条向右上方倾斜的曲线。从这个曲线可知，在其他因素不变时，当网络产品价格高时厂商倾向于多提供几种网络产品，当网络产品价格低时倾向于不提供或少提供网络产品。

在实际生活中，影响网络产品种类供给的因素主要有科学、教育、专利制度、市场规模和经济政策等。

3. 报酬递增与正反馈原理

1）报酬递增的原因

在传统经济下，报酬递增主要源自生产者在生产上的规模经济效应，而在网络经济下，报酬递增的原因不仅在于供给方，更多取决于需求方因素。夏皮罗和瓦里安将后者称为需求方规模经济，而将前者相应地称为供给方规模经济。在网络经济中，供给方规模经济和需求方规模经济共同导致了报酬递增现象。可将其原因整理归结为 8 种。

(1) 高固定成本和极低的。边际成本前面提到，网络产品，如软件类产品或其他知识密集型产品，在成本上都具有高固定成本和极低的边际成本的特点。

(2) 干中学效应。知识密集型产品一般都具有很强的干中学特征。一种产品生产得越多，生产者累积的经验就越丰富，也就越有利于成本降低和新产品的推出。

(3) 网络外部性。使用网络产品的用户越多，产品对用户的价值也就越大。关于这一点，请参考前面关于网络经济的需求特性分析。

(4) 互补产品效应。当一种产品被消费者广泛购买和使用时，与该产品相关的其他产品往往也会紧跟着发展起来，最终形成一个系统并相互加强。

(5) 较高的用户使用成本。对传统产品（如食品、服装）消费者不需要或者基本上不需要花费成本去学习如何使用产品。但是对于知识密集型产品，用户必须花一定的费用或时间（存在机会成本）去学习如何使用。

(6) 用中学效应。刚开始使用网络产品时，消费者由于使用的生疏而不能充分发挥产品的功能。随着使用时间的增加，用户越来越熟悉产品，产品对用户的效用也越来越大，用户也就愿意为该产品或其下一代产品（往往是向下兼容的）支付更高的价格。

(7) 信息扩散效应。网络产品往往是一种经验型产品，在没有使用前，用户无法判断产品对自己的价值。消费者只能根据该产品已有用户的评论和数量来进行判断。

(8) 存在转移成本和锁定效应。转移成本的存在一方面来自学习成本,另一方面来自用户进行的大量可持续互补资产的投资,结果会强化对现有产品的需求。

这样,需求方规模经济和供给方规模经济有机地结合起来,产生了"双重作用":需求方的增长既减少了供给方的成本,又使产品对其他用户更具有吸引力——进一步加速了需求的增长,形成超强的正反馈效应。

2) 网络经济下的正反馈原理

传统经济的均衡原理产生一种负反馈机制,使产品的市场价格和市场份额最终能达到一种可以预见的均衡状态,因为任何变动都将被其产生的反向偏移所抵消。但是在网络经济中,起主导作用的不是均衡原理,而是正反馈原理。现在从网络产品的市场需求和市场供给两方面来分析网络经济下的正反馈现象。

把前面已经得出的网络经济背景下的需求曲线和供给曲线放在同一坐标图中。如图 1-5 所示,Q 是自变量,两条曲线相交于点 E。在市场规模 $Q_1 < Q_E$时,消费者的需求价格是 P_{D1}。此时,企业处于亏损状态,它不可能长期在这一规模上提供产品。因此,任何在点 Q_E以下的市场规模,都不可能长期存在。随着 Q 的增长,消费者由于效用增加,愿意支付的最高价格越来越高;企业由于边际成本递减,愿意接受的最低价格越来越低。当 Q 超过 Q_E,如图 Q_2 点,就有 $P_{D2} > P_{S2}$。此时如果不存在竞争,追求利润最大化的企业依然愿意按照 P_{D2}定价,它将提供越来越多的产品,获得巨大的超额利润,产生爆炸式增长。

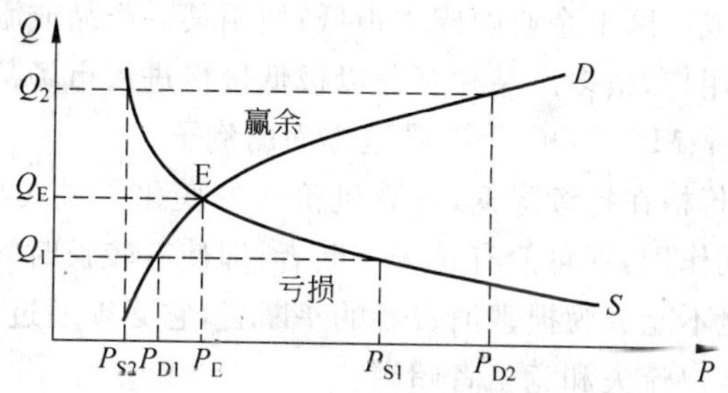

图 1-5　网络产品的需求曲线和供给曲线

从以上分析可以得出,点 E 实际上并不是均衡点,而是一个临界点。Q_E也不是均衡数量,而是临界数量。网络产品的市场供求关系本质上是反均衡的,体现出的是一种正反馈现象。

3) 良性循环带来收益递增

互联网带来许多新兴行业的"收益递增",例如,做网上拍卖的 eBay,拥有的买主和卖主越多,其市场地位越稳固,能够吸引更多的用户,由于边际成本几乎为零,所以每个新用户和每笔交易都可以增加公司收益。互联网本身的发展也是一个"收益递增"的过程,形成一种良性循环,由于互联网用户持续增长,企业才有足够的经济动力去创造和提供更多的网上服务;不断增加的网上服务需要,刺激了基础设施投资建设,使得带宽增加、速度更快,进而吸引更多的人上网。

因此,在网络经济环境下,由于知识产品需求和供给的特点,没有边际成本递增和价格的刹车作用,知识产品的生产和消费可能像滚雪球一样快速扩大,甚至是一种野马狂奔式的增长，这对政府的宏观调控能力将是新的挑战。

4. 网络经济中的其他定律

从网络经济迄今的发展来看，也遵循着其他一些运行规律。

1）摩尔定律

摩尔定律是指计算机微处理器 CPU 的速度每 18 个月会翻一番，这意味着同等价位的微处理器速度会越变越快，或同等速度的微处理器价格会越来越便宜。未来世界各地的人不但都可以通过自己的计算机上网，而且可以通过电视、电话、电子笔记本等上网。

2）"物以多为贵"——建立统一标准最重要

在亚当·斯密以至凯恩斯时代，人们手中持有的某种东西越多就越不值钱，大规模生产会降低产品的价值。而在网络经济时代，同类产品越多，其价值往往越大，因为吸引和锁定用户的可能性增大。运行 Windows 系统的计算机越多，Windows 系统就比 UNIX 系统具有更大的价值。使用面或市场份额在网络经济条件下极为重要，是最具价值的企业资产，市场份额可以扩大一件产品、一项服务和创意的作用。微软等企业，通过制定共同操作标准和应用程序可获得锁定用户的效果，如果改变 Windows 标准，重新培训操作人员代价太大。

3）价格持续降低

在网络经济中，出现一些特殊现象：边际成本趋近于零；无中间人提成；网上商品价格透明，很容易货比三家；成立网上企业的成本很低；使用某一产品或服务的人越多，产品的价值越高。为了吸引更多用户，很多产品和服务以极低价格进入市场甚至是免费赠送，如网络浏览器 Internet Explorer、MSN、QQ 等都是这方面的例子。

知识密集型产品的价格在持续降低，计算机价格的变化是最典型的例子。在信息经济中，由于知识创新的推动作用，不可能有长久垄断者；即使有较长时间的市场垄断者（如微软的 Windows 系统），它也不能成为损害消费者的垄断者，它必须通过不断降低价格或提升产品和服务品质，来避免客户流失和竞争者超越。

4）完全信息或充分信息市场

不完全信息和信息不对称是传统经济学的基本假设之一，认为完全信息在绝大多数情况下是不可能的：第一，市场信息的分散性，由于每个市场的参加者，都有可能成为市场中的信息生产者和消费者，而每个市场参加者的活动是分散的、不确定的，相应地，市场信息也就以离散的形式存在于不同地方，不是以集中的形式出现的。市场的参加者在多数情况下囿于自己的地理位置和有限的精力，不可能了解市场的全部真相，事实上，绝大多数的经济决策都是在缺乏信息的、具有相当不确定性的环境中做出的。第二，人的判断力的局限性，人的知识总是有限的，市场上的商品和服务无所不包，而且越来越复杂，人们不可能掌握所有这些方面的知识，各种事物之间的联系也非常复杂，人们不可能全部了解这些关系。第三，获取信息的成本限制人们占有信息的数量。

由于因特网把获取信息的成本和地理限制减少到最低限度，因而把第一条和第三条限制大大减弱了，而人的判断力的局限也可以借助许多决策软件和网上咨询服务得到弥补，因此企业将在一个信息比较充分的市场环境中做出经营决策，消费者也将在一个相对充分信息的市场环境中做出消费选择。

1.3 电子商务的含义和特点

1.3.1 电子商务的含义

1. 对电子商务的多种理解

对于电子商务这一新生事物，不同的国家和组织往往有不同的认识角度和理解，甚至有较大的差异。

经济合作和发展组织(OECD)对电子商务的定义：电子商务是发生在开放网络上的包含企业之间(Business to Business)、企业和消费者之间(Business to Consumer)的商业交易。

国际商会在1997年世界电子商务会议提出：电子商务(Electronic Commerce，EC)是指实现整个贸易过程中各阶段的贸易活动的电子化，其内容包括两个方面：一是电子方式，二是商贸活动。

按照美国政府"全球电子商务纲要"的定义：电子商务是通过Internet进行的各项商务活动，包括广告、交易、支付、服务等。

加拿大电子商务协会给出的电子商务定义：电子商务是通过数字通信进行商品和服务的买卖以及资金的转账，包括公司间和公司内利用E-mail、EDI、文件传输、传真、电视会议、远程计算机联网所能实现的全部功能(如市场营销、金融结算、销售以及商务谈判)。

全球信息基础设施委员会电子商务工作委员会认为：电子商务是运用电子通信作为手段的经济活动，通过这种方式人们可以对带有经济价值的产品和服务进行宣传、购买和结算；这种交易的方式不受地理位置、资金多少或零售渠道的所有权影响，公有私有企业、公司、政府组织、各种社会团体、一般公民、企业家都能自由地参加广泛的经济活动，其中包括农业、林业、渔业、工业、私营和政府的服务业。

联合国国际贸易程序简化工作组对电子商务的定义：采用电子形式开展商务活动，它包括在供应商、客户及其他参与方之间通过任何电子工具，如EDI、Web技术、电子邮件等共享非结构化或结构化商务信息，并管理和完成在商务活动、管理活动和消费活动中的各种交易。

IBM公司的电子商务(E-Business)概念包括三个部分：企业内部网(Intranet)、企业外部网(Extranet)、电子商务(E-commerce)，它所强调的是在网络计算环境下的商业化应用，不仅仅是硬件和软件的结合，也不仅是通常强调交易的电子商务(E-commerce)，而是把买方、卖方、厂商及其合作伙伴在因特网(Internet)、企业内部网(Intranet)和企业外部网(Extranet)结合起来的应用。它同时强调这三部分是有层次的：只有先建立良好的Intranet，建立好比较完善的标准和各种信息基础设施，才能顺利扩展到Extranet，最后扩展到E-commerce。

HP公司提出电子商务(E-Commerce)、电子业务(E-Business)、电子消费者(E-Consumer)和电子化世界(E-World)的概念。它对电子商务的定义是：通过电子化手段来完成商业贸易活动的一种方式，使人们能够以电子交易为手段完成物品和服务等的交换，是商家和客户之间的联系纽带。它包括两种基本形式：商家之间的电子商务及商家与消费者之间的电子商务。对电子业务的定义：一种新型的业务开展手段，通过基于 Internet 的信息结构，使得公司、供应商、合作伙伴和客户之间，利用电子业务共享信息；电子业务不仅能够增强现有业务的实施，而且能够对市场做出快速反应并及时调整业务进程，并且为企业创造出了更多、更新的业务运作模式。对电子消费者的定义：人们使用信息技术进行娱乐、学习、工作、购物等一系列活动，使家庭的娱乐方式越来越多地向 Internet 转变。在电子商务、电子业务和电子消费者广泛应用和充分互动的基础上就形成一个电子化世界。

方美琪教授认为：从宏观上讲，电子商务是通过电子手段建立的一种新经济秩序，它不仅涉及电子技术和商业交易本身，而且涉及诸如金融、税务、教育等社会其他层面；从微观角度说，电子商务是指各种具有商业活动能力的实体（生产企业、商贸企业、金融机构、政府机构、个人消费者等）利用网络和先进的数字化传媒技术进行的各项商业贸易活动，这里特别强调两点：一是活动要有商业背景，二是网络化和数字化。

李琪教授认为：电子商务是在商务活动的全过程中，通过人与电子工具的紧密结合，极大地提高商务活动的效率，降低人、财、物的消耗，提高商务活动的经济效益和社会效益的新型生产力。

上述定义虽各有差别，但多数定义还是将电子商务限制在使用计算机网络进行的商业活动。这是有一定道理的，因为只有在 Internet 出现并迅速普及的条件下，才形成了电子商务概念并得到广泛重视，也使商业模式发生了根本性改变。

2. 从 EC 到 EB

笔者 1998 年在《电子商务与经济变革》一书中对电子商务的定义是：从广义上讲，电子商务是指以电子装置为媒介进行的各种商务活动，包括利用计算机、电话、传真等各种电子媒介所从事的商务活动。从狭义上讲，电子商务特指以计算机互联网络为依托进行的各种商务活动，包括网上商品或服务的提供者、消费者、广告商、中间商等有关各方的行为总和，其基本特征是以计算机网络为商务媒介，如企业利用因特网发出或接收购货订单，以信用卡支付商品或服务的价款等。

再仔细思考一下电子商务这个概念的含义：电子商务是从英文翻译过来的，但应当指出，中文的“电子商务”是把英文的两个概念合二为一了。电子商务原是英文 Electronic Commerce（EC）的意译，后来美国又出现 Electronic Business（EB）的概念，中文也多译为“电子商务”（少数译作“电子业务”）。实际上 Commerce 与 Business 两者原意有很大差别：Commerce 多指商业贸易方面的活动，如批发零售业务，往往涉及商品的买进、卖出等实物运动，而纯粹劳务智力服务如法律咨询、医疗服务等，即使是有偿服务，一般也不称 Commerce，因此 Electronic Commerce 在香港被译为“电子商贸”；而 Business 作为商务的含义则广泛得多，凡是以盈利为目的的经营性活动，不论是商品买卖还是劳务交易都属于其范畴，此外，Business 也有“业务” 含义，则各种非盈利性活动也包含在内，如政府部门收税和发放社会福利、学校教育等。Electronic Business 在香港被译为“电子商业”，显然比“电子商贸”的范围更广，但仍不能包含非盈利性的电子化业务往来。

Electronic Commerce 强调的是网络环境下的商业化应用，是把买家、卖家、厂商和合作伙伴在因特网、企业内部网和外部网结合起来的应用，特别是网上电子贸易；而 Electronic Business 不仅仅是网上贸易，也不限于商业化应用，而是网络技术在社会各个领域的全面应用。所以，从 Electronic Commerce 到 Electronic Business，反映因特网的应用领域拓宽，对社会经济的影响加深，对电子商务的理解应当宽广一些，以利社会各方面对因特网应用的探索；对电子商务的影响考虑要充分一些，有利于合理制订区域经济发展规划和企业发展战略，减少重复决策的成本。

综合上述分析和思考，笔者认为电子商务可分为狭义电子商务和广义电子商务两层。狭义的电子商务是指以现代网络技术为依托进行物品和服务的交换，是商家和客户之间的联系纽带；这一概念包含英文中 Electronic Commerce 的全部和 Electronic Business 中的有偿服务部分。广义的电子商务是指以现代网络技术为依托进行的一切有偿商业活动和非盈利业务交往或服务活动的总和，这一概念包含英文 Electronic Business 的全部内容，包括电子政务和企业内部业务联系的电子化、网络化。狭义与广义电子商务的区别在于前者是有偿的、交易性质的，后者则在前者的基础上又增加了无偿的、服务性质的业务。狭义电子商务是我们研究的主要内容，但也必须在广义电子商务的框架内、结合电子商务在社会各方面的应用才能把握其运行规律和发展方向。

3. 移动电子商务

网络经济时代是新事物层出不穷的时代，当人们刚刚熟悉了"在线销售"、"在线图书馆"等新名词，惊叹人类进入"在线经济" 时代，更先进的"无线经济"模式已悄悄撩开了面纱，"移动电子商务"(M-business)成为新的讨论热点。随着无线通信技术创新和成本快速下降，"无线因特网"(Wireless Internet)可以更方便及时地把世界联为一体，移动通信将成为未来电子商务的主要媒体。第三代移动电话网络灵活得多，可以利用一条频道为多部手机传输信号，传输速度可达到 2Mbps 或更高。第三代移动电话还改变了网络中数据包的传输方式，把地址部分由 40B 压缩到 3B，传输效率大大提高。3G 手机能把可视电话、MP3、数码相机、掌上游戏机、报警器、电子地图以及 PDA 的部分功能整合起来，成为"唯一"需要随身携带的电子工具。

根据中国互联网络信息中心(CNNIC)2012 年 7 月公布的第 30 次《中国互联网络发展状况统计报告》，至 2012 年 6 月底，我国手机网民已达 3.88 亿人，较 2011 年底增加约 3270 万人；2012 年上半年，国内移动电子商务高速发展，手机网购用户半年增长 59.7%，成为增长最快的手机应用。随着手机新业务如手机炒股、手机阅读、手机视频、手机微博等日益增多，手机上网的价值也越来越高，与此同时，智能手机功能越来越强大，手机价格不断走低，"千元智能机"的出现大幅降低了移动智能终端的使用门槛，上网费用也不断降低，吸引大量手机用户加入无线上网的行列。

"固定＋移动"的电子商务将为我们开辟一个新天地。企业和个人对电子商务的应用将从目前点对点的直线式向多点智能式发展，对消费者来说，个人数字设备、家庭数字电器加速进入家庭并实现低成本上网，移动电话网络和各种无线网络应用将进一步拓展电子商务的发展空间。

1.3.2 电子商务的内容

电子商务融合了因特网能达到的广阔领域和信息技术系统的巨大资源，它是动态的和交互式的，范围相当广泛，包括从企业网、共享的外部网络到公用的因特网。它利用网络节点将客户、卖主、供应商和雇员以一种前所未有的、规模空前的方式联系起来。简而言之，电子商务利用计算机网络非常有效地把有价值的信息和需要这些信息的人联系起来，形成了价值增值链和服务网。

电子商务包括一系列以计算机网络为基础的现代化电子工具在商务过程中的应用，如电子数据交换(EDI)、电子邮件(E-mail)、电子资金转账(EFT)、数字现金(Digit Cash)、电子密码(Electronic Cryptography)、电子签名(Electronic Signature)、条形码(Bar-code)、图像处理(Image Processing)、智能卡(IC)等。电子商务可以实现商务过程中的产品询价、合同签订、供货、发运、投保、通关、结算、批发、零售、库存管理等环节的自动化处理。

1.3.3 电子商务的特点

1. "无须远行，无须久等"

时间、空间限制是社会经济活动的主要障碍，也是构成企业经营成本的重要因素，电子商务把商业活动的时空限制大大弱化了，从而降低了企业经营成本和国民经济运行成本。利用因特网，人们足不出户就可以达成交易、支付款项，同城交易与跨国交易所需时间相差无几。

经济全球化和网络化是当今世界两大潮流，各国城市、乡村的人们正在有意识或无意识地被纳入世界经济分工体系，因特网和电子商务加速了这一变革进程。即使人们身处荒山僻壤，一部全球通上网手机就可以与世界各地的客户建立联系，收集订单，采购货物，通过网络银行收付货款。

2. 迅速扩展的市场和庞大的消费者群

由于计算机技术和通信技术发展迅速，以及各国政府建设信息高速公路和其他信息基础设施的努力，目前已初步建成全球信息高速公路的雏形——Internet。如果说 20 世纪 80 年代世界信息产业界的重大事件是微型计算机的出现和迅速普及，那么 20 世纪 90 年代信息产业界最重要的事件莫过于 Internet 的迅速扩展了。到 2012 年，全球 200 多个国家和地区与 Internet 联通，网上有 9000 多万个数据库和 20 多亿用户。可以设想，即使其中一小部分做商业性开发，也是十分诱人的市场，这正是电子商务和网络营销吸引众多企业的原因。

3. 高度自主、自立、自由的市场环境

由于 Internet 是一个国际性网络，不受任何一国法律的约束和管辖，且作为成长迅速的最新信息技术产物，国际间尚未达成有关公约或协议来规范其形式和内容。任何区域性计算机网络只要在技术上执行互联网协议(Internet Protocol/IP)，就可以联入 Internet；任何

企业缴纳数额不多的注册费后，即可获得自己专用的域名(Domain)，在网上自主从事商务活动和信息交流，因此，电子商务目前仍是自由度相对较高、约束较少的一个经营活动领域。这一特点既有利于企业探索新的经营方式，降低营业成本，但也不易查处一些不良分子欺骗消费者、侵犯他人知识产权的行为。对网上交易活动有必要制订和执行一些基本规范，通过国际间的协调，以一定的法律形式来保障网上企业和消费者的合法权益。

4. 虚拟与现实相结合

网络世界是虚拟世界，网上交易双方可能从未见面，甚至终生也不会见面，但这种虚拟不是虚幻或虚构，而是现实世界的再创造。因此，网络市场的运行机制必然是既虚拟又现实，以虚带实，虚实结合，从而能够合理运转。

5. 大众化与个性化相结合

因特网是一种最大众化的市场，但要求针对性极强的个性化服务。为大众服务是要使每个用户都满意的服务，必须是符合个性特点的服务。因此，电子商务服务机制要求将大众化与个性化统一起来。

1.4 电子商务的作用

电子商务有许多现实或潜在的优点，可使企业的经营活动更为经济、简便、高效、可靠，更好地满足消费者需求；也可以提高整个国民经济的运行效率和效益，提高社会生活质量。

1.4.1 电子商务的基本作用

1. 节约社会劳动和经济资源

电子商务使以销定产更为简便易行，可以更密切地衔接商品生产和消费，减少盲目生产和库存积压，从而节约社会劳动和经济资源。企业通过计算机网络展示自己产品的质量、性能、价格、售前售后服务及付款条件等，客户各取所需，发出订单，企业生产部门根据计算机网络传递的订购信息及时安排或调整生产规模和品种，从而实现小批量、多品种、零库存、即时制造和交货的理想模式，适应现代社会消费潮流。

互联网把企业间距离突然缩短了，与外地的伙伴开展生产协作和发展贸易关系变得较为容易，信息传递方便快捷，此时企业选择合作伙伴将更重视技术的匹配、经济资源的互补而不是距离远近。许多原来由于地理限制或市场信息限制而不能出现的合作现在成为可能，可以更合理地利用全部社会资源。大量及时、准确的市场信息，有利于企业领导人做出正确的投资决策，减少企业开发新产品的盲目性，推动技术进步和产品升级。电子商务的发展会使企业投资更为活跃，更为合理，优化经济资源配置，使整个国民经济效益更高。

2. 节省时间

现代经济生活日趋复杂紧张，工作节奏加快，时间就是金钱，时间就是市场，时间成为第一竞争要素。与此同时,业务人员的劳动强度提高,精神高度紧张,但生理的局限使工作效率的提高有一定限制,也难以避免工作中的差错。电子商务设施不但可以大大提高交易速度,加快订单处理和货款结算支付,而且可以减少人为的疏忽,一些计算机程序能发现业务人员输入的错误信息而提出警告,避免可能发生的损失。

3. 促进社会分工和新行业的产生

在电子商务条件下,业务模式发生变化,许多不同类型业务过程由原来的集中管理变为分散管理,社会分工深化,因而产生大量新兴行业。例如,由于商业企业的销售方式和消费者网购普及,使得送货上门的快递业务成为一项重要服务,从而创造出新的就业机会。同时,电子商务、互联网本身的发展也需要新型电子产品、新兴服务业与之匹配,这将促进社会分工深化,提高劳动生产率,繁荣国民经济。

1.4.2 电子商务对国民经济的影响

电子商务带来一场经济革命,对社会管理、企业运营、人们的生活就业、法律制度以及文化教育等各个领域带来巨大影响,并改变着人们的思维观念和交往方式。电子商务正把人类带入崭新的信息社会。

1. 电子商务为企业创造第四利润源

1)第四利润源的形成

从工业革命开始现代意义的生产经营活动以来,企业界最初把增加利润的着眼点集中在生产领域,把降低物质资源消耗从而增加利润称为"第一利润源",把通过提高劳动效率、节约活劳动消耗从而增加利润称为"第二利润源";随着生产工艺逐步标准化和市场竞争深化,人们又把增加利润的目光投向流通领域,把通过合理组织运输、减少装卸次数、缩短储存时间等方式节约流通费用、提高盈利水平称为"第三利润源"。

如今,随着世界进入信息时代,信息占有量及其获取速度已成为决定企业竞争能力强弱以至经营成败的重要因素,信息获取成本也成为企业经营成本的重要组成部分,直接影响企业的盈利水平。因此,一种新的利润增长源泉已经形成,即企业在生产经营过程中通过降低信息获取成本和充分有效地利用信息而增加利润,可称为企业的"第四利润源"。

随着因特网的快速普及和网络技术的成熟,电子商务正日益成为企业经营运作的重要模式,由于信息传递效率高和成本低的特点,电子商务可以说是第四利润源的最有效工具,两者有着不解之缘。电子商务带来经营节奏加快,突出了企业内外部信息沟通的重要性,从而加强了人们对于第四利润源的认识和理解;而企业对第四利润源的追求,无疑会加快电子商务的推广应用。

一般来说,经济系统活动过程中都有三股流:由生产资料和产品等组成的物流;由劳动力和其他能源组成的能量流;由组织、计划、指导、协调、控制等组成的为实现一定目标的信息流。信息流可以驾驭经济系统中的人和物做合乎其目的、有规则的活动,人们可以通过反馈信息调节物流和能量流的数量、方向和速度,在同样的物质和能量输入情况下,不同的信息输入会引起不同的经济效果,创造出不同的价值。因此,经济系统中的信息可以真正转变为价值增值的一种手段。

由于其潜在性、可塑性和共享性等特征，信息作为生产要素也具有显著区别于其他生产要素的特点：首先，由于信息具有潜在的生产力，如果能充分挖掘和运用，这种潜能可以转化成强大的生产力；其次，由于其可塑性，信息可以重复使用而不会影响它的价值，因此信息可以在不同部门通过不同形式发挥作用，使信息资源得到充分合理的运用，提高企业生产运营效率；再次，由于其共享性，信息以低成本的方式迅速传播，可以产生连锁反应，带动社会生产力的迅速提高。基于以上原因，第四利润源也有显著区别于其他三种利润源的特点：传统的三种利润源都着眼于节约以增加利润，如降低能耗物耗，节省工时，降低物流费用水平；而第四利润源则既强调节约信息收集和传输成本，又强调充分合理地使用信息，通过这两种途径都可以增加企业盈利。

2）信息成本的构成

在信息经济社会中，高效的信息联系是企业发展的先导，随着经济全球化的发展，企业对国内外市场信息的依赖程度也逐步加深。因此，现代企业势必要增加对信息的投入，信息成本也成为企业总成本的重要部分。一般来说，企业的信息成本主要产生于以下三个方面。

（1）企业获取市场信息的过程。

随着经济信息化浪潮的到来，国内外市场瞬息万变，当各种信息向企业铺天盖地涌来时，只有对成千上万的信息进行有效筛选，去粗取精，去伪存真，对其中有价值的信息进行处理、分析、利用，才能做出正确的决策。这一信息的收集和分析过程要求企业建立反应迅速、分析科学的信息处理系统，同时还要配备训练有素的专门人才，有些企业还要定期或不定期派人深入市场调查，走访客户，这些都会形成企业的信息成本。

（2）企业内部信息交流的过程。

企业内部信息交流，包括产量、库存、订单、利润等生产经营信息的传递，也包括企业员工普遍关心的公司重要新闻和其他信息的交流，是保证企业内部各部门之间、员工与员工之间密切合作的桥梁和纽带，也是增加企业凝聚力和员工认同感的重要途径。在传统企业中，这种信息的交流往往是通过电传、电话、函件、口头传递等方式完成的，效率较低，费用较高，对于跨地区、跨国企业来说，这种内部的信息交换就更为复杂，成本高昂。而内联网技术的应用，大大提高了企业内部信息交流的效率，也降低了信息交流的成本。

（3）企业与外部业务联系的过程。

企业作为由各种各样的契约组合而成的社会系统的一员，不可能是孤立的，必须不断与其他成员进行信息交流。企业与供应商要交流产品生产、原材料供应等方面的信息；企业与客户要交流产品质量性能、使用方法、售后服务等方面的信息；企业与合作伙伴要交流资金、技术合作等方面的信息；企业与政府部门、金融部门、储运部门等要交流经营环境、资金流、物流等方面的信息。总之，企业只有不断与周围的部门保持信息的沟通，才能使其内部能量不断得到更新与补充，获得外部支持。当然，在这一连续复杂的过程中，企业也要支付信息成本。

3）降低信息成本与提高企业竞争力

电子商务融合了因特网能达到的广阔领域和现代信息技术的巨大能量，形成一种动态的、交互式的、形式多样、内容广泛的商务过程，包括企业内部网和共享的外部网，利用网络节点将员工、客户、供应商、银行等以一种前所未有的规模联系起来，形成价值增值链和增值网。随着网络技术的不断发展，交易过程的电子化、信息传递的无纸化，可以降低企业的信息成本，提高企业竞争力。现代信息技术是电子商务的基础，也是第四利润源的重要来源。

2. 电子商务对企业管理的影响

电子商务对企业管理和内外部联系机制有巨大影响，把生产、推销、广告、消费、洽谈、成交、支付、税收等所有过程都集中在电子商务系统之中。

1）内部信息管理系统的集成

企业原有的管理信息系统 MIS 和 EDI 系统必须集成到全球性、开放性的公共网络中去，于是，企业内部的 MIS 变成了内部网 Intranet，企业间的 EDI 系统及其他专线连接系统发展成为外部网 Extranet 或其他符合 Internet 标准的企业外部信息系统。这样，企业的一切管理和联系都转变成依托 Internet 的方式，从任何一个部分都可以顺利进入公共网络，而在公共网络的任何角落也可以看到权限允许范围内的企业信息。

2）企业间联系电子化

由于企业的电子商务系统建立在开放的网络上，大大降低了企业间业务信息处理成本，使企业的即时生产(JIT)策略有可能实现，压缩了库存。同时，电子商务使小企业能平等和方便地加入到大企业的贸易联盟中，进一步扩大企业的合作范围，形成了新的贸易组合。

3）企业与消费者的联系直接化

企业通过公共网络可以与消费者直接沟通，消费者通过访问企业主页了解企业贸易状况，与企业进行信息交流或直接交易；而企业也可以为各类消费者定制不同的信息内容，更好地满足或引导消费者需求。由于电子商务将最终消费者直接带到企业面前，使生产商驱动的市场模型变为消费者驱动的新型市场模型，提高了企业的反应速度，促进资源的合理配置和有效利用。

4）企业组织结构变化

电子商务以信息管理为主的特点从根本上打破了企业传统的职能部门的组成与分工，使企业内部信息的传递方式由单向的"一对多"方式变成双向的"多对多方式"，传统的"金字塔"式的垂直集权制组织结构转变成水平式组织结构，提高了企业的决策水平和反应速度。

3. 电子商务对消费者的影响

消费者在网络上直接面对有关商家，使得他们能最大限度地进行比较和挑选，大大提高了购买效率。通过网络，消费者可以足不出户看遍世界，网上搜索功能可方便顾客货比多家，身临其境地"试用"各类产品，可以购买书籍、电器等实物商品和影像、软件等无形产品，还能获得网上诊疗和远程教育等服务。消费者能以轻松自由的自我服务方式完成交易，提高消费满意度。

4. 电子商务对政府机构的影响

政府对电子商务的支持态度将直接影响电子商务的发展，另外，电子商务的发展一定程度上影响政府机构的发展，具体表现在如下几个方面。

(1) 政府机构的业务转型：电子商务的发展使一些相关的政府部门因为其职能需要而作为贸易过程的一个环节加入到电子商务当中来，政府部门在这个加入过程中存在着相应的业务转型。

(2) 政府的政策导向：电子商务是面向全世界的，一个国家要发展电子商务，必须坚持开放政策，保持贸易环境的公开透明。在对外开放市场和发展民族工业之间存在一定的矛盾，如何保持平衡，趋利避害，需要合理的政策措施引导。

(3) 政府机构担任认证中心(Certificate Authority，CA)：电子商务中十分重要的技术就是安全和信任机制。因为网上的交易使双方都无法确认对方的身份，这个问题一是需要技术手段解决，二是需要权威机构负责仲裁和信誉保证。这一角色可以由政府出面或指定相关机构来担当，即认证中心，认证中心必须具有一定的权威性和市场中立性，而政府机构恰好具有这种特性和能力。

1.5 案例两则

1.5.1 Google 的迅速崛起

2005 年 12 月，由美国 Harris Interactive(哈里斯交互研究公司)和 Reputation Institute(声誉研究所)共同主办了一次评选活动，依据公司的产品和服务、金融表现、工作环境、社会责任感、领导能力和亲和力，对公众最常提到的 60 家公司进行排名。这份基于对 2 万名成年人调查结果的排行榜上，科技公司引人注目，而 Google 公司更是在科技公司中一马当先，排名仅次于强生公司(Johnson & Johnson)和可口可乐公司，占据第三位。索尼、微软和英特尔也进入了前 10 名。作为一家历史不足 10 年的新兴公司，而且公司规模远小于排行榜中的多数公司，Google 取得这样的声誉令其他公司刮目相看。

1. Google 公司简况

Google网站于 1998 年由谢尔盖·布林(Sergey Brin)和拉里·佩吉(Larry Page)创立，当时他们还是加州斯坦福大学攻读计算机理学博士学位的学生。Larry 和 Sergey 发明了一个搜索引擎，选出与用户搜寻的词或词组非常相近的网页，后来发展成为 Google 的前身。这两位学生当初拿着自己的技术找到雅虎公司没被采用，而今天雅虎已经非常明白搜索门户的威力了。

1998 年，两人决定自己创业。创业之初，公司仅有 3 个人，除了两个合伙人外，只有一个雇员。1999 年 6 月，公司获得 2500 万美元风险投资，Google 如虎添翼，迅速发展壮大。Google 的创始人是两个技术天才，公司也一直以技术为核心。公司成立后，他们请来曾任 Sun、NOVELL 公司 CEO 的埃瑞克·施米特(Eric Schmidt)担任 CEO，掌管公司经营战略，组成了 Google 的“铁三角”。

英文里原本没有 Google 这个词，佩吉和布林为公司取名时，取的其实是数学名词 googol(10 的 100 次方，常指巨大数字)的谐音。“我们的任务就是要对世界上的信息编组。”佩吉的解释在当时被认为是一个笑话。而今天的 Google，没有花过一分钱做广告，却已成为流行文化的一部分,每天回答全世界网民超过 9 亿个搜索请求,平均每秒钟超过 1 万个,而且这一数字还在不断增长。

2. Google 的成功之道

在很多行家看来,搜索引擎是一种赢家通吃的行业。因为搜索作为互联网工具,一旦网民使用一种产品形成习惯,就不会主动去改变,更不会频繁更换。换言之,搜索服务提供商,要么成功,要么死亡。而决定生死的,仅仅是响应时间、检索结果数量、排序等几个指标。

1) Google 立足于高品质、创新性的技术

联入互联网的计算机用户可以利用 Google 寻找任何词组、名字或观念。Google 开发出了世界上最大的搜索引擎,提供了便捷的网上信息查询方法,通过对 30 多亿网页进行整理,Google 可为世界各地的用户提供适需的搜索结果,而且搜索时间通常不到半秒。

Google 数据库存有几十亿个 Web 文件,属于全文(Full Text)搜索引擎。Google 的自动搜索方法可以避免任何人为感情因素。Google 的结构设计确保了公正,任何人都无法用钱换取较高的排名。作为用户的忠实助手,Google 客观并且方便地帮用户在网上找到有价值的资料。

Google 的搜索服务是免费的,但 Google 网站也提供某些出售商品和服务的公司网页的链接,用户每点击链接一次,这些公司均需向 Google 网站付费,付费总量由点击次数决定。Google 的业务量增长很快,2004 年,Google 的营业额为 31.9 亿美元,2005 年达到 61 亿美元,2011 年达到 379 亿美元。

Google 还开启了邮箱 G 时代——Gmail。Gmail 是 Google 多样化经营的一招。Gmail 一出,无论是国际巨头微软、雅虎,还是中国知名门户新浪、网易纷纷跟进,升级旗下的免费邮箱。

2) 巨大的广告价值

正是因为 Google 有巨大的搜索用户群,所以在 Google.com 上投放关键词定位推广服务,对企业来说是通过互联网做全球推广必不可少的重要一环。

不做通常形式的网络广告,Google 的巨额收入主要来源于为综合门户提供搜索支持,但更重要的是中小企业客户的搜索排名费用。虽然 Google 的页面没有大幅广告,但它通过排名的方式,给企业提供营销自己的渠道,它争取到广大的中小企业群体:Google 推出了专门面向中小企业客户的 Ad Sense for Search 软件,使网站的运营商能够在网站上放置一个 Google 搜索框。此前,Google 公司只向大型网站和 AOL 等门户网站提供这一服务,现在也提供给中小企业用户,进一步挖掘了中小企业用户的需求。

3) 独特的管理与用人之道

Google 公司 CEO Eric Schmidt 认为,与大多数技术公司一样,Google 的许多员工都是工程师,抓住这些知识型员工将是未来四分之一世纪企业成功的关键,是保证"未来 25 年竞争优势的唯一且最大的因素"。下面是 Google 在提高知识型员工效率方面采取的做法。

(1) 组织委员会,严格招聘。每个参加 Google 面试的人至少与 6 位面试官交谈,后者由公司管理层或潜在同事组成,每个人的观点都算数,从而使招聘程序更加公平,标准更高。

(2) 满足员工的所有需要。正如德鲁克所说,管理目标是"排除任何影响他们工作的障

碍”。Google为员工提供一整套标准的服务设施，一流的餐饮设施、体育馆、洗衣房、按摩室、理发厅、洗车房、干洗房、接送班车等，几乎是一位勤奋工作的工程师所需的一切。

(3) 拉近员工距离。Google的每个项目都是小组项目，每个小组之间都必须进行交流合作。让交流变得简单的最好方式是让小组成员都近在咫尺。因此Google的所有员工分享一间办公室。这样，当某位程序师需要与一位同事协商时，能马上找到对方。当然，Google还有很多会议室供人们进行详细讨论，不会打扰其他人办公。和各个学识丰富的员工比邻而居，委实是一种高效的培训方式。

由于小组的所有成员都近在咫尺，因此在协调项目开展方面相对容易。每位Google员工每周还向其所在工作组发送电子邮件汇报上周的工作成绩。让每个人都能跟踪其他成员的工作进度，使工作流程同步，合作简单协调。

(4) 鼓励创新。Google工程师们可把20%的工作时间放在自选项目开发上，当然须有一个批准过程，公司希望让所有富有创意的人们发挥创意。Google有一个公开的秘密武器，就是创意邮件目录：一个全公司共用的建议箱。任何人都可以把自己的创意发送到这里，从停车程序到下一代应用程序等。在这里所有人都可以对创意进行评价，促使最佳创意浮出水面。

3. Google的多元化经营和全球扩张脚步

2004年8月中旬，Google在美国纳斯达克股市正式挂牌交易，筹资16.7亿美元。Google上市成为当年互联网行业中最重要的事件，市场也需要像Google这样重量级的IPO来提升科技投资信心。

2005年8月，Google宣布再次募集40亿美元的巨额资金。这一消息在美国硅谷以及华尔街激起巨大涟漪，预示着Google正加快全球扩张的脚步。2005年末，在第三季度财报利好的带动下，Google的股价大幅上升，市值一度达到1300多亿美元。上市14个月市值已超过千亿美元，这种财富积累的高速度前所未见。即使遭遇了2008年以来的国际金融危机和欧美经济萧条，以2012年8月初的股价计算，Google的市值仍达2000亿美元，是互联网企业中当之无愧的翘楚。2012年第一季度，Google实现营业收入106.5亿美元，同比增长24%；实现净利润28.90亿美元，同比增长61%。

Google上市后已经完成多次收购，包括一家帮助手机用户定位的Dodgeball.com网站、网络广告技术开发公司Urchin软件公司、地图搜索服务商Keyhole等专业公司。2012年5月，Google完成收购摩托罗拉移动公司。

Google树立了良好的Web搜索服务声誉，这种服务的广告收入也让Google积累了大量财富，但Google已明确表示，不想只做搜索引擎服务提供商。

Google Earth是人们使用越来越多的地图和地理信息服务工具。

Google拥有Gmail、即时传信服务GoogleTalk以及社会网络服务Orkut。Google还拥有Picasa——一种整理、编辑和共享照片的应用服务。

2005年12月，Google击败雅虎、微软，与时代华纳旗下的网络门户公司美国在线(AOL)之间的股份交易取得成功，以超过估价一倍的10亿美元现金换得了AOL 5%股份。Google的目的很明确，如果AOL牵手雅虎或微软，势必对Google广告业务构成威胁，交易的目的在于自卫也在于封杀。

2006 年 10 月,Google 宣布以 16.5 亿美元收购 Youtube,这个网站创立于 2005 年2 月,是世界上最繁忙的在线网站之一,允许人们发布和共享影片或录像,观众可以对影像进行标记、评论。

2007 年 4 月,Google 宣布以 31 亿美元的价格收购 DoubleClick。DoubleClick 主要从事网络广告管理软件开发与广告服务,对网络广告活动进行集中策划、执行、监控和追踪,早期在纳斯达克上市时,市值曾超过百亿美元。Google 收购 DoubleClick 将进一步巩固自身在网络广告市场的领先优势。

2011 年 8 月,Google 与摩托罗拉达成协议,Google 以 40 美元现金每股的价格收购摩托罗拉移动。这笔交易的总价值达到 125 亿美元。

有着"网络新贵"和"科技章鱼"双重头衔的 Google 给微软以至苹果树起了一个高门槛,就如同 20 年前微软给 IBM 树起的门槛一样,微软依靠卖授权的创新商业模式,而 Google 的创新模式则是免费,搜索免费、邮箱免费、软件免费,除了广告什么都可以免费,靠免费聚集的巨大用户群铸起一个新的商业帝国。

案例思考题

1. 搜索引擎网站在网络企业中的地位和作用。
2. 你认为 Google 的成功经验之中有哪些是其他行业公司可以借鉴的?

1.5.2 共享教育资源,发展网络教育

近年来,网络教育、远程教育越来越受到社会大众的关注。网络以其快、新、准的特点使教育资源的传播有了质的飞跃,受教育者可以在任何时间、任何地点以多种方式学习,使受教育者的学习方式更加个性化,提高了学习效率,也给受教育者提供了更多的参与实践机会。

1. 国外网络教育的发展

在发达国家网络教育的应用已经非常普遍,各国政府也大力推动。例如,2004 年 2 月 1 日,欧盟资助的欧洲学习网络基础设施项目正式启动,该项目历时 48 个月,参与者包括德国、法国、英国、意大利等 8 个欧洲国家的 22 所院校和机构。

美国基础教育的虚拟学校计划也实施得比较顺利。1996 年,第一个面向大学以下教育的虚拟学校 The Virtual High School 建成。至 2005 年,27 个州的 300 多所公立、私立的高中拥有虚拟高中,并且有 24 个面向国际的虚拟学校,为全世界提供 200 多门网络课程。2005 年 1 月,美国教育部颁发了《美国国家教育技术计划》,在"七个主要行动步骤及建议"中指出:支持 E-Learning 和虚拟学校是美国教育技术发展的重点。

在美国众多虚拟学校中,佛罗里达州虚拟学校是一个十分成功的例子。该学校成立于 1997 年,当时是作为该州的两个地区学校之间的合作项目,刚开始只有 77 名注册学生。从事该项目的老师坚信,在线学习会吸引那些具有较好计算机知识或自律性较强的学生参与。发展到 2004 年,注册学生已超过 2 万。各种学生都加入到虚拟学校来,包括获取学分、提高

自身能力、学习现有学校不能获得的课程等。在这个过程中，培养了学生通过网络提高自身学习绩效、自主学习的能力。目前该学校面向全国乃至全世界6～12年级的学生提供在线课程，开设的课程不仅有学习技能的FCAT(Florida Comprehensive Assessment Test)课程，也有商业技术、计算机科学、语言、数学等课程，有的课程特点突出，比如，2005年1月，FLVS与Macromedia公司合作，为全国学生提供高质量的Web Design课程，注册学习FLVS课程的学生免费获得Macromedia Studio MX 2004一年的使用资格。现在很多美国学生把虚拟学校的课程作为额外充电，学习课堂里所不能学到的东西。

在网络教育兴起和迅速发展的过程中，高等院校凭借自己雄厚的科研实力和优质教育资源，义不容辞地成为推广网络教育的重要载体，使更多人能够通过网络跨越地理和时间的障碍享受优良的教育资源。著名的麻省理工学院开放式课程体现了知识开放与共享的理念，对全世界产生了极大的影响。麻省理工学院开放式课程(MIT'S Open Course Ware，MITOCW)以网站为架构，将学院内许多教授的教学内容开放分享，让全世界不分种族、国籍、宗教信仰的教师、学生与自学者能够免费搜寻麻省理工学院各课程的教材。2001年4月，MIT启动"开放式课程"计划，2002年9月，MIT开放式课程网站试运行。近年来又投入了大量人力和资金开发新的课程。这些课程琳琅满目，涉及6大学院中的航空太空工程、人类学、建筑学、生物医学工程、生物学、脑与认知科学、化学工程等30多个领域。2003年9月MITOCW正式对外发布了500门课程，2004年4月新增201门课程，2008年以后把1800门课程的资料全发布到网络上，使用者可以自由下载各课程的教学大纲和讲稿等，许多课程包含了影音档案、习题与解答、延伸阅读清单等。麻省理工学院声明"开放式课程"上的内容可以被任何人使用、复制、发送、翻译和修改，前提是用于非商业目的。如果该资料被再出版或是再复制于网站上，必须注明原作者，而且使用者和修改者必须和麻省理工学院开放式课程一样，与人共享这些资料。

麻省理工学院开放式课程计划(MIT OCW)引起全世界瞩目，有100多个国家的网民浏览和使用此网站教学资源，开放教育资源理念、运作模式和应用情况为诸多教育组织机构关注和认同，随着参与机构和资源类型的增加逐渐形成了世界范围内的开放教育资源运动。目前欧洲的远程教育机构组织已经发起了三大开放教育资源计划，分别是：英国开放大学的开放学习计划(OpenLearn http://openlearn.open.ac.uk/)、荷兰开放大学的开放教育资源计划(OpenER)和欧洲远程教育大学协会的自主学习中的多语言开放资源计划(MORIL)。

2. 我国网络教育的发展

我国对网络远程教育的尝试开始于1998年9月，教育部批准清华大学等4所高校开展现代远程教育试点工作。1999—2003年又陆续批准了64所大学开展试点工作，各试点高校下设网络教育学院，在全国各地依托地方高校、电大或其他社会机构开设校外学习中心，负责异地招生和日常教学管理工作。至2012年，除中央电大之外，全国还有北京大学等68所高校获准开展现代远程教育，按照教育部的规定，网络高等学历教育是主要面向成人从业人员的非全日制教育，本科学习年限5年，专科与专升本学习年限为2年半或3年；截至2012年，全国累计招收专科生和本科生约1200万人，已有毕业生约700万人。

随着我国网民数量持续快速增长，一些大学、中学进行积极开展网上教育探索。在基础教育方面，北京四中网校、101网校是中国基础教育网上学校发展的典型。在高等教育方面，以人大网校为例，中国人民大学网络教育学院成立于1998年，是我国高等学校中最早成立的网络教育机构之一。2000年，经过教育部批准，中国人民大学网络教育学院正式开始招生，招收了近万名完全通过Internet授课的高等学历教育学生。人大网络学院还面向社会推出"网上人大"(www.cmr.com.cn)远程教育网站，先后开设了会计学、金融学、国际贸易、市场营销、财政税收、工商企业管理、法学、公共事业管理和汉语言文学9个高等学历教育专业，推出了各专业专升本、高中起点专科、高中起点本科、本科二学历等不同层次的网络课程150余门。目前，网上人大在全国50余个城市设有教学服务站，全国在读的网络学员3万余人。人大的网上教育采取网上环节和网下环节相结合的模式，利用网络优势，信息发布、交作业、批改作业、答疑、交流等环节在网上通过E-mail、BBS等方式进行，而考试、缴费等则在各个服务站点集中完成。课后老师还精心挑选一些有名的专业网站提供给学生，作为课外学习的资料。灵活的学习时间，高效率的学习方法，宽广的知识领域，使学生得到更全面、自主的教育。

2010年以来，教育部依托宽带网络资源，调动国内重点大学的优秀师资和精品课程，开通网上中国大学视频公开课，目前上网课程百余门，累积点击浏览上亿人次。

3. 提倡终身教育，构建学习型社会

当前，经济全球化、信息化和可持续发展成为世界发展三大主题。构筑终身教育体系已成为世界各国经济社会发展的共同要求。我国政府十分重视公民的学习和教育，提出构建终身教育体系，形成全民学习、终身学习的学习型社会，把创建学习型社会列为全面建设小康社会的重要目标之一。互联网的发展极大地改变了教育学习方式，网络教育成为终身学习的重要手段。我们应当更积极地将先进的网络科技运用于教育，让更多的中国人能够享受优质的教育资源，提高全民的文化素质。正如麻省理工学院院长查尔斯·M.威斯特(Charles M.Vest)在谈到开放课程的创建理念时提到的，希望"开放式课程是个让教育大众化的窗口……建立一个造福全人类的知识网络。这个知识网络可以提升学习的品质，由此进一步提升全世界的生活品质"。

案例思考题

1. 网络教育与传统课堂教育的区别和优缺点是什么？
2. 网络教育与终身学习理念如何结合？有何难点？

本章思考题

1. 简述信息社会的内容。
2. 简述信息有哪些特点。
3. 网络经济遵循哪些新的定理？请举例说明。
4. 简述狭义电子商务与广义电子商务的区别。
5. 电子商务有何特点？

6. 电子商务有哪些基本作用?
7. 电子商务应用对企业和消费者有什么影响?
8. 什么是国民经济信息化?包含哪些基本内容?
9. 你如何看待第四利润源?
10. 什么是 M-business?

相关内容网站

1. 中国互联网络信息中心:http://www.cnnic.cn。
2. 中华人民共和国工业和信息化部:http://www.miit.gov.cn。
3. 百度公司:http://www.baidu.com。
4. "谷歌"搜索引擎:http://www.google.com。
5. eCommerce Corporation:http://www.ecommerce.com。
6. 美国在线:http://www.aol.com。
7. 计算机世界报:http://www.ccw.com.cn。
8. 互联网周刊:http://www.enet.com.cn。
9. 全球开放课件协会:http://www.ocwconsortium.org/index.html。
10. 麻省理工学院开放课程:http://ocw.mit.edu/index.html。

第2章　电子商务模式

2.1　电子商务的应用领域

电子商务可以应用于国内外贸易、金融、证券、咨询、运输、旅游、广告、新闻出版、加工制造等各个领域，发展潜力巨大。在各国政府的支持和众多企业的积极参与下，新的电子商务应用技术成果不断涌现。电子商务除了可以提高生产效率，降低生产成本和流通费用，还能节约能源和其他社会经济资源，有利于自然环境保护和提高环境质量，推动优质教育普及，加快科技知识的传播和推广应用，促进社会进步。

2.1.1　商务信息采集和交换

1. 网上信息服务内容

Internet 作为一种信息工具，不但成为信息服务机构服务客户的有效载体，也成为各种社会机构（包括政府部门、社会团体、企业）发布自身信息的一种极为方便、快捷、直观的途径。Internet 上信息资源极其丰富，信息服务内容多姿多彩，新闻、科技、金融、物价、运输、天气、旅游等包罗万象。

2. 网上信息服务成为信息产业的新增长点

根据中国互联网络信息中心（CNNIC）2012 年 7 月发布的第 30 次《中国互联网络发展状况统计报告》，截至 2012 年 6 月底，我国搜索引擎用户规模达到 4.29 亿，较 2011 年底增长 2121 万人，半年增长 5.2%；在网民中的渗透率为 79.7%，是仅次于即时通信的第二大网络应用。随着 Internet 的普及，各种为客户提供信息上网和信息查询的服务机构应运而生。网络服务提供商（ISP）的服务大致有：

① Internet 导航，为上网查询信息的用户提供帮助，查找有关的站点及地址；

② 为客户信息的上网提供全方位服务，从办理有关注册手续，到域名申请、主页设计、信息内容的组织和包装等一应俱全。同时，一些 ISP 还注重开发 Internet 的新的服务领域，如 IP 国际长途电话，成本低廉，且可接入视频信号。

3. 信息服务公司

信息服务公司在欧美等发达国家正如雨后春笋般迅速增多，这些公司一般均设有专门机构和人员（往往占员工的一半以上）从事信息资源的开发、收集和整理。信息服务公司集中大量的人力、物力从事信息资源的开发，一方面可避免“巧妇难为无米之炊”的窘境，为用户提供优质、及时的信息服务；另一方面也是信息商品生产的客观要求。信息资源的一个重要特点是它可被多用户、多次利用的共享性。信息服务公司对信息资源集中开发、集中管理，可在公司内部促成对资源的最大限度的共享，避免各部门各自为政，能大大降低资源的开发成本。

美国是信息化程度很高的国家，信息获得相对比较容易。各信息服务公司信息收集的渠道和方法广泛多样。信息来源和收集渠道主要有上市公司的财务报告、法庭公告、公共信息、政府机构、银行、行业协会、各种新闻媒体，还有问卷邮寄、登门拜访等。通过各种渠道和方法收集到的这些"信息素材"，不一定是能立即使用的"信息资源"，要经过专业人员的分析、加工、整理，提高信息的附加值，最后储存于数据库中，真正成为可以重复使用的信息资源。

信息服务公司可以为企业提供多方面的服务：

① 市场动态预测；

② 产品和服务研究；

③ 竞争性分析；

④ 商业机会的评估；

⑤ 客户分析和信用分析；

⑥ 企业管理与发展分析。

4. 网络广告

网络广告是指在因特网站点上发布的以数字代码为载体的各种经营性广告，企业把有关商品和服务信息传到网络上，让网民有机会访问了解，其形式有企业自己设立的网页和由专门的信息商家集中发布相关企业信息（网上黄页）等。

2.1.2 电子商务在工业领域

1. 制造商面临的挑战和机遇

互联网及电子商务给制造业提供了便利条件和有效工具。现在发达国家的大型制造企业普遍建立起了以计算机网络为纽带和依托的5大系统，即管理信息系统（MIS）、计算机辅助设计系统（CAD）、计算机辅助制造系统（CAM）、智能化仓库系统（IWS）、电子订单处理系统（EOS）。每个大系统又包括若干子系统，比如MIS由人力资源管理、财务管理、物资管理、生产管理、办公自动化、决策支持子系统组成；CAD由设计标准、几何设计、仿真设计、质量控制等子系统组成。这样可以加强企业内部协作，提高反应应变能力，缩短产品设计、制作周期，降低生产成本。

1）节省单证和通信费用，降低时间成本

电子商务可节省各种纸单证制作成本，降低人工费用，提高员工工作效率和企业经济效益。各种纸单证如订单、发票、汇票、装箱单、重量单、产地证等的制作和管理，往往占到制造企业成本的4%～10%，电子商务技术把这部分成本大大压缩。电子商务环境还使企业通信费用水平下降，并减少因人为过失延误而造成的经济损失。

企业成本包括资本成本、劳动成本、效率成本、质量成本、时间成本、机会成本等多种分析角度，而时间成本是信息化时代最重视的概念。企业经营目标之一是取得经济效益，利润是衡量企业效益的一个主要量化指标，但效益是比利润更广的概念。利润是一个短期指标，效益是利润、市场份额和企业市场价值三个量化指标的综合，要考虑实现利润和预期利润两方面，在某种程度上讲，预期利润更重要。这就引入了时间因素，在生产要素中，时间是唯一不会带来增值的成本。根据美国加州服装业的一次抽样调查，劳动成本只占 10%，而时间成本占 30%，时间成本大量浪费在市场——企业、企业内部的各个环节，例如，原料和制成品库存占用都是时间成本。时间成本并非时间本身的消耗，而是这段时间内资源和信息闲置而带来的机会成本损失。效率概念意味着产出不但要更多、更好，而且要更快。快可以节省时间成本，加快资金周转和尽快回收资金，从而提高产出收益。

电子商务大大压缩了企业与市场的空间和时间，能够实现产品设计开发快、生产快、销售快、结算快、反馈快、决策快。例如，自动供货系统可节省时间成本 70%～80%。并行工程和适时库存系统压缩了生产过程中的时间成本，组织机构"扁平化"，实行"横向组织"和"横向管理"，压缩了决策过程中的时间成本。

2）信息处理和决策过程加快

Internet 和 Intranet 可以加快企业处理信息和做出决策的过程。不同层次的企业管理者需要不同的信息。企业的高层领导需要更多的战略信息，中层管理人员需要的是战术信息，而基层管理人员需要的是业务信息和作业信息。战略信息大部分来自外部，战术信息内外部兼而有之，业务和作业信息基本来自内部。一般而言，战略信息寿命长，更新慢，业务和作业信息寿命短，更新快，而战术信息居中。战略信息加工灵活，战术信息次之，而业务和作业信息则比较规范。战略信息的使用频度和准确度低，战术信息居中，业务和作业信息则最高。

信息是正确经营决策的基础，企业经营者要做出适应市场环境和内部条件的正确决策，尤其是战略决策，除了凭借个人经验和判断外，更重要的是掌握足够的外部环境信息和企业内部信息，这些信息必须可靠、及时、全面，错误的过时的信息将导致错误的判断和决策。从企业经营管理角度看，信息就是企业的生命。Internet 的优点在于它可以迅速、及时、充分地提供给企业经营者所需要的信息。

信息是企业统一思想、统一行动的工具。企业的一切活动均表现为物质流、资金流和信息流。信息不仅表现在外部环境预测、经营决策、市场营销、生产管理、计划与控制、原材料供应等业务流程中，而且还表现在企业内的生产、销售、技术开发、财务、人事等职能部门之间。只有通过信息的传递和交流才能将企业内各部门、各环节、各种人员的思想和行动协调统一起来，为企业的总目标服务。

企业信息的沟通渠道还影响企业的组织机构、权力分配和工作方式。企业的组织结构也是一种信息收集、传递、加工、处理、利用的结构，企业内各种岗位的权力和相互关系、工作方式都受到其收集掌握信息量、信息内容和利用信息能力的影响，从某种意义上讲，谁掌握了信息，谁能处理信息，谁就有了参与经营决策的权力。

工业时代的企业是依照物质流的程序组织的，专业化分工是物质流的基础，而职能部门是物质流的程序。现代企业应该是业务部门实现信息的自动处理和传递，决策部门将现有的财务、生产、市场开发结合起来，拆除人为设在市场、设计、生产、销售、财务、人事部门之间的围墙，按照事物内在规律组合成一个有机的整体，加快决策过程。

3）减少投资盲目性，加快产品销售和资金回收

电子商务环境提供的及时、准确的市场信息，有利于企业领导人做出正确的投资决策，减少企业开发新产品的盲目性；高效率的电子网络销售渠道可以缩短企业投资回收周期，推动技术进步和产品升级换代。现代企业把市场信息看做最宝贵的资源，以市场为中心，用信息换时间，用时间换效率，用效率换效益。

2. 设计无纸化和网络化

波音公司面向21世纪的产品——波音777型飞机的设计，从头到尾几乎没有图纸，完全依靠计算机网络，把用户、原材料和零部件供应商的意见都收集起来，有关设计和生产部门通过计算机网络交流反馈合作完成各项设计，形成整体设计方案。从1990年开始，包括美国联合航空公司、香港国泰航空公司、日本航空公司、全日空等多家订户全程参与了飞机的设计过程，提出1000多条意见，大到机身宽度，小到操作按钮的尺寸，许多意见得到采用。波音公司还改变了整个设计流程，打破以往各部门单独设计的传统，把各方面的专家组合成一个个综合设计组，不再画大量草稿图纸，直接在计算机上完成各种部件的设计、修改、组装、模拟操作试验等工作，这样各相关部门可以通过计算机网络在1700个计算机工作站之间及时传递进展情况，反馈意见，既保证设计的合理可靠性，也大大加快了设计进程，波音777型飞机成为波音公司历史上从设计到生产用时最短的飞机。整个设计、生产过程基本实现了“无纸化”，就连最后交给客户的飞机操作保养手册，3万多页的内容，也存在一张光盘里。因为充分考虑到航空公司的需要，这种机型很受用户欢迎，到交付首架飞机时，波音公司已接到15家航空公司144架飞机的订单，这种价值1.25亿～1.45亿美元的新机型成为波音公司的主力盈利产品。

计算机网络的发展也使以需定产、按照消费者特殊要求设计生产变得简便易行。例如，美国著名牛仔裤Levi's厂商就通过互联网让顾客参与设计自己的牛仔裤，顾客在网上选择尺寸、式样、颜色、面料，甚至可以用公司提供的多媒体软件把裤子全部设计好，公司按样生产出来交货。著名的芭比娃娃制造商，可以让买主在网上选择娃娃的肤色、眼睛颜色、口型、脸型、头发式样和颜色、服装款式等，公司按买主的口味生产，送货上门。

3. 业务外部化

1）企业技术来源改变

企业生产所需要的技术，部分来源于企业自身的研究和开发，部分来源于企业外部。两个来源的比例，对于不同的企业而言可能相差很大。

输入企业的技术有两种基本形态：①购买现成的技术，②委托开发所需要的技术。从外部来源的视角看：电子商务改变着技术交易的形态，大大拓宽了企业搜索所需技术的视野，拓宽了企业委托开发的视野，改变了企业获取外部技术的管理方式。

两个技术来源是一个有机的体系，外部来源的改变，必然导致企业自身R & D任务、开发投入与开发组织的变化。另外，企业自身的R & D必然要有技术信息与市场信息的输入，特别是需求信息的输入，这必然会改变企业R & D的组织形态。例如，消费者可以基于软件设计出自己喜爱的轿车车型，生产厂家在网上与消费者协商好价格之后，必须在足够短

的时间内完成设计、生产、送货的工作。

2）业务外包

随着市场竞争的加剧，越来越多的企业采取保留核心业务而把大量非核心业务委托外加工的办法，以提高企业竞争力。例如，福特汽车公司正在从“汽车制造企业”向“汽车概念企业”转变。企业在强化设计开发功能的同时，相对减少了制造加工功能，许多加工环节交由配套合作企业完成，这一趋势在大型企业中更为明显，“大而全”的企业越来越少。电子商务环境为企业协作和业务外包创造出便利快捷的条件，加速了这种发展趋势。

网上虚拟企业通常是不同企业核心能力的集合体，各独立企业均有专门的功能，在完成某一项目时，各独立企业根据其核心能力只完成全部活动的一部分，因此，与虚拟企业这种关系相匹配的业务外包形式，也应采用组织间协调的方式。业务外包服务可划分为四种类型：第一种是公共服务，即“市场规制方式”，其表现特征为需求是临时性的，供给则是面对公共开放的，交易条件通过讨价还价达成；第二种是共同业务服务，即“三方规制”方式，交易的特征是资产具有混合性和高度异质型且交易频率较高，通常是双方事先选定一个共同接受的第三者，授予这个第三者以相互决策的权利；第三种是设立专项业务子公司的“统一规制”方式，即采用一体化方式；第四种则是“双边规制”外包业务方式，交易双方保持各自的独立地位，但相互之间形成相对稳定的业务合作和委托服务机制。

2.1.3 电子商务在商贸服务领域

电子商务的发展为商贸企业提供了许多机会，同时，对于传统商业来说也面临着一场新的革命，原有商业格局将重组，商品流通形式会出现重大变革，这一变革过程会打破旧的市场格局和企业间原有的差距，使大家站在同一起跑线上。

1. 批发商业

电子商务环境对批发企业来说是一次严峻的挑战，因为许多厂商都在尝试利用Internet与零售商场建立直接供货关系，以降低流通费用，增强市场竞争力，甚至对消费者网上直销。零售企业也考虑跨过批发环节是否能进一步降低进货成本，许多消费者对价廉便捷的网上直销有浓厚兴趣。全球成千上万的批发商正在寻找电子商务环境下批发企业的立足点和应对方案。与此同时，电子商务也给批发商提供了新的营销手段和市场机会。

2. 零售商业

在制造商、批发商、零售商、消费者的整个流通链上，由于竞争加剧和电子商务技术的出现，不仅零售商想撇开批发商，直接向厂家进货；制造商也想去掉中间环节，直接面对消费者。每个环节的企业都面临挑战，都得考虑自己的市场地位，保留自己存在的价值并扩大市场份额。

在大型零售商场、连锁商店、超级市场，作为商业自动化的重要方面，电子工具被广泛应用于商业购、销、调、存的全过程。首先，在商场前台服务中电子收款机ECR(Electronic Cash Register)和销售点实时信息系统POS(Point Of Sales)已被大量采用；其次，在商品进、存、调和财务管理中采用统一的管理信息系统，将前台销售与后台管理有机地联系起来。

有些企业在前两步的基础上开发出决策支持系统(DSS),辅助企业高层领导进行管理决策,经营成本下降,取得显著经济效益,也为发展网上销售和订货准备了良好条件。

美国沃尔玛公司(Wal-Mart)靠领先应用信息技术而成为世界最大的零售企业,它的计算机化销售系统现在仍是零售业的标准。从 20 世纪 80 年代后期开始,沃尔玛增加投资 6 亿美元用于库存管理设备和计算机网络建设,建立了全球最大的私人企业卫星通信系统,使它能够随时跟踪库存变化,也可向供货商下达电子采购订单,实现电子支付转账。沃尔玛的 1500 家零售商店能够通过公司的内部计算机网络传输汇总其商品销售情况,按适时库存原则及时进货。其 4000 多家供货商可以直接从系统获得每天的销售数据,接受电子订单,相应调整生产供货规模。采用电子商务系统是沃尔玛在零售行业中保持低成本运作和市场领先地位的重要因素。

3. 网上书店(商店)

享誉全球的美国 Amazon 网上书店,没有一间门市部,但经营的图书达到 250 多万种,年营业收入上百亿美元。Amazon 网络书店(http://www. amazon. com)有地球最大书店之称,是由杰弗里·贝左斯于 1994 年筹划建立的。杰弗里敏锐地察觉到 Internet 带来的巨大商机,经过分析 20 种商品,最后选定的品种是图书。事实证明,杰弗里的决策是正确的,Amazon 书店于 1995 年 7 月在网上正式开张后,立即受到消费者的欢迎,销售额以 30%的幅度逐月增长,1996 年超过 1000 万美元,1997 年突破 1 亿美元,仅两年时间就发展成一家特大型书店。

Amazon 经常被作为电子商务中成功的典型,在各种媒体中广为介绍。许多人把书价低廉说成是 Amazon 书店最吸引顾客的地方。Amazon 经销的图书确实比市价低不少,其网页上就有让顾客"节省 30%"的承诺,有些图书可比街上书店低 4～5 成。Amazon 成功的另外两个要素是书籍挑选范围广和网页操作简便,使 Amazon 能为消费者提供专卖服务。Amazon 网络书店经营的图书有数百万种,而街面书店是绝对不可能陈列如此大量书籍的,美国最大的传统书店只经营 17 万种书籍,图书邮购公司的经营范围也不过 20 万种。

Amazon 的竞争优势还在于拥有众多出版商的支持,Amazon 合作的出版商多达 5 万家。网上书店的出现对小出版商无疑是福音,Amazon 对所有出版商都提供 24 小时速递服务和免费的搜索引擎。这意味着,在网上书店,小出版商有机会和大出版商一起,直接向读者提供书评、摘要等宣传材料,促进书籍销售;同时,小出版商和大出版商一样,都能充分了解读者的需求,改进自己的服务。电子商务缩短了大小出版商的距离,使他们在同等条件下竞争。

Amazon 现在已大大扩充了自己经营的产品范围,包括 CD 影碟、玩具、礼品、服装、计算机、家用电器等,建立了规模庞大的配送中心系统;并提供网上专卖店的目录管理服务,凭借自己的品牌优势,输出自己的网上专卖业务管理模式,为其他的网上专卖店提供广告和指引服务。这种服务称为 Place 服务,其他网上专卖店在 Amazon 的网站上扮演专有内容提供商的角色。精细分工有利于服务效率和质量的提高,越来越多的企业采用分工合作的方式。Place 服务企业专心经营好自己网站的基础建设,以丰富的栏目内容提高访问量,而网上专卖店则独占某个栏目的内容建设,从而提高内容品质,减少重复投资。

4. 网上国际贸易

无纸化电子贸易的最大优势在于对大量重复单据的快速、准确处理，外贸业务中单证处理量相当大，据美国国际贸易单证委员会调查，每笔外贸业务需 46 种不同的单证，连同正副本一共 360 余份，这么多单证要在 20 多个有关机构之间进行传递，有 70%的信息将重复出现，有 30%的信息重复达到 20 次以上，如果靠手工来逐份处理的话，劳动强度很大，而且由于外贸业务对单证的正确性要求极严，哪怕只有一份单证出现一点错误，就可能导致整笔业务的失败，需要有专人负责审单，加大了工作量。使用 EDI 等电子技术传递单证，网络上有专门的翻译软件，可将输入的内容自动翻译成所要求的单证形式、语言形式，而且可以根据需要做成不同份数及组合，并保证自动传递到有关部门，同时追踪结果，这一过程在极短时间内就可完成。

Internet 的最大优点就是传输信息简便、覆盖面广，国内中小厂家也可以在网上宣传自己的商品，把产品推向国际市场。浙江温州一些民营皮鞋厂从网上收集意大利、法国的流行款式，把自己生产的皮鞋销到欧美，Internet 增加双向选择的机会，对促进贸易有重要作用。

货运监管、征收关税、查缉走私、进出口统计是海关的四项基本职能任务。关税税则有数千个号列，每种商品税率多少？是否需要进口或出口许可证？是否有配额限制？是否法定检验商品？这些内容靠人脑记忆、翻阅法规文件来审查核实效率极低，要处理每天上万笔的进出口报关货物几乎是不可能的。现在我国的进出口规模比改革开放前大大增加，年进出口额从 1978 年的 206 亿美元增长到 2012 年的 36 420 亿美元，增长 120 多倍，海关的业务量每年增长 20%，而海关的人员编制却不可能每年增加 20%。解决的办法只能是实现作业计算机化、网络化，既减轻劳动强度，又缩短货物通关时间。

5. 旅游电子商务系统

相对于传统的旅游业来说，旅游电子商务不仅可以提高工作效率，降低边际成本，而且旅游产品本身具有个性化、信息化、时令化等特性，非常适合网上销售，旅游产品还具有无形性和不可储藏的特点，不需要配送环节，只需考虑网上支付的问题，目前多家银行已提出一系列网上支付解决方案，旅游电子商务的环境日趋成熟。我国现有 3000 多家旅行社，已建立几百家专业旅游网站，如携程网、悠哉网、同城网、途牛网等。

2.1.4 电子商务在金融领域

1. 电子金融

对于通过电子商务手段完成交易的双方来说，银行等金融机构的介入是绝对必要的。银行的作用是对货款对流原则的保障和支持服务，通过信用卡、智能卡、光卡、数字现金、电子支票、电子资金传输(EFT)等各种方式来完成交易支付。因此，金融电子化既是银行业本身提高效率、降低成本的需要，也是电子商务在其他领域推广应用的基本前提。此外，网上保险、网上证券交易等也是电子商务的重要应用领域(详见本书第 4 章)。

2. 网上账务代理

大型公共服务公司通过网上账务代理商,可以让客户每月在网站上查看账单并网上付费,从而节省账单邮寄费和记账企业处理账单的费用。对于记账销售的企业来说,Internet 账单降低成本的作用十分诱人,美国有关调查显示,每一份寄给客户的账单的成本为 1~2.5 美元,其中包括即时打印、信封、邮资和人工费等花费。美国最大的记账销售企业 AT&T 的管理人员指出,采用联网账单提示方式,每份账单的成本可节约 40%~50%,而且还有机会推销额外服务,并大大减少客户服务的电话费用。

2.1.5 电子商务在信息产业

电子商务的发展往往需要经历 4 个阶段:第一阶段,人们互发电子邮件来传递信息;第二阶段,在 Internet 上开发主页,把企业的内容和形象发布到网上;第三阶段,在网上可以互动式交换信息;第四阶段,实现在线交易。发展电子商务需要建立良好的银行清算系统,需要通过计算机软件实现商品目录化和信息服务网络化,需要先进技术确保网上交易的安全和商务信息传递的准确迅速。这些需要为信息产业发展提供了大好商机和巨大潜在市场。信息产业的发展给电子商务创造条件,电子商务的发展反过来又推动信息产业的发展,扩大对信息产品的需求,两者互相推动,形成良性循环。

1. 日新月异的通信业

通信行业是信息时代的主角之一,社会经济的发展步伐受电信业发展速度的制约。在信息时代,受社会需要的推动,电信业内部的技术和制度创新也日益加快,新技术不断涌现,行业垄断逐步被打破,市场竞争使世界范围的通信业服务价格水平大为降低,降低了国民经济运营成本。

1) 新的技术手段

网络通信技术的发展,一方面是对传统通信方式的挑战,另一方面也为通信业发展提供了新的动力。网络电话使计算机充当起电话和传真机的角色,网络视听电话(Web Video Phone)外形像普通电话机,实际却是一台网络通信专用的计算机,打电话只是其功能之一。现今科技还创造出具备联网功能的便携式、手持式计算机终端,开发出具备网络浏览、电子邮件和数据处理功能的无线网络电话。

IP 电话大大降低了通话费用,最早研究电话与 Internet 网关技术的以色列 Vocal Tec 公司开发的一项通信软件,可以利用 Internet 在一条通信线路上同步传输 480 个电话,这类发明大幅度降低了电话资费,缩小以至消除国际、国内电话通话费的差距。

2) 三大社会公共系统

目前,在欧美等发达国家,因特网与电话网、有线电视网一起被称为三大社会公共系统,已成为社会经济生活正常运转和人们日常生活必不可少的信息传输系统。Internet 在短短的十几年的时间内,已发展成为全球仅次于电话网的第二大通信网络,已从最初的科研网络逐步发展成为教育、科研、商业多领域应用的综合性网络。

随着 Internet 使用越来越普及,许多国家的市政当局和通信部门已设立公用计算机亭,为外出办事的人员提供随时接入使用 Internet 的便利,与公用电话亭一样作为公众通信系统。我国深圳等地已推出“多功能信息亭”,是一种公共型多功能智能化综合信息交互平台,可以提供上传下载文件、收发电子邮件、网上浏览、IP 电话、可视电话等多种功能。随着网络技术进一步完善,Internet 在整个社会通信系统中的地位会越来越重要,逐步占据主导地位。

因为矩阵式、多渠道沟通的特点,Internet 作为信息传输媒体更为可靠,在发生重大事故时更能显示其这一优点。1994 年 1 月美国洛杉矶大地震后,各种通信媒体都陷于瘫痪,Internet 成为人们了解震情的唯一工具。

2. 新闻传播业的新面貌

1) 第四媒体的兴起

集报刊、广播和电视三大媒体的优势于一体,Internet 作为汇全球各种媒体信息于一网的新型大众传播工具正在迅速崛起,被称为第四大传媒。Internet 具有传播信息容量极大、形态多样、迅速方便、全球覆盖、自由和交互的特点。三大传媒所具有的一切表现形式和特点 Internet 可以兼备,而三大传媒所不具备的特点 Internet 也具备,它是知识经济时代最具传播发展潜力的大众传媒。按美国学者的观点,一种媒体使用的人数要达到全国人口总数的 20%以上才能称为大众传媒。美国现有 3 亿人口,在美国按受众达到五千万才算大众传媒的话,广播成为大众传媒用了 38 年,电视用了 13 年,有线电视用了 10 年,而 Internet 仅用了 5 年。1998 年美国网络用户突破 5000 万,因特网作为大众传播媒体的概念被广泛接受。1998 年 5 月,在联合国新闻委员会年会上,“第四媒体”的概念正式得到使用,联合国秘书长安南在会议上指出,在加强传统的文字和声像传播手段的同时,应利用最先进的第四媒体——因特网。一种新型大众传媒的迅速兴起和发展,必备的要素是传播信息快、范围广、成本低,Internet 正是具备了这些超过以往传媒的优点。

在因特网的冲击和压力下,国内外的报刊社、广播电台、电视台纷纷上网建立网站,希望借力用力,巩固和扩大自己的市场。比如,依托 CCTV 而成立的“中国网络电视台”就把自身定义为“国家综合网络视频公共平台,是以视听互动为核心、融网络特色与电视特色于一体的全球化、多语种、多终端的立体化传播平台”。

Internet 综合了各大传媒的各种传播表现形式,网民们可以通过直观、听阅、思考和对比等各种手段,从多种表现方式中以一种更成熟的多维综合判断方式,从多方面来体验、认识和感受生活,不易受到局限。传统传媒在传播表现方式上各自受到一定的局限,难以从多方面贴近社会生活,而 Internet 可以从多方面贴近社会生活。一种大众传媒的传播表现方式越是贴近生活,越是能够多方面地真实地表现生活,那么这种传媒就越具有活力。网上媒体运营商凭此优势为普通上网用户提供贴近生活的信息服务内容,除传统的新闻发布外,创新的服务包括网站目录导航和搜索引擎、用户个性化信息服务设置、免费个人主页资源和电子邮件服务等。网上媒体运营商正是通过这些传统的和创新的服务内容和方式赢得大量上网用户,并以这种大量的访问为资本,赢得广告客户和广告收入。目前,许多网上媒体运营商把自己的网站转向虚拟社区,提供一个网上的集体生活空间,以此提高用户的忠诚度。

2) 传统报刊面临的挑战

为了应对第四媒体带来的市场压力,现今各国主要报纸、杂志几乎都出版了电子版,此外，还有许多专门的网上刊物，从定期的日报、周刊到不定期的专辑、特辑，应有尽有。由于网络传媒的交互式特点，读者有机会发表自己的见解，与他人讨论交换意见，不再是单纯被动地接收信息，因而吸引了大量热心的中青年读者。目前网上已有不计其数的“新闻组”和“兴趣组”，从足球、健美到围棋、拳击，应有尽有，一些热门网站吸引的读者群和作者群，足以让《纽约时报》这样的报界巨人俯首称臣。仅 Usenet 的新闻组就有 15 000 个分门别类的公告牌(BBS)供人们发布新闻信息、讨论和发表意见，任何人在此都可以找到自己感兴趣的领域。

一份出版两个月的电子杂志已拥有十倍于有百年历史的传统杂志的读者群，一个受欢迎的“博客”能有几十万、上百万拥趸。这些现象的主要原因是 Internet 对信息传播产生了革命性的影响。媒体信息一旦数字化，就具有了交互性，传统新闻理论的基础也就被动摇了。因为，新闻界向来把自己当做主体，把接受信息者当做客体，把听众、观众、读者叫“受众”，我传播，你接受，受众是完全被动的。而信息一旦上了网后，马上就变为实时互动的内容，读者不是被动地接受别人的观点，而可以自由发表自己的见解，这对于许多人有极大吸引力。以往报刊受篇幅限制，其作者只限于一个小团体，绝大多数人被排除在外，现在情况变了，谁都可以在 Internet 各类网站发表高见，如果你的文章写得好，有独到的见解和分析角度，对网民有吸引力，自然有人替你转贴宣传，读者又岂止一般刊物的区区数万人。

3. 电子邮件的发展

1) E-mail 的作用

现在每年通过 Internet 传递的电子邮件达 10 万多亿份，这些邮件如果通过常规邮递则要花费上万亿美元邮资，资金和能源的节省巨大，时间的节约所产生的效益更是难以估量。

E-mail 的发展已经过四代：第一代是单主机范围的 E-mail，只限于本主机系统内的通信；第二代是同机种多主机之间的 E-mail，可以开展不同局域网之间的通信，但必须使用同样型号的计算机主机；第三代是异种机之间的 E-mail，它通过网关(Geteway)实现了不同种类主机之间的通信；第四代 E-mail 是目前的开放式文电作业系统(Message Handling System，MHS)，它是根据国际标准化组织(ISO)的 7 层通信模型和国际电报电话咨询委员会(CCITT)的电子邮件标准系列设计和开发的，是包括数据、信传真、话音、图像在内的新一代多媒体综合信息传输系统。

2) 电子信箱业务的特点

通过电子邮件与朋友、客户进行沟通，非常便宜、快捷、方便。电子邮件是连入 Internet 的唯一一种非在线工具，用户不必留在网上等待响应。人们常说以时间换空间，这里变成以时间换金钱。充分利用电子邮件的这一特点，可以用更少的钱干更多的事。

电子信箱业务是公用数据网和电话上的一种增值业务，该业务的提供与信箱所设地点无关。它与分组交换数据网(PSDN)、公用电话网(PSTN)及用户电报网(TELEX)连接。电子信箱业务具有以下特点。

(1) 可利用存储转发方式为用户提供多种信息交换方式，如普通文件、信件、传真、电报等的改善和接收功能。

(2) 用户可在不同地点、任意时间打开信箱，迅速、方便地处理信息。

(3) 通信过程不要求收发信双方同时在场，消除了时间和空间对人们获取信息的限制，不必中断紧张的工作。

(4) 可以实现异种计算机之间的通信和数据库共享,从而扩大了数据通信网的服务范围和服务内容。

(5) 允许不同的终端设备之间互通。

(6) 提供脱机服务功能,减少用户联机时间,节省费用。

(7) 随时可获得联机帮助,无须对用户进行特殊培训。

(8) 提供多语言环境,用户可选用适合自己的语言;电子邮件也可以传递语音,而且传输速度大大高于电话,不需要有人接听,受话人事后打开邮箱可以听到"邮件"。

(9) 具有很强的安全保密措施。

2.2 电子商务的模式

经济活动的参与者可以分为政府(Government/G)、企业(Business/B)、消费者(Consumer/C)三种角色。相应地,电子商务应用也有六种基本类型,即企业—企业、企业—消费者、企业—政府、消费者—政府、消费者—消费者、政府—政府。

2.2.1 企业对企业

1. B2B 的含义

企业对企业(Business to business,BtoB 或 B2B)的电子商务指的是企业与企业之间依托因特网等现代信息技术手段进行的商务活动。例如,工商企业利用因特网等向供应商采购或利用网络付款等。企业对企业的电子商务是电子商务的主流,商业机构之间的交易和商业机构之间的合作总是社会商业活动的主要方面。就目前来看,电子商务最热心的推动者是商家,这也不足为奇,相对来说,企业和企业之间的交易才是大宗的,是通过引入电子商务能够产生较大效益的地方,企业也需要电子商务来建立竞争优势。

2. B2B 的阶段

企业间电子商务通用交易过程可以分为以下 4 个阶段。

1) 交易前的准备

(1) 买方制订购货计划,进行货源市场调查,确定购买商品的种类、数量、规格、价格、交货地点和交易方式等,利用电子商务网络寻找自己满意的商品和商家。

(2) 卖方根据自己所销售的商品,全面进行市场分析,制作广告进行宣传,制订各种销售策略和销售方式,利用 Internet 和各种电子商务网络寻找贸易伙伴和交易机会,扩大贸易范围和商品市场份额。

其他参加交易各方(如银行金融机构、信用卡公司、海关系统、商检系统、保险公司、税务系统、运输公司)也都为进行电子商务交易做好准备。

2) 交易谈判和签订合同

这一阶段主要是指买卖双方对所有交易细节进行谈判,将双方磋商的结果以文件的形式确定下来，即以书面文件或电子文件形式签订贸易合同。电子商务的特点是可以签订电子合同，交易双方利用网络通信手段，经过反复磋商，将双方在交易中的权利和所承担的义务、对所购买商品的种类、数量、价格、交货地点、交货期、交易方式和运输方式、违约和索赔等合同条款，全部以电子合同做出全面详细的规定，合同双方可以利用电子数据交换（EDI）进行签约，可以通过数字签名等方式签名。

3）办理交货前的手续

这一阶段是指买卖双方签订合同后到合同开始履行之前办理各种手续的过程，也是双方交货前的准备过程。交易中可能涉及银行、信用卡公司、海关、商检机构、保险公司、税务部门、运输公司等，买卖双方要利用 EDI 与有关各方进行各种电子单证的交换，直到办理完可以将所购商品从卖方按合同规定开始向买方发货的一切手续为止。

4）交易合同的履行

卖方要备货、组货，同时进行报关、保险、准备有关单证等，卖方将所购商品交付给运输公司包装、起运、发货，买卖双方可以通过电子商务服务器跟踪发出的货物，银行和金融机构也按照合同，处理双方收付款、进行结算，出具相应的银行单据等，直到买方收到自己所购商品，完成整个交易过程。一方出现违约时需要进行违约处理，受损方可向违约方索赔。

现在有一些 B2B 网上市场往往可以为入场交易的企业提供从信息检索到货款支付的全方位服务，有的大型市场是把多个 B2B 网上市场以虚拟形式组合成的巨型市场，可以为买主客户提供广泛的商品选择和充分的价格比较，也为卖主提供充分展示商品的机会，使双方都能获得相当满意的交易条件。

3. B2B 的程序

参加交易的买卖双方在做好交易前的准备之后，通常都是根据电子商务标准规定开展电子商务交易活动，电子商务标准规定了电子商务交易应遵循的基本程序。

（1）客户方向供货方提出商品报价请求（REQOTE），说明想购买的商品信息。

（2）供货方向客户方回答该商品的报价（QUOTES），说明该商品的价格信息。

（3）客户方向供货方提出商品订单（ORDERS），说明初步确定购买的商品信息。

（4）供货方向客户方对提出的商品订单的应答（ORDESP），说明有无此商品及规格型号、品种、质量等信息。

（5）客户方根据应答提出是否对订单有变更请求（ORDCHG），最后确定购买商品信息。

（6）客户方向供货方提出商品运输说明（IFTMIN），说明运输工具、交货地点等信息。

（7）供货方向客户方发出发货通知（BESADN），说明运输公司、发货地点、运输设备、包装等信息。

（8）客户方向供货方发回收货通知（RECADV），报告收货信息。

（9）交易双方收发汇款通知（REMADV），买方发出汇款通知，卖方报告收款信息。

（10）供货方向客户方发送电子发票（INVOIC），买方收到商品，卖方收到货款并出具电子发票，完成全部交易。

2.2.2 企业对消费者

1. B2C的含义

企业对消费者(Business to Consumer,BtoC或B2C)的电子商务指的是企业与消费者之间依托因特网等现代信息技术手段进行的商务活动。B2C模式是一种电子化零售,主要采取在线销售形式,通常实现付款方式的电子化。目前有各种类型的网上商店或虚拟商业中心,向消费者提供从鲜花、书籍、食品、衣物、玩具到计算机、汽车等各种商品和服务,几乎包括了所有的消费品。为了方便消费者,网上商品做成电子目录,有商品的图片、规格和价格信息等。因特网的搜索功能和多媒体界面使消费者更容易查找适合自己需要的产品,并能对产品有详细了解。因此,B2C应用潜力巨大,并成为推动其他类型电子商务活动的主要动力之一。

根据易观国际和商务部发布的数据:2009年,我国电子商务交易额达3.8万亿人民币,占全国GDP的11.4%,B2C交易额约为220亿元,同比增长105.8%;2010年,我国电子商务交易额近4.5万亿人民币,同比增长22%,B2C交易爆发式增长,全年交易额达1040亿元,同比增长372.7%;2011年,我国电子商务交易规模达5.88万亿元,同比增长29.2%,占GDP比重上升到12.5%,B2C交易规模达2401亿元,同比增长130.8%。网络零售总额超过7500亿元,在社会消费品零售总额中所占比例超过4%,我国有望在2013年成为全球第一大网络零售市场。

2. B2C的交易成本分析

网站与消费者之间可以用"两个人"的交易来比拟,用两人间的竞争/合作及需求多样性的互动过程去满足双方的需求,不仅交换商品与金钱,还有许多看不见的隐含成本。

1) 产品的价值

从交易的角度看,产品的价值是建立在用户"需求"基础上的,有了需求,产品才有"市场价值"。当然,厂商可以借助营销手法创造或拉动需求,借以提高产品的市场价值,实现利润最大化。用户购买之前所接收到的这些信息,或者说商家与用户的信息不对称,就可能影响交易前的交易成本。

2) 交易前的交易成本

交易前的交易成本是当用户上网购物搜索信息时,根据脑海里的相关线索进行分析,并试着从这些资料中提取出最合适的信息。这个由过去的经验所形成的基础,可能来自亲友的告知,或来自电视的广告,也可能来自用户的使用经验。信息量可能很大,有时也可能掺杂着情感因素,所以人无法以最有效的方式去判读这些信息,必须借助其他的辅助工具。

许多门户网站所提供的搜索引擎,就是在降低用户寻找信息的成本。提供信息分类功能,使用户可以找到所需内容。更进一步,有些网站还提供了比价功能,将搜索器与寻找网络最低价相结合,将所需信息寄到用户的电子信箱。有些网站则提供专家、网友的评比作为用户参考的依据。

3) 交易中的交易成本

在交易期间,交易的安全性可以降低用户因为网络所产生的不确定感。安全性可能包含银行的安全性、用户资料的安全性、用户隐私保护以及产品的担保期限。网站自身所提供的界面亲和性、便利性、功能的完整性,以及交易时间的长短也会影响交易的成功率。

4)交易后的交易成本

货物能准时、完好地送到,是用户非常关心的,也就是用户收货验货的成本,这取决于后端物流系统是否完善。为了减少消费者验货成本的不确定性,Amazon 提供的不满意马上退货、免付邮资的服务,获得很多用户的青睐。

当然,客户服务可以是同步的或非同步的,可以是专属的,也可以是大众化的。很多网站提供了客户服务信箱,如果提供网上的电话服务,问题可以解决得更快。也可以开辟客服人员的网上聊天室,提供网上即时对话。不仅将东西卖出,还应建立彼此间的信任关系,有助于提高下次交易的成功率。

2.2.3 企业对政府

企业对政府(Business to Government,BtoG 或 B2G)的电子商务指的是企业与政府机构之间依托因特网等现代信息技术手段进行的商务或业务活动。政府与企业之间的各项事务都可以涵盖在其中,包括政府采购、税收、商检、政策法规发布等。例如,政府的采购清单可以通过 Internet 发布,通过网上竞价方式进行招标,企业也要通过电子方式投标。作为大买主,政府可以通过这种示范作用促进电子商务的发展。

政府还可以通过网络实施对企业的行政事务管理,如政府通过网络发放进出口许可证、开展统计工作;在公司营业税和所得税的征收上,企业可以网上报税,政府对企业可以通过网络核实营业额和利润,通知税额和纳税期限,用电子资金转账方式来完成税款收缴。我国的金关工程就是要通过政府与企业的电子商务,如发放进出口许可证、办理出口退税、电子报关等,建立我国以外贸为龙头的电子商务框架,并促进我国各类电子商务活动的开展。

政府在电子商务方面有两重角色:既是电子商务的使用者,进行购买活动,属商业行为;又是电子商务的宏观管理者,对电子商务起着扶持和规范的作用。在发达国家,发展电子商务主要依靠私营企业的参与和投资,政府只起引导作用。在发展中国家,可能需要政府的较多参与和帮助,因为发展中国家企业规模偏小,信息基础设施落后,资金不足或资金动员能力弱,政府的参与有助于推广先进信息技术、提供一部分信息基础设施建设资金。

2.2.4 消费者对政府

消费者对政府(Consumer to Government,CtoG 或 C2G)的电子商务指的是政府对个人的电子商务或业务活动。这类的电子商务活动目前还不多,但应用前景广阔。居民信息登记、统计和户籍管理以及征收个人所得税和其他契税、发放养老金、失业救济和其他社会福利,是政府部门与社会公众日常关系的主要内容,随着我国社会保障体制的逐步完善和税制改革,政府和个人之间的直接经济往来会增加,这方面业务的电子化、网络化处理也可以提高政府部门办事效率,增加国民福利。

2.2.5 消费者对消费者

消费者对消费者(Consumer to Consumer,CtoC 或 C2C)是个人之间的电子商务交易。

因特网为个人经商提供了便利，各种个人物品拍卖网站层出不穷，早期影响最大的是“电子湾”或称“伊贝”(eBay)，它是由美国加州年仅 28 岁的奥米迪尔在 1995 年创办的，是 Internet 上最热门的网站之一。eBay 上交易的商品，从古董、邮票到宝石、首饰，从玩具、书刊到计算机、电器，应有尽有。eBay 网上目录中开列几百种、几十万件交易商品，年交易额达几百亿美元，超过任何一家特大百货商场。

eBay 的交易做法并不复杂。人们首先在网上注册成为其成员，输入自己的姓名、住址、电话和电子邮件地址，以后就可以做卖主或买主了。作为买主不需要向 eBay 缴纳任何费用，作为卖主则要交纳少量物品上网手续费，若货物成交再交相当于成交金额 1.25%～5% 的交易佣金，在 4 周之内结清。为方便交易，卖主可以在 eBay 开立自己的结算账户。

eBay 的出现，既给人们处理不用的旧物品提供了方便，也为许多原本与商业无缘的人士提供了一条做生意的捷径。美国一老妇人在当地旧货摊上花两美元买的一个芭比玩具娃娃，放上网后竟被巴西一顾客以数百美元购去，从此成为 eBay 的常客，每日生意可有几十甚至几百美元的收入。许多家庭妇女和退休人员都在网上买进卖出，乐此不疲，既排遣了生活的寂寞，也能增加一些收入，补贴家用。

eBay 的经营成功，在于找到了一个很好的市场切入点，充分利用 Internet 联系广泛，不受地域和国界限制的特点，可以在非常广阔的地区为旧物品寻找潜在用户从而使物品增值，又考虑到买主和卖主的需要，为他们提供了诸多方便和一定的交易安全保障，因而得到人们青睐。

2006 年春，26 岁的加拿大青年麦克唐纳用一个曲别针换得一套房子一年居住权的故事传遍我国大江南北，小伙子用一枚 30cm 长的红色曲别针先后换取鱼形笔、陶瓷门把手、烤炉、发电机、啤酒、雪地摩托，最后用一份唱片合约换来美国亚利桑那州一套大房子的一年居住权。由此催发了我国易物网站如雨后春笋般产生，出现了“易物网”(www.comhuan.com)、“易贝网”(www.myebe.com)、“换物网”(www.feo.com.cn)、“换吧”(www.huanba.net)、“换啦”(www.8huan.com)等十几个易物网站，交换物品从库存积压物资到个人特色服务，内容丰富多彩。

2.2.6 政府部门对政府部门

世界各国都维持着一个庞大的政府部门以行使社会综合管理职能，效率常遭人诟病，削减人员和经费开支被各国政府列为工作重点，但人员越裁越多，开支越来越大。从客观方面讲，随着社会经济生活越来越复杂、规模越来越大，如果没有现代化手段，就是有三头六臂也难以管理。以我国财税收入为例，2011 年全国税收总额已达 89 720 亿元，即使按每张税单收税 1 万元，也要处理近 9 亿张税单，不搞电子化难以为继。

政府的工作并非征税一项，从国防、外交、公安、海关、统计到邮电、铁路、航空等国有经济部门，管理内容庞杂，靠手工不能适应经济发展要求。因此，近年来许多国家致力于计算机网络的建立完善以提高政府部门的工作效率。继加拿大政府 1994 年首先制订出《应用信息技术更新政府服务的规划》后，欧美发达国家纷纷提出“电子政府”的口号，内容是实现政府内部管理工作程序的计算机化和通信联络的网络化，并与社会经济各部门、各行业的计算机网络互联，办理各种申请审批手续，提高工作效率，降低开支，减轻社会负担。

2.2.7 电子商务模式的拓展创新

由于电子商务本身是快速发展的新生事物，电子商务模式也不会是一成不变的，随着电子商务应用领域日益扩大，应用方式不断创新，人们对电子商务模式的理解也在不断深化，比如同样是企业与消费者(B2C)两个参与方，如果转变为消费者主导的情况，就演变成另一种模式(C2B)。下面就此做一些分析。

1. B2C 与 C2B

近两年，一些消费者通过网络沟通组织起来、集体压价与商家谈判成交的例子越来越多，即所谓"团购"或消费者价格联盟，比如市面上某种型号汽车的最低价格为 20 万元，而 50 位消费者组成一个采购联盟却可以提出 19 万元的最高出价并促使商家接受成交。团购参加的人数越多，得到的折扣越大，一些团购网站已拥有几十万注册会员，涉及的特约商户和商品种类众多，市场影响力日益增强。根据中国互联网络信息中心(CNNIC)的第 30 次《中国互联网络发展状况统计报告》，至 2012 年 6 月底，我国团购用户规模为 6181 万人，网民使用率达到 11.5%。团购同样出现在旅行社旅游线路报价、培训班招生、住房装修、婚庆典礼、家电购买等领域，这种由消费者主导达成的交易与人们通常理解的 B2C 电子商务有根本区别，因此，由商家主导的电子商务零售可以称为 B2C，由消费者主导完成的电子商务零售可以称为 C2B。

2. C2B2C 与 P2P

前面分析的 C2C 模式(如 eBay)，由于两个人买卖成交必须通过 eBay 这个商家的交易平台，并非两个人直接联系成交，因此有人认为这种模式是 C2B2C 而不是 C2C，中间商家往往还要收取交易费用，从中获利。一些人通过个人主页等发布信息吸引到买主直接成交的交易，才能算真正的 C2C，或者为了避免混淆，也可以称 P2P(Person to Person，Peer to Peer)，是两个平等的个人之间直接联系完成的交易。

3. B2G 与 G2B

当我们对政府与企业这两个主体通过网络发生的业务活动进行详细分析时，就会发现由政府采取主动的业务活动(如政府采购招标)与企业采取主动的业务活动(如申请营业执照、报关等)也有不同，前者可以称为 G2B，后者可以称为 B2G。同样道理，对政府与消费者之间的电子业务活动也可以细分为 C2G 与 G2C 两种情况。总之，对电子商务模式的理解认识不应僵化，对 IT 技术推动的商务模式创新也要有心理准备，思想要与时俱进。

2.3 电子社区服务

2.3.1 电子社区

在电子商务发展过程中，电子社区服务日益引起人们的关注。电子社区服务，是通过信息网络为分散的组织、机构、家庭和居民提供高效、便捷的服务，它必须利用现代信息技术将一个社区中分散的政府部门、企业、组织、家庭和居民联系起来，形成网上社区，实现信息的交流共享。

电子社区是指现代信息网络手段在城市社区管理中的广泛应用，人们在网上可以享受到政府和企业提供的全程服务，使社会资源能够得到最大限度的利用。电子社区就是通过综合利用计算机技术、通信技术、控制技术和图形图像技术，依靠社区宽带网络，实现家庭智能化、社会管理现代化和社区服务信息化，从而全面提高居民的工作效率、学习效率和生活质量。实现电子社区服务，首先要在不同的区域内建立起电子社区，电子社区的形式可能是电子城市、电子城镇和电子街道等，包括某一区域范围内的政府机构、企业、学校、医院、图书馆、社团、购物中心、银行、邮局、酒店、旅馆、车站、码头、机场、娱乐中心和家庭等基本信息活动单元。在建立起不同区域的电子社区之后，通过高速信息网络完成电子社区的互联，可以提供全面的电子化服务。

电子社区服务是电子商务进入社区的一项重要形式，而社区综合服务系统的建立为电子商务 B2C、C2C 的发展提供了很好的平台。电子商务发展最需要的是市场，电子社区服务的多方位需求给电子商务面向个人消费的业务提供了发展机会，可以借助电子社区进行服务宣传，完善社区的个人信用体系，开展末端物流等。电子社区所拥有的巨大消费需求资源与电子商务卓越的服务供给能力形成互补，使电子社区服务有相当大的发展潜力。

2.3.2 虚拟社区

电子社区还有一种扩大的概念，即所谓的虚拟社区，是指通过因特网进行交流而形成的社区。虚拟社区和前述电子社区的区别是：电子社区是实体社区的电子化形式，在地理上是接近的；而虚拟社区是网络虚拟社会，是以一定内容或特定服务分类的，在网上活跃着成千上万的虚拟社区。虚拟社区突破了地理界限和物理空间的限制，其概念所包含的内容更加广泛。虚拟社区大致可以分为四种类型。

1. 交易社区

此类社区可以为买卖活动提供便利。社区成员包括买方、卖方、中间商等。通用电气 TPN 网络即为交易者提供了这样一个社区，让他们展示产品并竞价。

2. 兴趣社区

在兴趣社区中，人们可以就某些特别的主题相互交流，包括政治、经济、社会、体育、文艺、教育等众多领域。例如，网上有许多股票论坛，吸引个人投资者参与讨论；而各种名牌化妆品的社区则吸引众多女士们共同探讨。

3. 关系社区

关系社区是建立在共同的生活经历基础上的。例如，美国 CompuServe 上的癌症社区专门发布和交流与癌症有关的信息；Parent Soup 是一个为人父母者喜欢聚会的地方；老年人喜欢访问 SeniorNet；Women's Wire 是一个著名的妇女在线社区。也有许多社区是根据职业组织起来的，如医生、教师或建筑工程师等。

4. 假想社区

在这里,参与者建立了一个假想的环境。例如,美国在线的用户可以在 Red Dragon 旅馆扮演中世纪的爵士。在 ESPNet 上,参与者可以自己组队与“乔丹”比赛。还有许多网上游戏可以让数千人同时玩,比如仙境传说,玩家可以扮演骑士、法师、牧师等不同角色。

虚拟社区为其成员提供适意便捷的服务,包括特定信息交流、协作和交易手段等。

2.3.3 “博客”与“威客”

1. “博客”

近年来,因特网上流行起一种名为“博客”(Blog 或 Weblog)的虚拟社区形式。“博客”一词源于“Web Log(网络日志)”的缩写。简单地说,它是由简短且经常更新的自撰或张贴文章所构成,形式像日记和个人评论,内容按照日期排列。它是一种格式化个人信息发布方式,任何人都可以像免费电子邮件的注册、写作和发送一样,完成个人博客网页的创建、发布和更新;可以充分利用超文本链接、网络互动、动态更新的特点,精选并链接全球互联网中最有价值的信息、知识与资源;也可以将个人工作经历、生活故事、思想历程、突发灵感及时记录和发布,发挥个人的表达力;还可以以文会友,结识和汇聚朋友,进行深度交流沟通。这种网络日志的作者,英文叫 blogger,中文一般译作博客。

博客被视为继电子邮件、BBS 和 ICQ 之后的第四种互联网沟通工具,是一种网络个人信息的发布形式。它充分利用了网络双向互动、超文本链接、动态更新、覆盖范围广的特点,将使用者的思想精华及时发布,并连接因特网中相关的信息资源。使信息和知识传播更加迅速、直接、高效,并使传播的结构更加扁平化,一些有价值的思想火花容易激发网民的积极回应。

有人认为:博客的技术原型是简化的 BBS 和个人空间的组合,只是后者突出论坛或网站的定位,网民在其中只是一个参与者,相比较而言,博客更强调受众的个性与权利。还有人认为:博客不仅是一个网络日记的技术工具,它的重要意义在于,它是互联网上赋予个人以力量的工具。博客让每个人都可以成为互联网中自主的主体,表现自己并与网络世界建立全面的交流沟通。

博客在中国的短短几年间发展非常迅速,其社会影响日益突出。

2002 年 8 月,中国第一家大规模的专门博客网站——“博客中国”(www. blogchina. com)成立,定位于 IT 新闻与评论,迅速成为国内最有吸引力的博客网站,对博客在中国的启蒙起了重要作用。2002 年 12 月,千龙研究院和博客中国网站联合举办“首届博客现象研讨会”,国务院新闻办、中宣部、各大主流媒体及学术界人士出席,显示主流媒体和政府有关部门对博客现象的关注。2004 年,政治时世评论博客对印尼海啸等重大国内外事件的意见引起世人瞩目,独特的评论风格显示巨大吸引力,让传统媒体感受严峻挑战。2005—2008 年,明星博客快速兴起,从演艺界、体育界明星到财经界、新闻界名嘴,明星博客一浪接着一浪,吸引着社会大众的目光。徐静蕾、李宇春等文艺界明星的加入,扩大了博客的社会影响,也提升了自己的人气。到 2012 年初,国内估计有 4000 多万网民使用博客。

2009 年以来,一种更适合手机传输阅读的简约式、标题式博客——微博客(微博)得到了快速推广普及,不仅各界名人纷纷推出个人微博,许多政府部门也主动开通政务微博,及时向公众传递重要信息。2011 年被一些人称为我国的“政务微博元年”,据国家行政学院电子政务研究中心 2012 年 2 月在北京发布的《2011 年中国政务微博客评估报告》统计分析,截至 2011 年底,我国政务微博客总数达到 50 561 个,比 2011 年初增长了 7.7 倍。

2. “威客”

在博客刚被大众了解和接受之时,另一个特殊的网民群体——威客又出现了。“威客”是英文 Witkey(Wit 智慧+Key 钥匙)的音译,指凭借自己的智力和创意,在网上承揽业务和招标项目,为客户提供智力解决方案而获得收入的人。他们靠网上出售智力和点子而获得部分或全部个人收入,是一群特殊的 SOHO 族。他们从威客网站搜寻自己感兴趣、有能力做的招标项目,把自己的创意方案提交到网站,如果被客户欣赏和接受,就可以获得报酬。反之,他们的作品就只能是孤芳自赏,不能产生经济效益。

威客网站的一般运作程序如下所示。

(1) 客户提出委托任务(比如企业的 LOGO 设计),并汇款到威客网站。

(2) 威客网站正式发布客户委托任务,说明时间等具体要求。

(3) 不同威客提交自己的创意方案。

(4) 客户挑选方案,如有满意的创意,提交完整方案给客户,威客网站付 80%报酬给提供设计方案的威客,20%作为网站运作费用。

(5) 如果客户发现没有满意的方案,可以追加赏金,以吸引更高水平的威客,延长时间,进行第 2 轮“招标”,直到找到满意的方案。

目前国内有上百个威客网站,聚集的威客群体有数十万人。威客网站上公布的招标业务种类繁多,金额大小悬殊,少至几十元,多到几十万元,相差几千倍。当然,对解决方案的复杂性和质量要求也差别很大。

威客这样一种工作形式,很适合现代青年的性格特点,很多人至少希望能做一个兼职威客。做一件自己感兴趣的、有挑战性、创造性和竞争性的任务,对许多思想活跃的年轻人,有着天然的吸引力。

威客群体的壮大和威客网站的健康发展,需要解决好知识产权保护问题,防止抄袭、假冒等侵权行为发生,还要注意依法纳税和守法经营,才能使这一因特网时代的新生事物沿着康庄大道快速发展。

2.4 案例两则

2.4.1 网上购物诈骗及其防范

1. 巨额诈骗

2002 年初,eBay 网站发生一起金额高达 30 万美元的诈骗案。一名骗子利用 eBay 的用户评估系统在长达 4 年的时间里,精心伪装,骗取客户信任,最后实施蓄谋已久的诈骗计划,骗取客户30多万美元的订货款后，携款潜逃。

2002年1月22日，联邦网络特警杰夫·哈曼收到"网上诈骗投诉中心"(IFCC)通过互联网发来的5份投诉报告，提到一个名叫史度华·理查逊的人涉嫌利用eBay网站进行诈骗活动。理查逊是一名经营小工艺品的商人，在eBay网站上登记拍卖商店的商品，可是买主成交后寄钱给他，却收不到商品。哈曼正在分析报告的内容时，当地警局乔·杜克探长打来电话，告诉哈曼警局接到全国各地十几位消费者投诉理查逊的电话，并且5天前，理查逊的妻子报警称她丈夫以外出聚餐为名，取走银行全部存款，然后消失得无影无踪。

2. 客户评价系统的缺陷

哈曼和杜克有一个疑问：这些顾客既不了解理查逊的底细，也不能确定他登记拍卖的商品确实存在，怎么就放心地寄钱给他呢？这个问题涉及eBay的用户评估系统。这套让买卖双方相互进行评估的系统，设计初衷是为了保护买卖双方的利益，现在看来显然存在漏洞。在用户受骗时，它不能向其他用户及时发出警告，还有可能被骗子利用来掩护诈骗。

据eBay的记录，理查逊1998年2月第一次在这家拍卖网站进行了交易，成功拍得两件商品。他打电话给卖主，对方要求款到寄货，他对此很不高兴，争辩说要是卖主拿了钱，不寄东西，怎么办？他决定放弃这次交易。对方立即在eBay网站的用户评估系统中发表了对他不利的反馈意见。

理查逊很快吸取了教训，在后来的一次交易中迅速付了款，赢得了对方的好评。从那时起，直到2002年初，他在eBay网站一共进行了6270多次交易，对方给予他好评多达6170次。客户评价他出售的商品"质量上乘，交货及时，非常值得推荐"！他"出众"的商业信誉从此得到确立，也给他以后诈骗买主创造了条件。

理查逊的买卖基本都是通过eBay或其他网站成交的。他卖出的商品多数是转手买卖，售价的40%归他，每售出一件商品平均可以获利100～500美元。

2001年12月下旬，他在eBay网站上异乎寻常地登记了大量供拍卖的小工艺品，几天之内就超过100件，其中大多数是收藏家眼中的精品。他的解释是在替别人代理销售这些工艺品，因此买家在交易成功后，必须在拍卖结束的7天内，也就是2002年1月4日前付清款项。1月17日中午，理查逊从商店的银行账户和一个只有他一人知道的账户(前一周已经取出6万美元)取出26.1万美元，开车去了机场，从此消失。警方调查证实，理查逊所称的代理销售工艺品完全是谎话，为了骗到更多钱，他将那些并不存在的工艺品重复卖给多个买主，欺骗他们说，原先拍得工艺品的买方反悔了，现在仍可购买——这种交易在eBay网站非常普遍。

eBay从不否认其用户可能被骗，但强调诈骗案件比例非常之低，仅占0.1%。但根据调查，eBay对诈骗案件有时隐瞒不报，许多诈骗案件直到警方介入，才得以公开。eBay所公布的数字中，从不包括未经其调查人员查证的诈骗案。

eBay为保护用户的利益也采取了一系列措施，但控制诈骗主要还是靠那套用户评估系统。如果有人诈骗，受害者可以马上将受骗事实上网公开，因此从理论上说，骗子的诈骗活动是不能持久的。

但现实情况并非如此。首先，有些人被骗之后，不愿意发布对卖方不利的评论，原因是害怕对方以对已不利的评论进行报复。其次，即使某个交易者被系统清除出去，系统也不能立即向其他人发出警告，原因是从付款方支票被兑现到卖方逾期不交货存在时间差。这个时间差可能长达数周，由于没有人指出骗子的诈骗行径，骗子仍可在这段时间里继续进行诈骗。理查逊一案正是如此。

3. 防范手段

有没有办法避免在网上拍卖活动中被骗呢？回顾一下理查逊诈骗案，如果细心一点，还是可以看出一些值得警惕的迹象的。例如，他拍卖的商品价格突然比过去提高不少(因为他要在诈骗行径败露前尽量多骗到钱)；要求买方尽快付款；声称所售商品并非为他所有(作为延误交货和应付附近买主到商店验货的借口)。此外，消费者参与网上拍卖，应当尽量避免用支票付款，而应当选择信用卡(一些信用卡公司承诺承担客户被骗所遭受的损失)，也可以通过支付中介机构付款。总之，不要过分依赖商务网站用户评估系统提供的信息，用户必须时刻保持警惕，具有较高的自我保护意识，才能防止上当受骗。

案例思考题

1. 如何防范网上交易中的诈骗行为？
2. 如何看待用户评估系统的作用？

2.4.2 芝麻开门——阿里巴巴的成功之路

阿里巴巴(Alibaba.com)的快速发展引起全球电子商务和因特网研究人士的高度关注，其B2B发展模式与雅虎的门户网站模式、亚马逊的B2C模式和eBay的C2C模式并列，被称为“互联网的第四模式”。作为全球企业间(B2B)电子商务的著名品牌，它也是目前全球最大的网上贸易市场，曾两次被哈佛大学商学院选为MBA案例，在美国学术界掀起研究热潮；五次被美国权威财经杂志《福布斯》(Forbes)选为全球最佳B2B站点之一，不仅是中国唯一入选网站，而且是全球唯一一家连续五年当选最佳的网站；多次被相关机构评为全球最受欢迎的B2B网站、中国商务类优秀网站、中国百家优秀网站、中国最佳贸易网；被国内外媒体、硅谷和国外风险投资家称为与Yahoo、Amazon、eBay、AOL比肩的五大互联网商务流派代表之一。

1. 困难中成长壮大

1999年2月21日，18个阿里巴巴首创者齐聚在马云家里，商讨成立阿里巴巴网络公司的事宜。马云勾勒的“阿里巴巴”类似于乌托邦：以虚无的“阿里巴巴”为平台，逐步将中小企业的销售中心、人事中心、技术中心、支付中心和财务中心都放在上面，把B2B、B2C及C2C之间的一切环节都打通，阿里巴巴将成为一个虚拟的电子商务王国，拥有自己的货币、自己的游戏规则、自己的运行体系，但是他坚信，只要阿里巴巴这种模式被人接受，那么它就会以裂变速度不断膨胀。凭一股创业激情，大家凑了50万，开始了艰苦的创业历程，立志要做一个服务于中小企业的互联网交易平台。阿里巴巴成立后，总部定在香港，之后一年多时间里，主要是开拓海外市场。2000年底，网络进入低潮，马云带领他的团队将战线拉回内地，总部也迁到浙江杭州。

2001年，阿里巴巴提出“活着”就好，以乐观的心态面对互联网的冬天。2002年，提出年度盈利1元钱，而最后的结果却超过年初计划15万倍。2003年，阿里巴巴不但没在SARS中倒下，反而因此壮大了自己，全年平均销售收入是一天100万元。2004年，阿里巴巴实现每天利润100万元的目标。2005年，在220个国家和地区拥有550万家会员的阿里巴巴已实现每天税收100万元，成为全球不争的业界老大，用马云的话来说，就是"拿着望远镜也找不到对手"。

阿里巴巴今天的辉煌与其每一步审慎的决策密切相关，然而，每一步却并非轻松易行。

2003年7月在一片质疑声中，阿里巴巴突然抢入被eBay中国垄断了90%份额的中国C2C市场，推出以免费为杀招的淘宝网。当时许多人认为，任何企业在C2C领域都无法与eBay抗衡。但在短短的半年时间里，淘宝网冲进了全球网站排名前70名，掀起了中国个人网上购物的风暴。

2004年9月，阿里巴巴作为中国电子商务的重要服务商，携手英特尔丰富的无线资源，将无线技术、平台和个人终端三者结合，在无线电子商务的应用和推广方面开辟新天地，实现"随时随地电子商务"的整合新模式。无线电子商务无疑是中国电子商务新的发展趋势之一，它消除了距离和地域的限制，通过无线技术无论何时何地用户都能轻松实现电子商务。

为了让商人们的交流更加充分，阿里巴巴推出了建立在阿里巴巴网站基础之上的商务信息交流工具——贸易通，为中小企业发展贸易提供一个服务平台。贸易通使用户轻松方便地完成日常沟通、商务谈判、信息交换等多项任务，不仅能大大降低用户在电话、传真、邮递等传统沟通方式上的成本，更增加了发现商业伙伴的机会。无线模块的引入，使商人的商务活动更加便捷，贸易成功机会增加。阿里巴巴与英特尔合作，是典型的双赢战略，阿里巴巴通过无线商务实现跨越式发展。

2005年10月，阿里巴巴公司顺利完成对雅虎中国全部资产的收购，同时，雅虎公司注入10亿美元，成为阿里巴巴最重要的战略投资者之一，这也是中国互联网史上最大的一起并购。阿里巴巴收购雅虎中国的所有资产，包括雅虎的门户、雅虎的一搜以及3721网络实名服务。阿里巴巴公司还获得全球互联网品牌"雅虎"在中国的无限期独家使用权。从股份情况看，雅虎在阿里巴巴的经济利益是40%，拥有35%的投票权，阿里巴巴占2席，雅虎1席，软银1席。收购完成之后，阿里巴巴公司可进一步加强自身在B2B领域、C2C领域以及电子商务支付领域的实力，并利用雅虎搜索技术，打造强有力的互联网搜索公司。

2007年11月6日，阿里巴巴集团B2B子公司在香港联合交易所主板挂牌上市，共发行了8.589亿股，上市开盘报30港元，最终收报39.5港元，较招股价13.5港元上涨192%，一跃成为中国互联网首个市值超过200亿美元的公司。在互联网领域，阿里巴巴成为继谷歌(Google)之后最大的首次公开募股(IPO)。

2012年2月，阿里巴巴集团宣布将以每股13.5港元的价格回购上市公司约26%的股份，预计耗资约190亿港元。该计划于5月25日在阿里巴巴网络股东大会以95.46%的赞成票通过。6月20日，阿里正式摘牌退市。

阿里巴巴退市意味其将进行重大业务转型，阿里巴巴首席战略官曾鸣表示，转型过程需要两到三年时间，无法对盈利做出保证，甚至要做什么具体业务都不清楚。

"将阿里集团变成一家真正意义上的数据公司已经是战略共识，而支付宝、淘宝、阿里金融、B2B的数据都会成为这个巨大的数据分享平台的一部分。"天猫总裁逍遥子表示，"开放的电商云工作平台将整合电商生态系统的全链路数据,并和全社会分享,则是这个战略的核心所在。"

电子商务平台的核心竞争力是数据,通过数据可以分析行业走向、消费趋势等,利用数据盈利的前景十分广阔。

2012 年 7 月 23 日,马云在杭州体育馆召开"万人大会",鼓励 B2B 员工在集团内部转岗。马云宣布,调整淘宝、一淘、天猫、聚划算、阿里国际业务、阿里小企业业务和阿里云为事业群,并由这七个事业群(七剑)组成集团 CBBS(消费者、渠道商、制造商、电子商务服务提供商)市场体系。曾鸣解释说:"七剑合一"旨在打通在线化供应链,打造一个"开放、协同、繁荣的电子商务生态系统"。

作为电子商务产业链的核心环节,阿里巴巴此举无疑将影响到诸多商家,他们必须考虑在这种 Online 供应链中如何体现自己的核心竞争力,如何拓展生存发展空间。

2. 成功的钥匙

阿里巴巴的成功应当说有一定必然性,因为阿里巴巴人拥有了开启成功之门的钥匙。

1) 公司文化——水文化

阿里巴巴的核心竞争力被归结为企业文化——水文化。刘向所著《说苑 · 杂言》记载,子贡问孔子:"君子看到大水必定观看,不知有何讲究?"孔子答:"君子用水比喻自己的德行。水遍及天下,没有偏私,好比君子的道德;水所到之处,滋养万物,好比君子的仁爱;水性向下,随物赋形,好比君子的高义;水浅则流行,深则不测,好比君子的智慧;水奔赴万丈深渊,毫不迟疑,好比君子的勇敢;水性柔弱活灵,无微不至,好比君子的明察;水遭到恶浊,默不推让,好比君子的包容;水承受不洁,终至澄清,好比君子的善化;水入量器,保持水平,好比君子的正直;水过满即止,并不贪得,好比君子的适度;水历尽曲折,终究东流,好比君子的意向。"老子说:"上善若水。水善利万物而不争,处众人之所恶,故几于道。"—— 有道德的上善之人,就像水的秉性一样,水善于滋养万物而不与万物相争,它停留在众人不乐意的卑下之处,所以最接近于道;上善之人处世所居要像水那样的善处卑下,存心要像渊那样的清静深沉,交友要像水那样的彼此相亲,言辞要像水那样诚信不欺,为政要像水那样有条不紊,办事要像水那样无所不能,举动要像水那样待机而动。或许马云认识到了水的深邃含义,才将其企业文化归结为水文化。

2) 公司运营——全球化

对于阿里巴巴而言,全球化的真正含义是创造那些当地企业无法创造的价值,给当地创造就业机会,改善当地民众的生活,带去自己独特的东西。阿里巴巴把中国的企业带给世界,把印度的企业带给美国,把美国的企业带给阿根廷……阿里巴巴带去的价值是当地企业没有的,而这正是阿里巴巴独特的价值。创办中国人创办的全世界最好的公司,这是阿里巴巴的企业理念。但中国人创办的并非仅仅是中国人的公司,而是一个世界各国人都可以加入的公司。在这种全球化理念的引领下,阿里巴巴在伦敦、日内瓦、香港、纽约等地都设立了办事处。

同时,阿里巴巴公司有个上下认同的管理理念,就是"东方的智慧,西方的运作"。东方人有深厚的智慧积淀,但在商业运作能力上有欠缺,而西方企业经营是用制度来保证的,富有效率。因此,阿里巴巴在公司管理、资本运作、全球化操作上,合理接纳采用现代西方管理理念和做法。

3）公司团队——“一体化”

阿里巴巴强调团队凝聚力，实现全员目标“一体化”，信守员工彼此之间的坦诚相待，尤其是管理人员不能欺骗员工，有时可以不告诉他们一些事情，但绝对不能欺骗，欺骗必定瓦解团队信任的基础。另外，领导对下级员工、同事之间应经常鼓励。马云曾对员工说“不要为我工作”。的确，如果仅仅是为某一老板工作，那一定是被动消极的；而当整个团队是为大家共同的理想和奋斗目标工作时，就会爆发出高涨的热情。员工取得成绩时，主动予以鼓励；员工有错时，及时进行指导，这样才能形成轻松融洽的企业氛围和乐观向上的团队精神。阿里巴巴人永不放弃、不断创新，把这种精神贯彻到整个公司的运营中，融合到每个员工的思想和行动中。

案例思考题

1. 我们可以从阿里巴巴的成功道路中获得哪些启示？
2. 举例谈谈你对水文化的理解。

本章思考题

1. 电子商务对各行业的影响。
2. 信息服务公司可以为企业提供哪些方面的服务？
3. 什么是时间成本？电子商务如何降低企业的时间成本？
4. 第四媒体对传统媒体的影响。
5. B2B的含义及其技术手段。
6. B2C与C2B有什么区别？
7. C2B2C与P2P有什么区别？
8. B2G的含义及内容。
9. 什么是电子社区？什么是虚拟社区？
10. 什么是博客和威客？

相关内容网站

1. 交易保障中介公司IESCROW：www.iescrow.com。
2. 阿里巴巴公司：www.alibaba.com。
3. 公开国际贸易网：www.opentrade.com。
4. 电子湾：www.ebay.com。
5. 商务网：www.commerceone.com。
6. 上海书城：www.bookmall.com.cn。
7. CommerceNet：www.commerce.net。
8. 西单商场：www.xdsc.com.cn。
9. 无忧团购网：www.51tuangou.com。
10. 易物网：www.comhuan.com。

第3章 电子商务技术

3.1 电子商务应用技术

为了顺利完成电子商务交易全过程，需要建立一整套完善的电子商务服务系统、电子支付方法和机制，还要确保参与各方能够安全可靠地进行全部商业活动。为此，电子商务需要广泛的技术支持，下面从两个方面进行分析。

3.1.1 电子商务技术的类型

1. 按电子商务流程的组成部分来划分

1）个人用户技术

个人用户是指基于浏览器、机顶盒、个人数字助理、可视电话等接入 Internet，以获取信息、购买商品为主要目的的 Internet 用户。这方面的技术涉及计算机、Internet、Web 浏览、网络通信等技术手段的运用。

2）企业用户技术

选用 Internet 作为企业信息载体进行日常商业活动的用户，通常一方面使用基于 Java 的许多中间件产品，把原有的两层 C/S 结构（企业信息处理及管理系统）拓展为三层或多层结构，满足企业发展的需要，提高决策速度，适应市场变化；另一方面，利用 Java Applet 等技术和多种基于 Java 的应用软件与政府管理机构、第三方支持机构、商业伙伴等保持高效实时的交互联系和商务处理过程，提高运作效率。同时，数据仓库、数据联机分析处理和数据挖掘技术对大量数据的处理和分析是必不可少的。

3）电子商场技术

电子商场是指发布产品信息并且接受订单的站点。从这个意义上说，任何企业、个人，无论其经营规模大小，都可以通过 Internet 建立一个没有空间和时间限制的电子商场。但是，网上商场的实现也不是轻而易举的。第一，一个只用简单的 HTML 网页发布静态信息的网站很难吸引客户，为此，商场除了要提供丰富的商品信息以外，还必须建立动态网页，并提供灵活方便的搜索方式和个性化服务，同时保证用户私人信息不会泄露；第二，网上商场应有提供自己身份证明、获取用户身份证明的能力；第三，要保证用户的订单信息在网上传输时不被窃取、修改，订单一经发出，具有不可否认性，订单到达后，有一套完善的处理方法和管理、保存机制；第四，能与银行等金融机构合作，提供可靠的结算方式；第五，能够保证网上购物系统与企业原有系统以安全、合理的方式集成，保证企业内部网络和内部信息的安全。

4）网络银行技术

在与电子商务相关的商务活动中，现有的支付方式包括两大类：在线支付与非在线支付。非在线支付方式包括传统的邮局汇款、银行电汇、货到付款、现金支付等；而在线支付主要包括网络银行、信用卡、电子钱包、手机支付等。

以网络银行为例，它可以在 Internet 上实现一些传统的银行业务，突破时间和地点的限制，用户不管在什么地方，都可以查看和管理自己的账户；减少银行在维持营业场所方面的支出，提高银行业务效率。同时，网络银行与信用卡公司等合作，发放电子钱包，提供网上支付手段，为电子商务交易中的用户和商家服务。由于金融信息的重要性，网上银行与企业、个人用户之间的信息传输就更要保证安全性、完整性和不可否认性，银行还要确保内部网络和数据的安全。

5）电子证书技术

电子证书是一个数字文件，通常由 4 个部分组成：第一是证书持有人的姓名、地址等关键个人信息；第二是证书持有人的公开密钥；第三是证书序号、证书有效期等；第四是发证单位的电子签名。这种证书由特定的授权机构——认证中心发放，具有法律效率，它是电子商务活动中个人或单位的有效证明。

认证中心（Certification Authority，CA）是一些不直接从电子商务交易中获利的受法律承认的权威机构，它们负责发放和管理电子证书，使网上交易的各方能互相确认身份。电子证书的管理不仅要保证证书能有效存取，而且要保证证书不被非法获取。

6）电子签名技术

电子签名用来保护网上传输信息的真实性、完整性及识别发送人身份。首先，可用散列算法将要传输的信息内容变成一固定的信息段，即信息摘要，然后，用发送者的私有密钥对信息摘要加密，就生成了电子签名。接收方为验证所收信息先用发送方的公开密钥解密电子签名，即得到信息文摘 A，再把收到的信息用同样的散列算法计算，得到信息文摘 B，比较 A 和 B，如果两者相同，表示信息确实是该发送者发出并且在传输中未被更改。

2. 按电子商务的具体应用来划分

1）计算机支持和应用技术

计算机作为整个 Internet 的核心，在电子商务中扮演着最为重要的角色。基于 Internet 的电子商务要求以先进的高性能计算机作为依托。在服务器端，要求高性能的中小型计算机为电子商务提供强大的计算能力，使从事电子商务的企业不必担心因为网络流量过大而导致联网速度下降的问题。在客户端方面，要求高性能的个人计算机为用户使用带来快捷的感受。

计算机应用技术方面包括：进行信息的收集、传输、加工、储存、更新和维护的计算机管理信息系统（MIS）技术；对业务数据进行挖掘分析，帮助企业领导人决策的决策支持系统（DSS）技术；将各种资源优化利用，业务过程优化排序和调整，进一步挖掘企业潜力的企业业务流程再造（BPR）技术；帮助公司对市场变化作出快速响应，以低成本提供企业较好服务的集成化业务管理信息系统的企业资源计划（ERP）技术；创建虚拟世界，使人产生身临其境感觉的交互式仿真系统的虚拟现实技术等。

2）Internet 技术

Internet 技术包括 Internet、Intranet、Extranet 技术等。虽然 Internet 技术并非电子商

务独有的技术，但 Internet 的技术进展直接影响电子商务的发展，它是电子商务相关的关键技术之一。

3）网络通信技术

网络通信技术包括网络设备、网络接入设备、有线通信系统、无线移动通信系统、信号接收和转换标准等涉及的技术。

4）Web 技术

Web 技术是随着 HTTP 和 HTML 一起出现的。Web 服务器利用 HTTP 传递 HTML 文件，Web 浏览器使用 HTPP 检索 HTML 文件。从 Web 服务器一旦检索到信息，Web 浏览器就会以静态和交互方式显示各种对象。无论是在 Internet 上创建 Web 站点和发布主页，还是在 Intranet 上张贴文本和图形文件，都涉及设计 Web 站点和制作网页的问题。除了 Web 服务器硬件和软件外，重要的工具还有网络门户、搜索引擎和智能代理技术等。

5）数据库技术

在电子商务业务中需要收集、存储和管理各种商务数据，从底层的基础数据到上层的各种应用都要用到数据库。例如，商家为用户提供的商品信息，认证中心储存的交易角色的信息，配送中心需要的配送信息，商家管理用户的一些购买信息，等等。这些信息的存储和使用需要有数据库技术作为支持。它包括数据模型、数据库系统（Oracle、Sybase、SQL Server 和 FoxPro 等）、数据库系统建设和数据仓库、联机分析处理和数据挖掘技术等。应用于电子商务中的数据库技术主要完成数据的收集、存储和组织、决策支持、Web 数据库等任务。

6）交易安全技术

安全问题直接影响电子商务的发展，这其中涉及防火墙技术、网络安全监控技术、信息加密技术、IPSec 与 VPN 技术、移动商务安全技术、物联网安全技术等。此外，若在网络上进行商务活动需要有一个商务活动所涉及的各方均信任的第三方机构来完成商务活动各方的认证，还涉及认证技术。

7）电子支付技术

电子支付是为所购商品在网上付款的技术。从严格意义上来说，电子支付是一个过程而不是一种技术，但该过程涉及很多技术问题，包括电子资金转账技术、数据自动捕获技术（磁卡、IC 卡、信用卡读写设备）、移动支付与微支付、银行清算系统等。

8）电子数据处理技术

电子数据处理技术主要包括电子数据交换技术（EDI）、条码技术等。EDI 技术与构成 EDI 系统的三要素——数据标准化、EDI 软硬件和通信网络——密切相关。条码技术要为商品提供一套可靠的代码标识体系，为产、供、销等生产及贸易的各个环节提供通用“语言”，并为商业数据的自动采集和 EDI 等的实现奠定基础。

3.1.2 电子商务的技术标准

为保证商务活动数据或单证能被不同国家、行业贸易伙伴的计算机识别处理，一定要有数据格式的一致约定。我国电子商务技术标准包含了 4 个方面的内容：EDI 标准、识别卡标准、通信网络标准和其他相关的标准，涉及标准 1200 多项。我国把采用国际标准和国外先进标准作为一项重要的技术经济政策积极推行。

1. 识别卡标准

国际标准化组织(ISO)从20世纪80年代开始制定识别卡及其相关设备的标准,至今已颁布了37项。我国于20世纪90年代从磁条卡开始进行识别卡的国家标准制定工作。现有6项磁条卡国家标准,基本齐全,等同采用ISO 7810《识别卡物理特性》和ISO 7811《识别卡记录技术》系列标准;3项触点式集成电路卡(IC)国家标准,等同采用ISO 7816《识别卡带接触件的集成卡》系列标准。另外,有5项国家标准涉及金融卡及其报文、交易内容,采用了相应的ISO标准。

2. 通信网络标准

通信网络是电子商务活动的基础,目前国际上广泛应用的有MHS电子邮政系统和美国Internet电子邮政系统。前者遵循ISO、IEC、CCITT联合制定(个别是单独制定)的开放系统互联(OSI)系列标准,后者执行美国的ARPA Internet系列标准。这两套标准虽然可兼容,但还有差异。我国制定通信网络国家标准时,主要采用OSI标准。

3. EDI标准

20世纪60年代起国际上就开始研究EDI标准。1987年,联合国欧洲经济委员会综合了经过10多年实践的美国ANSI X.12系列标准和欧洲流行的"贸易数据交换(TDI)"标准,制定了用于行政、商业和运输的电子数据交换标准(EDI FACT)。该标准的特点:一是包含了贸易中所需的各类信息代码,适用范围较广;二是包括了报文、数据元、复合数据元、数据段、语法等,内容较完整;三是可以根据自己需要进行扩充,应用比较灵活;四是适用于各类计算机和通信网络。因此,该标准应用广泛,我国已等同转化为5项国家标准。此外,还按照ISO 6422《联合国贸易单证样式(UNLK)》、ISO 7372《贸易数据元目录》等同制定了进出口许可证、商业发票、装箱单、装运声明、原产地证明书、单证样式和代码位置8项国家标准。

4. 其他相关标准

与电子商务活动有关的标准,有术语、信息分类和代码、计算机设备、软件工程、安全保密等标准,约有440项国家标准,其中采用ISO标准的有164项,占37%。这些相关标准中许多标准仅描述我国特有的信息,如民族代码、汉字点阵模集等,因此不能也不应该采用外国标准。

综上所述,我国电子商务技术标准,一是起步晚,EDI等领域内的技术标准工作在20世纪90年代才开始;二是标准未成体系,EDI标准EDI FACT有170项,ANSI X.12有110项,我国仅有13项,其中租赁计划询价单、税务情况报告等还是空白;三是积极采用国际标准,20世纪90年代前制定的电子商务国家标准约有600项,采用国际标准占30%;20世纪90年代制定的电子商务国家标准约650项,采用国际标准占50%,表明我国日益重视电子商务标准的国际化。

3.2 互联网络相关技术

电子商务的运作离不开以 Internet 和 Intranet 为代表的互联网络，特别是利用 WWW 技术来传输和处理繁杂的商业信息。下面就对互联网络的相关技术知识做一介绍。

3.2.1 Internet

1. Internet 的体系结构

Internet 是全球最大的、开放的、由众多计算机网络互联而成的国际性网络，它的理念是开放，这一特征贯穿在整个网络体系结构中。Internet 的建立，实现了不同网络之间的连接，可向用户或应用程序提供一致的、通用的网络传输服务。

Internet 的最底层是物理传输管道，它可建立在任何物理传输网上，包括租线、拨号电话网、X.25 网、ISDN 网、以太网、ATM 网、FDDI 网、高速的 HIPPI 接口以及无线网、卫星网等。而 TCP/IP 协议是实现互联网络连接性和互操作性的关键，通过它可以把成千上万的各种网络连接起来。

Internet 对用户隐藏国际互联网底层结构，这就是说 Internet 的用户和应用程序不必了解硬件连接的细节。在增加新网时，不要求网络是全互连或星型的连接。Internet 能通过中间网络收发数据，在 Internet 上的所有计算机共享一个全局的机器标识符(名字或地址)；而用户界面独立于网络，即建立通信和传送数据的一系列操作与底层网络技术无关。

在用户看来，整个 Internet 是一个统一的网络，可以把这个单一网络看做一个虚拟网，在逻辑上它是统一的，在物理上则由不同的网络互连而成。Internet 的基本思想是任何一个能传输分组的通信系统均看做网络，这些网络受到 Internet 协议的平等对待。大到 WAN，小到 LAN，甚至两台机器间的连接都被当做网络，这就是 Internet 的网络对等性。网络对等性大大简化了对异种网的处理，这种特性主要来源于 Internet 的协议——TCP/IP 协议。

接入 Internet 的通信实体共同遵守的通信协议是 TCP/IP 协议集。TCP/IP 是网络通信的一种协议，它规范了网络上的所有通信设备，尤其是主机与主机之间的数据往来格式以及传送方式。TCP/IP 是 Internet 的基础协议，也是一种数据打包和寻址的标准方法。TCP/IP 协议集包括因特网协议(Internet Protocol)和传输控制协议(Transmission Control Protocol)。它们在数据传输过程中的主要功能如下。

(1) 首先由 TCP 协议把数据分成若干个数据包，并给每个数据包加上编号，以便接收端把数据还原为原来的格式。

(2) IP 协议给每个数据包再加上发送主机和接收主机的地址。一旦加上了源地址和目的地址后，数据包就可以在物理网络上传输了。IP 协议还具有利用路由算法进行路由选择的功能。

(3) 这些数据包可以通过不同的传输途径进行传输，由于传输的路径不同和其他的原因，接收端接收到的数据包可能会出现顺序颠倒、丢失或失真的现象。出现这些问题都由 TCP 协议负责纠正，它具有检查和处理错误的功能，必要时还可以要求发送端重发。

TCP/IP 主要由网络接口层、网络层、传输层、应用层四层组成，在应用层，TCP/IP 协议为 Internet 用户提供了终端访问方式和客户服务器方式的服务工具，诸如文件传输（File Transfer Protocol，FTP）、虚拟终端 Telnet、电子邮件（Simple Mail Transfer Protocol，SMTP）等，用户可根据需要选用这些服务工具。Internet 简单网络协议（Simple Network Management Protocol，SNMP）管理网络。

2. Internet 提供的基本服务

由于 Internet 可以提供多种多样的服务而受到人们普遍的喜爱，因而发展极为迅速，今后还会有新的服务出现；目前常用的服务有以下几种。

1）WWW（World Wide Web）

WWW 是最重要的一种 Internet 上的超媒体（Hypermedia）信息服务系统。超媒体是指与传统的单一媒体不同的媒体，它可以是文本、声音、视频等多种媒体。超文本（Hypertext）是指将文档中某些部分通过设置主题字的方法建立了超链接（Hyperlink），使得信息不仅可以用传统的线性方式来查找，还允许以交互的方法进行搜索。超链接是指在一个文档中，通过点击主题字，就可以进入到与主题字链接的另一个文档中，这个文档可以是在同一台主机上，也可以是在 Internet 的其他服务器中。而这个文档也同样可以是含有多个超链接的超文本。超文本不限于文本，也可以是超媒体。

2）远程登录（Telnet）

Telnet 是 TCP/IP 的一个应用层协议，即简单远程终端协议。它允许用户从本地计算机连接到某一远程服务器上，直接使用它提供的资源。当用户利用 Telnet 通过 Internet 登录到远程服务器上之后，本地的计算机就成为了该远程服务器的一个仿真终端。本地计算机的类型和运行的操作系统可以与远程服务器完全不同，用户所能使用的功能和资源以及用户的工作方式取决于该远程计算机系统。使用 Telnet 的目的是为了共享远程计算机的软硬件资源和数据，这为异地的合作开发和研究提供了极大的方便。远程登录时，一种方式须输入该远程计算机系统的账户（User ID）和口令（Password）；另一种是匿名登录，只需输入 Guest 即可登录，但使用权限受到一定限制。

3）文件传输（FTP）

文件传输是 Internet 上最早和最重要的网络服务之一。FTP 也是 TCP/IP 的一个应用层协议。FTP 允许用户登录到远程服务器上，向远程服务器传送文件或者从远程服务器上下载文件，还可以远程执行少数简单的命令，但也仅能执行与文件的搜索和传输有关的操作，如列出远程服务器上的文件目录等。

FTP 服务器提供了两种存取服务器上文件的方式，一种是拥有远程服务器上的合法账号和口令，并拥有相应的访问权限的方式。另一种是采用匿名 FTP（Anonymous FTP）的方式，它允许没有账户和口令的用户访问远程计算机上的文件。Internet 上有许多匿名 FTP 服务器，存放了大量的共享文件，有软件、文档等。使用匿名 FTP 时，用户只需用 Anonymous 作为账号名，并用自己的 E-mail 地址作为口令即可登录。

4）电子邮件（E-mail）

电子邮件是指通过计算机网络发送和接收的邮件，它是 Internet 上用得最多的一项服务，也是一种快速、方便、便宜的现代通信手段。据统计，Internet上有一半以上的活动与电子邮件有关。电子邮件系统使用简单邮件传输协议（Simple Mail Transfer Protocol，SMTP）来收发电子邮件，该协议主要解决如何通过一条链路把邮件从一台机器传送到另一台机器。

3. IP地址和域名

Internet上的每台计算机都有一个唯一的地址，称为IP地址，以区别在Internet上成千上万台不同的计算机。Internet上的计算机地址可以有两种形式。

1）IP地址格式

每个IP地址都由4个小于256的数字组成，数字之间用点隔开，例如，“202.192.158.200”就表示某台计算机的IP地址。

2）域名格式

域名由若干部分组成，它们之间用“.”分开，每部分由字母、数字、下划线组成。最右边为高层域名，然后往左依次为二级域名、三级域名及Web服务器。Internet的高层域名（又称顶级域名）由Internet授权机构负责来管理。根据Internet国际特别委员会（IAHC）1997年2月4日公布的关于通用顶级域名的报告，将顶级域名分为三类。

（1）国家顶级域名：由符合ISO 3166国际标准国别识别符标准的两个字符组成，作为国家顶级域名，例如，cn为中国、ru为俄罗斯、sg为新加坡。

（2）国际顶级域名：由国际组织使用，域名为int。

（3）通用顶级域名：根据1994年3月发布的RFC 1591的规定，通用顶级域名有：gov（政府机构）、mil（军事部门）、com（工商业机构）、edu（教育系统）、net（网络管理部门）和org（社团组织）。由于美国是因特网和域名使用的发源地，它以edu、gov和mil等为最高顶级域名，其后省略了国家域名，而其他国家则不能省略国家域名，以免混淆。后来IAHC又新增了一些通用顶级域名：firm（公司企业机构）、store（商业机构）、web（与Web有关的机构）、arts（文化机构）、rec（休闲娱乐机构）和nom（个人）等。

域名和IP地址是一一对应的，域名易于记忆，用得更普遍。当用户要和Internet上某台计算机交换信息时，只需要使用域名，由域名服务器将域名转换成IP地址。

为保证每台计算机IP地址的唯一性，用户必须向Internet NIC（Network Information Center）申请IP地址空间。NIC根据用户单位的网络规模和近期发展计划，分配IP地址空间。从结构上来看，每个IP地址是由两部分构成的，一部分为网络标识netid，另一部分为主机标识hostid。

4. 接入Internet的方法

要使用Internet，必须以某种方式将计算机与Internet相连接，常用的连接方法有以下几种。

1）局域网连接

将计算机连接到一个局域网，而这个局域网的服务器是Internet上的一个主机。通过局域网与Internet相连。必须有一个网络适配卡并安装好了相应的网卡驱动程序，在计算机上运行 TCP/IP 协议，还必须有登录到服务器的账号和口令，就能得到 Internet 服务了。

2）专线连接

采用专线上网，具有通信速度较快、传输的数据量大等优点；办法是用一条专线将用户的计算机与 ISP 的服务器连接起来，在用户的计算机内必须安插一个网络适配卡和相应的网卡驱动程序，这种办法的缺点是线路的投资费用较高，一般单位的局域网可采用这种方式连接 Internet。

3）拨号连接

通过拨号上网，只需要有一条电话线和一个调制解调器即可上网；拨号上网可以采用 SLIP 或 PPP 两种协议中的一种与 ISP 的主机相连。SLIP 是指串行线路互连协议，全称为 Series Line Internet Protocol；而 PPP 是指点对点协议，全称为 Point To Point Protocol。由于拨号上网费用较低，在早期易于被众多的家庭用户接纳采用。

4）WiFi

WiFi 是 Wireless Fidelity（无线保真）的缩写，又称 802.11b 标准，它的最大优点是传输速度较高，可以达到 11Mbps，其次是有效距离长，WiFi 的通信半径达到 100m，远超过蓝牙，在整栋大楼中都可使用。最近，Vivato 公司推出的一款新型交换机，可以把 WiFi 无线网络通信距离扩大到 6km。

WiFi 的重要优势在于不需要布线，因此非常适合移动办公用户的需要，厂商只要在机场、车站、写字楼、图书馆等人员密集区设置"热点"，通过高速线路联入因特网。WiFi 是目前无线接入的主流标准，全面兼容 WiFi 的 WiMAX 可能成为其接班人，WiMAX 具有更远的传输距离、更宽的频段选择以及更高的接入速度等，应在未来几年成为无线网络的主流标准。

3.2.2 WWW 体系

1. WWW 的概念

WWW 全称为 Word Wide Web，简称为 Web，中文译为"万维网"。Web 是一种体系结构，通过 Web，用户能够访问到 Internet 所有主机上的超链接文档。可以从下面几点来理解 Web：

(1) Web 是 Internet 提供的一种服务。由于 Web 的使用最普遍，使得许多人认为 Web 等于 Internet，实际上，Web 只是建立在 Internet 的一种体系结构，是 Internet 提供的一类信息检索服务。

(2) Web 是存储在世界范围的 Internet 服务器中数量巨大的文档的集合。可以认为 Web 是全世界最大的电子信息仓库。

(3) Web 上大量的信息是由彼此关联的文档组成的，这些文档被称为主页（Home Page）或页面（Page），它是一种超文本信息，通过超链接将它们连接在一起。由于超文本的特性，用户可以看到文本、图形、视频、音频等多种媒体信息。

(4) Web 的内容保存在 Web 站点，即 Web 服务器中，用户可浏览 Web 站点的内容。因此，Web 是一种基于客户机/服务器（Client/Server，C/S）的体系结构。可以这样说，Web

是一种全球性的信息服务系统，Internet 通过该系统在计算机之间相互传送基于超媒体的数据信息。

2. WWW 的关键技术

1）HTTP 协议

在 WWW 中，客户机和服务器遵循的协议就是 HTTP 协议（Hypertext Transfer Protocol），用于在 WWW 服务器和浏览器间进行文档的传输。HTTP 协议是一个“无状态”的协议，即服务器在发送给客户机的应答后便遗忘了此次交互。这与 Telnet 等“有状态”的协议不同，后者需记住许多关于协议双方的信息以及双方的各种请求与应答信息。除文字资料外，图片、音频文件、视频文件等都可以用 HTTP 进行传输。

一个完整的 HTTP 事务由 4 个阶段组成。

（1）客户与服务器建立 TCP 连接。

（2）客户向服务器发送请求。

（3）如果请求被接受，则服务器响应请求，发送应答，在应答中包含状态码和请求的 HTML 文档。

（4）客户与服务器关闭连接。

2）HTML

在客户方通过 HTTP 协议从服务器获得数据后，还需要在客户方进行解释，这个解释语言就是超文本标识语言(Hyperlink Text Markup Language，HTML)。

HTML 是一种静态网页描述语言，是一些代码的集合，这些代码放置在文本（称为 HTML 文本）中，使文本能被浏览器以指定的方式显示出来。

HTML 的作用包括：编制网页；含有指向多媒体数据的指针，如图像、声音、动画，这种指针称为链接。因此，由 HTML 生成的文档也称为超文本文档；通过超文本文档，用户可简单地通过鼠标操作，就可得到所要的文档，而不管该文档是何种类型（普通文档、图像或声音等），也不管该文档在何处（本机、局域网或 Internet 上）。

虽然客户机从服务器获得的应答大部分是 HTML 语言形式的，但 HTML 并非是应答的全部，应答中可能包括非 HTML 的部分，如 Java Applet、ActiveX、JavaScript、VBScript 等。

3）XML

XML 即扩展标识语言（Extensible Markup Language），不同于 HTML 的传统标识语言，XML 可以创建不同的标记语言，定义不同的文件类别，增强了对信息含义的表达能力。用户只要遵循同一 XML 数据格式，便可在不同系统间进行数据的交换。

XML 基于一个通用的网络，无须建设专门网络，基础设施建设成本大为降低，Web 文档的数据和结构加以分离，大大降低了数据管理和交换的成本，无须开发专门应用程序，降低了开发成本，缩短了开发周期，使中小企业开展电子商务成为可能。

3. Web 新概念

进入 21 世纪后，WWW 领域不断涌现出新的概念，2004 年 O'Reilly 首次提出 Web 2.0

的概念，2007 年又提出 Web 3.0 的概念。

1) Web 2.0

(1) Web 2.0 的含义及特征

目前 IT 界对于 Web 2.0 尚无统一的定义，简单地说，Web 2.0 是相对于 Web 1.0 的新的互联网应用总称，具体说是以 Flickr、Craigslist、Linkedin、Tribes 等网站为代表，以 Blog、Tag、SNS、RSS、Wiki 等应用为核心，依据六度分隔、XML、AJAX 等新理论和技术实现的新一代互联网模式。

其具有如下主要特征。

① 微内容(Microcontent)。微内容是 Web 2.0 的关键词，微内容包括任何数据，如一则网志、一幅图片、一则 Blog、收藏的书签、喜好的音乐等。Web 2.0 帮助用户进行微内容的管理、维护、分享和迁移。与 Web 1.0 相比，Web 2.0 用户除了被动接受互联网信息外，可以更主动地创造互联网的内容，更加大众化和人性化。

② 社会化。Web 2.0 强调用户、群体、内容等互动，使更多的用户可以参与进来，丰富了网站的内容，增加了网站的吸引力。例如，社会性网络软件(Social Network Software)的人人网、开心网就以结交朋友为基础，成为拓展人际关系的网站，集中体现了社会性。

③ 开放性。版权的开放性使得更多的用户可以参与进来，如微博客(MicroBlog)用户可以在任何时间、任何地点发布简短的文本表达自己的观点、心情等。一些微博客也可以发布多媒体，如图片、影音等。目前国内许多网站提供微博服务，如我们所熟知的新浪微博、腾讯微博等。据不完全统计，截止到 2012 年 2 月，仅新浪微博用户已达到 3.24 亿，分布于 22 个行业。

(2) Web 2.0 的应用

① 博客(Blog)。是一种网络日志，按照时间顺序排列且不断更新内容的网络交流形式。发展至今，内容已突破文字局限，图片、音频、视频均可成为其内容。

② RSS(Really Simple Syndication)直译为“真正简单聚合”，从技术的角度看，RSS 是一种信息的发布和传递方式，用户通过客户端浏览工具“RSS 阅读器”以在线或离线的方式阅读网站更新的订阅内容和摘要，不必登录网站就可以得到网站的内容。

③ 社会化书签(Social Bookmarks)，又名“网页书签”、“网络书签”、“网摘”。用户只要在某个提供网摘服务的站点注册，并下载该网站提供的网摘插件，就可随时将自己浏览过的页面保存在网上，并与其他用户进行这些信息的共享。

④ Wiki 是一种超文本的系统，中文译为“维基”。提供一组必要的工具，面向社群的协作式写作。每个人可以发表自己的观点，对感兴趣的共同话题进行拓展和探讨，并对 Wiki 站点进行维护。目前，越来越多的企业开始关注 Wiki，用来构建网上客户社区，与用户进行沟通。

2) Web 3.0

Web 3.0 是以统一的通信协议，通过更加简洁的方式为用户提供更为个性化的互联网信息资讯定制的一种技术整合。与 Web 2.0 相比，其最大的特点是程序相对较小，可以运行在各种终端设备上，如 WAP 手机、PDA、机顶盒、专用终端，且速度非常快。

Web 3.0 应用 Mashup 技术对用户生成的内容信息进行整合，使得内容信息的特征性更加明显，便于检索。在 Web 2.0 模式下允许用户随意发布 Blog /Wiki，会使网络上堆积大量杂乱无章的信息，导致用户搜索不便。Web 3.0 模式下提出“可控”概念，使信息的发布与使用连接起来，如果想搜索高可信度的信息，可以点击可信度高的用户撰写的 Blog/Wiki，实现可信内容与用户访问的对接。

3.2.3 Java 语言及 Java Applet

为了提高 WWW 的交互性，Sun 公司开发了 Java。Java 语言是非常适合于 Internet 环境编程的语言，具有简单、面向对象、分布式、安全、跨平台、可移植、解释执行、高性能、多线程、动态性等优点，成为网络计算及 Internet 应用的良好开发和应用平台。

Java 在 Web 服务中起着 Web 服务器应用程序接口的作用，给 WWW 增添交互性和动态特征。Applet 是 Java 的小应用程序，它是动态、安全、跨平台的网络应用程序，它嵌入于 HTML 语言，通过主页发布到 Internet。Applet 源码在服务器端被 Java 编译器编译成字节码，然后，字节码在 HTML Script 中被“调用”，在客户机端，Java 浏览器除需要支持相应的 HTML 语言外，还内嵌一个 Java 字节码的解释器，以正确解释包含字节码的 HTML 文档。由于 Applet 的字节码是在客户机端解释执行的，因此，它给 WWW 增添了交互性和动态特征。由于 Java 的安全机制，使用 Applet 可以放心地生成各种多媒体的用户界面或复杂的计算，而不必担心病毒的入侵。因此 Java Applet 与其他 Java 程序一样越来越广泛地应用于电子商务。

3.2.4 服务器端动态网页开发技术

为了回复客户端发出的请求，服务器端需要一定的方法产生应答内容。服务器端动态网页开发技术的主要包括 CGI 程序、ASP、JSP 等。

1. CGI 脚本程序

CGI(Common Gateway Interface)即公共网关接口，它为 HTTP 服务器定义了一种与外部应用程序交互、共享信息的方法。CGI 的工作原理是：用户请求激活一个 CGI 程序；CGI 程序将交互主页中用户输入的信息提取出来传给外部应用程序，如数据库查询程序，并启动外部应用程序；外部应用程序的处理结果通过 CGI 程序传给 Web 服务器，以 HTML 形式传给用户，CGI 进程结束。

CGI 存取 Web 数据库有一些不足，如变更修改成本高、不易查错、执行速度慢等，正逐步被其他技术所取代。

2. ASP

为了使缺乏编程经验的人员也能设计出优秀的动态网页，实现电子商务中的客户机与服务器之间的数据相互传递，Microsoft 公司专门针对 IIS(Internet Information Server) Web 服务器，将 ASP(Active Server Page)作为在 Web 服务器上进行开发的工具。

ASP 是一种服务器端的脚本运行环境，通过它可以建立并运行动态、交互、高性能的 WWW 服务器应用。与一般的带有脚本程序的 HTML 页面不同，ASP 页面中的脚本程序代码不发送至客户浏览器解释执行，而是由 IIS 解释，在 WWW 服务器中运行，并将结果生成 HTML 语句，与 ASP 页面中非脚本代码的 HTML 部分合并成一个完整的网页，返回至浏览器。由于 ASP 脚本是运行在服务器端的，由 WWW 服务器完成所有的工作，并产生回送给浏览器的标准 HTML 文件，所以，无须考虑浏览器是否支持 ASP，一切工作都是在服务器端进行的，浏览器只需支持标准 HTML 文件即可。在此基础上微软公司还推出了 ASP+，由于其在编译后执行，速度上快于 ASP，其功能也较 ASP 强大。

3. JSP

JSP(Java Server Pages)是由 Sun 公司提出、许多公司共同参与制定的一种动态网页标准。与 ASP 类似，在 HTML 代码中加入了 Java 代码片段，允许网页设计人员利用 JavaScript 的脚本语言，产生动态网页的内容，功能上比 ASP 更具弹性与开放性。

3.2.5 Intranet

1. Intranet 的定义

Intranet 是基于 TCP/IP 协议，具有防止外界入侵的安全措施，并可以与 Internet 连接的内部网络。Intranet 是采用 Internet 相关技术(开放性技术和 Web 技术)和产品(浏览器、Web 服务器等)建立起来的，它具有以下特点。

(1) Intranet 是根据企业/部门的需求来建立的，建设规模和功能都是由企业/部门的经营状况和发展需要来确定的。Web 服务器的建立容易，系统建立成本低。

(2) Intranet 不是一个孤立的内部网，可以很方便地与外界连接，特别是与 Internet 连接。

(3) Intranet 采用 TCP/IP 协议及与 Internet 相应的技术和工具，它是一个开放的系统，容易实现异种网的连接和各信息系统的集成。

(4) Intranet 是根据企业/部门的安全要求，建立相应的防火墙、安全代理等，以保护企业/部门内部信息及防止外界侵入。

(5) Intranet 普遍使用 WWW 工具来提供信息服务和企业/部门内部通信服务，使得员工和用户能方便地浏览和采掘企业内部的信息以及 Internet 上丰富的信息资源。

2. Intranet 的构成

不同企业的 Intranet 组成结构也各不相同，通常 Intranet 的构成有：硬件方面的网络、软件方面的电子邮件(E-mail)、企业内部网的 Web、邮件地址清单(Mail Lists)、新闻组(Newsgroup)、BBS、Chat、FTP、Telnet 等。

网络是 Intranet 的核心，小型企业的 Intranet 往往是一个简单的网络，大型企业的网络是由许多子网络组成的。网络的类型很多，通常有局域网和广域网两大类。与 Internet 一样，TCP/IP 也是 Intranet 的基础。

3. Intranet 的应用领域

Intranet 应用即充分发挥 Intranet 工具的功能，实现企业业务增值。从其内容来看包括以下几个方面。

1）企业内部主页

企业内部主页包括以下几方面：工具和资源信息，包括一些查找工具、索引和内容表、反馈意见栏、Internet 的使用规则、Internet 的资源、支持、指导和帮助、最新信息和其他工具；目录、电话和 E-mail 以及组织结构图；服务支持。

2）相互通信

通信应用包含组织机构的通信和个人之间的通信。组织机构的通信包括企业的快报、布告栏、新闻等。个人之间通信最常用的工具是电子邮件，另外有新闻组、聊天室和视频会议系统（Video Conferencing）等。

3）企业内部管理

企业内部管理包括人事管理、财会管理、信息系统和技术支持、法律事务以及基础设施的开发和建设等。

财会管理是 Intranet 的重要应用，涉及很多财会制度和手续，包括收付款、财务账目明细表、税收、审计和财务报告、资产管理等。

信息系统和技术支持都可使用 Intranet 来实现。诸如软件和应用程序的开发、分发；用户准则和电子性能支持系统；技术支持和服务台；网络管理；信息和知识库；Internet 资源缓存等。

法律事务的支持包括借助于 Intranet 查阅法律资源库以及合同草本，从而可以缩短合同文本的制订过程。

4）产品开发管理

产品开发管理是企业经营的核心部分。为了竞争的需要，产品开发的内容一般都属于内部使用，是企业专有的，不被外界所共享。从内容上来分大致可分为研究开发和工程两部分。

企业可以根据自己的经营方式，充分利用 Intranet 来进行研究开发。将经常被使用的信息和资料通过编辑汇总后放到 Intranet 的图书库中，企业成员可以从那里得到一些不向外公开的数据和文件、专利和商标、政府的经济和人口统计数据、工业数据、国际贸易信息等资料，这些资料对研究和开发十分有用。

可以通过 Intranet 来加快产品开发的工程阶段，可以将工程项目的信息、设计方案、工程参考材料等工程所需的信息在企业内部网的服务器上发布，发表产品规范和设计要求，共享设计图纸和计算机辅助设计模型，利用新闻组、BBS、Chat 等工具，组织对专门问题进行讨论，出版研究报告和会议文章等。

5）企业业务运作

运作应用是企业经营的重要部分，它包括采购、电子数据交换 EDI、库存、制造，以及专门的服务开发等。

传统的经营方式要花费大量纸张、时间和人力资源，而采用电了数据交换在企业之间传递采购订单、发票、文件可解决这个问题，这种方式目前已在很多企业中开始使用。未来的趋势是利用 Intranet 在企业之间直接传送 EDI 的订单和文件。

另外从 Intranet 可查询产品的库存信息，传送生产计划、生产过程、质量统计报表。这对跨地区、跨国企业的信息共享是很有好处的，可加速产品生产和提高产品质量。

6）销售及客户支持

企业可以利用 Internet 为客户提供服务，通过企业的 Web 主页给客户提供咨询和反馈意见的渠道，以利于企业进一步改善产品的质量，提高产品的竞争力。

企业可以将从 Internet 得到的客户信息放到 Intranet 上，开发出一些智能的信息管理系统来解答客户关心的问题，针对客户提出的问题做出有关解释，这样可以增强客户对企业和企业产品的了解。另外，还可以通过企业内部网对客户进行培训，提供客户订购状态的信息，保持详细的维修记录作为分析和改进产品用。

3.3 电子数据交换技术——EDI

3.3.1 EDI 的含义和特点

1. EDI 的含义

电子数据交换(Electronic Data Interchange，EDI)是 20 世纪 70 年代发展起来的，融合现代计算机技术和远程通信技术为一体的信息交流技术。30 多年来，EDI 作为一种电子化的贸易工具和方式，被广泛应用于商业贸易伙伴之间，特别是从事国际贸易的贸易伙伴之间，它将标准、协议规范化和格式化的贸易信息通过电子数据网络，在相互的计算机系统之间进行自动交换和处理，成为全球具有战略意义的贸易手段和信息交换的有效方式。EDI 的应用部门主要是与国际贸易有关的行业和部门，如外贸企业、对外运输企业、银行、海关商检、对外经贸管理部门等。EDI 在工商业界的应用中不断发展完善，在当前电子商务中占据重要地位。随着基于 Internet 的 EDI 技术日益成熟，EDI 将得到更广泛的应用。

关于 EDI 的定义，国际标准化组织(ISO)、联合国国际贸易法委员会和国际电报电话咨询委员会都分别给出了他们各自的定义。国际标准化组织(ISO)1994 年确认了 EDI 的技术定义：按照一个公认的标准形成的结构化事务处理或信息数据格式，实施商业或行政事务处理从计算机到计算机的电子传输。

EDI 的含义包括如下。

(1) EDI 的使用者是交易的双方，是企业之间的而非同一组织内不同部门间的文件传递。

(2) 交易双方传递的是符合报文标准的、有特定格式的文件。目前采用的报文标准是联合国的 UN/EDIFACT。

(3) 双方有各自的计算机或计算机管理系统，且计算机之间有网络通信系统，信息传输是通过该网络通信系统实现的。

EDI 包含了三方面的内容，即计算机应用、通信网络和数据的标准化，其中计算机应用是前提，通信网络是基础，标准化是其特征，这三方面相互衔接构成了 EDI 的基础框架。

2. EDI 的特点

EDI 作为一种新的通信技术和信息处理方式，与其他通信方式和信息处理方式相比，具有以下一些特点。

1) EDI是用电子方法传递信息和处理数据的

EDI一方面用电子传输的方式取代了以往纸单证的邮寄或递送,提高了传输效率;另一方面通过计算机处理数据减少了差错和延误。对于必须先由人工输入的数据信息,经一次输入并核对确认后,即可存入计算机存储系统,随时调出并组合进不同的电子单证中,省去重复操作。

2) EDI是采用统一标准编制数据信息的

要使各相关部门、企业的计算机能识别和处理有关电子单据,如订单、发票、提单等,就必须采用统一的格式,特别是在国际贸易中,各国均需严格按照某一公认的国际标准制作各种电子单证。这是EDI与电传、传真等其他电子传递方式的重要区别,电传、传真等并没有统一的格式标准,而EDI必须有统一的标准方能运作。

3) EDI是计算机应用程序之间的连接

一般的电子通信手段(如传真、电传、电子邮件等)是人与人之间的信息传递,传输的内容即使不完整、格式即使不规范,也能被人所理解;这些通信手段仅仅是人与人之间的信息传递工具,不能处理和反馈信息。而EDI实现的是计算机应用程序与计算机应用程序之间的信息传递和交换,由于计算机只能按照给定程序识别和接收信息,所以电子单证必须符合标准格式且内容完整准确。在电子单证符合标准且内容完整的情况下,EDI计算机系统不但能识别、接收信息,储存信息,还能对单证数据信息进行处理,自动制作新的电子单据并传输到有关部门;在有关部门就自己发出的电子信息进行查询时,计算机还可以反馈有关信息的处理结果和进展情况;在收到一些重要电子单证时,计算机还可以按程序自动产生电子收据并传回对方。

4) EDI系统采用加密防伪手段

一般的信函与电话、传真等电子通信方式,因为有指定的接收人,其他人无法接收了解有关信息,通常不必加密。传递商务资料的EDI系统要有相应的保密措施,EDI传输信息的保密通常是采用密码系统,各用户掌握自己的密码,可打开自己的"邮箱"取出信息,外人却不能打开这个"邮箱",有关部门和企业发给自己的电子信息均自动进入自己的"邮箱"。一些重要信息在传递时还要加密,即把信息转换成他人无法识别的代码,接收方计算机按特定程序译码后还原成可识别信息。为防有些信息在传递过程中被篡改,或防止有人传递假信息,还可以使用证实手段。

3.3.2 EDI的作用

1. 简化了工作流程和环节

在EDI系统中,所有用户都按照国际化的标准数据格式对询价单、报价单、订单、发票、提货单、装船单、海关申报单、进出口许可证等贸易相关的文件进行编码,形成标准的EDI报文。并按照EDI通信协议将EDI报文通过通信网络传送给贸易伙伴。报文接收方按EDI标准,对收到的EDI报文进行相关的业务处理,完成一次业务操作。

2. 缩短了业务处理周期

研究成果表明,使用 EDI 技术之后,事务处理的周期平均缩短 40%。这种改进所影响的事务处理功能包括订单录入、采购、制造、后勤以及财务等管理。缩短事务处理的周期,就意味着降低了库存,增加了流动资金,加快了订单任务的完成等,这对 EDI 用户来说是极其重要的。由于取消了多余的处理步骤,实行无纸化,没有邮费支出,并减少了数据录入、签名、正确性检验以及批准等方面所花的时间。

3. 降低了人事成本

采用 EDI 后,免去了重复输入、审核、纠错的劳动,也免去了单证的邮寄、接收、存档等工作环节,可以减少或取消这方面的专职工作人员,企业可以重新安排人事,降低人事成本。另外,EDI 系统自动处理部分信息也能减轻业务人员的工作负担,提高劳动效率。

4. 减少单据差错遗漏造成的经济损失

由于信息处理是在计算机上自动完成的,不用人工干预,所以除节约时间外还可大幅度降低业务处理过程中的差错率。EDI 也可以减少由于重新输入数据而可能出现的一些输入错误,将错误率减少 50%以上。

3.3.3 EDI 系统

1. EDI 的工作过程

EDI 的实现过程就是用户将相关数据从自己的计算机信息系统传送到有关交易方的计算机信息系统的过程,该过程因用户应用系统以及外部通信环境的差异而不同。在有 EDT 增值服务的条件下,这个过程分为以下几个步骤。

(1) 发送方将要发送的数据从信息系统数据库提出,转换成平面文件(亦称中间文件)。

(2) 将平面文件翻译为标准 EDT 报文,并组成 EDI 信件。接收方从 EDI 信箱收取信件。

(3) 将 EDI 信件翻译成为平面文件。

(4) 将平面文件转换并送到接收方信息系统中进行处理。

由于 EDI 服务方式不同,平面转换和 EDI 翻译可在不同位置(用户端、EDI 增值中心或其他网络服务点)进行,但基本步骤是相同的。

2. EDI 系统的构成要素

从功能上看,一个 EDI 系统由 EDI 标准、EDI 软件及硬件和通信网络三要素组成,它们构成 EDI 系统服务的基础。

1) EDI 标准

目前的 EDI 标准主要是由联合国欧洲经济委员会制定的 EDIFACT,已被国际标准化组织颁布为 ISO 9735,该标准规定了进行电子事务处理的格式和数据内容,定义了在不同部门、不同公司、不同行业以及不同国家之间进行信息传送的通用方法。

2）EDI 软件及硬件

实现 EDI 需要配备相应的 EDI 软件和硬件。EDI 软件具有将用户数据库系统中的信息译成 EDI 的标准格式，以供传输交换的能力。虽然 EDI 标准具有足够的灵活性，可以适应不同行业的众多需求，但每个公司有自己规定的信息格式，因此，当需要发送 EDI 电文时，必须用某些方法从公司的专有数据库中提取信息，并把它翻译成 EDI 标准格式进行传输，这就需要相关软件的帮助。

EDI 软件包括：转换软件、翻译软件和通信软件。

EDI 所需的硬件设备：计算机、调制解调器及通信线路。

3）通信网络

通信网络是实现 EDI 的手段。EDI 通信方式如下。

（1）直线连接方式。包括点对点、一点对多点和多点对多点的连接。该方式只有在贸易伙伴数量较少的情况下使用。

（2）增值网络（VAN）方式。在贸易伙伴数量较多的情况下，多家企业直接用计算机通信时，会出现由于计算机厂家不同、通信协议相异以及工作时间不同等问题造成的困难。为了克服这些问题，许多应用 EDI 的公司逐渐采用第三方网络与贸易伙伴进行通信，即增值网络方式。增值网络可以提供存储转送、记忆保管、通信协议转换、格式转换、安全管制等功能。因此通过该方式传送 EDI 文件，可以降低相互传送资料的复杂性，提高 EDI 的效率。

3.3.4 EDI 标准

对于 EDI 应用来说，最重要的是要制定一种稳定的、具有通用性的、可被广大用户所接受的数据格式标准。EDI 的业务标准主要涉及 5 个方面的内容，即语法规则、数据结构定义、编辑规则与转换、出版公共文件和计算机的通用语言。一项 EDI 标准至少要包括元目录、段目录和 EDI 标准报文格式，因此，数据元、数据段和标准报文格式是 EDI 标准的三要素。下面以 UN/EDIFACT 为例做一介绍。

1. 数据元

数据元（Data Element）又称为贸易数据元，是电子单证最基本的单位，也是制定 EDI 标准的基础，它决定了标准的适用范围。UN/EDIFACT 对数据元的定义为：数据元是在确定的上下文中被认为不可再细分的用做标识、描述和数值表示的数据单元。联合国的标准数据元大约有上千条，在数据元目录中罗列了所有的数据元。

简单数据元（Simple Data Element）：含有单一值的数据元。

复合数据元（Composite Data Element）：含有两个或多个成分数据元的数据元。

成分数据元（Component Data Element）：复合数据元的组成部分，以其在复合数据元中的位置来标识的简单数据元。

代码 Code ：①以缩写形式记录或表示信息的字符串；②表示或标识信息使用的某种特定符号形式，它可被计算机识别。

每一个数据元由一个四位的数字来唯一地标识它。数据元目录给予每个数据元一个标识，给它一个有含义的名字作为数据元意义的简要解释，还指出数据元的版本。如用 E91.2 表示版本。最后还规定了这个数据元的类型及长度。数据元一般是一个字母数字串，所有类型无非是 n(数字)、a(字母)或 an(数字或字母)。长度是字符的个数。如，an..17 表示数据元类型是最长为 17 个数字或字母的一个字母数字串。

2. 数据段

数据段被分为两种：一种数据段称为用户数据段，它反映单证中具有一定功能的项，是一个中间信息单元，对应着纸面单证上的一个栏目，如发货方、收货方等；另一种数据段称为服务数据段，有时也称为控制数据段，是为电子传送提供信息服务的。

UN/EDIFACT 对数据段的定义为：数据段(Segment)是功能相关的数据元值的预定义和标识的集合。这些数据元的值用其在该集合中的顺序位置标识。段以段标记开始，以段终止符结束，它可以是服务段，或是用户数据段。UN/EDIFACT 的数据段有 100 多个。数据段目录罗列了所有的数据段。每一个数据段都有一个名字作为它的标识。数据段的名字都是由三个大写字母组成，一般是一个字头的缩写。段目录中的每个数据段都有一些属性解释这个数据段，例如，一个属性说明它的版本号，另一个属性说明它的主要功能。段目录还指出每一个数据段是由哪些数据元所组成的，以及这个数据元的出现状况，若组成这个数据段的数据元是必须出现的则用 M 表示，可出现也可以不出现的则用 C 表示。

3. 标准报文格式

标准报文格式指出要传递的标准单证的格式。EDIFACT 规定了几十种标准的报文格式。UN/EDIFACT 对标准报文的定义为：报文(Message)是用于传送信息的有序字符列。在 EDIFACT 中，特指在报文目录中规定的顺序排列的段的集合，以报文头开始，以报文尾结束。

标准报文格式用分支图的方式表示。分支图严格地规定了数据段出现的顺序，在分支图中有序字符列是从左到右，从上到下排列。分支图中矩形框内的数据段构成组，分支图还能表示报文格式中数据段的嵌套。

UN/EDIFACT 对嵌套段的定义为：嵌套段(Nested Segment)是包含特定报文类型需求，在一个已标识和结构化的段组中，与另一个段直接关联的段。

3.3.5 在 EDI 基础上构建电子商务

20 世纪 90 年代出现了基于 Internet 的 EDI，并发展迅速，Internet 为 EDI 在企业的推广，特别是在中小企业的应用创造了很好的条件，因此 Internet 将大大促进基于 EDI 的电子商务的发展。

目前，在 EDI 基础上构建电子商务的方法主要有四种。

1) 网络邮件(Internet Mail)

它是利用 Internet 的 ISP 代替 VAN 实现商业数据和信息的电子交换。对于普通的信息直接利用电子邮件功能进行即时的信息传递和信息共享，对于重要信息，利用电子邮件的加密功能，进行保密传送可以部分解决电子邮件的安全性问题。Internet 与 VAN 相比要便宜得多,这就大大方便了中小企业电子商务活动的开展。由于E-mail容易伪造,并且发送者还可以否认自己发送了某个E-Mail,对此,在利用Internet Mail融合EDI系统时,采用电子认证的方法以解决电子商务所必需的不可否认性。为了减少电子邮件的丢失,并且如果丢失了发送者也要知道,需要在Internet Mail的应用级进行交付的确认。

2) 标准执行协定(Standard Implementation Conventions,SIC)

在使用EDI的过程中,不同的行业或企业,常常根据自己的需要对标准进行一定的选择,去掉一些他们根本不使用的部分,因而出现了多个IC版本,不同版本之间的消息不能相互处理。标准执行协定着重解决在使用Internet进行EDI时存在的多版本IC问题,它是一种特殊的跨行业的针对特定应用的国际标准。这种标准不同于以前的行业标准和国家标准,也不同于以前的国际标准,使用起来简单,没有过多的选择项,并且考虑到了以前的IC需求。使得EDI能够在Internet的环境下方便地使用。

3) Web-EDI

这是最为常见的EDI与Internet的融合方法。随着Internet的出现和广泛应用,其无地域限制、通信费用低、客户端无须EDI专用软件等特性,使全社会通过Internet实现EDI应用已成为可能。EDI实现的是企业数据的安全交换,Web实现的是企业信息的共享,把两者结合起来,则能够同时实现数据交换和资源共享,互相取长补短,构成一个完美的结合。

典型情况下,比较大的企业作为电子商务的参与者,针对每个EDI消息开发或购买相应的Web表单,把它们改造成适合自己的内容,放在Web站点上,此时表单就成为EDI系统的接口。而那些小企业作为另一个电子商务活动的参与者,登录到Web站点上,选择感兴趣的表单填写,把填写结果提交给Web服务器后,通过服务器端程序(EGI、WAI或Java Servlet)进行合法性检查,把它变成通常的EDI消息,此后,消息处理就同传统的EDI消息处理完全一样了。为了能够保证消息从Web站点返回给它的参与者,消息还能够转换成E-mail或Web表单的形式。对于所有的交易,EDI相关的转换费用只发生一次,对所有的商业参与者来说都发生在Web站点上。这种方案只需要一个浏览器和Internet连接就可实现。建立EDI系统接口的公司可以享受EDI的益处,如降低交易出错率和交易费用。

这种Web/EDI方式对现有EDI系统的企业来说,只需要对现有企业应用做很小的改动,就能方便快速地扩展系统应用,从而既保护了现有的投资,也不必对企业的数据库重新进行开发。同时,这种方式也降低了EDI应用的门限,使中小企业也可方便、低廉地使用EDI进行交易。

4) XML/EDI方式

随着新一代数据描述语言可扩展标示语言XML的出现,它在数据标记、显示风格及超文本链接方面显示出的强大功能,促进了新一代的Internet EDI——XML/EDI方式的诞生。

XML/EDI方式着重解决EDI最主要的映射问题。XML/EDI引进模板的概念,模板描述的不是消息的数据,而是消息的结构以及如何解释消息,做到无须编程就可以实现消息的映射。在用户的计算机上,软件代理采用最佳方式解释模板和处理消息。通过软件代理支持的模板,用户可以得到对其环境的最佳集成。模板存储在别的地方,动态结合到本地应用程序中。如果用户的应用程序实现了XML/EDI,那么软件代理就可以自动完成映射并产生正确的消息，同时代理可以给用户生成一个 Web 表单，映射可以自动完成且成本很低。

3.4 电子商务安全技术

3.4.1 电子商务安全问题

1. 安全问题的复杂性

由于电子商务的重要特征是利用信息技术来传送和处理商业交易信息，因此，电子商务的安全大体上可分为两大部分，即计算机网络本身的安全和商务交易信息的安全。由于电子商务对计算机网络安全与商务安全有着双重的要求，这就使得电子商务安全体系的复杂程度要比大多数的计算机网络系统高得多。

计算机网络安全的主要内容包括有计算机网络设备的安全、计算机网络系统的安全和数据库的安全等。其实施的方案是针对计算机网络本身可能存在的安全问题，改善网络的安全，以保证计算机网络本身的安全性为目的。

商务信息的安全则是针对传统商务活动在互联网络上应用的整个过程中所可能产生的各种安全问题，即必须确保电子商务的保密性、完整性、可鉴别性、不可伪造性和不可抵赖性。

由于电子商务的特点，在安全方面也有自己的特殊问题。

(1) 交易过程的高度隐蔽性和不确定性所产生的交易双方身份的难以确认。

(2) 个人数据(包括个人信用信息)在传递过程中有可能被拦截和窃取。

(3) 网上商店容易被计算机黑客破坏。

(4) 交易的完成对网络的依赖性很强。

(5) 交易结果的不可抵赖性。

2. 安全问题的类型

由于电子商务的开放性以及涉及范围较广，产生安全问题的因素也很多，有技术方面的问题，也有人为因素。而不同类型的安全问题所表现的形式也不同，因此在预防和解决的方式上也不尽相同。产生安全问题的原因可以归结为下列几个方面。

1) 硬件问题

硬件的安全性主要是服务器硬件和物理连线的安全性问题，主要因素有自然灾害、硬件故障、电源和通信线路被切断或被搭线窃听所造成的数据泄露等。

2) 协议问题

许多网络协议没有进行安全性方面的设计，以利于众多厂商的协议能够相互通信和相互兼容。这在给用户带来好处的同时，也埋下了安全的隐患。

3) 操作系统问题

由于网络中各种各样的主机使用的操作系统不同，某种操作系统的安全漏洞可以造成网络的安全问题，如允许没有账号用户匿名登录等。

4) 拒绝服务的问题

以网络瘫痪为目标的攻击破坏性很大，造成危害的范围很广。攻击者可以通过删除某一网络上传送的所有数据包的方法，使网络拒绝为用户服务；还可以通过邮件炸弹的方法使系统性能降低或崩溃，从而达到拒绝服务的目的。

5）数据被侦听的问题

由于未采取加密的措施，数据信息在网络上以明文的形式传送，则入侵者在数据包经过的网关或路由器上可以通过非法手段截取网络上传送的数据包，在多次窃取和分析后，然后再通过分析判断，可以找到信息的规律和格式，进而得到传输信息的内容，造成网上传输信息的泄密。这种方法是网上间谍常用的手段之一。

6）伪造和篡改问题

网络上的服务器可以被任一台联网计算机所攻击，当入侵者掌握了信息的格式和规律后，通过各种技术手段和方法，将网络上传送的数据包中的信息，在中途进行修改，使得数据包不能到达预期的目标或改变数据包中原有的内容。这种手段在路由器或网关上也可以实现。

7）假冒问题

由于掌握了数据的格式，并可以篡改通过的信息，攻击者往往会冒充合法的用户发送假冒的信息或者主动获取信息，而远端用户通常很难分辨。攻击者还可以利用安全体制所允许的操作对系统或网络进行攻击和破坏。

8）其他问题

由于电子商务主要是通过网络进行数据传输、资金划拨等来实现的，因此数据的保密性、数据的完整性、数据的不可修改性和不可否认性等成为交易各方最关注的问题。有些企业对网站的容量和速度特别重视，而对网络的安全重视不够，没有一套安全管理的规章制度，给网络的安全运行造成隐患。

3.4.2 数据加密技术

为了防止数据在传输过程中被窃取，必须对数据进行加密。近年来，国内外的研究主要集中在两个方面：一方面是以密码学为基础的各种加密方法；另一方面是以计算机网络为对象的通信安全的研究。在保障网络通信安全方面，主要采用的技术仍然是数据加密技术。在电子商务中，广泛使用的两种数据加密技术是对称密钥加密体制和非对称密钥加密体制。这两种数据加密技术的主要区别在于两者所使用的加密和解密的密码不同。

1. 加密技术的发展

密码学是一门既古老又年轻的学科。早在公元前5世纪，古希腊人就用皮带上的密码传递军事情报；公元8世纪，古罗马教徒为了传播新教发明了“圣经密码”。中国最早发明密码的人是北宋的曾公亮，他编写了一部军事百科全书性质的《武经总要》，其中收集和编制了40个常见的军事短语，将领带兵出发前，枢密院约定用一首五言律诗（40个字）作为解译密码的钥匙，发给一本有40个编号顺序的密码本，以确保军队与中央政府联络的保密性。

传统密码采用易位法、置换法等加密方法。原始的信息称为明文，以隐藏信息实质内容的方式伪装信息的过程称为加密，加密后的信息称为密文。1949年，信息论的创始人Shannon论证了几乎所有由传统方法加密后得到的密文，都是可以破译的，密码学的研究一度陷入困境。

到了20世纪60年代，由于计算机技术的发展和应用，以及结构代数、可计算性理论学科研究成果的出现，密码学的研究走出了困境，进入了一个新的发展阶段。特别是当美国的数据加密标准DES和非对称密钥加密体制的出现，为密码学的应用打下了坚实的基础，其中非对称密钥加密体制中具有代表性的算法是著名的RSA算法。

20世纪90年代以来，由于Internet和电子商务的普及，推动了数据加密技术的迅速发展和应用，随后出现了许多可用于电子商务中的安全技术和协议，如安全超文本传输协议S-HTTP、安全套接层协议SSL、安全电子交易协议SET等，这些安全技术和协议已被广泛应用于Internet/Intranet的相关产品中，成为事实上的标准。近年来，数据加密技术与计算机的结合，又使密码学的研究成为一门年轻的学科。

2. 数据的加密

数据的加密是指利用某种算法对数据进行加密的过程，用来加密(或解密)的算法为一数学函数，通常情况下有两个相关的函数，一个用于加密，另一个用于解密，在加密(或解密)过程中使用的可变参数称为密钥。在发送端对需要传输的数据进行加密，即利用加密算法E和加密密钥K对明文P进行加密，得到密文$Y=E_k(P)$，加密信息被传送到接收端后应进行解密。解密是将密文Y还原为明文，利用解密算法D和解密密码K对密文Y进行解密，将密文恢复成明文$P=D_k(Y)$。

在加密和解密过程中，所使用的密钥K可以是相同的，也可以是不同的。使用相同的密钥加密和解密的算法称为对称加密算法；使用不同的密钥加密和解密的算法称为非对称加密算法。在加密系统中，算法是相对稳定的，而密钥是可以改变的。为了加强数据的安全性，应经常改变密钥。

现在，一些专用密钥加密算法(如多重DES、IDEA、RC4和RC5)和公开密钥加密算法(如RSA、DSA和Feige-Fiat-Shamir)可用来确保电子商务的保密性、完整性、真实性和不可否认性。

3. 常规的加密算法

常规加密算法是指对数据加密和解密时使用的密钥是相同的，也即是前面提到的对称加密算法；下面主要介绍早期的常规加密算法(替代法和转置法)与20世纪70年代美国颁布的数据加密标准DES。

1) 替代加密法

替代加密算法是将明文中的每一字符用另一个字符替换为密文中的一个字符。除接收者外，其他人不理解其间的替代。接收者对密文做反向替换后恢复成明文。

在经典密码学中，有四种基本类型的替代加密算法。

(1) 单字符加密或称简单替代加密算法：明文中每一字符被替代成密文中的一个相应字符。新闻密报就是用简单替代法加密。

(2) 同音替代加密算法：它与简单替代加密算法类似，但单个字符的明文可以映射为密文中的几个字符之一。例如A可能相应于5、13、25或56，B可能相应于7、19、31、或

42 等。

(3) 多元替代加密算法：成块的字符加密为一组其他的字符。如 ABA 相应于 RTQ，ABB 相应于 SLL 等。

(4) 多字母替代加密算法：由多次简单替代加密形成。例如，可以用 5 次不同的简单替代加密，具体所用的次数随每一字符在明文中的位置不同而不同。

2) 换位加密法

换位加密法中，换位加密后的密文与明文的字符相同，只是明文字符的次序改变了。简单的圆柱换位加密算法是将明文以固定的宽度横着写在一张纸上，然后垂直地读出即成密文，解密是将密文竖着写在同样宽度的一张图纸上，然后水平读出即成明文，如图 3-1 所示。

明文：COMPUTER GRAPHICS MAY BE SLOW BUT AT LEAST IT'S NOT EXPENSIVE

```
COMPUTERGR
APHICSMAYB
ESLOWBUTAT
LEASTITSNO
TEXPENSIVE
```

密文：CAELT OPSEE MHLAX PIOSP UCWTE TSBIN EMUTS RATSI GY ANV RBTOE

图 3-1 圆柱换位加密算法

由于密文和明文的字符完全一样，对密文的频率分析表明每个字母出现的可能性几乎一样。根据这个很好的线索，密码破译员用各种技术试探出字母的真正排列，从而获得明文。如将密文再换位一次，将会大大提高安全性。但无论多复杂的换位加密，计算机几乎都能破译。

3) 数据加密标准 DES

数据加密标准 DES 原是 IBM 公司于 1972 年研制成功的，目的在于保护公司的机密产品。美国商业部所属国家标准局 NBS 也开始了一项计算机数据保护标准的发展规划，这一举措导致了 DES 的出台，并于 1977 年正式批准作为美国联邦信息处理标准。该标准在国际上受到极大重视，国际标准化组织也指定 DES 为数据加密标准。

DES 是一个分组加密算法，使用的密钥长度为 64 位，由占 56 位长度的实际密钥和每个字节的第 8 位的奇偶校验码这两部分组成。它以 64 位为一组，将明文分成若干个分组，每次利用 56 位密钥对 64 位的二进制明文分组进行数据加密，产生 64 位的密文。DES 算法的密钥可以是任意的一个 56 位的数，且可在任意的时候改变。其中有少量的数被认为是弱密钥，但可以容易地避开它们，密文的保密性依赖于密钥。DES 算法整个加密处理过程需经 16 轮(Round)的运算。

3.4.3 鉴别技术

为了保证电子商务的安全，除了需要数据加密，还要有对网络上的个人行为进行鉴别的手段，防止假冒和否认行为的发生。非对称密钥加密技术是一种可以用来进行鉴别的技术，基于这种技术设计了许多鉴别的手段。

1. 非对称密钥加密体制

非对称密钥加密体制又称为公钥密码体制。它是指对信息加密和解密时，所使用的密钥是不同的，即有两个密钥，一个是可以公开的，而另一个是私有的，这两个密钥组成一对密钥对。如果用其中一个密钥对数据进行加密，则只有用另外的一个密钥才能解密；由于加密和解密时所使用的密钥不同，这种加密体制称为非对称密钥加密体制。

从电子商务的安全角度来看，如果仅仅使用对称密钥技术对数据文件进行加密，那么接收方在收到发送方传来的加密文件后，势必还要使用发送方的密钥，才能对文件进行解密。而发送方将密钥通过网络传输给接收方时，也有被他人窃取的可能，这样其他人也能用发送方的密钥对截获的加密文件进行解密。一旦发生这种情况时，数据的安全性就无法保证了。采用非对称的密钥加密技术，则可以很好地解决这一问题。非对称密钥加密体制的优点是增加了安全性，私有密钥不需要在通信时交给其他人，因而可以保证私有密钥的安全，而公开密钥则可以通过公开的方法发布。这种加密体制实际上也给出了一种鉴别数据源的手段，可以对密文的发送方进行鉴别。公钥加密体制的主要缺点是其加密算法运行速度较慢，特别是在对大批量的数据进行加密时尤为明显。

RSA 是公钥密码的一种主要算法，既可以用来加密，又可用于数字签名，是由 Rivest、Shamir 和 Adleman 三个人研究发明的，于 1997 年进入市场；在过去的几年中，在所有已经出现的公钥算法中，RSA 是最易于理解和实现的，也是目前应用得最为广泛的一种加密法。该算法的思想是基于大数因子分解的难度基础上，即用两个很大的质数相乘所产生的积来加密。这两个质数无论用哪一个先与原文编码相乘，对文件进行加密，均可用另一个质数再相乘来解密。但要用其中的一个质数来求出另外一个质数，则几乎是不可能的事。

在运用非对称密码技术传送数据文件时，文件发送者也可以使用接收者的公开密钥对原始文件进行加密，这样只有掌握了相应的私用密钥的接收者才能对其进行解密，任何没有相应私用密钥的其他人都无法对其解密和阅读文件内容，而接收者收到文件并解密后，则可以从文件的内容来识别文件的来源。因此，将对称密钥密码技术与非对称密钥密码技术结合起来使用，再加上数字摘要、数字签名等安全认证手段，则可以解决电子商务交易中信息传送的安全性和身份的认证问题。

2. 数字摘要(Digital Digest)

数字摘要技术是采用安全 Hash 编码法(Secure Hash Algorithm，SHA)对明文中若干重要元素进行某种交换运算得到一串 128 位的密文，这串密文也称为数字指纹(Finger Print)，有固定的长度。不同的明文形成的密文摘要是不同的，而同样的明文其摘要必定是一致的，因此，这个摘要便可作为验证明文是否真身的指纹了。

3. 数字签名(Digital Signature)

在金融和商业等系统中，许多业务都要求在单据上签名或盖章，以证明其真实性，利于日后检查。在日常生活中，签名是确认文件的一种手段，签名的意义在于：签名使文件的接收者相信签名者是慎重地在文件上签字的；签名是签名者慎重地签在文件上的证明；签名是文件的一部分，其他的人无法将签名移到不同的文件中；文件签名后，不能改变；签名和文件是一个整体，签名者签名后难以否认，从而可以确认已签署的这一事实。在网上进行交易时，可以采用数字签名的方法来实现以上签名的功能。

数字签名与日常生活中的手写签名是不同的，这是因为在计算机中签名有许多问题。首先计算机的数据容易复制，即使人的签名难以伪造(如手写签名的图形图像)，但把一个文件的有效签名移到另一文件中是轻而易举的事。另外，签名后的文件修改也可以做到不留任何修改的痕迹。因此计算机中的数字签名是采取双重加密的方法来实现签名的。

数字签名的原理可表述为：报文的发送方从报文文本中通过 SHA 编码加密方式产生一个 128 位的数字摘要，然后发送方用自己的私用密钥对摘要再进行加密，这就形成了数字签名；随后这个数字签名将作为报文的附加和报文一起发送给报文的接收方；报文的接收方首先从接收的原始报文中用 SHA 编码加密方式计算出一个 128 位的数字摘要，同时用发送方的公开密钥对报文附加的数字签名进行解密；将解密后的摘要和收到的报文在接收方重新加密产生的摘要相互对比，如果两者一致，则说明传送过程中信息没有被破坏或篡改过，那么接收方就能确认该数字签名是发送方的。

将数字签名技术应用于电子商务中，可以解决数据的否认、伪造、篡改及冒充等问题，其在电子商务中有如下主要功能。

(1) 发送者事后不能否认自己发送的报文签名。

(2) 接收者能够核实发送者发送的报文签名。

(3) 接收者不能伪造发送者的报文签名。

(4) 接收者不能对发送者的报文进行篡改。

(5) 任何用户不能冒充另一用户作为发送者或接收者。

4. 数字信封

数字信封是采用双重加密技术来保证只有规定的接收者才能阅读到信中的内容。它实际上是先采用对称加密技术对信息加密，然后将对称加密密钥用接收者的公开密钥进行加密，并将这两者一起发送给接收者。接收者先用相应的私有密钥解密，即打开数字信封，得到对称加密密钥，然后再用对称密钥解开收到的信息。

5. 数字时间戳(Digital Time-stamp)

在书面合同中，签署文件的时间与在文件上签名一样是防止伪造的重要内容。同样，在电子交易中，对交易文件的时间信息必须采用安全措施。数字时间戳服务(Digital Time-stamp Service，DTS)即是提供确认电子文件发表时间的安全保护。DTS 必须由专门的服务机构来提供。时间戳是一个经加密后形成的凭证文档，它由三部分组成。

(1) 需加时间戳的文件摘要(Digest)。

(2) DTS 收到文件的日期和时间。

(3) DTS 的数字签名。

数字时间戳产生的过程是：用户将需要加上时间戳的文件加密形成摘要后，将摘要发送到 DTS，由 DTS 在加入了收到文件摘要的日期和时间信息后，再对该文件加上数字签名，然后发回给用户。必须注意的是，书面签署文件的时间是签署人自己写上的，而数字时间戳则是由 DTS 加上的，DTS 是以收到文件的时间作为确认依据的。

6. 数字证书(Digital Certificate)

数字证书是在网络交易支付过程中，用来标志参与各方身份信息的一系列数据，它的作用与现实生活中的身份证类似。数字证书是由一个权威机构来发行的，是用电子手段来证实一个用户的身份和用户对网络资源访问的权限。在网上的电子交易中，如双方各自出示了自己的数字证书，并使用它来进行交易操作，则可以不必为对方身份的真伪而担心。随着电子商务的广泛和持续的发展，数字证书以及证书认证机构的重要性日益显示出来。

数字证书的内部格式是由 CCITT X.509 国际标准规定的，它必须包括以下内容：数字证书拥有者的姓名，数字证书拥有者的公开密钥，公开密钥的有效期，颁发数字证书的单位，数字证书的序列号，颁发数字证书单位的数字签名。

数字证书有以下作用：证明在电子商务或信息交换中参与者的身份；授权进入保密的信息资源库；提供网上发送信息的不可否认性的依据；验证网上交换信息的完整性。由于数字证书是实现电子商务的重要条件，是参与电子商务的通行证，因此它本身的可信任程度必须得到保证。

数字证书有以下三种类型。

1) 个人凭证(Personal Digital ID)

个人凭证仅仅为某一用户提供凭证，以帮助这一用户在网上进行安全交易操作。用户个人身份的数字凭证通常是安装在客户端的浏览器内的，并通过安全的电子邮件(S/MIME)进行交易操作。

2) 企业(服务器)凭证(Server ID)

通常为网络上的某个 Web 服务器提供凭证，拥有 Web 服务器的企业就可以用具有凭证的 Internet 网站点(Web Site)来进行安全电子交易。有凭证的 Web 服务器可以自动地将其与客户端 Web 浏览器通信的信息进行加密。

3) 软件开发者凭证(Developer ID)

可以为 Internet 网中被下载的软件提供凭证，该凭证被用于与微软公司 Authenticode 技术(合法化软件)结合的软件中，以使用户在下载软件时能获得所需的信息。

上述三类证书中前两种较为常见，大部分认证中心都提供这两种凭证，第三种则用于比较特殊的场合。

3.4.4 防火墙(Firewall)技术

防火墙是一种隔离控制技术，通过在内部网络(可信任网络)和外部网络(不可信任网络)之间设置一个或多个电子屏障来保护内部网络的安全。设置 Internet/Intranet 防火墙就是在企业内部网与外部网之间建立一个检查网络服务请求是否合法、网络中传送的数据是否对网络安全构成威胁的控制地带。

1. 防火墙的基本原理

防火墙是一种形象的描述，它可由单独硬件设备构成，也可由路由器中的软件模块组成。它通常与路由器结合起来一起使用，路由器用来与 Internet 连接，而防火墙用来决定数据包是否可以通过。防火墙不仅仅是路由器、内部网主机或任何网络安全设备的组合，也是安全策略中的一部分。实现防火墙的网络安全策略时，有两条可以遵循的规则。

(1) 未被明确允许的都将被禁止。

(2) 未被明确禁止的都将允许。

前一种规则建立了一个非常安全的环境，只有审慎选择的服务才被允许，其缺点是不易使用，提供给用户选择的范围很小。后一种规则建立了一个非常灵活的环境，能给用户提供更多的服务，缺点是一些没有预料到的危险可能会影响网络的安全。实现防火墙的主要技术有包过滤技术、应用网关和代理服务技术等。

1) 包过滤(Packet Filter)技术

包过滤技术是在网络层对通过的数据包进行过滤的一种技术，如图 3-2 所示。当它收到数据包后，先检查该数据包的包头，查找其中某些域中的值，再利用系统内事先设置好的过滤规则(或称逻辑)，把所有满足过滤规则的数据包都转发到相应的目标地址端口；而把不满足过滤规则的数据包从数据流中去除掉。这些被检查的域包括数据包的类型(TCP 或 UDP 等)、源 IP 地址、目标 IP 地址、目标 TCP/IP 端口等。在过滤数据包时，通常使用访问控制表来检查数据包的有关域。

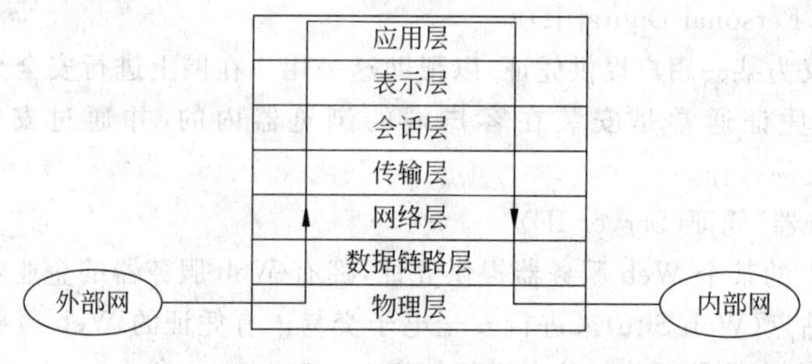

图 3-2　包过滤技术

利用数据包过滤技术来建立防火墙，是目前应用得最普遍的一种网络安全措施。现有的大多数 Intranet 都采用这种防火墙来保护网络不会遭受外来侵害。

2) 应用网关(Application Gateway)

应用网关技术是建立在网络应用层上的协议过滤技术，它在内部网络和外部网络之间设置一个代理主机，并针对特定的网络应用服务协议，采取特定的数据过滤规则或逻辑，同时还对数据包进行统计分析，形成相关的报告。应用网关对于一些易于登录和控制所有输入输出的通信环境予以监控，防止有价值的程序和数据被偷窃。在实际应用中，应用网关一般由专用的工作站系统来实现。

3) 代理服务(Proxy Server)技术

包过滤技术的特点是，凡是可以满足包过滤规则的特定数据，便可以在 Internet 和

Intranet之间直接建立链路，这样Internet上的用户就可以直接了解到Intranet中的情况。为了避免出现这种情况，可以使用代理服务技术。

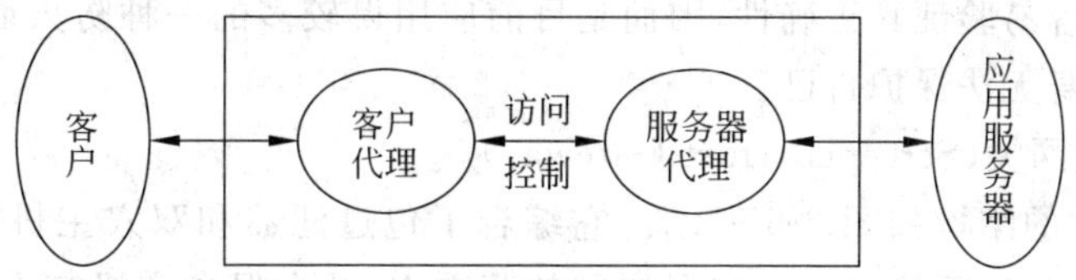

图 3-3　代理服务工作原理

代理服务技术是利用一个应用层网关作为代理服务器的，如图 3-3 所示，代理服务在应用层上进行，这样就可以防止Internet上的非法用户直接获取Intranet中的有关信息。在Intranet中设置一个代理服务器，将Internet进入Intranet内部的链路分为两段，从Internet到代理服务器的一段和从代理服务器到Intranet内部的另一段，用这种方法将Intranet与Internet隔离开来。所有来自Internet的应用连接请求均被送到代理服务器中，由代理服务器进行安全检查后，再与Intranet中的应用服务器建立连接。所有Internet对Intranet应用的访问都须经过代理服务器，这样，所有Internet对Intranet中应用的访问都被置于代理服务器的控制之下；同样，所有Intranet对Internet服务的访问，也受到代理服务器的监视。代理服务器可以实施较强的数据流监控、过滤、记录和报告等功能，代理服务技术主要通过专用计算机来承担。

2. 防火墙的实现方式

现实中的防火墙通常是基于上述三种防火墙技术来建立的，可将防火墙基本类型分为网络级(包过滤型)防火墙和应用级防火墙，应用级的防火墙有三种常见的类型：双穴主机网关、屏蔽主机网关、屏蔽子网网关。但随着防火墙技术的不断发展，两种类型配置的区别已不明显。

1) 网络级(包过滤型)防火墙

基于单纯的包过滤技术建立的防火墙，实现起来较容易，它有两个网络接口，位于内部网和外部网的交接处，只需配置好安全访问控制表即可。它具有包过滤技术的优缺点，其主要工作是对每个经过防火墙的IP数据包进行过滤。由于包过滤器只能设置静态的安全过滤规则，难以适应动态的安全要求。

2) 应用级的防火墙

应用级的防火墙是建立在应用层网关基础上的，它的三种常见类型都有一个共同点，即都需要有一台主机，通常被称为堡垒主机(Bastion Host)的机器，来充当应用程序转发者、通信登记和服务提供者的角色。它在防火墙中起重要作用，其安全性关系到整个网络的安全。

(1) 双穴主机网关(Dual Homed Gateway)

双穴主机网关的结构如图 3-4 所示。其中，堡垒主机充当应用层网关，在此主机中需安装两块网卡，一块用于连接到被保护的内部网，另一块则用于连接到Internet上，并在堡垒主机上运行防火墙软件，被保护的内部网与Internet

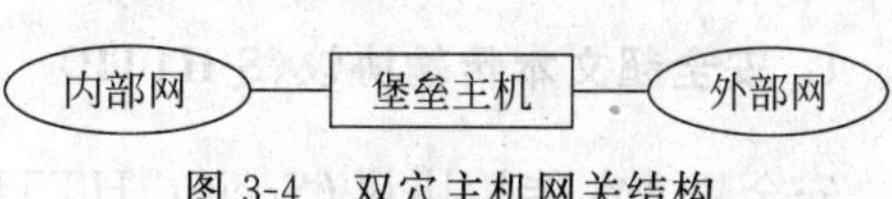

图 3-4　双穴主机网关结构

之间无法直接通信，必须通过该主机，这样就可以将被保护网很好地屏蔽起来，而 Intranet 是通过堡垒主机获得 Internet 的服务的。这种应用层网关能有效地保护 Intranet，且所需的硬件设备较少，容易验证其正确性，因而是目前应用得较多的一种防火墙；但堡垒主机容易受到攻击，它本身无法保护自己。

(2) 屏蔽主机网关(Screened Host Gateway)

屏蔽主机网关的结构如图 3-5 所示。它综合了包过滤器和双穴主机网关两种结构而成，为了保护堡垒主机，而将它置入被保护网的范围中，即在堡垒主机与 Internet 之间增设一个屏蔽路由器(Screened Router)。它不允许 Internet 对被保护网进行直接访问，只允许对堡垒主机进行访问，它可以有选择地允许那些值得信任的数据通过屏蔽路由器。与前面的双穴主机网关相似，也是在堡垒主机上运行防火墙软件。

屏蔽主机网关是一种更为灵活安全的防火墙软件，它可以利用屏蔽路由器增加一层安全保护，但此时的路由器处于易受攻击的地位，一旦被攻破，所有的用户都可随意进出网络；另外，屏蔽路由器的安全规则配置要求较高，必须确保它和堡垒主机中的访问控制表协调一致，避免出现自相矛盾的情况。

(3) 屏蔽子网网关(Screened Subnet Gateway)

屏蔽子网网关是在屏蔽主机网关的结构基础上发展起来的。它是在内部网和外部网之间设立一个被隔离的小型的独立子网，并可将向 Internet 上的用户提供的部分信息放到该子网中。这部分存放在子网上公用信息服务器上的信息，应允许被外部网上的用户直接读取。具体的做法是在子网与 Internet 之间设置一个外部路由器来对子网进行保护，子网到 Intranet 之间采用屏蔽主机网关对 Intranet 进行保护。这样，Internet 上的用户要访问公共信息服务器时，只通过外部路由器即可。但如果用户要访问 Intranet 中的信息时，则需通过外部和内部路由器后，再去访问堡垒主机，然后再通过主机访问 Intranet。屏蔽子网网关如图 3-6 所示。

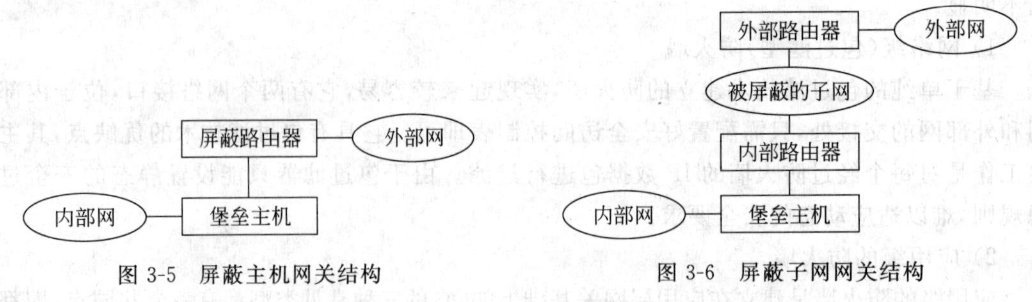

图 3-5 屏蔽主机网关结构

图 3-6 屏蔽子网网关结构

3.4.5 安全协议

为了保证在线支付、在线交易的安全，IT 业与金融商贸行业的研究人员一起，共同开发和推出了一些安全协议，来确保电子商务的顺利发展，下面介绍比较有代表性的几种安全协议。

1. 安全超文本传输协议(S-HTTP)

安全超文本传输协议(Secure HTTP)是在 Internet 上广泛使用的超文本传输协议

HTTP 中，增加了安全特性的一种协议。它基于 SSL 技术，并利用密钥对对传输的数据加密，保障在 Web 站点间的交易信息传输的安全。

2. 安全多功能因特网电子邮件扩充协议(S-MIME)

MIME 是 Internet 上的一种电子邮件扩充标准格式，但未提供任何安全服务的功能。而 S-MIME 是在 MIME 的多功能电子邮件扩充报文基础上添加数字签名和加密技术的一种协议。S-MIME 的目的是在 MIME 上定义安全服务措施的实施方式。S-MIME 已成为产业界广泛认可的协议，支持该协议的软件企业有微软、Novell、Lotus 等公司。

3. 安全套接层协议(Secure Sockets Layer，SSL)

安全套接层协议是由 Netscape 公司提出的安全交易协议，该协议向基于 TCP/IP 协议的客户/服务器应用程序提供客户端和服务器之间的安全连接技术。它主要解决 TCP/IP 协议不能确认用户身份的问题，在 Socket 上使用非对称的加密技术，以保证网络通信服务的安全性。SSL 协议的实现简单，它独立于应用层协议，可以完成所需的安全交易操作，被用于 Netscape 和 Microsoft 的浏览器和服务器中，IBM 公司的网络产品中也支持该协议。SSL 是一个面向连接的协议，只能提供交易中客户与服务器间的双方认证，在涉及多方的电子交易中，SSL 协议并不能协调各方间的安全传输和信任关系。

4. 安全交易技术(STT)协议

安全交易技术协议是由 Microsoft 公司提出来的。STT 将认证和解密在浏览器中分离开来，以提高安全控制能力。

5. 安全电子交易协议

1996 年，由维萨卡集团(Visa International)、万事达卡(MasterCard)、IBM、Microsoft、Netscape、RSA、SAIC、GTE、VeriSign、Terisa 等组织共同研究，并于 1997 年正式公布了一个能够保证通过开放网络(包括 Internet)进行安全资金支付的技术规范，即安全电子交易(Secure Electronic Transaction，SET)协议。该协议涵盖了信用卡在电子商务交易中的交易协定、信息保密、资料完整及数字认证、数字签名等技术，并被公认为全球范围的安全标准。它已成为电子商务的规范，为确保电子商务的顺利进行提供了安全保障。SET 主要由三个文件组成，分别是 SET 业务描述、SET 程序员指南和 SET 协议描述。

SET 协议主要采用公钥密码体制(PKI)和 X. 509 电子证书标准，通过相应软件、数字证书、数字签名和加密技术，将交易信息进行编码和加密，用于维护在开放网络上的个人信用信息的隐蔽性，以确保交易的安全。SET 协议主要用于支持 B2C 类型的电子商务模式，即企业对客户交易的模式，它支持客户、商家、银行等实体之间相互确认身份。SET 系统可以让使用者在开放网络上发送安全的支付指令和获取认证信息。

在一个 SET 交易过程中，参与交易的实体有客户、网上商店、认证中心、收单银行和发卡银行。据统计，整个交易平均需验证数字证书 9 次，数字签名的验证 6 次，传递证书 7 次，做 5 次签名，分别做 4 次对称和非对称加密运算。

6. 公开密钥体制(Public Key Infrastructure,PKI)

PKI是一种标准的密钥管理平台,它可以为所有网络应用透明地提供采用加密和数字签名等密码服务所必需的密钥和证书管理。PKI能够确保通信的双方的身份认证、发送的信息不可否认性和数据的完整性等安全性问题。它主要由认证机构(CA)、证书库、证书管理系统、密钥生成管理系统、个人安全环境(PSE)等部分构成。

1) 认证机构

CA是证书的签发机构,有权签发或废弃证书。在网络环境中,PKI可以向公钥的使用者证明公钥的真实合法性,确认主体的身份以及它与公钥的匹配关系。每一个PKI都有一个单独的、可信任的根(Root),从根处可取得所有的认证。认证机构的安全性是非常重要的,它管理着自己的一对密钥,其公钥在网上公开。CA的数字签名保证了证书(拥有者的公钥)的合法性和权威性。CA中的注册机构(RA)完成证书的分发和签名,它是CA的代表机构。

2) 证书库

证书库(或称证书目录)是集中存放用户证书的共享目录,并在网上公开发布的一种公共信息库。用户可以从证书库中查询其他用户的证书和公共密钥,而系统必须保证信息库中信息的准确性和完整性。

3) 证书管理系统

证书管理系统用于管理证书的注册、生效和注销,它是PKI的一个重要部分,其中包括证书管理协议和证书信息管理格式等。

4) 密钥生成管理系统

密钥生成管理系统是PKI生成和管理密钥的部分,它具有生成密钥,分配、撤销、暂停、否认和归档等功能。

5) 个人安全环境

个人安全环境是系统妥善保存用户个人信息的一种安全机制。私有信息包括私钥或协议使用的缓存信息等。

3.4.6 认证中心

认证中心(Certificate Authorities,CA)是在电子交易中承担网上安全交易认证服务、签发数字证书、确认用户身份等工作并具有权威性和公正性的第三方服务机构,它是保证电子商务交易安全进行的一个不可缺少的重要环节。

在电子交易中,为了保证交易的安全性、公正性,身份认证不是靠交易的双方自己来完成,而是由第三方机构来实现,认证中心就是充当这样的服务角色。在交易的双方发生利益冲突时,如果有一方企图否认自己的公共密钥和数字签字的话,则必须由认证中心来为交易双方担任公有密钥的认证工作。因此,使用者在生成自己的密钥以后,需要直接把公共密钥和身份信息送到认证中心去认证;通过认证后,认证中心必须将签核过的凭证放到凭证数据库中,供其他人查询和下载,这样,交易的双方都能在认证中心取得对方的凭证,证明主体的身份以及它与公钥的匹配关系。

1. 认证中心的职能

认证中心的主要功能是受理数字证书的申请、签发等工作，并对数字证书进行管理。认证中心必须严格按照认证操作规程来完成服务操作。通过运用各种加密技术建立起一套严密和完善的身份认证系统，保证信息除了发送方和接收方外，不被其他人窃取；保证信息在传输过程中没有被篡改；保证发送方可以通过认证中心签发的数字证书来确认接收方的身份无误；保证发送方无法否认自己发送的信息。认证中心主要有以下基本功能。

1）颁发证书

认证中心接收和验证下级认证中心和最终用户（持卡消费者、商户、收单行支付网关等）的数字证书的申请，并将申请的内容备案，根据申请的内容，确定是否受理该数字证书的申请。如果中心接受该数字证书申请的话，则必须确定向用户颁发何种类型的证书。新的证书由认证中心的私钥签名以后，送到目录服务器供用户查询和下载。为了确保查询信息的准确性和完整性，认证中心必须对所有返回给用户的应答信息进行签名。

2）更新证书

认证中心应该定时手工或自动地对用户的电子证书进行更新，或者按照用户的要求对用户的电子证书更新，从而可以确保认证中心保存的用户证书是最新的和有效的。

3）查询证书

证书的查询可以有证书申请的查询和用户证书的查询。证书申请的查询是认证中心按照用户的查询要求，返回给用户证书申请的受理结果；用户证书的查询是由目录服务器自动来完成的，目录服务器按照用户的要求返回用户所需的证书信息。

4）撤销证书

当用户的私用密钥由于泄密的原因造成用户证书必须撤销时，由用户向认证中心提出撤销证书的请求，认证中心根据用户的请求，确定是否撤销证书。另外，当证书过了有效期后，认证中心自动将证书撤销。认证中心撤销证书时，不是通过简单的删除证书来完成的，它必须保存撤销了的证书的有关信息。这些可以通过维护证书作废列表来完成。

5）证书归档

证书过了合法期限之后就必须撤销，但是不能将作废的证书简单地丢弃，以防有些客户需要查对以前某个交易过程中使用的数字签名，这时客户可以到作废的证书库查找。因此，认证中心应当具备管理作废证书和历史数据的一套完善的规章制度。

2. 认证中心的安全对策

认证中心是为电子商务的安全而设立的，认证中心本身的安全就成为了电子商务安全的核心。由于认证中心是以其公正、权威和可信任的身份来获得证书使用者对它的信赖，因此，安全和可信是认证中心在电子商务体系中存在的基础。由于认证系统的复杂性和运行的不可间断性等特点，对认证中心的安全系统提出了很高要求。一套良好的安全体系是认证中心取得使用者信赖的保证。在这套安全体系中，通常包括物理与环境安全、网络安全、应用系统与数据安全、系统连续性管理、操作人员与日常操作管理等部分。

1）假冒的防范

认证中心必须认真核实数字证书申请确实是由相应的申请者发送来的，防止冒名顶替的情况发生。

2）私钥的安全防范

如果认证中心的私人密钥被攻击者发现的话，他可以伪造数字证书。因此，认证中心必须防止私人密钥落入他人之手。

3）认证人员违规的防范

如果认证中心工作人员被收买，则攻击者可以要求工作人员以其他人的名义签发一份数字凭证给他，这样，他就可以用他人的名义签发报文。目前有些认证签名单位要求有三名以上的雇员插入一把包含机密信息的数字密钥才能产生数字证书。

3.5 移动电子商务技术

移动电子商务（M-commerce）是在EDI电子商务、Internet电子商务基础上发展的第三种形态的电子商务，是电子商务在无线领域的拓展。原先的电子商务以PC为主要界面，是"有线的电子商务"；而移动电子商务，则是通过手机、具有无线功能的计算机、无线POS以及PDA（个人数字助理）等各种无线移动通信设备与现代信息网络有机地结合，并利用无线网络进行电子商务活动。

移动电子商务的发展壮大是建立在移动通信技术、互联网技术和电子商务技术的基础上的，下面对此做一些分析。

3.5.1 移动通信技术

1. 通用分组无线业务

通用无线分组业务（General Packer Radio Service，GPRS）是一项高速数据处理技术，以分组形式把数据传送到用户手中。在传统的GSM网业务中，通话是最主要的服务项目。此外，用户最高只能以9.6kbps的传输速率进行数据通信，如发送传真、电子邮件、下载图片等。很明显，这种低速率无法满足动态影像的传输需求。

在GSM网的基础上实现GPRS功能是提升GSM数据速率的一种有效方法。GPRS突破了GSM网只能提供电路交换的模式，在普通GSM网络的传统电路交换中增加了分组交换数据功能，数据被分割成数据包而以稳定的数据流不断进行传输，使移动设备用户保持与服务器的"虚拟"连接。它通过仅仅增加相应的功能实体和对现有的基站系统进行部分改造来实现分组交换，从而大大提高了资源的利用率。

作为第2.5代移动通信系统，GPRS能快速建立连接，适用于频繁传送小数据量业务或非频繁传送大数据量业务。用户可以得到更多的接入带宽，实现数据与话音的同步处理，充分享受高速电子邮件传递、网上冲浪、访问企业网络等快捷而简单的接入服务。同时，GPRS允许用户在所有时间在线，它根据传送数据的数量计费，而不是根据距离和连接时间计费。GPRS是能帮助解决GSM网络用户及电信运营商平稳过渡到新一代数据与语音传输的通信系统，增加了进入移动互联网的途径。

2. 码分多址技术

码分多址技术(Code Division Multiple Access，CDMA)是现代通信技术中用来实现信道共享，以提高信道资源利用率的一种数字技术。它通过编码来分割通信流程，这样就可以让系统把更多的通话混合到一个信道中，当处理器收到信息之后通过识别编码将每个通话信号分离并且重新集合在一起，完成信号传送过程。在相同的信道条件下，CDMA比GSM具有更高的信道资源利用率。因此，CDMA成为第三代移动通信信道共享的基本方式。

CDMA与GSM系统最大的区别在于电波涵盖的范围、通话质量、通话中断率及容量的大小。CDMA系统在通话质量方面能够提供接近于家用座机电话水准的清晰度；CDMA的高容量、高传输的特性，除了可让使用者有较长的通话时间和清晰的通话质量外，还能通过数字编码传送这一特性增强传输时的保密性，以减少断线的几率，进而提供更多样化的服务。CDMA系统可以扩大原有系统的容量和传输速度，有助于电信系统商扩展服务范围，降低网络架设的成本，提供给消费者更为多元化的服务。

3. 第三代(3G)移动通信技术

第三代(3rd Generation，3G)移动通信技术是相对于第一代模拟制式手机(1G)和第二代GSM等数字手机而言的。3G系统是把无线通信与因特网等多媒体通信结合起来的新一代移动通信系统，它能够处理图像、音乐、视频流等多种媒体形式，支持高质量的话音、视频、分组数据、多媒体业务和多用户高速率通信，提供包括网页浏览、电话会议、电子商务等多种信息服务，这一切将彻底改变人们的通信和生活方式。3G技术可以提供宽带移动通信，将手机变为集语音、图像、数据传输等诸多应用于一体的新型通信终端，将促进全方位移动电子商务的广泛开展。

国际电信联盟(ITU)于2000年5月确定了WCDMA、CDMA 2000与TD-SCDMA作为三大主流无线接口标准。

1) WCDMA

WCDMA(Wideband CDMA)，中文称为“宽带分码多重存取”。它能够支持移动、手提设备之间的语音、图像、数据以及视频通信，对于宽带网而言，在高速移动状态下，速率可达384kbps，对于局域网而言，在低速移动情况下，速率可达2Mbps。输入信号先被数字化，然后在一个较宽的频谱范围内以编码的扩频模式进行传输。

WCDMA的支持者以原来生产GSM系统的欧美厂商为主，包括诺基亚、爱立信、阿尔卡特、朗讯、北电，以及日本的NTT、富士通、夏普等厂商。这套系统能够架设在现有的GSM网络上，对于系统提供商而言可以低成本过渡，而GSM系统相当普及的亚洲对这套新技术的接受度也较高，因此WCDMA具有先天的市场优势。WCDMA是目前世界上采用国家及地区最广泛的、终端种类最丰富的3G标准，已有500多个WCDMA运营商在240多个国家和地区开通WCDMA网络，3G商用市场份额超过80%。

2) CDMA 2000

CDMA 2000 是 CDMA 技术发展过程中的一个阶段，属于第三代移动通信系统 IMT-2000 系统的一种模式，由美国高通公司主导提出，摩托罗拉和韩国三星都有参与，韩国现在成为该标准的主导者。

CDMA 2000 希望把原有移动网络向 CDMA 2000 改造的整个进程分为多个阶段来实施，第一个过渡阶段称为 CDMA 2000 1X，是 3G CDMA 2000 技术的核心，可支持 308kbps 的数据传输，网络部分引入分组交换，可支持移动 IP 业务。而另一个标准——CDMA 2000 1XEV 是在 CDMA 2000 1X 基础上进一步提高速率的增强体制，采用高速率数据(HDR)技术，能在 1.25MHz(相同于 CDMA 2000 1X 带宽)内提供 2Mbps 以上的数据业务，是 CDMA 2000 1X 的边缘技术。第二个阶段称为 CDMA 2000 3X，它与 CDMA 2000 1X 的主要区别是前向 CDMA 信道采用 3 载波方式，而 CDMA 2000 1X 用单载波方式，因此它的优势在于能提供更高的数据传输速率，但占用频谱资源也较宽。

3) TD-SCDMA

TD-SCDMA(Time Division-Synchronous Code Division Multiple Access)的中文含义为“时分同步码分多址接入”，是中国第一个拥有完全自主知识产权的无线通信技术标准，由大唐移动通信于 1998 年研究开发出来，并在无线传输技术(RTT)基础上与国际合作完成，是中国移动通信领域的一大突破。并已经正式成为全球 3G 标准之一，这标志着中国移动通信技术进入世界领先行列并被世界同行所认可。该标准将智能无线、同步 CDMA 和软件无线电(SDR)等当今国际领先技术融于其中，在频谱利用率、对业务支持的灵活性及成本等方面具有独特的优势。

4. 第四代(4G)移动通信技术

根据从 1G 到 3G 的发展情况可以看出，通信系统的发展周期一般为 10 年，因此 2010 年后会逐步进入 4G 时代。目前 4G 技术的雏形已经出现。

1) 4G 的定义

IT 业普遍认可的对 4G 的一种解释是：第四代移动通信技术(4G)集 3G 与 WLAN 于一体，可称为广带接入和分布网络，具有非对称数据传输能力，对高速移动用户能提供高质量的影像服务，并将首次实现三维图像的高质量传输。4G 系统能够以 100Mbps 的速度下载，比目前的 ADSL 快 200 倍，比通常意义上的 3G 快 50 倍，上传的速度也能达到 20Mbps，并能够满足几乎所有用户对于无线服务的要求。它包括广带无线固定接入、广带无线局域网、移动广带系统和互操作的广播网络。

4G 标准比 3G 标准具有更多的功能，在不同的固定无线平台和跨越不同频带的网络中，4G 可提供无线服务，并在任何地方宽带接入互联网(包括卫星通信和平流层通信)，提供信息通信以外的定位定时数据采集远程控制等综合功能。4G 与固定宽带网络在价格方面不相上下，而且计费方式更加灵活机动，4G 可以在 DSL 和有线电视调制解调器没有覆盖的地方部署，然后再扩展到整个地区。

2) 4G 的主要特点

(1) 高速率。对于大范围高速移动用户(250km/h)，数据速率为 2Mbps；对于中速移动用户(60km/h),数据速率为 20Mbps;对于低速移动用户(室内或步行者),数据速率为 100Mbps。

(2) 以数字宽带技术为主。在 4G 移动通信系统中,信号以毫米波为主要传输波段,蜂窝小区也会相应小很多,提高用户容量,但同时也会引起一系列技术难题。

(3) 良好的兼容性。4G 移动通信系统实现全球统一的标准,具备全球漫游、接口开放、能跟多种网络互联、终端多样化以及能从第二代或第三代系统平稳过渡等特点,让所有移动通信运营商的用户享受共同的 4G 服务,实现每部手机在全球的任何地点都能进行通信。

(4) 较强的灵活性。4G 移动通信系统采用智能技术使其能自适应地进行资源分配,能对通信过程中不断变化的业务流大小进行相应处理而满足通信要求,有很强的智能性、适应性和灵活性。

(5) 多种业务的融合。4G 移动通信系统支持更丰富的移动业务,包括高清晰度图像业务、电视会议、虚拟现实业务等,使用户在任何地方都可以获得任何所需的信息服务。

3.5.2 无线应用协议(WAP)

WAP(Wireless Application Protocol)是一种通信协议,是开展移动电子商务的核心技术之一,它融合了计算机网络及电信领域的各种新技术。有了 WAP 的帮助,用户可以用手机随时随地、方便快捷地接入互联网,真正实现不受时间和地域约束的移动电子商务,享受前所未有的多种交互式服务。WAP 只要求移动电话和 WAP 代理服务器的支持,而不要求现有的移动通信网络协议做任何改动,因而可以广泛应用于 GSM、CDMA、TDMA、3G、4G 等多种网络。

1. WAP 的构成

根据最新的 WAP 规范,WAP 主要包含以下组件。

1) WAP 编程模型

这个模型在很大程度上利用了现有的 WWW 编程模型,并针对无线环境的通信特点对原有的 WWW 编程模型进行了优化和扩展。

2) 无线标记语言(WML)

WML 是利用 XML 1.0 标准定义的面向显示的一种标记语言,类似于 HTML,特别适合于在性能方面严重受限的手持设备。WML 将页面文件分割成一套用户交互操作单元(卡),用户在进行 Internet 访问时,需要在一个或多个 WML 文件产生的各个卡之间来回导航。使用 WAP 网关,所有的 WML 内容都可以通过 Internet 使用 HTTP 1.1 请求进行访问,因此传统的 Web 服务器、工具和技术可以继续使用。

3) 微浏览器

与标准的 Web 浏览器类似,微浏览器实际上是一个适合于手持设备的功能强大的用户接口模型,规定手机如何解释 WML 和 WML Script 并显示给用户。用户可以通过上移键和下移键在各个卡之间来回导航。为了与标准浏览器保持一致,微浏览器还提供了各种导航功能,如 Back、Home、书签等。微浏览器允许有较大屏幕和更多特性的设备自动显示更多的内容,就像传统的浏览器当浏览窗口扩大时能显示更多的信息一样。

4) 轻量级协议栈

这个协议栈将无线手机访问 Internet 的带宽需求降到最低，保证了各种无线网络都可以使用 WAP 规范。通过使用 WAP 协议栈可以节省大量的无线带宽。要完成同样一个访问操作，使用 WAP 协议栈涉及的包的数量不到使用全标准的 HTTP/TCP/IP 协议栈的一半，这对于带宽受限的无线网络来讲十分重要。

5) 无线电话应用(WTA)框架

允许无线手机访问各种电话功能，诸如呼叫控制和来自 WML Script Applet 中的信息等，这等于是许可商家开发各种电话应用并将其集成到 WML/WML Script 服务中。

2. WAP 网关

WAP 规范使用标准的 Web 代理技术将无线网络与 Web 连接起来。通过将处理功能集中在 WAP 网关中，WAP 结构大大减少了手机上的操作负载，在一定程度上为降低手机制造成本创造了有利条件。

WAP 的应用

WAP 的提出和发展是基于在无线移动条件下接入 Internet 的需要，它提供了一套开放、统一的技术平台，用户可以十分方便地使用移动设备及其他便携式终端来访问和获取 Internet 或企业内部网信息和各种服务。

同时，WAP 提供了一种普遍意义上的应用开发框架，它支持在不同无线通信网络上方便高效地开发和运行 WAP 应用服务。它能够支持当前最流行的嵌入式操作系统和目前使用的绝大多数无线设备，包括移动电话、FLEX 寻呼机、双向无线电通信设备等。在传输网络上，WAP 可以支持目前的各种移动网络，如 GSM、CDMA、PHS 以及第三代移动通信系统。

WAP 最有潜力的应用是与电子商务相结合，实现移动电子商务。例如，可以随时参与证券交易，使用移动网络银行业务，移动网上购物。将来只需携带一部具有 WAP 功能的移动电话，就可以实现打电话、付账、买票、管理个人银行账户等工作。

目前，许多电信公司已经推出了多种 WAP 产品，包括 WAP 网关、应用开发工具和 WAP 手机，向用户提供网上资讯、收发传真、收听语音信箱、机票订购、流动银行、在线炒股、在线购物、游戏等多种功能与服务。

3.5.3 WPKI 技术

安全性是影响移动电子商务发展的关键问题。无线网络的安全性同有线网络一样，大致分为 4 个相互交织的部分：保密、鉴别、抗否认和完整性控制。保密是指保护信息在存储和传输的过程中的机密性，防止未得到授权者访问；鉴别主要指在揭示敏感信息或进行事务处理前确认对方的身份；抗否认性要求保证信息发送方不能否认已发送的信息，这往往与电子签名有关；完整性控制要求能够保证收到的信息确实是原始数据，没有被第三者篡改或伪造。

如何保护移动电子商务用户的合法个人信息、账户密码等不受侵犯，是一项迫切需要解决的问题。WPKI 被称为“无线公开密钥体系”，它将互联网电子商务中 PKI 安全机制引入到无线网络环境中，形成一套遵循既定标准的密钥及证书管理平台体系，用它来管理在移动网络环境中使用的公开密钥和数字证书，有助于建立安全和值得信赖的无线网络环境。

1. WPKI 的内容

WPKI(Wireless PKI)技术满足移动电子商务安全的要求，即保密性、完整性、真实性、不可抵赖性，消除了用户在交易中的风险。WPKI 技术主要包含以下几个方面。

(1) 认证机构 CA。CA 系统是 PKI 的信任基础，负责分布和验证数字证书，规定证书的有效期，发布证书的分布列表等。

(2) 注册机构 RA。RA 是用户和 CA 之间联系的接口。在数字证书发给请求者之前，作为认证机构的检验者，向 CA 提出证书请求。

(3) 智能卡。智能卡将具有储存、加密及数据处理能力的集成电路芯片放在塑料基片中，具有难以破解、访问控制安全等特点。

(4) 加密算法

2. WPKI 技术在移动电子商务中的应用

在移动电子商务中，如何实现在线、实时、安全的支付是技术实施的核心，尤其在移动环境下，需要准确地识别人员身份、判别账号真伪，并迅速、安全地实现资金转账处理。WPKI 技术在移动商务中有如下几方面的应用。

1) 网络银行

用户可以使用移动设备通过网络银行轻松实现话费缴纳、商场购物、自动售货机购物、公交车付费、投注彩票等支付项目。如果在网络银行系统中采用了 WPKI 和数字证书认证技术，即使窃贼盗取取了卡号和密码，也无法实现诈骗。

2) 网上证券交易

用户使用手机之类的移动终端进行网上证券交易时，要求随时随地都能方便、安全地进行买卖交易。客户通过手机短信息输入(如股票代码和股票数量等)有关授权交易信息，该信息以加密的短信息进行传输，服务器对这些信息进行解密，当交易完成，结果信息以加密形式返回给客户。

3) 网上缴税

同样，通过移动终端网上缴税也给用户带来了便利，可以节省时间，提高办事效率，但是也会面临安全性和可靠性的问题。类似于网上银行系统的实现，采用 WPKI 体系作为安全技术框架，移动用户可以使用个人数字证书，使信息获得更有效的、端到端的安全保障。

4) 其他方面的应用

移动电子商务应用内容广泛，比如网上店铺、网络学习、网络游戏等，这些商务活动的共同要求是实时可靠。随着移动电子商务的发展，基于 WPKI 技术的应用范围将不断拓展。

3.5.4 移动 IP 与 IPv6

1. 移动 IP

移动 IP 通过在网络层改变 IP 协议，从而实现移动计算机在 Internet 中的无缝漫游。

移动IP技术使得节点在从一条链路切换到另一条链路上时无须改变它的IP地址，也不必中断正在进行的通信。

应该说，移动IP技术在一定程度上能够很好地支持移动电子商务的应用。但是，目前它也面临一些问题，比如移动IP协议运行时的三角形路径问题；移动主机的安全性和功耗问题等。

2. IPv6

谈到移动IP，不能不提新一代IP地址——IPv6对移动IP乃至整个移动电子商务的支持。

Internet原先使用的IP协议版本IPv4存在自身设计缺陷，其中，IP地址不够用是最严重的问题，全球IPv4地址数已于2011年2月分配完毕。为了彻底解决IPv4存在的缺陷问题，IETF研究开发出下一代IP协议，即IPv6。IPv6具有长达128位的地址空间，可以彻底解决IPv4地址不足的问题，除此之外，IPv6还采用分级地址模式、高效IP包头、服务质量、主机地址自动配置、认证和加密等先进技术。

截至2012年6月底，我国拥有IPv6地址数量为12 499块/32(其中/32是IPv6的地址表示方法，对应的地址数量是2的96次方)，比2011年底增加33%，中国IPv6地址数量在一年内飞速增长，在全球的排名由2011年6月的第15位迅速提升至2012年6月的第3位，仅次于巴西(65 728块/32)和美国(18 694块/32)。

IPv6凭借其地址数量、安全性、服务质量的巨大优势，将使电子商务的便利、快捷与成本低的优势更加凸显出来，推动电子商务的发展，加快IPv6的应用和部署已经成为各国政府和业界的共识。

1) IPv6为电子商务的发展提供了充足的地址

IPv6采用128位地址，如果以每微秒分配到一百万个地址的速度进行分配需要1020年的时间才能将所有可能的地址分配完毕，这将从根本上解决电子商务发展所需的IP地址。我们可以用摩尔定律描述电子商务的飞速发展，而电子商务的发展壮大也要求互联网为其提供大量的IP地址。IPv6可以提供无限的地址资源，满足未来电子商务的需求。

2) IPv6支持移动电子商务

IPv6的巨大地址空间和层次化的地址结构可以为每一个通信设备如笔记本电脑、手机、PDA配备1个全球IP地址，并使其具备移动性，从而实现随时上网。移动电子商务以其随时随地的便利性、支付方式的灵活性在银行、贸易、购票、购物、娱乐业等领域大显身手。IPv6则以庞大的地址空间，地址自动分配机制及对移动性的良好支持，为移动电子商务的发展提供了良好条件。

3) IPv6为电子商务提供更好的安全性

IPv6可在网络层支持对每个分组的认证和加密，从而改进当前的三类防火墙，使它们增加了对IP数据源地址的认证，分组内容的完整性检验以及对分组加解密的功能。IPv6能够保证网络硬件的安全和防止非法用户进入网络以及保护网络中的数据，有效地扼制黑客、病毒的泛滥，保护电子交易各方的利益。

3.5.5 手机移动定位技术

有统计显示，在人们的日常生活中，有 80%的信息与位置相关。随着社会的不断发展，人们的移动性在日益增强，对位置信息的需求也日益高涨，而快速兴起的移动定位可以有效满足人们的这种需求。

移动定位是运营商依托移动通信网络或借助其他定位技术，在电子地图平台的支持下，为用户提供相应位置信息的一种增值业务。在移动定位业务兴起之前，最先服务于导航和定位的技术是全球定位系统 GPS。随着移动通信网络技术的不断发展，从 1999 年开始，通过移动通信网络实现的移动定位业务得到逐步应用，并日益走向成熟。当前，移动定位业务的技术实现方法主要有 3 种类型：①网络独立定位法，其中包括 CELL-ID、TOA/TDOA 等技术；②手机独立定位法，其中包括 GPS 和 EOTD 等技术；③联合定位法，即利用手机定位功能与网络定位功能的结合，最典型的技术是 A-GPS 技术。

如今，移动定位不仅日益广泛地应用于物流管理、交通调度、医疗救援、野外勘探等领域，而且正在加快大众化，利用具有定位功能的手机，用户除了能确定自己所在的位置外，还可以轻松查找商场、医院、银行等与自己生活息息相关的位置信息，享受位置服务带来的种种便利。

3.5.6 "蓝牙"技术

"蓝牙"技术(Bluetooth)是一种无线数据与语音通信的开放性全球规范，由爱立信、IBM、诺基亚、英特尔和东芝共同推出。它以低成本的近距离无线连接为基础，为固定与移动设备通信环境建立一个特别连接，旨在取代有线连接，实现数字设备间的无线互联，以便确保常见的计算机和通信设备之间方便地通信。

"蓝牙"原是一位在 10 世纪统一丹麦的国王，他将当时的瑞典、芬兰与丹麦统一起来。用他的名字来命名这种新的技术标准，含有将四分五裂的局面统一起来的意思。蓝牙技术可以在近距离内低成本地将几台数字化设备呈网状链接起来。等于是在网络中为各种外围设备接口架起了一座统一的桥梁。

"蓝牙"的标准是 IEEE 802.15，工作在全球通用 2.4GHz ISM(即工业、科学、医学)频段，其数据传输速率为 1Mbps，传输距离为 10～100m。由于 ISM 频带是对所有无线电系统都开放的频带，因此使用其中的某个频段都会遇到不可预测的干扰源。例如，某些家电、无绳电话、汽车库开门器、微波炉等，都可能是干扰。为此，蓝牙特别设计了快速确认和跳频方案以确保线路稳定。跳频技术是把频带分成若干个跳频信道(Hop Channel)，在一次连接中，无线电收发器按一定的码序列(即一定的规律，技术上叫做"伪随机码")不断地从一个信道"跳"到另一个信道，只有收发双方是按这个规律进行通信的，而其他的干扰不可能按同样的规律进行干扰；跳频的瞬时带宽是很窄的，但通过扩展频谱技术使这个窄带宽成百上千倍地扩展成宽频带，使干扰影响变成很小。

与其他工作在相同频段的系统相比，"蓝牙"跳频更快，数据包更短，这使"蓝牙"比其他系统都更稳定。它是一个独立的操作系统，不与任何操作系统捆绑，适用于几种不同商用操作系统的"蓝牙"标准在不断完善。

“蓝牙”作为一种低成本、低功率、小范围的无线通信技术，可以使移动电话、个人电脑、个人数字助理（PDA）、便携式电脑、打印机及其他计算机设备在短距离内通过芯片上的无线接收器即可进行通信，省去了传统电线的布局麻烦。例如，使用移动电话在自动售货机进行支付，这是实现无线电子钱包的一项关键技术。

3.6 案例两则

3.6.1 安全第一网络银行

美国安全第一网络银行（Security First Network Bank，SFNB）是世界上第一家纯粹的网络银行，是一家没有分支机构和店面柜台的网上虚拟银行。经过美国政府银行业监管机构历时一年多的慎重考察和详尽分析之后，SFNB 在 1995 年 10 月获得了营业许可，正式上网运营。其前台业务在因特网上进行，后台处理集中在一个地点进行。该银行可以保证安全可靠地开办网络银行业务，业务处理速度快、服务质量高、服务范围极广。1998 年，除技术部门以外，安全第一网络银行的所有部门由加拿大皇家银行收购。

1. SFNB 的网络银行系统构成

SFNB 的网络银行系统主要由两部分构成：一部分是信息服务器（Information Server），另一部分是银行服务器（Bank Server）。可以用客户申请建立 SFNB 银行账号的过程来说明这两部分的关系。首先，用户通过 WWW 浏览器访问信息服务器，通过其主页了解 SFNB 的基本情况和所提供的服务。用户可通过填写一张电子表格来申请建立自己的银行账号。这些申请资料加密后，经过因特网送到 SFNB 的银行服务器，银行服务器用来存放客户真正的服务申请表。最后，利用申请表中的资料，银行可以查证账号资料并为客户开立新的账号，包括用户的姓名和密码，把这些资料以邮寄的方式寄送给用户。同时，这套数据经过加密后存储起来，以供日后个人辨识之用。有了 SFNB 的银行账号后，客户就可以享受 SFNB 所提供的网络银行服务了。对于客户的其他服务请求，一般也必须经过以上这两个部分的处理，即信息服务器负责向客户提供服务信息，并接收客户的服务申请，银行服务器则负责处理客户的服务请求。

2. SFNB 的安全系统

SFNB 的安全系统是针对其信息服务器和银行服务器的。SFNB 使用 SSL 协议提供客户浏览器到网络银行系统间的安全链接。在业务政策上，SFNB 保证对客户因 SFNB 的原因所造成的非授权的款项盗用进行 100%的赔付。这一方面显示了 SFNB 的服务信誉和魄力，另一方面也证明了 SFNB 的良好安全性能。

SFNB 在因特网和内部银行网络间设置了防火墙和滤通路由器。滤通路由器负责检查发给银行的每个信息包的来源和目的地，拒绝非设定的信息包，保证来自外部的访问只能使用 HTTP 协议。防火墙的工作原理与滤通路由器类似，也要检查来自因特网的信息包，所有通过防火墙的信息都要经过一个代理机制，消除所有可疑信息，这个代理机制负责把信息包的 IP 地址改为合适的内部网络站点，避免了外部对内部地址的直接访问。为弥补防火墙的不足，SFNB 还使用惠普公司的 HP Virtual Vault(虚拟保险箱)安全系统。

SFNB 的银行服务器运行在 CMW Plus 安全操作系统上，这个操作系统具有多层安全平台，提供多层次的授权和权限管理，使得系统管理员可以对各个用户和进程按需授权。在这个操作系统中，还建立了信息隔离机制，在网络环境和内部银行应用间建立了一个墙。网络负责接收用户的请求并核实其身份，一个安全的转发应用程序负责把这些请求转发给内部银行系统，由内部应用系统处理后再返回。由于有了这层保护，外部就不能访问银行的业务系统，外部进程也不能干扰银行的内部操作。CMW Plus 还有完善的审计机制，负责记录所有可疑的活动，包括对权限、访问的非法使用等。

3. SFNB 提供的产品和服务

到 2005 年，SFNB 提供的产品包括利息支票业务(Interest Checking)、基本支票业务(Basic Checking)、储蓄业务(Savings)、货币市场账户(Money Market Account)、大额可转让存单业务(Certificates of Deposit)、信用卡业务(Credit Cards)、住房贷款业务(Mortgage)等。SFNB 提供的服务有网上支付(Pay bills online)、查找 ATM 机(Find Nearest ATM)、编制理财报告(Run Financial Reports)、查看汇价(Check Currency Rates)、利率比较(Compare SFNB's Rates to Those of Other Banks in Your Area)、理财咨询(Learn About Investing Your Money)、保险咨询(Get the Insurance You Need)等。SFNB 金融业务服务有在线表单、无风险保证等。

需要指出的是，为吸引客户，SFNB 对各种储蓄产品所提供的利率比传统银行都要高。另外，借助因特网的信息传递和处理优势，SFNB 还提供了多种特殊服务。比如，共同账号(Joint Accounts)服务和支票影像(Check Imaging)服务。共同账户服务可以提供多人异地利用同一账号的能力。例如，家中有外地念书的孩子，家长可设立一个共同账号，家长和孩子可以各自在所在地通过因特网存入、提取和管理账户资金。支票影像则可使支票用户在票据交换日亲眼看到被扫描的支票影像。为加强与客户的亲信度，SFNB 还提供多种其他金融服务，如为客户提供完整的理财报告和理财咨询、住房贷款咨询、保险咨询等。

案例思考题

1. SFNB 与传统银行在技术方面有何差异？
2. SFNB 与传统银行提供的产品和服务有何差异？

3.6.2 支付宝身份认证技术

1. 支付宝实名认证

“支付宝实名认证”是由支付宝公司提供的一项身份识别服务，除了核实用户身份信息以外，还能核实银行账户信息等。通过支付宝认证后，用户相当于拥有了一张互联网身份证，可以在淘宝网等众多电子商务网站开店、出售商品，增加支付宝账户拥有者的信用度。支付宝实名认证可分为个人类型和公司类型两种，支付宝认证不收取任何的费用。

支付宝认证是一种第三方认证，不是交易网站本身认证，因而更加可靠和客观；加上众多银行参与，因此更具权威性。认证流程简单容易操作，认证信息及时反馈，用户可以实时掌握认证进程。

2. 认证的流程

支付宝认证包括支付宝个人实名认证与支付宝商家实名认证，其认证的流程有所不同。

1）个人实名认证

首先登录支付宝，单击“申请个人实名认证”按钮，系统弹出支付宝认证协议。单击“我已阅读并同意接受以上协议”按钮，进入支付宝认证申请页面。

个人用户要如实填写相关资料才能通过认证。当个人信息与身份证件核实并提交验证通过后，再填写开户银行信息。提交后，系统提示支付宝将在两个工作日内向用户的银行账号注入一定数目的资金。此后，需要等待支付宝的资金到账。

在这过程中，用户可以登录网上银行查询账户明细，或者到银行柜台查询支付宝给定的金额。一旦支付宝注入的资金到账，用户就可以进入“我的支付宝”，根据提示将查到的金额填写在“确认汇款金额”页面。输入正确后，支付宝认证过程就完成了。通过认证后，个人用户登录支付宝账户后，在“我的支付宝”中，真实姓名旁就会出现“支付宝个人认证图标”。

2）商家实名认证

支付宝的商家认证流程与个人认证的流程大体相同，也必须提供商家资料，不同的是商家除了需要提供身份证复印件，还要有企业营业执照的复印件。如果身份证复印件跟法人不一样，需要公司出示委托书。这些信息填写无误，工作人员进行审核之后，系统将通过认证的信息反馈给商家。通过认证后，商家用户登录支付宝，在“我的支付宝”中，公司名称旁会出现“支付宝商家认证图标”。

3. 支付宝数字证书

为了进一步提高用户账户安全性，支付宝公司向已通过认证的用户推出数字证书业务。用户如果申请了数字证书，并将证书安装到自己使用的计算机上，登录支付宝后，将获得更多资金处理权限，如账户提现等。而用户在未安装证书的计算机上登录，资金处理的相关权限将受到一定限制。

数字证书的申请步骤如下所示。

登录支付宝，系统对未申请的用户提示“支付宝数字证书可以提高账户安全性，建议您立即申请”的字样，单击“申请”的超级链接，进入数字证书申请页面。

在数字申请面页中，支付宝提醒用户，申请数字证书是让用户的支付宝账户多一层保护，同时拥有密码和证书才能使用所有功能。单击页面下部“申请支付宝数字证书”按钮，系统显示用户账户信息，主要是用来登录支付宝的电子邮件账号与用户姓名。

需要注意的是，为了防止证书遗失，用户一般不宜在公共场所（如网吧）申请证书，而应在个人常用计算机上进行数字证书申请与下载操作。因此，当用户单击“确定”按钮准备完成数字证书申请时，系统提醒用户只有在信任的网站上下载才是安全的。如果用户单击“是(Y)”按钮，系统显示有关数字证书的信息，如证书发放者、证书序列号、证书有效期等。同时，再次提醒用户安全。当用户再次单击“是(Y)”按钮后，系统弹出申请数字证书成功窗口。此时，支付宝数字证书申请与安装完毕。

在没有下载证书的计算机上进入支付宝账户后，只能做查询的操作，而在已经下载证书的计算机上进入支付宝账户后，可以进行各项功能操作。如果你的账户资料被窃取，在未下载证书的计算机上，他人也无法进行任何资金操作。

为了用另外的计算机使用支付宝，或者防止因重装系统、意外删除造成证书丢失，需要对支付宝数字证书进行备份。单击“备份”按钮，系统弹出数字证书备份窗口。此时，需要用户为数字证书备份设置密码，同时，系统提示在本次备份后是否可以在用户正在使用的计算机上再次备份。用户可以选择“是”或者“不是”，从而产生不同的后果。对于数字证书的备份文件，用户可以复制到其他的计算机上，当用户用其他的计算机登录支付宝账户后，可以导入数字证书，从而获得对自己账户的完全权限。

单击“备份”按钮，系统即时将证书备份，即产生一个以用户名为名字，以 pfx 为后缀的支付宝证书文件。支付宝对申请成功与备份的数字证书提供了便捷的证书管理功能，使用它可以对证书再次备份，或者查看证书有关内容，也提供了删除与注销证书的功能，为用户管理证书提供了工具。

为了方便使用支付宝数字证书，用户可以将证书文件备份到 U 盘或者邮箱中(邮箱名称尽量不要与支付宝账户同名，以确保安全)，如果在网吧内使用支付宝，在安装并使用完毕之后，将备份文件删除，以保障账户安全。

案例思考题

1. 支付宝第三方认证的作用是什么？
2. 申请数字证书并进行备份的必要性。

本章思考题

1. 电子商务应用涉及哪些技术？
2. 电子商务的技术标准解决什么问题？有何意义？
3. Intranet 的组成和应用。
4. WWW 的功能和工作原理。
5. EDI 的含义、特点、标准和类型。
6. 鉴别技术有哪些？
7. 什么是防火墙？防火墙技术有哪些？
8. 什么是对称密钥加密和非对称密钥加密体制？
9. 什么是安全协议？有哪些主要的安全协议？
10. 什么是认证中心？它在安全方面起着什么作用？
11. 什么是 WAP？
12. 什么是 WPKI 技术？
13. 什么是蓝牙技术？它的主要功能是什么？
14. IPv6 在推动电子商务方面有哪些优势？

相关内容网站

1. 万维网：www. w3. org。
2. IETF 因特网管理：www. ietf. org。
3. IANA 因特网管理：www. iana. org。
4. 微软公司：www. microsoft. com。
5. Cisco 公司：www. cisco. com。
6. 万事达卡：www. mastercard. com。
7. Kodak 公司：www. kodak. com。
8. 支付宝：https://www. alipay. com。
9. 蓝牙社团：https://www. bluetooth. org/。
10. USWeb：www. usweb. com。

第 4 章　网络银行与电子金融

4.1　金融电子化的发展

4.1.1　电子金融与金融电子化

1. 金融电子化的含义

金融电子化是指金融企业采用现代信息技术手段，提高金融业务效率，降低经营成本，实现业务处理自动化、管理信息化和决策科学化，为客户提供更快捷方便的服务，从而提高企业市场竞争力的过程。

从 20 世纪 50 年代末开始的金融企业计算机辅助管理系统，包括各种电子数据处理系统(Electronic Data Processing，EDP)、管理信息系统(MIS)和决策支持系统(DSS)，到 20 世纪 60 年代末兴起的电子资金转账(Electronic Funds Transferring，EFT)系统；从 20 世纪 70 年代和 80 年代基于电话或有线电视的家庭银行(Home Banking)系统，到 20 世纪 80 年代以后发展起来的基于信用卡技术的自动柜员机(ATM)系统、销售终端机(POS)系统，以及 20 世纪 90 年代初基于电话专线和个人电脑的家庭银行系统和 20 世纪 90 年代中期出现的网络银行，都是金融电子化的产物，构成日新月异、丰富多彩的金融电子化发展过程的有机组成部分。

2. 电子金融的含义

电子金融(E-finance)是金融电子化的最新发展阶段，其运行的主要技术基础是日益完善的互联网技术。由于互联网技术的全球连通性、开放性、快捷性和边际成本低廉的特征，电子金融更加强调整个金融服务业务基于互联网技术的重组和创新，使客户不受营业时间与营业地点的限制，随时、随地享受金融企业提供的各种高质量、低成本的服务。

作为金融电子化的高级阶段，电子金融的出现与早期金融电子化运动所建立的基础是分不开的，今天的电子金融是早期金融电子化发展的必然结果。

在市场经济国家，金融服务业是一个竞争异常激烈的行业。采用最先进的技术手段以便扩大销售收入和降低经营成本，一直是金融企业获取市场竞争优势的重要手段。

早在 20 世纪 70 年代，美国的一些商业银行就想把“家庭银行”的观念付诸实施。家庭银行的基本含义是，银行客户足不出户，就能够方便地查询自己的银行账户余额，进行资金转账或者处理缴付账单，进而得到银行提供的各种个性化金融服务。当时许多银行家深信电话应该是家庭银行最理想的技术，家庭银行将广泛推广，投入了大量研究和开发费用。尽管人们的预期十分乐观，但由于电话无法提供客户认为十分重要的画面验证，基于电话技术的家庭银行没有得到市场的普遍接受。

到了 20 世纪 80 年代初期，有线电视又被视为家庭银行的技术工具。虽然有线电视解决了电话的画面限制，可是由于只有少数美国家庭拥有双向有线电视，基于有线电视的家庭银行设想也没有获得广泛使用。

20 世纪 80 年代中后期及 90 年代早期，个人电脑出现并迅速进入家庭，使银行家们再次构筑基于电话专线和个人电脑的家庭银行的蓝图。但由于个人电脑的普及率和电话专线的制约，家庭银行仍难以推广普及。

1995 年 10 月，全球第一家网上银行“安全第一网络银行”(Security First Network Bank)在美国诞生，这家仅有十几名员工的“虚拟银行”在短短一年时间就吸收了 1 亿多美元的储蓄额并开办了多项转账和信用业务，说明家庭银行终于随着因特网技术的发展而由理想变为现实。当然，这在很大程度上归功于早期的金融电子化运动为银行业提供了相应的管理经验和技术准备。试想，如果没有大量拥有个人电脑的潜在客户，没有现代信息技术的普及，没有包括计算机辅助管理系统和信用卡技术等在内的管理经验和技术手段的积累，家庭银行也许仍是一个美丽的理想。

3. 电子金融的构成

电子金融包括网络银行、网络保险、网上证券交易、网上理财等各种通过网络实现的金融服务内容。

网络银行是电子金融的最重要组成部分，是其他电子金融业务实现的基础。网络银行的网上支付业务被认为是一种金融创新，这种创新动力既来自于银行内部，也来自其他行业电子商务迅猛发展的压力。如前所述，采用先进技术手段扩大销售收入和降低经营成本，一直是金融企业谋求提升市场竞争优势的一个重要手段，因而利用 Internet 技术进行金融服务业务的创新，对传统金融服务业务实施重组，自然成为目前金融企业的一个主要竞争战略，这是金融企业开展电子商务或实现电子金融的内部动因。而其他行业电子商务的发展对基于 Internet 技术的新型金融服务的需求，提供了电子金融发展的外部推动力量和良好环境。

无论是在传统的交易活动中，还是在新兴的电子商务活动中，资金的支付都是完成交易的重要环节。所不同的是，电子商务强调资金支付过程和支付手段的网络化和实时性。不管是 B2C 还是 B2B 的电子商务，都需要第三方来帮助买卖双方完成资金的支付和结算，进而完成最终的交易。如果没有实时的支付手段相配合，电子商务是不完整的，只能算一种电子洽商或电子合同。电子商务对网上实时支付的需求，促成了银行网上支付业务的创新。

电子货币是由电子商务发展所催生的另一项金融创新。货币先后经历过实物货币、金属铸币、纸币和信用票据等一系列形态，日趋符号化。随着 Internet 的发展，货币形式更加虚拟化，出现了摆脱任何实物形式，只以电子信号形式存在的电子货币。

电子货币是以商用电子化机具和各类交易卡为媒介，以计算机技术和网络通信技术为手段，以电子数据形式存储在银行计算机系统并通过网络系统以信息传递形式实现流通和支付功能的货币。与纸币、硬币、支票等支付工具相比，电子货币具有以下特点。

(1) 以信息技术为依托，不借助有形实体进行储存、支付和流通。

(2) 无须实体交换，从而可以简化异地支付手续，节省流通费用和时间，特别是节省了处理各种支付票据的人力和物力。

电子货币的出现使得真正的网上实时支付得以实现，而网上实时支付的实现，不但促进了其他行业电子商务的发展，也为网络保险、网上个人理财、网上证券交易等电子金融服务行业提供了业务创新的条件。

4. 电子金融的特点

电子商务强化了交易过程中的一个重要因素，那就是信息。正是由于 Internet 技术使电子金融活动中的信息载体和信息交流的效率发生了重大变化，信息的获取范围更广泛，获取手段更简便，获取成本更低，因此，电子金融具有自己的特殊性。

(1) 从技术的角度看，电子金融实际上就是电子商务技术在金融服务业的应用。但是，与其他行业不同，金融服务一般只涉及资金和信息的流动，而不会受制于物流瓶颈的约束。正是由于这一特点，金融服务业开展电子商务或实现电子金融具有其他行业所不具备的先天优势。

(2) 在电子金融条件下，金融企业的品牌形象变得比以往更重要。网上金融企业看不见、摸不着，如何得到客户信任、认同是企业面临的重要问题。就某一特定金融领域来说，由于金融产品在不同企业之间本质上几乎是无差异的，很少有哪些金融产品为某家金融企业所独有，况且，互联网的开放性特征，使得创新性金融产品的扩散速度比以往更快，这就造成不同金融企业之间产品的同构性。在这种情况下，金融企业要在竞争中取胜，品牌战略至关重要。发挥创造性思维能力，凭借先进的技术手段、高超的营销技巧，提供高附加值产品和高质量的服务，从而实现品牌的差异化，可得到客户更高程度的认同。

(3) 金融企业的经营特征还决定了企业赖以生存的根本是企业信誉。而在电子金融条件下，特别是在电子金融刚刚兴起的现在，各种技术和制度保障尚处于快速发展或调整之中，必然使金融企业暴露在形形色色的风险之中，网上金融企业在经营过程中发生疏忽和错误也在所难免。非但如此，借助于开放性和全球性的互联网，金融企业在经营过程中发生各种疏忽和错误的消息会在网上以几何指数飞速传播，由此造成的企业信誉损毁是难以想象的。所以，在电子金融条件下，企业要建立自己的信誉比以往任何时候都更困难，而企业信誉的损毁却比以往任何时候都更容易。

4.1.2 中国的金融电子化

1. 我国金融电子化的发展

1) 中国国家金融数据网的建成

本着“统筹规划、国家主导、统一标准、联合建设、资源共享”的建网方针，邮电部与中国人民银行于 1995 年签订协议，决定双方联合成立中元金融数据网络有限公司，发挥各自优势，共同建设中国国家金融数据通信网(CNFN)，大力推进我国的金融电子化。中元公司于 1997 年 1 月正式挂牌成立，金融数据网一期工程于 1997 年年初完成设备安装，1997 年 6 月投入试运行；二期工程 1997 年年底投入试运行；第三期工程 2006 年完成。

目前，包括中国人民银行、中国建设银行、中国农业银行在内的 8 家国内主要金融机构均依靠国家金融数据通信网进行每天 24 小时的业务处理，基本格局是：中国人民银行已建成了覆盖全国 300 多个城市的 VSAT 卫星网，负责全国的电子联行业务（即跨行清算业务），中国农业银行、中国建设银行、交通银行、国家外汇管理局、中国外汇交易网等均在中国公用分组交换数据网 CHINAPAC 的基础上组建了各自的虚拟专网，各主要银行均在其计算机通信网上实现了城市内的通存通兑，跨城市电子汇兑和清算，信用卡的自动授权，信用卡止付名单的传送，办公自动化等业务。国内主要证券公司也广泛采用先进的计算机和网络技术，基本做法是证券行情靠 VSAT 广播和网上实时传递，交易靠 DDN 数据专线、分组网、因特网和电话。

2）中国国家金融数据网的构成

中国国家金融数据网由骨干网和区域网组成。骨干网由覆盖中国人民银行和各主要国有商业银行的一、二级分行城市的通信节点、通信电路、各种资源服务器和网管中心组成，简称为中国国家金融数据网。区域网是指连接城市内和市辖县的各银行营业网点的网络，这部分的网络是金融数据网的重要组成部分，是各银行业务的来源和归属，但它主要依靠邮电公网组成各行的虚拟专网，而不另行组建专网。为了保证骨干网的可靠性和安全性，有效利用网络资源，又将金融数据网分为核心层网络和转接层网络，核心层网络是指省会以上的网络，又有枢纽节点和核心节点两种，转接层网络是指连接省内各地市一层的网络。

3）中国国家金融数据网的服务对象和性质

中国国家金融数据网覆盖全国 300 多个地市以上城市，主要为中国人民银行和各国有商业银行、金融机构提供城市间的通信服务。金融数据网的性质是金融专网，它主要靠租用邮电部门的高速光纤数据专线和银行已有的卫星数据电路，配置必要的通信设备（包括交换机、路由器和服务器）组成。从与邮电部门的协作来说，凡是金融数据网覆盖的城市，金融系统组网将主要依靠金融数据网，邮电部门提供必要的接入电路，凡是金融数据网还未覆盖的地方，邮电公网作为金融数据网的补充，为金融系统提供全面的服务。对于银行系统内部来说，金融数据网又是金融系统的公网，通过金融数据网既可以完成各银行内部系统的组网，又保证跨行、跨部门的网络互联和业务互通。

4）“金卡工程”

从 1994 年初开始实施的“金卡工程”是一项货币电子化工程。它的目标是用 10年时间，在 3 亿城市人口推广普及金融交易卡、信用卡。金卡工程中银行卡的进展很快，多数信用卡可以异地消费，本地卡的异行通用也在许多城市推开，用卡环境明显改善。根据中国人民银行发布的统计数据，从 1994 年启动“金卡工程”，截至 2012 年 6 月底，全国共发行银行卡 32.25 亿张，其中，借记卡发卡量为 29.23 亿张，信用卡发卡量为 3.02 亿张；全国共有银行卡跨行支付系统联网商户 388.25 万户，联网 POS 机 594 万台，ATM 37.3 万台。

除银行卡外，种类繁多的 IC 卡应用系统工程也如雨后春笋蓬勃发展，在金融、商贸、交通、电信、医疗、卫生保健、社会保险、税务、工商、公安和城市公共事业管理等许多领域得到了广泛的应用，取得了显著的社会和经济效益。“金卡工程”对推动金融、商贸电子化发挥了重要作用，并为我国电子信息产业开辟了广阔市场，我国已陆续开发成功多种 IC 卡卡用芯片、模块、IC 卡及读写设备、智能卡操作系统等系列产品和各类应用系统，形成新的经济增长点。

2. 电子金融在中国的发展

20世纪90年代中期，电子商务概念引入我国，并逐渐引起政府、企业和社会公众的重视，随着电子商务逐步进入应用发展阶段，对网络银行和网上支付产生了需求，我国银行业积极开展了网上银行探索和建设。其中，招商银行和中国银行是我国网络银行的先行者，目前，中国工商银行、建设银行、交通银行、中信实业银行和光大银行等银行也竞相开拓网络银行业务，网络银行功能得到进一步完善，网络银行开始比较全面地支持各类电子商务支付结算。

国内第一家上网的银行是中国银行，时间是1996年下半年。上网初期，中国银行网页主要用于发布中国银行的广告信息，诸如简介、年报、分行情况、人才需求、行内外新闻等；发布中国银行的业务信息，诸如外汇牌价、存取款手续、信贷政策、信用卡发行及家庭银行手续等；通过E-Mail系统，加强总行与海内外分行的联系。随后，中国银行应用防火墙和数字加密安全技术，逐步开展家庭银行、信用卡支付等网上业务。

招商银行是国内最早推出网上支付业务的商业银行。1997年2月28日，招商银行建立了自己的业务主页，随后推出“一网通”网上银行业务，包括“企业银行”、“个人银行”和“网上支付”三个部分，通过因特网或其他公用信息网，将用户的计算机终端连接至银行，将银行的服务直接送到用户办公室或家中，使客户足不出户就能即时查询其在银行的账务变动情况，办理资金转户，进行网上支付；动态了解外汇汇率、股市行情等，委托外汇和股票买卖，并完成各种收付业务。“一网通”项目大大提高了招商银行在国内金融界的地位和形象，提供方便、快捷的多项网络银行服务成为招商银行的核心竞争力。

2000年6月，由中国人民银行牵头，组织中国工商银行、中国农业银行、中国银行、中国建设银行、交通银行、招商银行、中信实业银行、华夏银行、广东发展银行、深圳发展银行、光大银行、民生银行12家商业银行联合共建的中国金融认证中心(China Financial Certificate Authority,CFCA)全面开通，正式对外提供发证服务。CFCA作为一个权威的、可信赖的、公正的第三方机构，专门负责为金融业的各种认证需求提供证书服务，为参与网上交易的各方提供彼此信任的机制。CFCA目前可发放SET证书和Non-SET PKI证书。SET证书用于支持基于信用卡、借记卡支付的SET交易(B2C)，PKI证书可用于非SET体系下的B2C交易和B2B交易，具体包括网络银行、网络证券交易、网上购物等。

作为我国金融界联合共建的成果，CFCA的迅速建成和投入使用，既节约了资源、资金、人力、物力，又提高了证书的权威性，扩大了使用范围，为建立规范统一、布局合理的全国安全认证体系，从而为发展我国电子商务中最关键的网上安全支付系统打下了良好基础。银行业以中国金融认证中心为基础开展广泛的业务合作以至国际合作，将推动我国电子商务加快发展。

4.2 网络银行

计算机技术和因特网技术在银行业的应用，推动了银行业服务内容和形式的创新以及银行企业组织结构的创新，网络银行就是这一创新的必然结果。随着信息技术的进一步发展完善,网络银行会逐步取代传统银行,在金融服务业占据主导地位。

4.2.1 网络银行的特点

1. 网络银行的定义

网络银行(Internet Bank)又称为网上银行或电子银行,它利用计算机和互联网技术,为客户提供综合、实时的全方位银行服务。因特网强大的、无处不在的网络系统,是网络银行进行客户服务的物质基础,随着网络银行安全系统的完善,网络银行越来越得到客户的信赖。

2. 网络银行与传统银行的区别

网络银行与传统银行相比,有许多自身的特点。这些特点体现在以下8个方面,通过对比有助于理解网络银行的内涵和外延。

1) 对信息网络技术的依赖程度不同

全面依托现代信息技术(特别是因特网技术)是网络银行与传统银行的根本区别所在。虽然传统银行也利用一些计算机和网络技术,但一般是封闭的单机系统、局域网系统或专用的广域网系统;网络银行则以因特网为技术基础,银行与客户在因特网环境下进行信息交流、完成业务服务。

网络银行也给银行带来一项重要的银行资产——经过网络技术整合的银行信息资产。银行信息资产既包括银行拥有的各种电子设备、通信网络等有形资产,也包括银行管理信息系统、决策支持系统、数据库、客户信息资源、电子设备使用能力,以及信息资源管理能力等无形资产。银行信息资产虽然在网络银行之前就已存在,但只有到了网络银行阶段,银行信息资产才成为一种具有独立意义的银行资产,网络技术对这种资产的整合,使其成为与银行的其他资产并列的重要金融资产。

2) 是否受时空限制

由于有网络技术支撑,银行客户可以随时随地进入网络银行,网络银行能够突破银行与客户之间的时空限制,通过互联网与客户进行充分的信息交流,实现以客户为中心,为客户提供超越时空的AAA式服务,即在任何时候(Anytime)、任何地方(Anywhere)、以任何方式(Anyhow)为客户提供个性化的服务,根本改变了传统银行以营业时间和柜台接待为特征的服务流程,客户可以随时随地进行业务处理,如汇款、存款、资金调拨、付账、转账、贷款、清算、外汇交易、证券买卖、托收等。

3) 银行"无形化"和"有形化"

传统银行的销售渠道是广泛分布的营业网点,网络银行的主要销售渠道是计算机网络系统,以及基于计算机网络的代理商制度。网络银行是虚拟化的金融服务机构,银行网络从物理实体网络转向虚拟数字网络,便于低成本地扩大客户群和业务量,网络银行不需要在各地设置物理分支机构来扩展业务,而可以把各种银行服务直接在网上推出。客户只需将自己的计算机连入Internet,就可以随时随地享受网络银行所提供的服务,因而网络银行的分销渠道发生了重大变化,企业组织结构和人力资源构成与传统银行也截然不同。网络银行使银行服务模式从具有物理实在性的传统柜台交易模式延伸到虚拟的网上交易模式，使传统的销售渠道可以通过因特网实现虚拟再现，将销售渠道延伸到原有企业边界之外，扩大了银行的服务空间和服务能力，依靠计算机和网络技术辅助，少数员工便可为顾客提供全功能服务。

4）决定企业核心竞争力的基础不同

传统银行服务的差异主要体现在企业实力上，如资金规模、提供服务的广度和深度等；网络银行服务的差异主要体现在营销观念和方法，以及为客户提供的各种理财咨询技能等方面，网络银行的整体竞争实力，主要体现在前台业务受理和后台数据处理的集成化能力上。

5）利润来源的差异

传统商业银行主要依靠存贷利差和收付服务获取盈利，这种单一利润结构多年未发生根本改变，而网络银行通过为客户提供信息服务拓展了另一条重要的盈利渠道。在网络银行时代，银行的信息既是为客户带来盈利的重要资源，同时也是银行自身盈利的重要资源。

同时，网络银行使商业银行获得经济效益的方式发生根本改变。传统银行获得规模经济效益的基本途径是不断增加网点，网络银行放弃了这种规模扩张模式，它主要是通过对技术的高效使用或对技术的不断创新带来高效益。网络银行的流程使原本繁杂的银行业务大大简化，费时费力的大量单据传递程序被电子数据流取代，从而降低了银行经营成本。

随着因特网安全性提高和网络数据库系统管理技术日益完善，在市场推广宣传、市场调研、客户追踪、特种业务服务和资产管理等领域，网络银行相对于传统商业银行日益显示出明显的规模优势，网络银行开展的虚拟服务调查、客户追踪等活动，成为其扩展金融服务领域的基础，既增加了盈利潜力，也有利于网络银行建立市场品牌。

6）经营理念的改变

网络银行使商业银行的经营理念从以物（资金）为中心逐渐走向以人为中心。传统的经营观念注重地理位置、资产规模、营业网点数量，而网络银行的经营理念在于如何获取信息并最好地利用这些信息为客户提供多角度、全方位的金融服务，充分体现“银行服务以人为本”的金融服务宗旨。网络银行带来的经营理念改变，促使银行业围绕“以人为本”创造新的竞争优势。

网络银行满足客户需求的能力，将大大超过提供传统金融业务的银行。一般而言，银行客户主要需要五类金融服务产品，它们是交易、信贷、投资、保险和财务计划。传统银行通常只能同时满足一至三项服务，而网络银行则可以同时向客户提供这五类金融服务产品，强化了网络银行竞争优势中的差异性基础，提高了客户对银行服务质量的信心。

7）货币形式的变化

传统银行的货币形式以现金和支票为主，而网络银行流通的货币将以电子货币为主。电子货币不仅能够节约银行经营现金的业务成本，而且可以减少资金的滞留和沉淀，加速社会资金的周转，提高资本运营的效益。

8）员工素质要求不同

网络银行使企业人力资源管理战略和技能培训发生改变。银行人才培养和培训的方向从原来单纯的业务技能培训，转变为基于综合商业服务理念的全面服务素质培训。网络银行需要的是复合型人才，他们既熟悉银行业务的各种规范和作业流程，又能够熟练应用现代信息技术。

4.2.2 网络银行提供的服务

目前网络银行所提供的网络金融服务品种既有共性，也存在差异性，其共性在于商业银行纷纷将传统银行服务最具有竞争力的金融产品推上网络，差异性在于不同的商业银行对网络银行服务品种的理解不同，这种不同理解多来自传统银行业务基础和市场规模的差别，也受到不同国家对银行业监管内容和方式不同的影响。因此，我们可以看到国内外商业银行所推出的网络银行服务存在某种共同规律，又会发现它们之间存在着由以上各种因素所导致的差异。

网络银行提供的服务可分成基础网上服务和衍生网上服务两大类。基础网上服务是传统银行服务在网上的简单复制和延伸，如银行零售和批发服务、资金转账等服务；衍生网上服务是利用互联网的优势为客户提供的大量基于因特网的全新的金融服务品种，主要包括网上支付服务、网上信用卡业务、网络理财服务、网上金融信息咨询服务、网上消费贷款业务，以及通过网络向客户提供传统上由其他金融机构所提供的金融产品和服务等。

1. 基础网上服务

1）银行零售业务

银行零售业务包括网上开户、清户、账户余额查询、交易明细查询、利息查询、电子转账等。

2）银行批发业务

银行批发业务主要服务对象是企业，包括查看账户余额和历史业务情况，不同账户间划转资金，外汇资金的汇入和汇出，核对账户，电子支付雇员工资，获取账户信息明细，打印各种报告和报表，如每日资产负债表、余额汇总表、详细业务记录表、付出支票报表、银行明细表、历史平均数表等。另外，银行同业的拆借、往来资金的清算和结算，也是重要的批发业务。

2. 衍生网上服务

1）网上支付

支付方式有多种选择，比如传统的“一手交钱，一手交货”方式，信用卡“刷卡”方式，邮购中的“款到交货”方式，国际贸易中的跟单托收和信用证支付方式等。但对于电子商务来说，这些付款方式使交易的方便性与时效性大打折扣。所以，开发网上支付服务系统，使客户足不出门，不需要开支票、汇票，通过因特网就能迅速完成交易款项的支付、资金转账及收付信息通知，是一种必然选择。

电子商务离不开安全的网上支付服务，随着电子商务的发展，许多商家日益意识到网上支付服务中所潜在的丰厚利润，使得提供网上支付服务的竞争日趋激烈。能否提供可靠的网上支付服务，对网络银行的生存和发展是至关重要的。发挥银行在公众心目中的信用优势，向客户提供安全可靠的网上支付服务，构成了网络银行网上服务的核心内容之一。

2）网上信用卡业务

网上信用卡业务包括信用卡申办，查询信用卡账单，银行主动向持卡人发送电子邮件、信用卡授权和清算。例如，用户可通过网络提出申办意向，可大大缩短从申请到领卡的时间；持卡人可以通过网络查询用卡明细，银行可以按持卡人 E-mail 地址每月提供对账单，不仅客户及时得到信息，而且提高了银行工作效率，节约纸张；银行在网上还可以对特约商户进行信用卡业务授权、清算、传送黑名单、紧急止付名单等。

3）网上投资理财服务

投资理财可以有两种方式：一种是客户主动型，客户可以对账户及交易信息、汇率、利率、股价、保险费率、期货行情、金价、基金等理财信息进行查询，使用或下载银行的分析软件，按自己需要进行处理，能满足客户的各种特殊需求；另一种方式是银行主动型，银行可以把客户服务作为一个有序进程，由专人跟踪，进行理财分析，提供符合其经济状况的理财建议、计划等金融服务。

4）网上金融信息咨询服务

金融信息是个人、企业及政府机构进行投资决策、企业管理活动、制订经济发展规划的依据，金融信息涉及的范围非常广泛，如汇率、利率、股价、保险、期货、金价等以及政府的金融政策、法律法规等。在信息经济时代，社会公众对于金融信息有着越来越强烈的需求，网络银行可以通过向用户提供这些金融信息获得收益，并赢得潜在顾客群。

5）网上消费贷款服务

即使在发达国家，传统的消费信贷过程也往往是烦琐的。对于消费者来说，收集有关消费信贷的信息并非易事，即使收集了相关信息，但由于缺乏专业信贷知识，也难以选择出对自己较有利的贷款品种。另外，贷款手续的烦琐也往往使潜在消费者望而却步。因特网在信息传输和处理上的及时性和双向性等特征，使得提供便捷的网上消费贷款服务成为可能。

4.2.3 网络银行的结构

目前，世界上一些著名的 IT 厂商不断推出新的网络银行解决方案，许多大银行也凭借自己的资金和技术力量开发网络银行系统。因此，目前网络银行的解决方案呈现“百花齐放”的局面，并没有统一的模式。但是，从系统构成的角度看，我们还是能够发现一些共同之处。网络银行是电子商务技术在银行业的具体应用，从基本技术的角度来看，实现网上银行不外乎要涉及两类技术，即硬件技术和软件技术。

1. 网络银行的系统构成

目前国内外网络银行的系统构成，虽然没有一个统一标准，但归纳起来，还是有相似之处。目前网络银行的基本系统构成情况如图 4-1 所示。

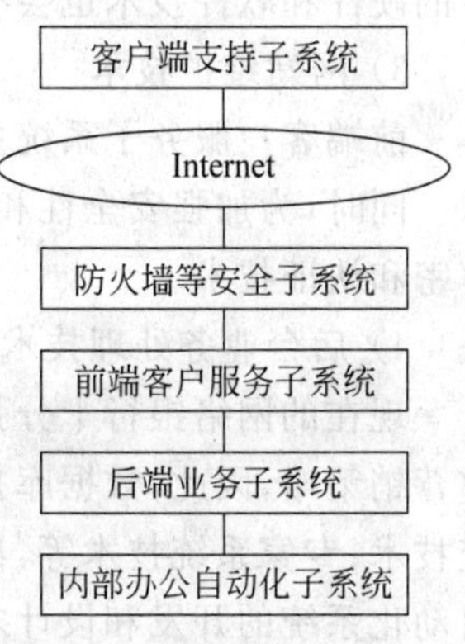

图 4-1　网络银行的系统构成

网络银行的客户包括个人消费者、企业、政府机构和其他社会组织，有的网络银行系统要求在客户端安装特殊的服务支持软件，比如支持网上支付服务的电子钱包软件。这些特殊的服务支持软件构成了网络银行系统的客户端支持子系统。值得注意的是，许多银行为方便客户的操作，在客户端并不要求安装特殊的软件，只需要一个通用的浏览器即可。

对于网络银行，人们最关心的就是安全问题。许多网络银行利用防火墙技术来保证银行内部网络的安全。使银行内部网络与 Internet 在一定意义上隔离，防止非法入侵和非法使用系统资源，实行安全管制措施，记录所有可疑的事件。

网络银行的前端客户服务子系统通常指的就是网络银行的 Web 服务器和 WWW 网页。该系统负责接收客户通过 Internet 传来的服务请求，并将请求传送到后端业务处理子系统，经处理后，再将结果经前端客户服务子系统返回给客户。另外，许多网络银行的前端客户服务子系统还负责即时响应客户的信息查询、信息浏览、技术支持、投诉等服务要求，以及向客户宣传网络银行的业务服务信息等工作。

后端业务处理子系统是网络银行的核心部分，它将整个网络银行的所有业务有机地整合在一起，也是网络银行系统最为复杂的部分。该子系统负责处理前端客户服务子系统传来的服务请求，最终将处理结果经前端客户服务子系统反馈给客户。

网络银行并不是所谓的“无人银行”，网络银行的日常管理和维护，内部业务的监控和稽核等，还是需要人的参与。为了提高工作效率和质量，许多网络银行系统中还包含一个内部办公自动化子系统。

2. 网络银行的技术构成

作为电子商务技术在银行业的具体应用，网络银行技术主要包括硬件技术和软件技术两大类。硬件技术包括微机技术、大中型机技术、局域网技术、网间互联技术、银行卡技术、网络安全技术、有线和无线以及卫星通信技术等方面。软件技术则更为复杂一些，主要包括操作系统技术和应用程序技术两方面。从系统构成来看，网络银行系统涉及以下技术。

1）客户端技术

在客户端子系统中，为保证网上支付的方便，可能需要电子钱包技术的支持；为保证支付的安全可能要用到加密、解密和认证技术以及病毒防治技术等。

2）防火墙技术

防火墙等安全技术自然是网络银行必不可少的保障手段。由于防火墙种类的不同，涉及的硬件和软件技术也会有所变化，如包过滤技术和代理服务器技术等。

3）网站维护技术

前端客户服务子系统主要与 Web 技术相关，主要包括网页和网站设计、更新和维护技术。同时，为加强安全性和客户资源管理，在前端客户服务子系统的开发中也会用到加密、解密和认证技术。

4）后台业务处理技术

现在的网络银行十分强调对于客户需求的即时满足，强调客户关系的管理，以便即时调整营销策略，因此，数据库技术、管理信息系统技术、数据仓库与数据挖掘技术、决策支持系统技术、专家系统技术等，都越来越多地被用于后端业务处理子系统以及网络银行内部办公自动化系统的开发和设计之中。

4.2.4 网上支付系统

目前的网上支付系统可以划分为三种，即信用卡支付系统、电子现金支付系统和电子支票支付系统。

1. 信用卡支付系统

软件供应商和商业银行都在积极开发基于信用卡的网上支付系统，迄今已出现了无安全措施的信用卡支付、通过第三方代理人的信用卡支付、简单加密信用卡支付和基于SET的信用卡支付等几种信用卡网上支付模式。

1）无安全措施的信用卡支付

无安全措施的信用卡网上支付的流程图如图4-2所示。在这种方式中，由于对信用卡信息未做加密处理，对消费者来说，其信用卡信息的安全得不到保障，对商家来说，消费者身份也得不到验证，因而这种无完全保障的支付方式已很少使用。

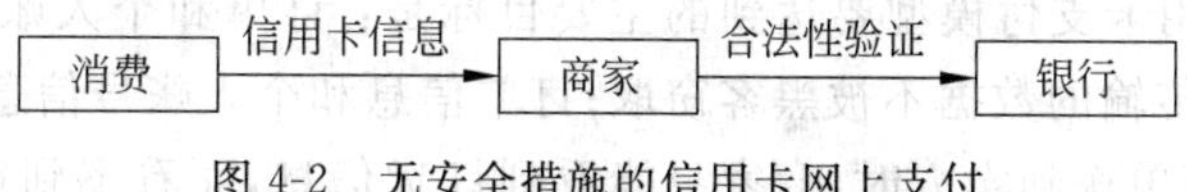

图 4-2　无安全措施的信用卡网上支付

2）通过第三方代理人的信用卡支付

改善信用卡支付安全性的一个途径是在买方和卖方之间启用第三方代理。目的是使卖方看不到买方信用卡信息，避免信用卡信息在网上多次公开传输而导致的信用卡信息被窃取。通过第三方代理人的信用卡支付是由一些软件供应商推动的，如First Virtual和CyberCash。通过第三方代理人的信用卡网上支付系统的流程图如图4-3所示。

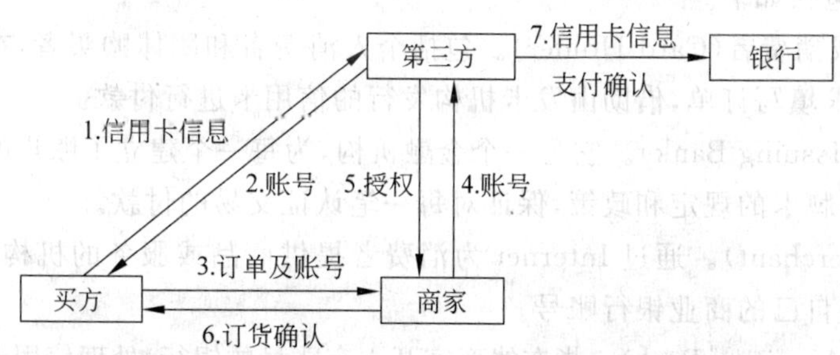

图 4-3　通过第三方代理人的信用卡网上支付

3）简单加密信用卡支付

简单加密信用卡支付方式是对以上通过第三方代理人的信用卡支付的改进，也就是说，支付仍要依靠买卖双方都信任的第三方代理人来完成。CyberCash公司推出的一套简单加密信用卡支付系统的流程如图4-4所示。

4）基于SET的信用卡支付

SET(Security Electronic Transaction)是1996年由世界上两大信用卡公司VISA和MasterCard共同开发和推出的一个系统化的网上安全交易协议，包含一个基于信用卡的网上支付模型。由于设计合理，该协议得到了IBM、Microsoft、Netscape、HP、GTE、VeriSign

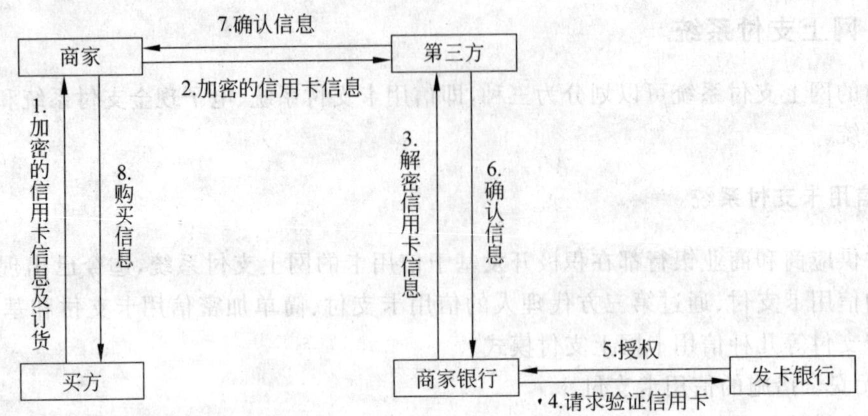

图 4-4　简单加密信用卡支付

等著名 IT 厂商的支持，正逐渐成为事实上的行业标准。

基于 SET 的信用卡支付模型要达到的主要目标是：订单和个人账号信息在互联网上安全传输，保证网上传输的数据不被黑客窃取；订单信息和个人账号信息的隔离。在将包括持卡人账号信息的订单送到卖方时，商家只能看到订货信息，而看不到持卡人的账户信息；持卡人和商家相互认证，以确定通信双方的身份，由第三方机构负责为在线通信双方提供信用担保；要求软件遵循相同协议和消息格式，使不同厂家开发的软件具有兼容和互操作功能，并且可以运行在不同的硬件和操作系统平台上。

SET 协议描述了网上交易所涉及的各种市场角色，从中可以看出，SET 协议主要是针对 B2C 电子商务的一个协议，而且依赖于信用卡这种目前使用较为广泛的支付工具。SET 涉及的主要角色包括如下。

(1) 持卡人或消费者(Card Holder)。包括个人消费者和团体购买者，在网上交易中按照在线商家的要求填写订单，借助由发卡机构发行的信用卡进行付款。

(2) 发卡行(Issuing Bank)。它是一个金融机构，为每一个建立了账户的顾客颁发信用卡，并根据不同品牌卡的规定和政策，保证对每一笔认证交易的付款。

(3) 商家(Merchant)。通过 Internet 为消费者提供商品或服务的机构，接受信用卡的支付方式，并拥有自己的商业银行账号。

(4) 收单行(Acquiring Bank)。指在线商家开立有账号的银行，处理信用卡的转账支付。

(5) 支付网关。是传统的银行间专用网络和开放的 Internet 之间的接口设备，负责 Internet 数据和银行间专用网络数据的转换、加密、解密和通信工作。支付网关可以由一家或几家银行来共同建设，也可以由银行间共同认可的独立的第三方来管理和运营。

(6) 认证中心(Certificate Authority)。认证中心在基于 SET 的电子商务交易中起着非常重要的作用。它负责产生、分配和管理所有参与方所需要的身份认证证书，各参与方通过查看对方的证书，来确定对方身份的有效性。

SET 协议下的支付流程如图 4-5 所示。

支付过程包括以下几个步骤。

(1) 消费者利用自己的 PC 通过因特网选定所要购买的物品，并在计算机上输入订单。

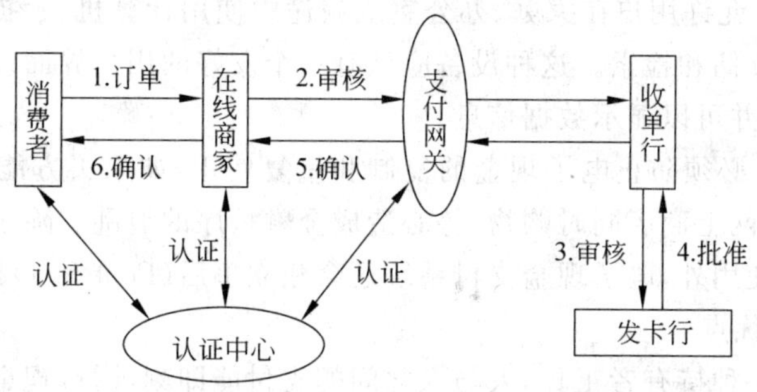

图 4-5 SET 协议下的支付流程图

订单上需包括在线商店、购买物品名称及数量、交货时间及地点等相关信息。在线商家接到初步订单后做出应答，告诉消费者所填订单的货物单价、应付款数、交货方式等信息是否准确，询问消费者是否有变化。如没有变化，消费者确认订单后，签发付款指令，并输入信用卡信息。在这个过程中，消费者必须对订单和付款指令进行数字签名，同时利用双重签名技术保证商家看不到消费者的账号信息。

(2) 在线商家接受订单后。向消费者的发卡银行请求支付认可。信息通过支付网关到收单银行，再到发卡行确认。批准交易后，确认信息返回给在线商家。商家发送订单确认信息给消费者。消费者一端的软件可记录交易日志，以备将来查询。

(3) 在线商店发送货物。商家可以立即要求收单银行将钱从消费者的银行账号转移到商家的银行账号上，也可以到某一时间请求成批划账处理。

在整个购买和支付的处理过程中，对通信协议、信息格式、数据类型的定义等，SET 都有明确的规定。在操作的每一步，消费者、在线商店、支付网关都通过 CA 来验证通信主体的身份，以确保通信的对方不是冒名顶替。因而 SET 协议充分发挥了认证中心的作用，保证了各参与者所提供信息的真实性。

2. 电子现金支付方式

在欧美国家流行的概念 Electronic Cash 是一种等同于传统的现金支付系统的电子系统，译作"电子钞票"、"电子现金"；"数字现金"(Digital Cash)也是类似的概念。使用 E-cash 系统，用户可以查看存储在自己的计算机上，而他人和银行都进入不了的交易记录；也可以查看银行账户信息、交易日志；可对支付金额和次数进行控制；可从银行提取一定金额到用户的计算机上；可用口令解除对提款进行鉴权的密钥。近几年，许多金融服务机构都致力于电子现金方面的支付技术研究。

1) 电子现金的特征

电子现金作为现代金融业务与信息技术相结合的产物，具有如下特征。

(1) 虚拟性。传统现金以实物形式存在，而且形式比较单一。而电子现金则不同，它是一种电子符号，其存在形式随处理的媒体而不断变化，如在磁盘上存储时是磁介质，在网络中传播时是电磁波或光波，在 CPU 处理器中是电脉冲等。

(2) 安全性。不是依靠普通的防伪技术，而是通过用户密码、软硬件加解密系统以及路由器等网络设备的安全保护功能来实现的。

(3) 可存储性。允许用户在家庭、办公室或旅途中使用计算机、手提电脑、IC卡或其他设备进行电子现金存储和检索。这种设备应该有一个友好的用户界面以便通过口令或其他方式进行身份验证,并可以显示数据信息。

(4) 非重复性。必须防止电子现金的复制和重复使用,如果买方能用同一笔电子现金在不同国家、地区的网上商店同时购物,势必造成金融秩序的混乱。除了在技术上防范数字现金的复制和重复使用外,电子现金支付系统还会建立事后(Post-fact)检测和惩罚机制。

2) 电子现金的优点

传统的钞票是一种持有者工具,人与人之间的支付能即刻进行,现金支付通常不会被第三方查出,因而提供了保密性和便利性,但运送、保管钞票使银行的业务成本很高。同时也产生许多不安全因素:高级彩色复印机可以伪造钞票;大量的硬币不便携带,现金还容易被盗、被抢、丢失;现金支付还有一个固有的缺点:它需要收、付双方身体上的接近,因而使人觉得不安全、不方便。

上述问题中有一些靠信用卡的引入已经得到解决。采用信用卡支付形式,实际价值始终放在银行,这就减少了欺诈、抢劫和丢失的风险。但信用卡支付的一个基本难题是:支付必须由银行联机确认,从而使交易成本上升,也导致支付延迟。另外还有个问题,由于实际价值的传递是从源账户到目的账户,并由银行进行,支付本身是可跟踪的,让人产生一种不安全感。

电子钞票结合了传统现金和信用卡的优点,同时也防止了两者的缺点。像传统现金一样,电子钞票具备很高的认可性,适于人与人之间的小额支付。除了用Internet联机支付平台以外,支付一般是脱机确认的,银行不介入。Internet上的电子钞票支付,收付双方不必有身体上的接触。

电子钞票提供支付的保密性,对于由诚实付款者进行的支付应该是不可跟踪的,关于交易内容的信息只有参与收付的双方掌握。在极少数情况下,付款方应能跟踪收款方,即电子钞票作为敲诈、索赂的支付工具时,这种可跟踪性才适合。最后,电子钞票便于存储、运输,同时能防止用户丢失、被盗、被骗,在发生意外情况时,可以及时止付。

3) 电子现金支付原理

电子现金系统中每一个参与者至少要有一个硬件装置,这个装置上要安装一个有计算能力和存储器的芯片,具体配置要考虑使用的支付平台(一台PC与智能卡相连接,便可用来进行Internet上的支付;而带有显示器和键盘的手持电脑则更适于外出时付款)、所提供的功能性以及所需的安全性和保密等级。在发行电子现金的银行里,账户拥有者取钱时,则他的计算机通过Internet执行一个与银行内计算机达成的支取协议的处理程序。在协议执行后,账户拥有者的计算机拥有了一定量的电子现金。然后,银行从他的账户中取出同等数目的传统意义的钱,转移到浮动金库中,电子现金暂时是由账户持有者预支的金额。

为了把电子现金传递到收款方,账户持有者将自己的计算机与收款方的计算机相联(通过直接或远程通信),双方的计算机执行支付协议。账户持有者的电子现金减少,转给了收款方,收款方的计算机相应地显示出收到的款额;付方银行并未介入,这就叫做脱机支付。

最后,持有电子钞票的一方要把电子现金卖回给发行银行。大多数银行系统都需要这种赎回。因为在一次支付中得到的电子现金不能再次用于下次的支付中,或只能用到预先规定的次数为止。卖方通过直接或远程的通信，将自己的计算机连到发行银行的一个终端上，完成存款协议。这样，存了电子现金的账户便有同等数额的款项加入其常规账户，而取走电子现金的一方其常规现金账户便实实在在减少了一笔。

4）电子现金的使用

利用电子现金进行购买和支付的流程如图4-6所示。

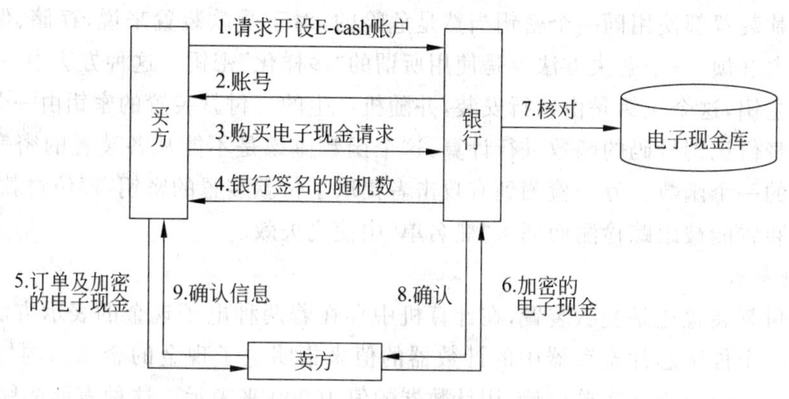

图4-6　利用电子现金进行购买和支付的流程

消费者利用电子现金进行购买和支付的流程如下。

(1) 购买E-cash。买方在电子现金发放银行开E-cash账号并购买E-cash。目前，多数电子现金系统要求买方在网上银行上拥有一个账户。

(2) 存储E-cash。使用E-cash终端软件从E-cash银行取出一定数量E-cash存在硬盘上，电子现金是银行使用私钥进行了数字签名的随机数，把货币发回给买方。

(3) 买方用E-cash购买商品或服务。买方确认订货后，用卖方的公钥加密E-cash，再传送给卖方。

(4) 买卖双方的资金清算。接收E-cash的卖方与E-cash发放银行之间进行清算，E-cash发放银行将买方购买商品的钱支付给卖方。这时有两方或三方两种支付方式：两方支付方式仅涉及买卖双方，卖方用银行的公共密钥检验电子现金的数字签名，核实后卖方把电子货币存入计算机，随后再通过E-cash发放银行将相应面值的金额转入自己的账户；三方支付方式是指在交易中，卖方迅速把收到的电子现金发给银行，由银行检验货币的有效性，并确认它没有被重复使用，再将它转入卖方账户。

(5) 确认订单。卖方获得付款后，向买方发送订单确认信息。

5）鉴权方法

电子现金系统的安全性是极其重要的，要使入侵者不能向系统中注入或提取资金，付款装置必须能够区分得到授权的受款装置和想要被当做受款装置的诈骗者。为了鉴权，付款装置要让银行安装上密钥，相应地，受款装置也必须能够识别是否在与安装了银行密钥的装置进行通信。

安全鉴权协议应能够抗重复演示。攻击者可能再次使用从线路上窃取的协议拷贝，以此来假冒付款或受款装置。因此，付款装置和受款装置应执行一种计算，输出的计算结果被称为对质疑的响应，受款装置能够正确识别它，并可得出结论：得到的结果肯定是由持有密钥的付款装置发出的。

一种确认质疑响应的方式是要预先知道付款装置的密钥,受款装置本身也简单地计算自己的质疑,然后与提供的响应进行等同确认,这种处理称为"对称鉴权"。受款装置需要知道所有交易中付款装置的密钥,正是这个原因,受款装置必须是防篡改的,必须由负责安装所有付款、受款装置密钥的银行或有关部门来审核受款装置。

所有付款装置都使用同一个密钥当然是危险的,对于受款装置来说,存储、保存自己的专门密钥也太麻烦,一个解决方法就是使用所谓的"多样化"密钥。这种方法中,每个受款装置存储一个主钥,这个主钥是由银行安装,并随机产生的。付款装置的密钥由一个包含主钥和自己特有身份识别号码的函数进行计算,这个函数应该是不能从各装置的密钥中推导计算出的主钥的一个函数。万一检测到有攻击者提取了付款装置的密钥,模仿付款装置,这个遭到破坏的装置能被跟踪检测而列入"黑名单"中使之失效。

6）价值表示

无论是付款装置还是受款装置,在计算机中存在着两种电子现金的表示方法。一种方法就是通过一个位于芯片寄存器中的计数器的值来指明电子现金的金额。例如,100 美元的电子现金按 1 美分为基本单位计,用计数器的值 10000 来表示。这种表示法称作"寄存器式的钞票"。因为计数器能在无银行鉴权下被更改,这种钱是可伪造的,安全性相当大程度上依赖于该装置的防篡改性。当一种鉴权方式加到付款装置的"寄存器式的钞票"表示中时,付款装置连同传送的数额都必须被鉴权。

另一种表示电子现金值的方法是以纯信息形式表示的:这种形式的电子现金没有明确的物理形式,以用户数字号码的形式存在,适用于买、卖双方物理上处于不同地点并通过网络进行电子支付的情况;公钥密码用相关的单位和流通时间来标记,这样的标记被称为"电子币",电子币必须是不易忘记而且只能用银行公钥来确认的。支付行为表现为把数字现金从买方处扣除并传输给卖方,在传输中采用加密手段确保只有真正的卖方才可以使用这笔现金,电子币的安全性依赖于银行签署的私钥的安全性。

电子币可使用两种方法,具体要看是联机还是脱机确认。比较简单的形式是"两分式"电子币。这种电子币以数字签名密钥提供币值信息,由银行来核实签名、计算金额。如果能得到足够的电子币去支付,付款装置要使用一个由密钥推导出的派生钥给这些电子币加密,再从内存中销去这些币,然后将加密的电子币送给受款装置。受款装置解密后恢复这些币,用银行的公钥对它们进行确认,然后将它们存储起来。加密防止了搭线窃听者在币的传送期间将币复制下来。在这种方法中,受款装置也必须是防篡改的,否则,收到的币就可被重复地花费很多次,而没有办法确定伪造的出处。对于付款装置的另外一种选择就是用银行公钥的密码给银行的币加密,而不是给受款装置的电子币加密,受款装置必须再将加密的电子币传递给银行,进行解密和确认。这种方式的优点在于受款装置实际上并未看到金额,所以也不能再次使用这些电子币,不足之处是没有脱机支付能力。

对于脱机支付,电子币最好使用称为"三合一"(私钥、公钥、证明)或"三分式"的电子币。币的私钥属于传款装置,其他任何一方都不知道这个私钥;币的公钥是相对于私钥而言的;证明是银行在电子币公钥上的数字签名。花费三分式的电子币时,付款装置用私钥计算受款装置质疑信息上的数字签名,并连同币证明和币公钥发送给受款装置。因为并没有给电子币提供私钥，受款装置不能再次使用收到的钞票，必须把收到的电子币储蓄起来。

3. 电子支票支付方式

电子支票与纸质支票有着同样的功能，一个活期账户的开户人可以在网络终端上生成一个电子支票，其中包含支付人姓名、支付人金融机构名称、支付人账户名、被支付人姓名、支票金额等。最后，像纸质支票一样，电子支票也需要经过数字签名，由被支付人数字签名背书。使用数字证书确认支付者、被支付者、支付银行身份以及账户，金融机构就可以对签名和认证过的电子支票进行转账。

电子支票付款脱离了现金和纸张，买方通过计算机获得电子支票并支付，而不是寄支票或直接到柜台前付款。使用这种方式，既减少纸张成本，也可以提高转账处理速度。与传统的纸面支票相比，电子支票有以下优点：①节省时间；②减少纸张传递的费用；③没有退票；④灵活性强。由于电子支票的整个事务处理过程要经过银行系统，而银行系统又有义务出文证明每一笔经它处理的业务细节，因此，电子支票系统必须重视客户隐私权保护。

1）电子支票的使用

使用电子支票进行网上支付的具体步骤包括如下。

(1) 购买电子支票。买方首先必须在提供电子支票服务的银行注册，开具电子支票。注册时可能需要输入信用卡和银行账户信息，电子支票应具有银行的数字签名。

(2) 电子支票付款。买方网上购买产品或服务时，用自己的私钥在电子支票上进行数字签名，用卖方的公钥加密电子支票，使用 E-mail 或其他传递手段向卖方进行支付；只有卖方可以收到用卖方公钥加密的电子支票，用买方的公钥确认买方的数字签名后，可以向银行认证电子支票，再发货给买方。

(3) 清算。卖方定期将电子支票存入银行，进行转账。

利用电子支票进行支付的过程如图 4-7 所示。

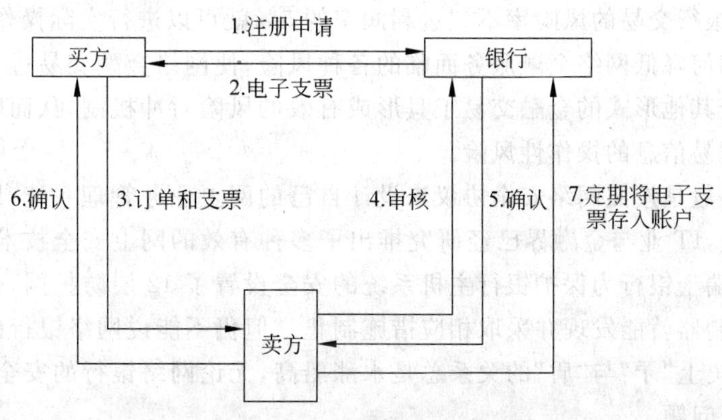

图 4-7　利用电子支票进行支付

2）电子支票的特点

从图 4-7 的流程中可以看出电子支票支付具有以下特点。

(1) 电子支票与纸支票的使用方式相同，易于理解和接受。

(2) 加密的电子支票易于流通，买卖双方的银行只要用公钥确认支票即可，数字签名也可以被自动验证，银行不仅可以从交易双方收取固定交易费用，还可以提供存款服务。

(3) 电子支票适于各种市场，可以容易地与 EDI 应用结合，推动 EDI 基础上的电子订货和支付。

(4) 电子支票技术把因特网与金融支付体系和银行清算网络连为一体。

4. 电子钱包支付方式

电子钱包(Electronic Wallet)是网上购物常用的一种支付工具。在电子钱包内存放的是电子货币，如电子现金、电子信用卡等。使用电子钱包购物，需要在电子钱包服务系统中进行，电子钱包软件通常都是免费提供的，目前世界上有 VISA Cash 和 Mondex 两大电子钱包服务系统。

电子钱包用户通常在银行里都有账户，在使用电子钱包时，先安装相应的应用软件，然后利用电子钱包服务系统把自己账户里的电子货币输进去。在发生收付款时，用户只需在计算机上单击相应项目即可。系统中设有电子货币和电子钱包的功能管理模块，称为电子钱包管理器，用户可以用它来改变口令或保密方式，查看自己银行账号上电子货币收付往来的账目、清单及其他数据。系统还提供一个电子交易记录器，顾客通过查询记录器，可以了解自己的购物记录。

4.2.5 网络银行发展中的问题

网络银行是电子商务技术在银行业的创新结果，能够满足客户多样化的银行服务需求，可以降低银行的经营管理成本，扩大银行业务的范围，也是其他行业开展电子商务时必不可少的支付中介。尽管与传统银行经营模式相比具有上述优点，但网络银行本身仍存在一些需要解决的问题。

1) 安全问题

一般认为，银行交易的风险率不超过利润率的 5%就可以进行实际操作，网络银行运行的核心问题是如何降低网络金融服务面临的各种风险，使网络金融交易过程中出现的各种风险能够与基于其他形式的金融交易工具形成有效的风险对冲机制，从而降低网络银行的系统风险和对交易信息的操作性风险。

网络银行一般是按照网络安全协议来设计自己的网上业务管理系统，以加强服务的安全性。迄今为止，IT 业与金融界已经研究推出了多种有效的网上安全技术和协议，银行也颇为谨慎小心，瑞士银行为保护银行主机系统的安全设置了 12 层防护网，外来者只要进入第一层，中央控制器就能发现并采取相应措施制止。但仍不能说网络银行的信息安全可以高枕无忧了，历史上“矛”与“盾”的关系总是水涨船高，无论网络银行的安全技术如何先进，都不能忽视安全问题。

2) 立法与规范问题

这方面的问题主要包括：如何控制电子货币的发行量，如何确定设立网络银行的资格，怎样监管网络银行提供的虚拟金融服务，如何评价网络银行的服务质量，对利用网络银行进行金融诈骗等犯罪行为如何惩罚和制裁，等等。

(1) 货币供应量的控制。

因为电子现金可以随时与普通货币兑换，所以电子现金量的变化也会影响现实世界的货币供应量。如果银行发放电子现金贷款，当电子现金兑换成普通货币时，就会影响到现实世界的货币供应。电子货币与普通货币一样会有通货膨胀等经济问题，而且问题可能更严重。在现实经济活动中，国家边界和浮动汇率的风险在一定程度上抑制了资金的流动量，而电子现金却没有这样的障碍。而且，电子现金没有中央银行机构，可以由任何银行发放，所以即使政府想控制电子现金的数量也难做到，加上许多网络企业往往打折发售各种"代用币"，可用来购买网络服务，也具有支付功能，中央银行对流通领域货币量的控制更加困难。在没有一个中央银行能对电子货币量进行有效控制的情况下，网络空间发生金融危机的可能性比现实世界更大。

(2) 外汇汇率的不稳定性。

电子现金作为总货币供应量的一个组成部分，可以随时兑换成普通现金。普通现金有外汇兑换的问题，电子现金也会有兑换需要，也要有汇率。在真实世界里，只有一少部分人(如外汇经纪商、银行和外贸公司等)能参与外汇市场交易；而在网络空间里，因为手续费和交易规模要低得多，几乎任何人都可以参与外汇市场，这种大规模参与可能导致外汇汇率的不稳定。计算机网络外汇市场与现实世界外汇市场的主要区别有两点。

① 从一种货币的数字现金兑换成另一种货币的数字现金所需的费用比兑换现金的费用大大降低。因为数字现金的兑换只涉及电子数据的重写，而在现实世界里，货币兑换要涉及真实货币的运输保险等流通费用，所以买汇与卖汇的汇率有较大的差幅。数字现金兑换费用低使更多的人参与外汇市场交易成为可能。

② 用数字现金购物不受国界的限制，人们很容易进行货币兑换。如果一种货币的数字现金贬值了，人们就会把它兑换成另一种货币的数字现金。由于数字现金的外汇汇率是与真实世界的汇率紧密联系的，这种不稳定反过来会影响真实世界。

(3) 税收与洗钱。

由于电子现金可以实现跨国交易，税收和洗钱将成为潜在的问题。通过 Internet 进行跨国交易是否要征税呢？如果要征税，又如何征收？由于电子现金流通时不会留下任何记录，税务部门收税不是容易的事，电子现金的不可跟踪性很可能被不法分子用以逃税。电子现金使洗钱也变得很容易，可以将钱送到世界上任何地方而不留一点痕迹。如果调查机关想要获取证据，则需要检查网上所有的数据包并且破译所有的密码，这种可能性几乎是零。

网络银行的发展依赖于新的商业法律法规的建立，或者说，网络银行的发展要求有先进的信息技术及一系列法律法规与之配套。因此，网络银行提供的各种金融服务需要经历较长时期的商业法律和商业习惯的适应过程。针对网络银行的各种商业法规需要在三个层次上完成：一是在国际经济组织层次上，二是在主权国家的政府或自主管辖权地区的地方政府这个层次上，三是在全球行业组织或商业协会这样的层次上。目前，针对网络银行的商业法正在酝酿之中，在国际组织、全球行业组织两个领域已经形成网络银行法规的雏形。

3) 技术标准化和行业管理标准问题

为保证网络银行的顺利发展，商业银行之间需要进行广泛的技术和管理合作，逐步形成网络银行的统一标准，确保软件、硬件、客户应用系统和网络通信协议的兼容性。目前，这项工作主要通过大型国际化商业银行结成行业战略联盟的形式来完成，也有由硬件和软件供应商、系统集成商和银行界联合达成的行业标准协议。例如，18 家美国大银行合作开发商业银行的新一代应用软件，旨在提高行业内部的规模经济效益。

4）信息技术与银行业务的融合问题

在所有的高新技术中，只有信息技术实现了大规模产业化。目前，信息技术是唯一对社会各行业产生渗透效应的高新技术。在网络银行服务中，虽然可以通过对通用信息技术的改造，形成一系列面对网络银行的专业应用技术，但是，网络银行管理中依然存在如何使信息技术与金融业务相互融合的问题。随着网络银行技术的进步，信息技术与金融服务品种之间更加趋于一致和协调，导致银行与客户进行面对面接触的时间越来越少，在这种情况下，银行如何加强与客户的联系并使客户感受到个性化服务的温暖呢？这属于网络银行服务中技术与服务恰当融合的问题，需要不断探索解决。

4.3 网上保险

4.3.1 网上保险的特点

1. 网上保险的概念

网上保险也称为保险电子商务，是指保险公司或新型网上保险中介机构以因特网和电子商务技术为工具来支持保险经营管理活动的经济行为。网上保险有两层含义：从狭义上讲，网上保险是指保险公司或新型网上保险中介通过因特网为客户提供有关保险产品和服务的信息，并实现网上投保，完成保险产品和服务的网上销售，由银行将保险费划入保险公司；从广义上讲，网上保险还包括保险公司内部基于 Intranet 技术的经营管理活动，以及在此基础上的保险公司之间、保险公司与公司股东、保险监管、税务、工商管理等机构之间的交易和信息交流活动。

保险作为一种传统的金融服务，其经营活动仅涉及资金和信息的流动，而不会遇到物流配送问题，这正是保险、银行等金融服务业开展电子商务的先天优势。

2. 网上保险的特点

与保险公司传统经营方式相比，网上保险具有许多优势和特点，主要体现在以下几个方面。

1）迅速扩大品牌知名度，提升企业竞争力

Internet 的主要特征就在于其信息传递和处理的快速性和共享性，以及信息传播的广阔性。利用 Internet 技术，保险公司可以在广阔地理范围甚至全球范围介绍自己的公司，推销自己的产品和服务，全面开拓保险市场。

2）快捷方便，不受时空限制

通过 Internet 开展保险业务，保险公司只需要配置一定的软硬件设备，向网络服务商支付一定的网络使用费，就可以一周 7 天、一天 24 小时在本地区、本国乃至全世界范围内经营，同时也可省去传统的保险代理人、保险经纪人等中介环节，能大大缩短投保、承包、保费收缴和保险金支付等业务流程所花费的时间。

另外，通过 Internet，保险公司还可以有效地与各种人群和组织发生联系，特别是传统保险中介人无法或不愿接触的客户，这样就能获取更多的业务，扩大保险覆盖面，规模经济效应将更加突出，理论上更符合保险经营的“大数法则”，有利于保险公司的经营稳定性。

3）简化交易，降低经营成本

长期以来，保险公司一直通过代理人和经纪人出售保险单，这种经营模式效率很难提高，低效率使销售成本占到保费收入的 33%或更高。通过互联网销售保单具有大幅度降低经营成本的潜力。美国的管理和技术咨询公司 Booz-Allen&Hamilton 的一份研究报告指出：“网络将导致整个保险价值链降低成本 60%以上，特别是在销售和客户服务领域会剧减。成本的降低加上便利和个性化服务，将促使客户以电子方式来购买保险单。”

电子商务的发展大大简化了网上保险的交易手续，被保险人甚至可以通过网站提供的特定软件来设计适合自己的投保方案，节省了买卖双方进行联系和商谈的大量时间，免除传统保险经纪人和保险代理人的介入，提高了效率，降低了销售成本。由于管理费用的降低和佣金的免除，保险公司还可以通过降低保险费率来进一步吸引客户，对于买卖双方来说是一个双赢的结局。

4）取消传统中介，为客户创造和提供高质量的服务

网上保险拉近了保险公司与客户之间的距离，买卖双方实现了直接双向交流，不需要第三方就能完成交易。

对于客户来说，通过浏览保险公司的网页，足不出户就可以方便快捷地获得从公司背景到险种安排等详细信息，还可以在保险公司之间进行对比和选择，在多家公司以及多种保险产品中实现多元化的比较和选择，减少了投保的盲目性、局限性和随意性，实现投保的理性化。投保人从过去消极接受保险代理人的硬性推销，转变为根据自己的需求和自主选择来实现自己的投保意愿，避免了与保险代理人打交道的烦恼和代理人可能存在的消费误导，可以轻松方便地在线投保成交。

对于保险公司来说，可以通过生动的多媒体网页详细介绍保险知识，解答客户咨询的问题，为客户进行个性化的保单设计。更重要的是，通过 Internet，保险公司能及时地直接得到客户的需求信息和意见反馈，快速做出业务或战略调整，推出新的险种和服务方式，提高服务质量，改善客户关系，提高客户的忠诚度。

4.3.2 网上保险的经营模式

从网站拥有者的角度看，目前网上保险主要有两种经营模式：一种是基于保险公司网站的经营模式，如我国“网上太保”、PA18 等网站，属直接销售模式；另一种是基于新型网上保险中介机构的经营模式，如我国的“网险”、“易保”等网站，属间接销售模式。

1. 直接销售模式

直接销售模式是指保险公司通过自己的网站销售保险产品的方式。这种直接分销渠道相对于传统的代理人分销渠道来说，具有以下一些优势。

(1) 网络营销渠道首先成为信息发布的渠道，借助于动态网页技术和分布式数据库技

术，保险公司能够方便地进行公司概况、险种类别、保险条款、费率等信息的交互式发布，对于消费者的咨询，保险公司也可通过网络快速回应。

(2) 保险公司只需支付相对较低的网络通信费，就可以省去传统的代理人、经纪人等中介环节，利用网上支付系统，保险公司还能实现在线缴纳保险费和给付保险金，简化交易手续，从而可节省大笔佣金和管理费。

(3) 基于因特网的直接销售辐射面广，与传统上门推销相比，效率更高。

2. 间接销售模式

间接销售渠道指通过新型的网上保险中介机构销售保险产品的方式。这些新型的网上保险中介机构包括专业的保险中介网站(如“网险”，其网址为 www.0risk.com.cn)、网络银行、网上证券经纪人、网上房地产经纪人、网上汽车经销商等。这些新型的网上保险中介机构是电子商务条件下保险公司新的战略合作伙伴，是保险价值链的延伸。在网络经济中，“注意力”成为一种稀缺资源，新型的保险中介网站作为众多消费者的集散地是保险公司与合作伙伴共享“注意力”资源的场所。尽管需要支付一定的费用，但这种合作关系的确便利了保险人之间、保险人与投保人之间，以及保险公司与其他金融产品经销商之间的信息交流，因而成为保险公司重要的分销渠道和促销方式。

4.3.3 网上保险业务流程

1. 网上保险系统

保险公司建立网上保险系统的主要目的有两个：一是更好地满足投保人的多样化的保险需求，扩大客户群并吸引更多的潜在客户，促进客户关系管理；二是提高业务流程的运行效率，强化内部经营管理，降低经营管理成本。从信息技术的层面来看，保险公司的一个完整的网上保险系统是保险公司网站和其内联网的集成，如图 4-8 所示，是保险公司业务流程的传导载体。

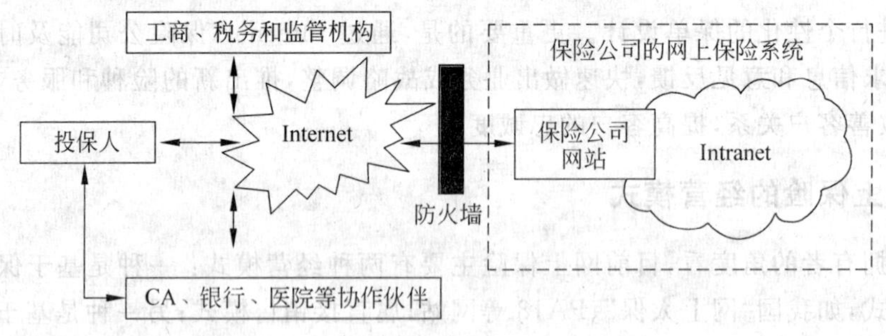

图 4-8 一个完整的网上保险系统

需要强调的是，网上保险一般并不改变保险公司的展示、承保、核保、理赔等基本业务环节，改变的只是业务处理方式，许多原来由人工处理的业务将通过网络连接起来的计算机自动完成。例如，通过精心设计的保险公司的网站，客户可以充分地了解到保险产品和服务的信息，并做出投保决策。又例如，为防止逆向选择，核保成为承保业务中的重要环节，在许多寿险业务中保险公司需要了解被保险人的健康状况，如果保险公司与医院系统实现计算机联网，就能够及时地通过互联网了解到被保险人的既往病史，提高了核保工作的效率。再例如，保险费的支付和保险金的给付是保险交易的必备环节，如果保险公司与网络银行和CA(认证中心)实现了计算机联网，就能够更为方便、快捷地进行网上支付，降低了运营管理成本。另外，与工商、税务和保险监管机构的信息交流同样可以通过互联网来完成，提高相关工作的效率，还有助于保险公司经营风险的监控。因此，为了建立网上保险系统，保险公司必须对原有业务流程进行重新设计，以便充分地利用信息技术。

2. 网上保险销售流程

一个较为完整的网上保险销售流程是：客户通过网站提供的信息，或经过在线咨询来选择适合自己的险种；网站根据客户填写的基本信息进行保费试算，推荐相应的保险品种组合，客户也可自行选择；客户详细填写投保单和其他表格，通过互联网传给保险公司；保险公司实时或延时核保后，通过互联网要求客户确认，客户确认并经正式的电子签名后，保险合同即告成立；与此同时，客户通过银行提供的网上支付服务缴纳保险费，保险单正式生效。

这样的网上保险销售方式在许多发达国家已经实现，但由于目前我国还没有数字式签发保险单的相关立法，上述网上保险销售方式还不能完全实现。目前的通行做法是，保险公司得到客户的确认后，仍需要填写纸质的投保单和保单，由快递公司送到客户家中，客户签完投保单后付款或网上先期付款，最后才能拿到保险单。

不实现电子签名，网上保险的方便快捷就无法充分体现，电子商务的低成本也打了折扣。而没有数字式签发保险单的相关立法，一旦保险公司和投保人或被保险人出现了纠纷，到了法院双方很难出具法律认可的证据。按照我国《保险法》规定，凡是需要被保险人同意后投保人才能为其订立或变更保险合同，以及投保人指定或变更受益人的，必须由被保险人亲笔签名确认，不得由他人代签。

4.4 网上证券交易

4.4.1 网上证券交易的含义及特点

1. 网上证券交易的含义

网上证券交易是指证券公司利用互联网等网络技术，为投资者提供证券交易所的及时报价、查找各类金融信息、分析市场行情等服务，并帮助投资者完成网上开户、委托、支付、交割和清算等证券交易的全过程，实现实时交易。

网上证券交易 20 世纪 90 年代发源于美国，由于适应证券交易信息量大、时间珍贵的特点，发展十分迅速。目前全球范围经营网上证券交易的机构有 5000 余家，拥有数亿投资者账户。

在我国最早开展网上交易的券商是中国华融信托投资公司湛江营业部，该部于 1997 年 3 月推出视聆通多媒体公众信息网网上交易系统，标志着我国网上证券交易的开始。目前，我国 100 多家证券公司中，绝大多数开通网上证券交易，网上委托证券交易金额占总成交金额的四分之一以上。

我国网上证券交易在开始阶段是由证券公司全权委托 IT 公司负责的，即 IT 公司(包括网上服务公司、软件系统开发商等)负责开设网络站点，为客户提供投资资讯，而证券公司以营业部的身份在后台为客户提供网上交易的通道。2000 年 3 月，中国证监会公布的《网上证券委托暂行管理办法》规定，只有获得中国证监会颁发的《经营证券业务许可证》的证券公司，在达到《证券经营机构营业部信息系统技术管理规范》的要求后，经向中国证监会申请，才可开展网上委托业务；未经中国证监会批准，任何机构不得擅自开展网上委托业务。此举对于加强政府对证券公司利用因特网开展证券委托业务的管理，规范市场参与者的行为，防范和化解市场风险，具有积极作用。

2. 网上证券交易的特点

与传统证券交易方式相比，网上证券交易具有如下一些显著的特点。

(1) 虚拟性。网上交易打破了传统证券交易的时空限制。理论上说，券商只要拥有一个网站，就可以利用因特网无限制地扩展自己的客户群，从而有利于券商实现规模经济效益。由于所有的交易与服务环节都可以通过互联网和计算机来自动进行，无须借助传统的物理营业部或工作人员的帮助，使这种扩张突破了资金和人员的限制。

(2) 个性化。互联网提高了信息传播的速度和广度，券商借助互联网可高效率地收集投资者的需求信息，所有服务可精确地按照每个投资者的需要进行。服务方式更灵活，可以是主动服务，也可是被动服务。

(3) 成本低。借助于因特网信息传输的快捷性和计算机进行信息处理的自动化、高速度、智能性和准确性，传统证券交易中许多由人工处理的单证和业务被数字化的单证和计算机处理所代替，而投资者也能够非常方便、快捷地发送交易指令、进行支付、交割和清算，既降低了券商的经营成本，又简化了交易手续，提高了交易效率，还可以降低投资者的交易风险。而经营成本和交易风险的降低，又给券商调低佣金水平，吸引更多的投资者参与证券交易提供了可能性。这几方面的因素都有效降低了证券公司的基础运营成本。

(4) 优质服务、创新意识和技术进步变得更为重要。由于传统的有形营业部不再重要，网上券商竞争取胜的关键是信息增值服务。由于网络缩小了时空的范围和限制，任何一种新的业务思想或技术将很快被对手所模仿，为保持领先地位，券商只有不断创新才能获得市场竞争优势，否则会很快被竞争对手赶上和超越。在网上证券交易服务中，技术始终是整个服务与业务的基础，因此技术已不仅是一种手段，还是券商的一种核心资源，技术进步就意味着服务与业务的创新。

3. 网上交易所

1995 年 11 月，英国电子股票公司通过法律诉讼，打破了伦敦股票交易所对英国股票交易的垄断地位，获准在互联网上公布股票交易信息和进行股票买卖，为建立英国网络股票市场扫清了道路。美国 NASDAQ 更早推出了网络交易方式；芝加哥期货交易所也关闭了交易大厅，全部采用网络交易方式；巴黎 MATIF 期货交易所在引入网络交易方式的两个月后，关闭了交易厅；伦敦期货交易所也已改变以往不接受联机委托单的规定。网上证券交易的蓬勃发展是促使交易所本身建立虚拟交易大厅的动力。

传统证券商面对重大的经营环境变化，一些工作岗位逐步失去存在的必要，尤其是场内经纪人。对于提供全面服务的经纪人来说，利润的源泉也必须从提取佣金转向更多地为客户提供全面的金融咨询和综合理财服务。这场交易环境变革势必造就一批成功者，也会产生一批失败者，而首先发现 Internet 价值的证券交易商更容易进入成功者的行列。

美国全国证券商协会(National Association of Securities Dealers，NASD)营运的电子证券交易所 NASDAQ 近年来经营大获成功，引起世人广泛关注。在兼并美国股票交易所(American Stock Exchange)后，NASDAQ 已成为纽约股票交易所(NYSE)的强劲竞争对手。

4.4.2 网上证券交易的发展模式

网上证券交易发展只有 10 年多时间，但已形成一些模式，可以依据不同的标准来划分。

1. 依据交易是否依托有形证券营业部和交易所来划分

1) 完全网上电子交易模式

完全网上电子交易模式的特征是为证券交易双方提供一个网络交易平台，交易者可以在该网络环境中发出交易指令，该系统可以将在线交易双方的报价指令以最合理的价格进行自动撮合成交，而不必通过中介方(如证券交易所及券商)的参与便可以完成交易。

当然，这种系统通常也提供一条可选择进入有形证券交易所的交易通道，以提高网上交易系统公司股票的流通性。也就是说，投资者具有选择权，可以将自己的交易指令直接在该网络系统成交，也可以通过该系统进入实物交易所进行报价交易。同时，还引入网络银行，实现交易保证金的网上划转。因此，该模式并无有形的交易所和证券营业部，投资者的开户、交易、清算、过户登记都是通过网上来完成。此外，证券发行人还可以通过该系统直接发行股票。

2) 券商网上交易模式

这是投资者通过券商网上交易系统进入实物交易所完成交易的模式。该模式主要内容是，投资者在一个证券公司开户后，通过 Internet 了解证券行情，获得咨询信息，然后在证券公司的网上交易系统下单，该委托单再由券商的交易席位输送到交易所主机，进行自动撮合成交，投资者可通过网上交易系统实时查询交易结果。依据中国证监会《网上证券委托暂行管理办法》第二条“网上委托是指证券公司通过互联网，向在本机构开户的投资者提供用于下达证券交易指令、获得成交结果的一种服务方式”的规定看，我国目前的网上交易就是该模式，这种模式对于我国证券业发展及券商经营管理模式的影响是十分深远的。

3) 券商理财模式

券商理财模式是指券商既可提供有形的营业网点供投资者委托买卖证券，又可以提供网上交易让投资者在互联网直接下单，该委托单无须通过券商交易席位而直接进入证券交易所主机实现撮合成交。此外，券商还充分利用公司专业化的经纪人队伍与庞大的研究力量为投资者提供综合理财服务。美国的 Charles Schwab、美林证券、摩根斯坦利等传统综合券商目前即属于此模式。

上述三种模式中，第二种模式在实质上并未改变有形交易所、实物营业部的功能，仅是采取了一种新的技术手段而已。完全网上电子交易系统模式是脱离实物交易所在网络环境下完成交易的，实际上是在虚拟网上交易所进行的证券买卖，而根据我国证券法第 32 条，依法核准的证券应当在证券交易所交易，不得在其他场所买卖，所以该模式在我国的推行仍存在法律上的障碍。从我国已出台的法律法规来看，我国目前的网上证券交易限于第二种模式，今后可否采取其他两种模式与国际接轨值得研究。

2. 依据网上交易佣金管制程度来划分

1）自由佣金模式

以美国为代表的自由佣金模式，也称网上折扣券商模式，其特点是以尽可能低的费用折扣来吸引投资者进行网上交易，同时配备实时信息、在线咨询服务等全方位的投资顾问服务。美国的证券市场以往长期实行固定手续费制度，但到 20 世纪 60 年代，以退休基金、保险公司为代表的机构投资者迅速成长起来，对机构投资者来说固定手续费制度意味着交易成本高昂，因此固定手续费制度开始动摇。1975 年，美国证券交易委员会(SEC)放弃了证券经纪固定费率制，引入浮动佣金制，这一变革推动证券经纪公司选择更高效、更经济的服务手段。20 世纪 90 年代以来，信息技术得到空前发展，一些"折扣经纪商"通过引进网络技术为客户提供价廉物美的经纪服务，于是"超折扣经纪商"应运而生。网上券商凭借广告攻势和低廉的收费，吸引走不少原来属于传统大型券商的客户，目前全美约有 25%的散户交易通过"超折扣经纪商"来完成。

2）固定佣金模式

许多国家采用固定手续费的网上交易模式。日本长期实行固定手续费制度，其网上证券交易始于 1996 年 4 月的大和证券，跟进的各大券商均延续了固定交易手续费的传统做法，网上交易服务时间也有保留，只有少数券商提供每周 7 日、每天 24 小时无间断服务，多数券商的网上服务时间保留在 16～24 小时之间，周六和周日停止交易。但 1999 年日本证券交易管理部门宣布允许券商自由制定股票交易手续费收取标准，给日本证券二级市场带来很大冲击，迅速出现一些折扣型券商，网上交易出现了新的激烈竞争局面。

按照 1997 年 11 月国务院发布的《证券交易所管理办法》第 30 条规定，交易所应当制定具体交易规则，其中包括交易手续费及其他有关费用的收取方式和标准，也就是说，政府将证券交易佣金的收取标准及方式的决定权授予了证券交易所。随着近年来自由佣金逐渐成为一种全球趋势和行业惯例，新加坡等新兴证券市场国家已纷纷放弃固定佣金制。

4.4.3 网上证券交易对证券业的影响

1. 投资者方面

证券交易中信息流的效率，对于证券交易中的投资者是至关重要的。借助互联网这一强大信息传输工具，证券信息的流动突破了以往的时空限制，缩短了投资者获取信息的时间，有助于投资者提高决策质量。同时，网上证券交易也便利了投资者与券商以及融资者之间的信息沟通，投资者可以通过互联网方便地享受券商所提供的极为丰富的信息增值服务，有助于改善传统证券交易中信息不对称的局面。另外,借助于网络银行,投资者可以足不出户就快速完成开户、销户、查询、对账、转账等活动,降低了投资者的交易成本。

网上委托交易免去了投资者的舟车劳顿,在家里、在外地都可以委托,并且比电话委托可以获得更详细正确的股市信息,软件界面与证券部大户室中的分析软件一样,包括日线、周线、月线、分时走势、交易所信息、券商信息等,比大户室毫不逊色。

网上委托证券交易与其他交易方式的比较如表4-1所示。

表4-1 网上委托证券交易与其他交易方式的比较

委托方式	网上委托	柜台委托	大户室自助方式	电话委托
股价更新时间(s)	6～8	12～15	12～15	20～25
股价走势图	有	无	有	无
历史数据	有	无	有	无
操作地点	世界范围	证券公司内部	证券公司内部	全国范围
资金结算	可以	无	无	无

2. 券商方面

网上证券交易使券商的经营管理模式发生根本性变革,形成新的券商竞争格局。

1) 传统的证券营业部逐渐失去存在必要性

对券商而言,网上委托交易具有突破时空界限扩大客户资源、大幅度降低经营成本、提高企业知名度等优势。因此,网上委托交易使传统的证券营业部逐渐失去了存在的重要性以至必要性。对传统的大型券商和中小券商来说,这种冲击在短时期内的效果是截然相反的。

传统的大券商一般都具有较强的资金实力,其营业网点的优势更是中小券商所无法比拟的。但在短时期内,大券商开展网上委托交易存在几个问题:首先,开通网上交易虽然比较容易,但提供网上服务较为困难,如果大券商将所有的交易和服务都搬到网上,其庞大员工队伍的工作时间和工作内容都要做出调整,要在短期内适应新的工作流程是比较困难的。其次,网上委托交易开通势必对其众多营业部的业务带来冲击,导致传统营业部的交易量下降。最后,由于网上交易成本低,佣金和手续费的下调是必然趋势,这将导致营业部的收入下降。因此,大券商开展网上交易存在"左手伤右手"的顾虑。

大券商传统上是依靠其数量众多的营业网点来取得竞争优势的,将业务发展的重点放在营业网点建设上。据分析,建设一个中等规模的证券营业部的一次性投资在500万～2000万元之间,月营业费用为25万～80万元。而在支持同等客户的条件下,实现网上委托交易的投资仅仅是传统营业部的三分之一到二分之一,月营运费用是传统营业部的五分之一到四分之一。这显然为资金实力较弱的广大中小券商扩大其市场份额提供了极为有利的工具,使得券商之间的竞争有了一个重新"洗牌"的机会,这一点已经被发达国家的实践证明,美国著名的网上券商嘉信就是在这样的背景下脱颖而出的。目前我国一些财力并不雄厚的中小型券商也意识到这一发展契机,积极向网络券商转型。

2）券商的组织结构将趋于扁平化

由于传统的证券营业部的作用会日益下降，券商的组织结构将由金字塔形逐步向扁平形过渡。借助于网络(包括互联网、内部网)通信技术，券商高层管理者实时、广泛、准确地收集和处理各种内部和市场信息的能力大大加强，原本担负信息收集和处理任务的一些人员配置已没有必要。减少中间层，高层管理者的决策信息能够借助于网络直接到达基层，而基层也由于物理营业部的逐步消失而变成虚拟的网上服务前台和人员为数不多的业务处理后台，信息上传下达中的扭曲和失真现象大为减少。

3）券商的服务内容将转向信息增值服务

网上委托交易使得许多传统中由人工来进行处理的交易环节都由计算机来自动完成了，大大降低了券商的经营成本，因而券商基本服务价格(如手续费和佣金)向下调整是必然的。这就向网上券商提出了一个问题：如何在基本服务价格下调的条件下增加利润？答案是提供信息增值服务，吸引更多的投资者前来交易，以实现规模经济效益。

虽然以往券商也向客户提供信息增值服务，如经常性的股评服务和偶尔的研究报告会等，但服务面有限，特别是不能向投资者提供个性化的信息增值服务。随着网上证券交易的发展，更多的券商不仅会向投资者提供网上交易平台、证券行情、证券资讯和咨询、财经金融新闻以及网上论坛和社区等增值服务，还会充分利用网络通信技术，向投资者提供更为个性化和专业化的信息增值服务。

4）证券公司的员工结构将趋于高度专业化和集中化

券商实现网上委托交易的经营管理模式，必然更加重视其研究咨询人员和网络维护人员两支人才队伍的建设。如上所述，由于研究咨询工作在未来的竞争中显得尤为重要，网上券商会千方百计地充实自己的研究咨询力量。而其网站和内部网络系统的安全可靠运行，直接关系到券商的业务拓展、管理效率和市场信誉，因而券商还必须建立一支网络系统管理和维护人员队伍。同时，券商的所有员工都必须能够较熟练地运用现代信息技术手段开展工作。

另外，券商的研究咨询人员将由分散布局向总部集中转变。网络拉近了研究咨询人员与投资者的距离，使研究人员不必在地理上接近投资者就能达到同样的目的。因此，为集中资源，节约成本，有必要将研究人员或其职能集中起来。从美国的发展经验看，网上券商的研究人员几乎全部集中在总部，营业部和分部既没有研究人员，也没有咨询人员，股评和研究报告都是通过网络与投资者和读者见面。

4.5 网上个人理财

4.5.1 网上个人理财的发展

1. 网上个人理财的含义

网上个人理财是指个人或家庭根据外界环境的变化，借助因特网获取商家提供的个人理财服务，不断调整其资产的形态，以实现个人或家庭资产收益最大化的一系列活动，具体包括网上理财信息查询、理财信息分析、个性化理财方案设计和相关的金融产品和服务的交易等。

网上个人理财是电子金融的重要组成部分，其内容十分丰富。实际上，前面所提到的消费者利用网络工具享受网络银行所提供的各种储蓄服务和消费贷款、通过网上保险公司或新型的网上保险中介购买各种保险产品和服务、借助于网上券商完成证券的买卖，都属于网上个人理财行为。不过，从商家的角度来看，网上个人理财服务强调的是为消费者提供丰富、快捷、个性化的理财信息增值服务，而不仅仅是对金融产品的简单出卖，而且，这种信息增值服务一般发生在金融产品交易完成之前。

2. 个人理财的发展

在人类理财(Finance)活动的发展历程中，人们对理财活动的研究基本上是围绕着企业和政府等理财主体的融资、资本结构和投资等行为而展开的，并在经济学和管理学的研究领域逐步形成了所谓"公司理财学(Corporation Finance)"的学科。其实，作为社会的细胞，个人或家庭也是重要的理财主体。也就是说，个人或家庭也面临着大量的筹资和投资等理财决策问题。

个人理财活动的目标是在一定外界环境约束下实现个人或家庭资产收益的最大化。例如，人们把手中的剩余收入存入银行，购买股票、债券、期货、期权、共同基金、养老保险、房地产、贵金属、古董、字画、邮票，以求资产保值、增值，或者各种以个人信用为基础所从事的针对各种耐用消费品的消费贷款行为，均可视为个人理财活动的范畴。

近年来，随着计算机和网络通信技术的发展和普及，大量的商业网站借助于互联网为人们提供个人理财方面的服务，说明了这样一个结论：随着人类社会的进步，人们对于自己个人或家庭的理财问题会越来越关注，而且个人理财活动将更加社会化，理财工具将更加高级化、信息化。

提供网上个人理财服务的商家包括网络银行、网上保险公司或网上保险中介、网上券商，还包括一些新型的专门提供网上个人理财信息增值服务的网络公司。值得一提的是最后这种网上个人理财服务商家。由于信息产品一般有较高的固定成本和几乎为零的边际成本，再加上互联网的开放性特征，单纯提供网上个人理财信息增值服务的网络公司是难以长期生存的，他们必须寻找能够提供真正网上金融产品和服务的金融企业作为战略合作伙伴，才能找到市场立足点，这一点已为许多公司的发展实践所证实。

3. 个人理财发展的动因

个人理财日益受到公众的关注不是偶然的，而有极为深刻的社会经济背景。就我国而言，改革开放30多年来，我国在社会进步和经济发展方面所取得的巨大成就，为我国个人理财活动的兴起和发展，提供了内在动因。

1) 个人收入的增长和多种投资工具的发展

自改革开放以来，在我国国民经济迅猛发展的大背景下，社会大众因参与社会化大生产所获得的报酬，在扣减相应开支之后的剩余始终在以较快的速度增长。我国城乡居民储蓄存款余额从1981年的500多亿元增长到2011年的20多万亿元，个人资产大幅增加。而且储蓄只是居民资产的重要组成部分，并不是居民资产的全部，目前居民持有的股票、债券等已有相当数量，如何使个人资产实现保值增值，就成为社会大众普遍关注的问题。

近年来，我国证券市场、保险市场和大宗耐用消费品市场均取得了长足发展，多种个人理财工具的出现使个人理财活动不再是一件简单的事情，而往往要涉及一系列专业化知识，这恰恰是一般居民所欠缺的。因此，居民对代人理财服务产生了越来越强烈的需求。

2）社会大众对于个人生活质量的更高追求

追求生活质量的提高是人类社会发展的永恒主题。虽然生活质量的高低与人们的价值判断高度相关，但用货币价值度量的财产拥有数量始终是衡量人们生活质量高低的一个重要指标，这一指标与生活质量之间是一种高度的正相关关系。因此，社会大众对于个人生活质量的更高追求，显然也是个人理财问题日益受到关注的一个重要原因。

3）现代信息技术的发展

从本质上来看，个人理财活动是一个不断搜集和整合理财信息，并据此做出理财决策的过程。以计算机和互联网为代表的信息技术的发展日新月异，为那些目光敏锐的商家借助开放性的互联网为个人或家庭提供高质量的个人理财服务创造了无穷的商机。因此，一方面是个人或家庭收入的不断提高，但面对众多的投资工具，由于缺乏相应的专门知识，对个人理财服务有着迫切需求；另一方面，那些具有专业理财能力的商家，由于互联网的发展，又获得了一种高效率的理财信息传输工具。于是，在供需双方力量的共同作用下，近年来网上个人理财的发展异常迅速，成为电子商务的一个重要组成部分。

4.5.2 网上个人理财的特点

网上个人理财由于利用了互联网这一先进信息技术，因而对个人理财行为以及理财服务提供者的经营管理模式等都产生了深远影响。

1. 网上个人理财扩展了个人对理财工具选择的广度和深度

从理财者的角度来看，个人理财工具的选择必然与特定的个人理财工具所蕴涵的风险与收益密切相关，这种相关性对于普通社会大众来说有时是相当复杂的。随着金融创新的不断发展和各种新型投资工具的推出，这种复杂性被进一步放大。显然，由于信息的不完备，要使每个人或家庭都成为理财专家是不可能的，因而产生对代人理财服务的强烈需求。个人理财的实质是对个人或家庭理财信息不完备性的克服，而借助于互联网这种高效率的信息传输工具，显然能够提高个人理财服务提供者为个人或家庭提供理财信息的效率。这种理财信息提供效率的改善，使得个人或家庭足不出户就可以收集大量的理财信息，并轻而易举地接触到大量以前难以想象和利用的理财工具，并在理财信息提供者的帮助下，深入分析各种理财工具的风险性和收益性，进而设计出个性化的投资组合，以达到一定外界环境约束下的个人或家庭资产收益的最大化。所以，网上个人理财使得个人或家庭选择理财工具的广度大大扩张，选择更富有理性，即选择理财工具的深度也大大延伸了。

2. 网上个人理财提高了个人理财活动的效率性和有效性

任何理财活动都需要耗费一定的时间、金钱与精力，这些时间、金钱与精力不仅耗费在对各种理财工具的选择与分析上，还会耗费在咨询和了解与个人理财活动相关的金融产品及其交易手续的办理上。例如，在传统的理财环境下，个人理财者如果想对各种理财工具进行选择与分析，理财者就不得不花费时间和金钱去学习和掌握相关的专业知识，如果理财者想进一步咨询和了解与金融产品交易相关的手续或者实施交易，理财者都得亲自到各种服务的提供地点(如银行、保险公司、证券营业部)去办理。虽然电话和传真也是一种重要的信息交流工具，但由于技术限制，信息交流不够充分。这些时间、金钱与精力的耗费构成了个人或家庭与理财活动相关的金融产品交易中的交易成本，如果这种交易成本太高，就会有相当数量的个人理财者放弃一些相对复杂的理财活动，难以实现个人或家庭资产收益的最大化。

仔细分析上述个人理财者在时间、金钱与精力上的耗费，可以发现，其根本目的都是要获得更为充分、准确和及时的理财信息并迅速做出理财决策。网上个人理财借助于互联网技术和计算机技术，使得上述交易成本大大降低。同时，充分的理财信息的获得和个人理财服务专家指导，还有效降低了理财活动中的投资风险，提高了理财活动的有效性。

3. 网上个人理财更加重视个性化信息增值服务的提供

由于个人理财者之间在年龄、收入、文化程度、家庭结构、社会保障、现有财产、投资习惯、消费习惯、风险承受能力、未来支出安排等方面存在较大的差异，网上个人理财服务提供者在提供理财服务过程中，应该特别重视其服务的个性化。以理财中的投资活动为例，网上个人理财服务提供者在为客户设计投资组合方案时，由于以上各种差异的客观存在，客观上要求投资组合方案必须是为特定客户量身定制的。这种个性化的服务要求，必然要求在个人理财者与个人理财服务提供者之间进行充分的信息交流，以便掌握个人理财者的真实需求，而在传统理财环境下，高昂的信息交流成本使充分的信息交流实际上成为不可能。借助于因特网和计算机技术，理财服务提供者可以实现与客户的充分信息交流，并据此为客户量身定制理财方案。如何在现代信息技术条件下，创造性地为客户提供有价值的个性化理财服务，这关系到网上个人理财服务提供者核心服务能力的培养和竞争优势的获得。

4. 网上个人理财服务大大降低了个人理财服务的经营成本

网上个人理财服务借助于互联网来完成，大大提高了理财信息的传输效率，相对于传统理财服务来说，这意味着网上个人理财服务提供过程中较低的经营成本。而且网上个人理财服务提供者的经营成本优势不仅体现在一对一信息交流中效率的提高，还体现在一对多信息交流中效率的大幅度提高。具体表现在，只要网上理财服务提供者规划好自己的理财服务平台和业务流程之后，即设计好自己的理财网站并成功发布之后，为众多个人理财者提供高质量理财服务的边际成本很低；只要技术方案合理，一个理财网站在同一个时刻可以为成千上万的人提供个性化的理财服务。这种高效率在传统理财环境下是无法实现的。

4.5.3 网上个人理财的发展模式

提供网上个人理财服务的主体是相当多的，但综观国内外网上个人理财服务的发展，目前网上个人理财服务大概可归纳为两种发展模式，即专业型发展模式和综合型发展模式。

1. 专业型发展模式

采用这种发展模式的网上个人理财服务的提供者主要是那些特定领域金融产品和服务的网上提供商,包括网上银行、网上保险公司或新型的网上保险中介、网上券商,以及一些新型的专门提供某一领域网上个人理财信息增值服务的网络公司。

2. 综合型发展模式

国外综合型网上个人理财发展模式的典型是美国的嘉信公司。嘉信虽然是美国最大的网上券商,但除了网上股票经纪业务之外,还向客户提供期货、共同基金、代理定期寿险、年金、退休计划、教育计划、住宅贷款、活期存款账户、职工持股计划等金融产品和服务,并提供多种理财信息和理财分析工具,还可以帮助客户进行投资组合设计,向客户提供真正的"一站式"的个性化个人理财服务。嘉信的成功做法与美国金融监管法规的宽容分不开,1999年11月,美国出台了《金融服务现代化法案》,标志着美国金融业进入了允许混业经营的新阶段。

目前我国能够向客户提供"一站式"个性化个人理财服务的网站还很少,如中国平安人寿保险公司推出的PA18网站。作为国内第一个跨平台金融交易系统,该网站打破了传统的银行、证券、保险、个人理财服务互相分割的经营模式,客户只要登录PA18网站,就等于抵达了一个网上金融超市和金融社区,各类理财服务和金融产品可由客户随意挑选并随时交易,而且可以得到大量相关的理财信息和理财分析工具的帮助,以及个性化的理财建议书。PA18网站的推出,标志着我国以电子商务为基础,集银行、证券、保险等个人理财业务为一体的"新概念理财"的出现,也标志着我国网上金融混业模式的产生。

4.6 案例两则

4.6.1 招商银行"一网通"网络银行

1. 基本情况

1997年2月28日,总部设在深圳的招商银行在因特网上正式推出企业主页,使客户"足不出户"就能即时查询其在银行的账务变动情况,动态了解当天银行的利率,了解外汇汇率、股市行情等金融信息。在此基础上,1998年4月,招商银行正式推出"一网通"网络银行,"一网通"是指通过因特网或其他公用信息网将客户的计算机终端连接到银行,实现将商业银行服务直接送到客户办公室或家中的服务系统。2000年4月,"一网通"获得了国家商标注册,成为招商银行的重要无形资产和服务品牌。规模较小的招商银行依靠网络银行的领先优势大大提升了其在国内银行业的竞争力和市场地位,值得人们思考。

"一网通"采用SSL协议加密,所有交易数据均加密传输;网上购物专户是在"一卡通"户下另行开设的,并规定了其限额为2000元,不会有太大的安全风险;同时向网上商家发放SSL证书,在销售和支付两方面设置安全保护。

2. 提供的产品和服务

目前,“一网通”提供的服务产品和服务包括“企业银行”、“个人银行”、“网上支付”、“网上证券”、“外汇交易”、“基金交易”、“网上商城”、“网上房城”、“招商信息”等,及时提供股市行情、银行利率、汇率、国际金融信息。“个人银行”、“企业银行”、“网上支付”、“网上证券”、“网上商城”等是招商银行“一网通”网上银行的核心服务。

1) 个人银行

个人银行分为个人银行大众版和个人银行专业版两种服务模式,以方便、快捷、安全的方式处理客户个人账务,适用于个人和家庭。大众版客户只要在招商银行开立了普通存折或“一卡通”账户,即可通过 Internet 网查询其账户余额、当天交易和历史交易等信息,并可获得修改账户密码、计算按揭贷款月供等服务。专业版个人银行则建立在严格的客户身份认证基础上。

2) 企业银行

企业银行以方便、快捷、安全的方式处理客户对公账务,为客户提供如下的网上服务功能。

(1) 账务查询:包括账户余额明细和账户当天、历史交易明细查询,付款方信息查询(包括付方名称、交易日期、付方开户行及专用于 B2B 电子商务的附加号等),以及协定存款的合同额度、起始日期、基本存款和协定存款的余额和滚动积数查询。

(2) 内部转账:用于在招商银行开户的本企业账户之间的资金划拨。

(3) 对外支付:用于向在招商银行或其他银行开户的其他企业付款。

(4) 活期定期存款互转:将活期存款账户中暂时闲置的资金转为定期存款;将定期存款转为活期存款;对未办理存款证实书的企业,可随时将定期存款转为活期存款,包括提前(部分或全部)支取、到期支取。

(5) 发放工资:用于向本企业员工发放工资。

(6) 信用管理:查询在招商银行发生的信用情况,包括各币种、各信用类别的余额和笔数,授信总金额和当前余额、期限、起始日期,以及借款借据的当前状态和历史交易。

(7) 子公司账务查询和信用查询:集团/总公司可根据协议查看子公司的账务信息和信用情况,方便财务监控。

(8) 集团公司/总公司对子公司收付两条线的管理:对于实行资金集中式管理的公司,集团公司/总公司可以根据协议实现分支机构货款向总部的迅速回笼和集中,也可以集中向分支机构支付各种费用。

(9) 网上信用证:以交易双方在 B2B 电子商务交易平台上签订的有效电子合同为基础,提供网上申请开立国内信用证和网上查询、打印来证等功能,同时向交易平台的管理者提供信息通知服务,使交易平台的管理者可实时了解信用证结算的交易进程。

(10) 金融信息查询:提供实时证券行情、利率、汇率、国际金融信息等。

(11) 银行信息通知:银行通过“留言板”将信息通知特定客户,如定期存款到期通知、贷款到期通知、开办新业务通知、利率变动通知等。

3) 网上支付

网上支付向客户提供网上消费支付结算。该行网站已通过国际权威 CA 认证且采用了先进的加密技术，客户在使用“网上支付”时，所有数据均经过加密后才在网上传输，安全可靠。网上支付功能使用的过程如下。

(1) 申请网上支付。服务客户必须到该行任一网点办理本项服务的申请手续，取得网上支付卡和支付密码(只有该行“一卡通”用户可享受此项服务)。

(2) 专户转账。在成功申请网上购物功能后，银行即为客户在活期储蓄账户下设立了“网上支付”专户，在进行网上消费前需将资金转入此账户。

(3) 客户可以在任何提供招商银行“网上支付”服务的网上商户选购商品和服务，当选购完商品和服务并确认后，单击“一卡通付款”栏，就会自动被引导到该行网站并进入支付程序，每次网上支付金额最高为人民币 2000 元，每日累计交易额最高为 5000 元。

(4) 支付。依次输入网上支付卡号及网上支付密码，客户终端显示以下信息的一种：扣款成功；专户余额不足，请客户通过电话银行向专户补充存款；通信故障，请稍后进行交易。

(5) 交易确认。为避免出现由于商户库存不足而无法供货等情况，所有购物交易均需经商户确认后方告成立。客户可随时通过招商银行网页“网上支付”专栏查询订单是否已被确认，如有疑问，可拨打网上商户服务热线，向商户直接询问。

4) 网上证券

“一网通”的网上证券能实现使用“一卡通”在网上进行证券委托交易、证券账户查询、行情查询，以及证券专户与银行账户之间的转账功能，使用方便、安全、快捷，一目了然。

5) 网上商城

“一网通”还提供到各网上商场的链接，以便于储户直接进入购物环境，实现网上购物消费，既沟通了商家与消费者，又扩大了银行业务量。

6) 手机银行

招商银行将网络银行业务扩展到移动电话上，只要客户手机支持 WAP 2.0 协议，并开通了 GPRS 上网功能，即可使用手机银行，在手机屏幕上完成账户查询、资金转账、证券买卖、外汇买卖等多项业务。

案例思考题

1. 招商银行网络银行的特色。
2. 招商银行的网络银行还可以拓展哪些业务领域？

4.6.2 第三方网络支付平台——支付宝

支付宝服务于 2003 年 10 月在淘宝网推出，经过不断改进，功能日趋完善。2004 年 12 月支付宝公司正式成立，借助阿里巴巴、淘宝网等品牌资源，为网络交易用户提供安全支付服务。

支付宝公司成立短短几年，迅速成为会员网上交易的主要支付平台。目前，支付宝的使用范围已不仅限于阿里巴巴网站、淘宝网站，支付宝已经成为向中国所有电子商务企业提供支付服务的平台。

1. 支付宝的特点

支付宝的实质是作为信用中介，在买家确认收到商品前，由支付宝替买卖双方暂时保管货款的一种增值服务。支付宝的特点归纳起来有三点：安全、方便、快捷。

1) 安全

支付宝作为中国最大的第三方网络支付平台，其最大的特点是采用"收货满意后卖家才能拿钱"的支付规则，在流程上保证了交易的安全可靠。同时，支付宝拥有先进的反欺诈和风险监控系统，可以有效地降低交易风险。支付宝做出"你敢付，我敢赔"服务承诺，只要在淘宝网使用支付宝进行交易，如出现欺诈等行为，支付宝一经核实，为会员提供全额赔偿，让消费者购物没有后顾之忧。

2) 方便

目前，共有数十万网上商店支持支付宝交易。卖家可以通过支付宝商家工具将商品信息发布到各个网站、论坛或及时沟通软件中，找到更多买家。还可以根据需要将支付宝按钮嵌入自己的网站、邮件中，简单方便地使用支付宝。

"支付宝"提供的服务是多方面的。支付宝不仅能免费为用户监控交易过程，替买卖双方暂时保管货款，保证交易双方的资金和货物安全，还可以为买卖双方提供交易资金记录的查询和管理，为用户提供在银行账户和支付宝账户之间的资金划转服务。

3) 快捷

支付宝与国内各大银行建立了合作伙伴关系，支持国内外主要的银行卡，实现了与银行之间的无缝对接，交易双方使用原有银行账户就能利用支付宝完成交易。在交易过程中，支付宝用户可以实时跟踪资金和物流进展，快捷地处理收付款和发货业务。

支付宝采用免费短信提醒业务，对交易双方来说，任何资金的变动都立刻得到通知。支付宝公司有近 200 名专业服务人员，为用户提供 7×24 小时全天候无间断服务，任何与支付宝相关的问题，都能得到及时答复。

2. 支付宝的功能和使用流程

支付宝网站(www. alipay. com)界面简洁明了，主页上主要的功能模块分别是"我要收款"、"我要付款"、"交易管理"、"我的支付宝"、"商家工具"。

通过"我要收款"，作为卖家的会员可以用"支付宝账户"来接受买家支付的货款。同样，通过"我要付款"，作为买家的会员可以用"支付宝账户"的余额去完成支付，不需要每次支付都去银行转账，也可以直接通过与支付宝合作银行的网上银行在线支付。"交易管理"为用户提供了强大的查询和管理用户所有网上交易的功能，引导用户轻松完成整个网上购物和支付的过程。"我的支付宝"为用户提供了自我管理账户信息的窗口，用户可以对自己的信息进行修改。"商家工具"则是向客户提供了高效而实用的网络工具，灵活运用它，就可以将卖家的商品信息及时而广泛地发布到互联网上。

支付宝的基本使用流程如下。

1) 注册

在支付宝注册成为会员时，如果已经是淘宝网的会员了，则可以用淘宝会员名快速注册。如果还不是淘宝网会员，则可以用电子信箱作为用户名注册。一旦注册成功，支付宝会发出邮件确认，并让用户激活注册账户。

2）开通网上银行

为了顺利开展网络贸易，用户开通网上银行是必需的。阿里巴巴公司与各大银行合作推动网上支付。因此，用户只要凭信用卡开通了网络银行业务，就可以与支付宝无缝连接，将资金从网上银行账户转账至支付宝账户。支付宝提供账户充值与账户提现的功能。

在众多的银行中选择用户已开通网上支付功能的银行，并输入充值金额数量，单击“下一步”按钮，支付宝弹出有关用户充值信息确认与特别提醒窗口，除核对充值的信息外，还告知用户网上银行对于网上支付的一些规则。

当用户核对充值信息并浏览特别提醒信息后，单击“去网上银行充值”按钮，就可以直接进入网上银行窗口，如果用户已经开通网上银行服务功能，则可以直接将资金转入支付宝账户；如果尚未开通网上银行服务功能，则可以直接申请。

当用户进入网上银行支付页面后，网上银行提供订单的详细信息，以供用户核对，同时选择支付方式。不同的银行界面有些不同，但支付流程基本相同。

3）使用支付宝购物

买方浏览商品，选中需要购买的商品，并且支持支付宝交易。单击“立即购买”按钮，会弹出确认购买窗口。如果有关交易的信息不完全，就需要填写一些资料，如交易数量、购买者电话、邮政编码、联系地址、商品邮寄地址等。然后单击“确认”按钮，系统就会返回信息核对窗口，同时将检测用户的支付宝余额并告知用户，以便用户确定是否有能力完成交易。当用户余额足以支付购买时的商品货款时，填入支付宝支付密码，再单击“付款到支付宝”按钮，就可以将货款划给支付宝了。支付宝将弹出支付成功窗口，接下来就是等待卖方将商品发送给买方了。

买方收到货物无误且满意，则登录支付宝确认同意付款。支付宝提醒客户收到商品后距离支付的最后期限及同意支付后所产生的后果。一旦得到确认，支付宝就会将货款转入卖方的账户，整个交易完成。接下来就是到相关网站对卖方在交易中的表现做出评价了。

3. 支付宝集成

为了使支付宝会员更广泛、方便、快捷地利用支付宝进行交易，支付宝公司还为商家开发了“支付宝按钮”，其作用是用 HTML 代码形式将“支付宝交易按钮”或者“支付宝交易链接”直接嵌入到用户的网页、电子邮件、聊天窗口中，方便地实现“支付宝交易”。这样，用户就可以将所创建的支付宝交易按钮通过网页、邮件或者聊天工具的方式传递给交易的对方，对方可以单击按钮或者以链接的方式进行支付宝交易。

创建支付宝按钮，应单击支付宝网站主页上的“商家工具”按钮。需要经过填写商品信息、生成支付按钮代码、保存支付按钮三个步骤。在“商家工具”窗口的右侧有两个按钮，分别是“创建支付宝交易按钮”和“管理支付宝交易按钮”。单击“创建支付宝交易按钮”进入支付宝按钮创建页面。此时，需要填写一些商品与价格的信息，当有关商品的信息填写完毕后，单击窗口下方的“保存”按钮，系统就提供给用户在各种不同场合使用的支付宝按钮代码。

对于聊天工具与电子邮件，用户可以将相应的代码复制到聊天窗口中或者邮件中，并配上简要的商品说明，发送给对方。对方点击该链接就可通过"支付宝交易"购买商品。对于网页来说，用户可以将相应的按钮代码复制到网页的 HTML 代码中，再配上简要的商品说明，有关页面就成为一个支持"支付宝交易"的平台。

案例思考题

1. 第三方网络支付平台应具备什么特点和功能？
2. 你如何评价支付宝"你敢付，我敢赔"的安全服务承诺？

本章思考题

1. 金融电子化与电子金融有什么区别？
2. 什么是网络银行？它具有什么特点？
3. 举例说明网络银行的系统构成和技术构成。
4. 什么是 SET 协议？其作用是什么？
5. 简述电子现金的特点和支付机制。
6. 什么是网上保险？目前网上保险主要有哪几种经营模式？
7. 什么是网上证券交易？网上证券交易对于券商的经营管理模式有什么影响？
8. 网上证券投资的优势主要体现在哪些方面？
9. 什么是网上个人理财？
10. 网上个人理财有哪些特点？

相关内容网站

1. 中银网：www.cfn.com.cn。
2. 中国银行：www.bank-of-china.com。
3. 招商银行：www.cmbchina.com。
4. 中国工商银行：www.icbc.com。
5. 美国花旗银行：www.citibank.com。
6. 美国 Wells Fargo 银行：www.wellsfargo.com。
7. 美国 CyberCash 公司：www.cybercash.com。
8. 电子钱包：www.mondex.com。
9. 爱保网 http://www.5able.com。
10. 网上太保：www.cpic.com.cn。
11. 支付宝网站：www.alipay.com。
12. 中国保险监督管理委员会：www.circ.gov.cn。
13. 中国平安保险股份有限公司：www.pa18.com.cn。
14. 国泰君安证券股份有限公司：www.gtja.com。
15. 美国嘉信证券：www.schwab.com。
16. 中国证券监督管理委员会：www.csrc.gov.cn。

第5章 网络营销

电子商务作为信息时代的新商贸形式，不仅对企业的经营方式和运作过程产生巨大影响，也对消费者的思维、工作和生活方式有巨大影响，这种环境变化要求企业必须建立与之相适应的新的营销理念和管理模式，网络营销已成为企业必备的新式武器。本章将介绍网络营销的基本特点和主要内容。

5.1 网络营销的含义和特点

5.1.1 网络营销的含义

网络营销(Network Marketing)也称为在线营销(Online Marketing)，是指利用网络技术进行营销的电子商务活动，这里的网络可以是互联网或其他类型的网络，如增值网(VAN)。相似的概念还有：因特网营销(Internet Marketing)，特指在互联网上开展的营销活动；虚拟营销(Cyber Marketing)是指在虚拟计算机空间进行的营销活动。总之，凡以互联网为主要手段进行的营销活动，都可称为网络营销。随着因特网和电子商务应用的迅速普及，网络营销也迅速兴起并快速发展，且成为电子商务加速推广的重要推动力。

网络营销是企业整体经营战略的重要组成部分。网络营销不限于厂商为客户提供商品和服务信息，而是贯穿于厂商与厂商之间、厂商与消费者之间的商品买卖、产品促销、商务洽谈、信息咨询、广告发布、市场调查、付款结算、售前售后服务、技术协作等全方位商业交易活动。它使营销活动的范围扩大到全世界和虚拟的网络空间，使营销活动的时间延长到每天24小时、一年365天。

网络营销首先出现在美国，政府积极鼓励企业推广网络营销和电子商务，政府率先垂范，从1997年1月1日起联邦政府各部门采购全面采用网上招标方式，要求所有与美国政府部门做生意的企业，都要通过网络进行洽谈，诸如工程发包通告、投标文件、估价报表、规格说明、设计要点、竣工报告等文件资料都要在网络上呈报或交流，各种工程款项也通过网络结算和电子交付。

中国电子商务协会数字服务中心预计，2012年全球B2B电子商务交易规模将达到34万亿美元，加上B2C电子商务交易规模更为巨大，这为网络营销提供了广阔的发展空间和市场需求。随着安全性、保密性等问题得到解决，网络营销将会有更快的发展。网络营销不仅改变了传统营销方式，还会改变人们的生活和工作方式。

5.1.2 网络营销的特点

1. 网络营销具有全球性，可以使企业营销活动拓展到最大市场范围

2012年初，全球因特网用户已超过21亿人，因此，利用因特网进行营销活动具有广泛

的用户基础。接入因特网就意味着进入了这个巨大的全球市场，因特网成为商家进行市场扩张的最佳工具。当然，企业必须考虑这种营销环境的变化，开发这种新型营销方式的巨大潜力，确定合理的营销战略。网络营销的全球性为国际贸易提供了方便，帮助世界范围内的进出口商建立直接联系，出口商可以在网上发布商品信息，图文并茂地展示商品；进口商需要什么商品可通过 E-mail 及时联系成交。

2. 网络营销具有交互性，为企业提供快速应变能力

现代企业的经营活动向规模化、全球化发展，如何提高企业的应变能力，尽快开发或组织适销对路的产品以满足消费者需求，是企业成败的关键。“市场如战场，信息决胜负”是日本松下电器公司的座右铭。企业为了解市场动向，了解消费者对产品的意见和要求，传统的市场调查方式通常是：①调查人员在现场进行观察；②将预先准备好的调查表格让被调查者填写；③通过小规模的试验来了解产品发展前景，如试用、试穿、试吃或在某一地区试销，从而了解新产品是否受消费者欢迎；④对现成的销售数据和用户资料等进行分析研究。以上几种传统的市场调查方式固然可以为企业提供一些反馈信息，但时效性差，受调查的对象面窄，无法适应瞬息万变的市场。因特网营销不仅有消费者反馈信息的充分渠道，而且它的交互性及快速传递，可让企业及时地、广泛地听取消费者的意见或建议。因特网可以实现买卖双方的相互交流，对生产企业来说，可通过 BBS、在线讨论区(Disscusion Areas)和电子邮件等方式，了解消费者要求，及时改变产品设计，开发新产品，直接提供各种交互式服务；对商业企业来说，可根据消费者需求组织货源。因特网的交互性可提高企业对市场变化的快速反应能力。

3. 网络营销的定制化有助于实现以消费者为中心的营销理念

企业提供的各种销售信息可以在服务器中集中存储，但它们仍然能独立运行、存入或输出。企业能以消费者为中心处理商品信息，有针对性地推销自己的产品，克服传统促销方式把消费者不喜欢的商品强行推销造成消费者反感的缺陷。在网上推出的各类商品目录，可以让消费者比较挑选，从而迅速、经济地达到采购目标。

4. 网络营销的互联性可加强企业间的协作关系

利用内联网(Intranet)与外联网(Extranet)技术，各企业可在内部信息安全的基础上共享相关数据信息，协调管理项目，增加企业协同开发新产品的机会和联合提供优质服务的能力。一个产品的设计和开发制造，可以由不同的企业共同完成。这尤其适用于技术难度高、投资多、风险大的国际合作开发项目，能大大缩短设计制造周期，节约旅费开支，从而降低产品成本。

5. 网络营销的平等性营造了相对公平的市场竞争环境

在传统的营销活动中，由于地理环境、配备设施、店面大小、市场规模、交通状况等因素，其营销效果和经营状况差别巨大。这种不平等的竞争环境，会影响企业的竞争努力，形成市场垄断。采用网络营销，任何厂商都可以自由地在网上开设虚拟商店，其商品展示是全方位的，不管这种商品来自何方，展示的机会是均等的，不受时空限制。就消费者而言，任何人都可以随心所欲地浏览网上商店的商品，“货比多家”，再决定自己的购买行为。由此可见，网络营销方式对任何厂商和消费者都是平等的。在因特网上进行商务活动的厂商不是靠组织机构的大小参与竞争，而是靠提高服务价值、服务质量和信誉来取胜。

6. 网络营销的商品多样性

网络营销的商品不受限制，只要网络服务器有足够容量，送货等售后服务能跟上，可以包罗万象。一家网上虚拟商场往往可以提供几十万、上百万种商品，还有各种各样的服务项目也可以在网上经营。

7. 网络营销可以降低经营成本

1）虚拟商场节省场地和仓储费用

网络营销只需设立一个虚拟商场(由一台网络服务器承担)或一个虚拟商店(由一个主页承担并将它联到租用的网络服务器)就可以了，企业将所要推销商品的外形、性能、用途、价格、售后服务等信息都存储在网络服务器内。传统的店面租金相当昂贵，特别是黄金地段更是寸土如寸金，而购置一台联网服务器设备的费用要低得多。“虚拟铺面”中摆放多少商品几乎没有限制，而且经营方式灵活，既可以做批发商，也可以做零售商。传统商家为压低进货成本，往往采用批量进货，这不仅会带来资金压力和经营风险，而且库存商品的盘点、存放、保管、养护等各个环节都需要人力、物力和财力；而虚拟商场没有实物库存，可节约仓储开支。虚拟商场同时兼备了促销功能，其“货架”上的商品同时又是广告宣传的样品，经营者节省广告费用。另外，厂商营销人员减少、印刷广告资料的减少均可降低营销成本。

2）减少中间环节费用

网络营销多采取直销方式，可以减少商品流通的中间环节，如批发商、零售商等。传统营销方式中虽也有直销方式，如上门推销商品，但盲目性较大，成功率不高。而厂方自设专卖店，虽可克服盲目性，但需租用店面增加开支。相对来讲，网络营销既可以降低中间环节的费用，又不必增加铺面开支。

5.2 网络营销手段

5.2.1 网络广告

我国的网络广告市场正在快速扩大，根据 iResearch 的调查数据，2011 年中国网络广告市场规模为 511.9 亿元，比 2010 年增长 57.3%。

1. 网络广告的特点

网络广告是指在因特网站点上发布的以数字代码为载体的各种经营性广告，企业把有关商品和服务信息传递给潜在用户或发到网络上，让网民有机会访问了解，其形式有网页标牌广告、E-mail 广告、网上黄页等。

网络广告是既不同于平面媒体广告、也不同于传统电子媒体(如电视)广告的另一种形式,其基本特征如下。

(1) 利用数字技术制作和展示。

(2) 可链接性,这意味着广告主和广告经营者都无法预知和控制广告会被多少个站点复制,虽然有时链接者的本意并非宣传广告,但只要被链接的主页被网络使用者单击,就必然会看到广告,这是传统广告所无法比拟的。

(3) 强制性,熟悉因特网的人都有收到 E-mail 广告的经历,而要完全拒绝此类广告在技术上比较困难。网络广告的上述特点,对广告的法律调整与规范提出了新的课题,在电子商务快速发展的今天,必须从理论上和实践上解决网络广告的规制问题。

2. 网络广告的优越性

因特网给广告业提供了一种潜力巨大的广告媒体,开辟出一块崭新的天地,商机喜人。但同时也是一个严厉的挑战和考验,如果广告公司不能提供满意、高效、价廉的服务,厂商完全可以甩开他们,自己制作和发布网上广告。与此同时,传统的广告媒介如报纸、电视、广播等无一不受到冲击,广告商的经营手法、制作技术面临考验,如何适应这种新媒介的特点开发广告资源、发展广告客户,任何广告商都不敢掉以轻心。网络广告的优点表现在以下几个方面。

1) 覆盖面广,观众数目庞大

Internet 仅用 4 年时间(1993—1997 年)就达到了 5000 万用户的大众媒体底线(而广播用了 38 年,电视用了 13 年),2012 年初全球已有 21 亿用户。网上广告没有地理国界限制,可以轻松地被世界各地的商家和消费者了解,所能接触的读者、观众数量是其他广告媒体难以比拟的。正是因为观众数量庞大,网上广告的效率往往比其他媒体广告要高。

2) 不受时间限制,广告效果持久

网络广告存放在主机,只要主机不关闭,网民每天 24 小时都可以访问了解,不受白天、夜晚的限制,也没有节假日休息,不像广播、电视受播出时段限制和地区时差影响,也不像报纸广告作用时间短暂,网络广告可以每时每刻、持续地发挥作用。

3) 形式生动灵活,互动性强

目前企业使用较多的是万维网网页广告发布,其多媒体功能可以把文字、图片、图像、声音等结合在一起,可展示三维彩色图像,配上立体音响,形式生动活泼。企业可以根据产品特点和销售意图选择适当的广告制作方式,把产品的形态、用途、使用方法、价格、购买方式等信息全方位展示在消费者面前,更富有感染力和吸引力,能突出企业和产品的形象。网络广告的一大优点是 Internet 提供的互动性,可以展示动态商品目录,提供有关商品信息的查询,与顾客做互动双向沟通,客户如果对广告商品感兴趣,可以在网上即时采取购买行动,商家能即时接受订单,包装发运货物。现代营销的发展趋势之一是人性化、个性化,网络促销是一对一、消费者主导、循序渐进的,是一种人性化促销,通过信息传递和交互式交谈与消费者建立长期良好的关系。

4) 可以分类检索,广告针对性强

Internet 中网站多如牛毛,广告信息浩如烟海,但利用 Yahoo!、Infoseek、Geocities 等网络资源搜索器，客户能够方便地查阅某一类产品的广告，货比多家，择优订购。例如，你想买汽车，那么网上服务器就会以菜单形式列出各种各样汽车的牌号，单击想查找的汽车，即刻在屏幕上就会出现介绍该汽车的各种信息。若你对某项指标有疑问，单击子项目可调出更详细的相关资料。

厂商只要输入正确的关键词，也能保证自己的广告信息会被有关客户检索到，这样可以有针对性地做广告宣传。网络世界中有各种各样的社区，这种社区通常建立在共同的兴趣上，比如园艺、摩托车、足球、冲浪等，特定人群有共同的爱好，使商家可以有针对性地开展营销活动，提供特殊产品和专业化服务。

5）制作简便，广告费用低

随着计算机软件技术的发展，网络广告的制作越来越简单快捷，一些看起来很复杂的多媒体广告可以在两三天内完成，制作成本日益降低。从发布网上广告的整体费用来看，也大大低于使用广播、电视、报纸、杂志等广告媒体的费用，往往仅是后者的几十分之一甚至几百分之一，特别是考虑到其庞大的广告受众群，网上广告费用更显得十分低廉，成为其最大竞争优势。

6）广告内容易于更新

在传统媒体上做广告，发版后很难更改，即使可改动，往往也要付出很高费用。而在Internet上做广告能根据需要及时变更广告内容，无须附加费用或费用很低。网上广告内容和形式的不断更新，会给消费者耳目一新的感觉，无形中提高了广告的宣传效果。

3. 网络广告的形式

1）页面广告

页面广告主要包括如下。

（1）横幅标牌式（Banner）广告，即在网页上显示的一块块广告标志，包括全尺寸和小尺寸两种，可以是静态图片、Gif动画或Flash动画等，很像公路上的广告牌，单击某一个标志，即进入该公司的网站，可以获取更详细的企业商品或服务信息。

（2）标识广告（Logo），它又分为图片和文字两类，访问者对广告内容感兴趣时，即会单击链接到广告发布者的网站上。

（3）按钮式（Button）广告，即以大小不等尺寸按钮形式出现在网页上的广告，访问者可单击进入浏览。

（4）墙纸式（Wallpaper）广告，企业可以把宣传介绍的内容制作在精美的墙纸中，存放在有关的墙纸网站，供人们下载作为屏幕保护页面。

（5）浮动广告，在页面上浮动的广告，随着用户拖动浏览器的滚动条而移动。

标牌式广告在所有网络广告中占大多数，目前在绝大多数比较有名的网站上都可以看到标牌式广告。企业发布标牌式广告，一种是采取互换形式，即双方在自己网站上发布对方的广告，互相交换，不必支付广告费；另一种是向网站购买广告空间和时间，根据网站的知名度和广告出现在网页上的位置支付广告费。

2）搜索引擎加注

搜索引擎收集了成千上万的网站索引信息，并将其分门别类地存放于数据库当中，当人们想寻找某方面的商品或服务网站时，一般都会从搜索引擎入手。有关机构的统计报告显示，搜索引擎查询已经成为上网者仅次于电子邮件的一种最常使用的网上服务项目。每个商家都希望自己的网站能被搜索引擎罗列出来，并且排名靠前，这就必须进行搜索引擎加注，把自己提供的商品或服务信息以一系列关键词形式提交给各搜索引擎网站。目前比较著名的搜索引擎网站有 Yahoo!、Google、AOL Find、Lycos、Infoseek、百度、搜狐等。

搜索引擎营销方式从 1994 年产生至今，技术已经趋于成熟，模式也从免费发展到收费，适应了商业发展的需要。常见的利用搜索引擎营销方法有免费登录分类目录、搜索引擎优化(Search Engine Optimization)、收费登录分类目录、关键词广告、关键词竞价排名、网页内容定位广告等。

3) 电子分类广告

电子分类广告是在网上提供的按行业及专用目的等进行分类的广告信息，具有针对性强、发布费用低、见效快等优点；提供这种服务的站点通常是一些行业性网站，如冶金、农机、微电子等，也有一些综合经济信息网站，如各种经贸信息网及市场商情网等。

4) 电子杂志广告

因特网把出版业的门槛大大降低了，五花八门的电子出版物如雨后春笋般涌现，网络低成本快速复制和传播的特点使电子报刊如虎添翼，如果你的电子杂志办得有特色，可以轻松地把读者群扩展到千家万户。电子杂志的影响面自然受到商家的重视，除了积极创立自己的电子杂志外，还要充分利用那些已成名的电子报刊做广告，使自己的商品和服务信息直达千千万万潜在用户。

5) E-mail 广告

电子邮件是一种重要的网络广告形式。电子邮件营销是利用电子邮件与客户进行商业交流的一种直销方式，按照是否经过用户许可，可以分为许可电子邮件营销(Permission E-mail Marketing，PEM)和未经许可的电子邮件营销(Unsolicited Commercial E-mail，UCE)。按照电子邮件地址资源的所有权分布，可分为内部列表和外部列表电子邮件营销。内部列表是利用网站的注册用户资料开展电子邮件营销，如新闻邮件。外部列表电子邮件是用电子邮件广告形式向用户发送信息。

电子邮件广告往往以邮件列表(Mailing List)的形式发送，一个广告发布者可以同时向许多个信箱发布广告邮件，成本低廉，效果直接，强制性强，这种不期而至的广告比上门推销员更难拒绝。但电子邮件广告既有正面影响，也有负面作用，许多人都深受电子邮件广告的骚扰之苦，如果不尊重消费者的个人意愿和个人隐私，厂家有触怒消费者的危险，结果会适得其反。

6) 网络竞价排名

企业可以根据自己经营商品的特性和类别，在搜索引擎上设置"关键词"，吸引潜在客户访问企业网站以增加交易机会，企业可以控制每次单击的价格而决定企业在该关键词的广告排名位置，支付较高的价格就可以让企业名称(网址)出现在单击该关键词后列出的所有相关企业的靠前位置，更容易吸引客户注意。做广告的企业是按单击次数向搜索引擎网站支付广告费用，而不是按网络广告投放的时间长短支付广告费，因而广告支出与广告效果相关性较高。

7）专题论坛广告

企业或个人在因特网的专题论坛、聊天室或新闻组上免费发布的广告，在很短的时间内通过快速复制功能，使全球论坛成员都能收到。这种专题论坛形式广告是免费的，所以很多企业乐意在此做广告。当然，在专题论坛上做广告也必须遵守一些基本原则：第一，广告的主题内容必须与专题论坛的主题相一致。如汽车广告可发往有关汽车的专题论坛上，美容品广告可发往有关美容的专题论坛等；第二，在广告中应着重给专题成员提供商品信息，而不是宣传吹嘘，例如可介绍产品特点、使用方法、权威机构对产品的检验结果等；第三，只能以纯文本的形式发布，不能上载图像；第四，发布的广告信息应简洁、清晰、富有诱惑力，这样才能有效地吸引读者并节省阅读时间；第五，专题论坛中的信息一般只保存二周左右，所以这种方式做广告要周期性地持续做工作，不断开发出新的产品信息内容。

8）建立网上广告专用服务器

在因特网上建立介绍企业及产品的专用广告服务器，让感兴趣的用户来调阅这些广告。这种方式适应网上广告的信息多样性、自愿性和交互性的特点，因而受到推崇。但由于这是一种非强制性广告，为吸引用户主动调阅自己的广告，应增加服务器内容的有用性，为访问者提供一些服务信息，再以多媒体方式显示产品的彩色图像，并配以美妙的音响效果和生动的语言说明，使广告效果更佳以吸引网上用户。另外，厂商应通过尽可能多的宣传途径让用户知道你的广告服务器的存在，如将广告服务器的地址及内容简介发布在杂志上、门户网站、网上信息中心、某些专题论坛上等。

9）租用网上服务器空间发布广告

因特网上有许多网络广告公司，专门建立了广告用服务器，然后把服务器的空间分租给企业做广告。企业广告通常以主页（Home Page）的形式挂接到广告服务器。这种方式做广告可避免自己建立专用广告服务器的高额投资费用，特别适合于中小企业。在选定广告公司之前，必须对该公司的知名度、宣传手法、计算机主机性能、线路速率、收费标准等作综合考虑，才能以较少的投入得到较好的广告效果。

10）直播或插播广告

Internet 直播广告是模仿电视广告的形式，内容简练，精心制作，加上声音和动画，并且越来越多地使用相互交流的手法。还有一种插播式网上广告，是一种全屏幕广告，既可以在你调用网页等待出现的间隔时间在屏幕上弹出，也可以像电视广告那样在节目中间插播。广告公司制作播放一些长度 15s 的广告，内容从好莱坞电影“生死时速”到新款摩托车应有尽有，广告费用比电视广告低很多。

11）互动游戏广告

企业可以把广告内容插在精心制作的一些网上互动式游戏的开头、中间或结尾，吸引消费者下载安装，在游戏过程中不断加深对广告商品的印象。那些图文并茂的电子音乐贺卡也是广告的理想载体。

4. 网上广告的定价

因为在专题论坛和利用邮件目录发布广告都是免费的，所以这里网上广告定价指的是在 Web 服务器站点租用空间发布广告的收费。

1) 每千人次访问费用模式(Cost Per thousand Impressions,CPM)

广告的目的就是让人看,Web 站点广告可按访问人数进行收费,一个访问率高的站点比访问率低的站点收取的广告费用可能高出许多倍,但广告主花钱也物有所值。

2) 每千人次连通收费模式(Cost Per thousand Click-through,CPC)

一些电子广告商采用广告主喜欢的连通收费模式,即按照观众对客户的网上广告的每千次点击连通计费。另一种类似方法是按照点击率收费,点击率(Click-Through Ratio)即网上广告被点击的次数与页面被浏览次数之比。点击率可以反映广告效果,也是网上广告吸引力的一个标志。

3) 关键词收费模式(Key Word Cost)

一些 Web 站点面向特定读者群提供相关的广告,许多信息检索网站把广告与一些特定的关键词联系起来,读者在使用关键词查询信息时,同时显示相应的广告。如美国航空公司广告赞助"旅行"和"航班"这两个关键词,包含这两个词的查询都会看到美国航空公司的广告。Yahoo! 站点的关键词广告收费高达每月每个关键词数千美元。

4) 按位置、广告形式的综合收费

以网络广告在网页中的位置和广告形式为基础收取广告费用,与广告显示次数和访客的点击率无关。如搜狐把网站频道划分为不同的等级,然后按照不同等级广告的位置和形式综合收费。

5.2.2 博客营销

由于全球博客数量的迅猛增长,越来越多的企业开始重视博客营销的能量。根据美国市场调查公司 Forrester Research 的研究报告,有 64%的美国厂商表示对博客营销有兴趣。一些全球闻名的大公司已积极使用博客营销手段,其中包括 IBM、GE、DELL、微软、索尼、耐克、三星等,越来越多的中小企业也加入到这一行列中来。2005 年,我国著名财经网站和讯网在洪波个人博客投放广告,成为国内企业向个人博客投放广告的第一例。根据中国互联网络信息中心(CNNIC)2012 年 7 月发布的第 30 次《中国互联网络发展状况统计报告》,截至 2012 年 6 月底,我国博客和个人空间用户数量为 3.53 亿,较 2011 年底增长 3467 万,博客和个人空间用户占网民比例为 65.7%;与此同时,我国微博用户数达到 2.74 亿,较 2011 年底增长 9.5%,网民使用率为 50.9%。

博客营销主要有三种形式,第一,企业通过第三方博客平台的文章发布功能开展网络营销;第二,企业自建博客频道,鼓励员工及用户发表文章,促进交流与互动;第三,企业通过个人博客网站达到营销的目的。博客营销具有自己特殊的功能作用,博客虽然不向客户直接推销产品,却可以通过影响客户的思想来引导客户的购买行为。

随着微博的发展,微博营销也应运而生。它允许用户以简短文字形式(通常少于 200 字)及时更新自己博客内容,由于微博可以以手机、IM 软件(gtalk、MSN、QQ、skype)和外部 API 接口等途径发布消息,能更迅速地与用户交流。国际上最知名的微博网站是 Twitter,目前 Twitter 的独立访问用户已达 7000 万,美国总统奥巴马、美国白宫、Google、HTC、Dell、福布斯、通用汽车等很多国际知名个人和组织在 Twitter 上进行营销,与用户互动。

博客及微博营销的作用主要体现在以下几个方面。

1. 宣传树立企业品牌形象

由于博客社区影响面极广，为企业宣传自己的品牌、树立企业正面形象提供了最佳场所。耐克公司为了树立其“追求速度艺术的专家”的品牌形象，在一个探讨文化现象和政治理念的专业博客网站 Gawker Media 上做了一个推广专题“速度的艺术”，希望通过向有影响的专业人士传递“速度艺术”理念，形成广泛的社会口碑，打造良好的品牌形象。

博客文章内容、题材多样，信息量大，读者面广，而成本很低，一些权威人士的专业评价更容易得到大众信任，增加对企业和企业产品的认知。一些社会公众人物顺便点评两句，也可能产生许多广告难以起到的影响效果。

国际著名咨询顾问公司 Jupiter Research 2002 年就在公司网站上建立了博客频道，汇集了许多分析家的大量专业博文，成为 Jupiter Research 公司展示自身专业研究水准和专家队伍实力的重要平台，也是吸引客户的一个重要窗口。

2. 了解客户需求，巩固客户关系

由于博客、特别是微博的交互功能，为厂商和消费者搭建了一条有效沟通的新渠道，使企业可以更快、更准地了解消费者的需求意愿变化和市场动向，也可以得到消费者对各种企业产品的具体反馈意见，便于有的放矢地做出经营策略调整。

亚马逊为所有书籍作者开通了博客，既增加了作者与读者之间的沟通和了解，也增加了亚马逊网站的访问量，亚马逊通过鼓励作者写博客，实际上在不知不觉中使作者参加到企业的营销活动中，而亚马逊并不需要为此投入额外的人力和财力。

3. 进行新概念预热，便于新产品推广

在新产品推介方面，博客通过对产品进行详细分析和比较，可以加深顾客对产品的理解和认知程度，为产品上市铺平道路。对于那些专业性较强、目标客户相对集中的产品，如专业器材工具、新式音像设备、高档首饰等，博客营销的效果可能大大超过传统广告的效果。

索尼公司在推出 Cyber-shot DSC-F828 这一高端数码相机时，选择专业摄影博客网站作为营销渠道，讨论新相机的性能特点，交流尝试使用的心得体会，使新相机的各种优点迅速为人所知，摄影专家的意见具有权威性和影响力，取得了很好的营销效果。

奥迪 A3 跑车在美国上市时，奥迪公司在新车发布会上制造了一个戏剧性开头——新款奥迪 A3 跑车丢了。然后在因特网上利用博客传递奥迪 A3 的图片和线索，号召近百万美国人通过博客互动，参与寻找。奥迪公司利用博客开展这项全民参与的新奇游戏，使奥迪 A3 名称和形象迅速深入人心，在人们购买跑车时自然会浮现在他们脑海中。

4. 进行危机公关，维护企业形象

水可载舟，也可覆舟。由于博客的巨大影响力，如果发生针对企业的负面新闻和评价，其影响可能是灾难性的。2005 年，美国通用汽车公司因为对一篇记者报道不满而撤销了在《洛杉矶时报》的广告投入，此事引起许多负面评论，不少人认为通用汽车公司是财大气粗，以势压人。通用汽车公司马上通过自己的博客网站 FastLane 与公众直接沟通，真诚表达自己的意见和看法，得到了许多人的理解和赞同，化解了这次危机。

2005年6月，戴尔公司因为拒绝更换一部损坏的笔记本电脑，得罪了一位名为Jeff Jarvis的媒体人士，Jeff在自己的博客上撰写指责戴尔公司的文章，引得许多对戴尔产品和服务不满的人纷纷留言，一时间各种批评汹涌而至，搞得戴尔公司十分被动难堪。最后戴尔公司全额退款给Jeff，并承诺以后要认真对待来自博客的意见反馈。

5. 培植企业文化，增强企业凝聚力

IBM鼓励32万公司员工使用博客，并在公司内部网上提供博客系统，有15 000多员工注册了公司博客，博客主题包括技术讨论、策励探讨、寻求项目帮助等。IBM还在对外网站上开设了20多个以开发商为中心话题的博客，鼓励员工用博客这种社会化网络为公司创造新的价值。

Sun、HP、微软等公司都有上千员工的博客队伍，鼓励公司员工写博客，已成为这些世界知名大公司展示企业文化、推动员工创新、增强企业凝聚力的重要途径。通用汽车公司的博客网站FastLane由公司副总裁Bob Lutz亲自主笔，内容涉及汽车设计、新产品、企业战略、客户关系等方面，是最受欢迎的企业博客之一，每个话题往往有上百条留言，成为维系员工和新老客户的重要纽带。博客以文字为主，所占空间小，能够长期保存，也是博客营销的一个优点。

5.2.3 网上销售

工商界奉为信条的"顾客就是上帝"、"时间就是金钱"在网络时代有了新的含义，那就是开展全方位的网上服务。在人们能从网上方便地查找、比较各种商品的价格时，谁还愿意传真询盘、再耐心地等各卖家的发盘呢？当越来越多企业接受电子订单和电子付款时，还有多少客户愿意多花半个月或一个月时间用书面订单向你订购货物呢？要保住和扩大自己的客户网，进入网上商场、推出在线销售越快越好。

1. 电子市场

1）电子市场的含义

电子市场(Electronic Market，EM)是指在Internet通信技术和其他电子化通信技术的基础上，通过一组动态的Web应用程序和其他应用程序把交易的买卖双方集成在一起的虚拟交易环境。EM中的众多交易主体则可以通过EM中提供的电子化交易信息和交易工具或自己的电话、电子邮件、管理信息系统等程度不同的电子化工具建立起点到点和一对多的交易通道。负责EM的建立、维护、运行等工作的中介服务机构则称为EM营运商，EM根据交易主体的不同交易资源、能力、规模和需求，分为不同层次的市场交易组织。

电子市场的基本交易类型有企业—企业、企业—消费者等，不同的企业规模使得交易实现方式差别很大。大企业的后勤和管理十分复杂和完备，企业内部生产的中间环节多、产量大，在交易过程中体现出交易制度严谨、交易壁垒多、交易种类多、对外开放性差、对交易中介依赖程度低等特点；小企业的情况恰恰相反，后勤管理简单，交易种类少，对交易中介依赖性强，通常依附于大企业供应链或直接面向地区性消费者。同企业—消费者的交易相比较，企业—企业的交易在法律上是法人和法人之间的交易，他们能动用的交易要素比单个消费者要多，因此，在实际经济生活中，由零售商作为一定数量消费者的代理，聚集众多消费者形成一定规模的交易量，用较低的成本获取其他交易要素，但是传统零售商强调的是自身商业利益而非消费者的代理。

企业间传统的多级分销体制下，交易主体之间直接交易存在困难，由于这些直接交易具有一次性和波动性，交易主体并没有足够的应变能力处理这些交易，他们的主要力量要用于企业内部的生产管理。因此，商品的供应方和需求方各自依托中介，建立了自己的销售渠道和采购渠道，同固定的购销中介打交道的成本相对要低。当交易主体十分依赖固定的交易中介渠道时，就会形成交易壁垒，使得新的交易主体直接进入对方的交易环境十分困难。

到了电子商务时代，交易主体能够利用多种电子化的手段，把自己产品的采购、生产和销售相互协调起来，从而有能力直接处理分散、大量的外部交易，使原来进入市场的交易壁垒不复存在，交易主体相互之间随时可以建立越过中间商的直接交易渠道。这时，大多数中介企业都需要新的思维方式，重新思考创造新的增值服务的可能性和可行性。

总之，电子商务作为一种新型的交易环境出现后，传统的交易类型和获取交易要素的方式发生了很大的变化，交易中介正努力提高自身电子化的业务处理能力，把自己的业务向EM的方向转移，以适应交易主体的变化。企业—企业的交易程序已经比较成熟，今后将进一步实现交易环节的自动化，使整个产供销流水线化和简捷化。企业间的交易环节多，涉及的第三方多，这些是实现流水线化的薄弱之处，单个企业无力解决，交易中介EM就应把自己的服务重点放在建立第三方的行业内和跨行业的电子化交易环境。企业—消费者的交易将大量绕过传统的零售商，通过消费者自组织的共同管理机构或第三方的信用机构来实现交易，这是EM运营的重要领域，将涌现出许多新的交易形式。同时，产生了个人—个人的交易，为这种交易撮合的EM应运而生。各类EM的经营性质越来越向交易主体间的联盟组织方向发展，形成卖方联盟或买方联盟，联盟EM主要采取会员制的方式运作。

2）电子市场的特点

电子市场主要有两种形式：一种是有自己独立的网络服务器构成的商业站点；另一种是集中在某一"购物中心"或"商业街"中的商家网站，即规模较小的商家租用别人的Web服务器空间，在上面开设主页，类似于传统商业街上开设的一个店面。电子市场经营的商品与传统商场没有什么区别，有生活必需品，如食品、服装，也有学习用具、计算机硬软件、电器设备及图书、工艺品等。电子市场同传统商场的主要区别是：电子市场中没有实际货物，是一个虚拟商店，有关商品的各种信息均存储在服务器上，消费者通过网络浏览这些服务器就可了解各种商品信息，若对某种商品有购买要求，通过电子订购单发出购物请求，然后输入信用卡号码或采用其他支付方式，厂商托运货物或送货上门。

网上购物的优点在于大大缩短了销售周期、提高销售人员的工作效率，而且可降低展示、销售、结算、发货等环节的费用，比传统的零售店、专卖店、连锁店、超市和仓储商场有更强的竞争力。值得指出的是，厂商建立的电子市场或电子商店只需一个就行了，没有传统连锁商业横向扩张的分店投资和风险，但业务却不局限于一个城市、一个省或一个国家，而可以面向全球。与沃尔玛、麦当劳一类的连锁店靠星罗棋布的店面来实现销售增长，显然电子市场有其优越性。

3）电子市场的建立

建立功能完善可靠的电子市场对网上销售至关重要。怎样才能建立好电子市场呢？应注意下面一些方面。

（1）建立安全可靠的网络服务器。

在网络营销中没有实物店铺，只有网络服务器提供商品信息，因此服务器的作用相当于一个“商场”，建立性能可靠的服务器就是为消费者提供良好的购物环境。由于服务器是广告信息的驻留地，所以这些广告信息能否应访问者的查询请求顺畅地输出，服务器与因特网的连接速率和可靠性如何，服务器硬件性能和运行状态是否稳定，技术支持是否及时可靠，都是至关重要的。因特网技术加强了顾客获得商家信息的能力，但也增加了某些敏感数据被非法盗用的风险，因而网上交易系统必须确保其保密性、安全性。

目前建立网络服务器有两种办法：一是自建，此种方法投资大、见效慢，需要高水平的维护队伍，运行成本高，适用于大型厂商，或专门为中小型厂商提供接入服务的网络服务供应商(ISP)；二是托管，就是租用ISP网络服务器的存储空间，租用空间又有两种：一是具有独立IP(Internet Protocol)地址和独立域名；二是在别人的独立空间中以路径的形式出现，一般适用于中小型企业。

（2）为自己网站起一个响亮的域名。

众所周知，一个好的产品名称对于树立产品的品牌形象非常重要。同样，在搭建一个高速、安全、功能强大的网络服务器的同时，要为自己的网站起一个好的域名很重要。好的域名应该简洁、响亮、易记、内涵深刻。

建立了电子市场后要大力宣传商场的网址，尽可能做到家喻户晓，吸引更多的人光顾。宣传网址的办法大致有两种：一是利用传统媒体宣传，如广播、电视、报纸、杂志等，也可以在员工名片上、公司介绍上、产品广告或包装上印上公司网址信息；二是利用因特网推介，如在新闻组上按专题方式发布，用E-mail方式宣传。

（3）电子市场的市场定位。

电子市场的市场定位直接影响商场的成败，应高度重视。虽然因特网蕴藏无限商机，吸引着大大小小的厂商，但网络营销也有成功者和失败者。究其原因，市场定位是否准确是根本原因。在建设电子市场之前首先应明确在网上想做什么、对象是谁、怎么做。从一些统计资料来看，电子市场对消费者有较大吸引力的商品是计算机及相关产品，其次是书籍、CD、家用电器以及旅游服务等。

（4）展示铺面。

网络营销只有虚拟铺面，这种铺面的一个关键环节是提供电子目录，它是顾客获得商品名录的数据库。此数据库应具备全面查询能力，所以它应包含多数据类型，并按标准生动的图形来显示，以方便用户查询。

电子市场还配备虚拟的购货车，顾客可将任何购买的商品放入虚拟购货车内。结账时货款和运输费能自动结算，且所有订单都能存储在中央区域，便于顾客退换商品。

网上购物过程也会受到其他许多因素的影响。除了有吸引力的商品内容展示，还要保证顾客的购买简单易行，收货有多种选择，以促成购买行为。

（5）具备全面的付款处理能力。

全面的付款处理能力有助于厂商展开快速有效的网络营销活动。付款系统将网上商业交易系统与金融网络相联,这样该系统就能认可并处理信用卡的付款方式。此外,该系统还应能支持其他付款方式,如电子现金、电子支票、智能卡等,并能兼容商家提出的不同付款计划,如免费试用期、延期付款方式等。

2. 电子市场与网上购物快速发展的原因

网上购物近年来迅速发展的原因大致有两个:一是消费者的需求;二是市场激烈竞争的结果。

现代化的生活节奏已使消费者用于去商店购物的时间越来越少,拥挤的交通和日趋扩大的商场规模增加了购物消耗的时间和精力;商品的多样化也使消费者难于辨别自己所需的物品。他们迫切需要新的快速购物和服务方式。与此同时,竞争日益激烈的市场,迫使制造厂和零售商去寻找变革,以尽可能地降低商品从生产到销售的整个过程中所占用的企业资源,缩短运作周期。

电子市场、网上购物正是为迎合生产厂家、销售商和消费者三方需要而出现的一种崭新的营销方式,网络营销正在被越来越多的厂商和消费者所接受。

对制造厂来说,网络营销能更迅速地了解市场需求,减少产品积压,降低风险成本。因特网的交互性能降低企业互动成本,还有利于树立企业形象,增强竞争力,从而在市场中占据优势。而且,在因特网上推销产品可以获得更多的客户、扩展市场、实现收入增长。

对销售商来说,可降低商品库存和店面运作费用,减少雇员数量等,大大节省开支,降低商业成本。

对消费者而言,可以轻松实现货比多家,商品价格低廉,足不出门就可买到自己所需的商品,省时、省力又省钱,还可能得到一些常规购物没有的服务。

现代通信技术、网络技术的发展,计算机应用的普及为网上购物提供了物质基础和技术支持。随着电子支付技术的成熟,以及网上付款的安全性、保密性及信息传输速率等问题得到更好解决,网上销售这一现代化营销手段必然会成为本世纪的主流营销方式。

5.2.4 网上服务支持

因特网为商家的客户服务提供了新的工具,网上客户服务支持也成为网络营销的重要内容,是提高客户满意度、增强企业市场竞争力的新式法宝。下面用实例来说明这一点。

1. 美国联邦快递

1) 联邦快递的网络支持

美国联邦快递公司(Federal Express)每天要运送200多万个包裹,公司拥有35 000辆卡车,雇佣10.8万名员工。很显然,要把几百万个包裹在17个小时之内逐门逐户送到客户手中,没有计算机化管理是不可能的,事实上,正是计算机及计算机网络使联邦快递保证其包裹送达准点率达到99.5%,这是一个完全实现了网络化管理的物流公司。

联邦快递每天向全世界211个国家递送250多万个包裹,其中99%属于限时递送。10多年来,电子商务一直在联邦快递的业务中发挥着核心作用。早在20世纪80年代中期,该公司制订了一项名为联邦快递动力船(FedEx PowerShip)的计划,为其主要客户提供了一条进入公司计算机系统的途径,货运处的工作人员进入联邦快递动力船的终端后可以直接开出订单,系统将自动填写各种表单并跟踪订单的状况。1995 年,联邦快递开发了一套免费的联邦快递船(FedEx Ship)软件,任何人只要拥有一部计算机和一个调制解调器就可以使用该软件,货运业务进一步扩展。1996 年 7 月,联邦快递开发了联邦快递联网船,建立 Web 网站,客户可以在网上下单委托、查询最近的服务地点、打印包裹单、调整发票并了解供货情况。当货物寄出时,订购人还可以要求联邦快递向他们发出电子函件加以确认。

当一个接受委托中心收到一名顾客的网上委托时,马上通过计算机网络把这个信息传给顾客所在城市的快递中心,快递中心把取货指令通过手提电脑发给距离顾客最近的卡车,司机一般在 30min 之内就能赶到取货,把包裹目的地邮政编码、货主等内容输入称为"超级跟踪者"(Supertracker)的手提电脑,计算机能立即制出条形码,并确定这件包裹的最快运输方式和路线,这些内容都印在条形码上,人们可以在整个运输过程中跟踪包裹的踪迹,如果包裹途中离开了预定的运输路线,计算机系统会自动提醒业务人员注意;顾客如果想了解自己的包裹到了哪一站,可以通过 Internet 与公司主机连通,输入自己的号码,就可以"看到"自己的包裹了,每天有数万人通过网络查看跟踪自己交运的包裹。直到包裹在目的地交给收货人签收,公司计算机主机记录下交货时间后,这笔业务算全部完成,包裹的送达情况会在第二天反馈给最初的取货员。如果未能准时送达,则要查找运输延误的原因,做出必要调整。

由于计算机网络的管理效率高、速度快、误差小,联邦快递公司服务质量受到客户的高度评价,无论是每天几万个邮包的大主顾,还是只偶然有一封签字文件的散户,公司都马上登门取件,准时投递。由于其传递网络高效可靠,比客户自己运输更可靠、更合算,甚至一些鲜花农场也委托快递公司给本地和外地的买主运送鲜花,比农场自己运输更快,买主更满意,费用更低。

联邦快递公司内部的专用网络 COSMOS 每天可以处理 5400 万宗交易业务信息。通过网络提供的信息,公司可以对商品交易的全过程(从客户订购一直到货物抵达终点)了如指掌。联邦快递的工作人员以系统记录为根据,追踪货品装运直到运抵客户的全过程。

联邦快递还在其他公司的后勤供应上发挥作用。例如,联邦快递经营商业服务器,零售商可以将自己的站点放到该服务器上运行;联邦快递还经营仓储,使产品的挑选、包装、检测、装配和运输一体化。联邦快递客户运送产品的主要特点是技术含量高、价格昂贵或易腐的物品,因此从订单填写到实际运输过程都需要尽快完成,联邦快递的高效信息网络是其能随时满足客户要求的业务基础。

美国国家半导体公司(National Semiconductor)以往一直要与许多公司打交道,以保证其亚洲工厂的产品能够送抵世界各地,这些公司包括装货商、运货商、客户代理商以及航空公司。后来国家半导体公司决定将上述全部业务委托给联邦快递,现在其全部产品(在亚洲由 3 个工厂和 3 个合同转包商制造)直接由联邦快递运送到它在新加坡的仓库。每天,国家半导体公司将其订单通过 EDI 方式发送到联邦快递,联邦快递保证这些订单对应的产品在需要的时候发送到客户。与联邦快递合作后,国家半导体公司的供货时间由 4 个星期缩短为 1 个星期,而运送成本则由销售收入的 2.9%降为 1.2%。

2）联邦快递从网络服务中获得的利益

联邦快递的内联网为该公司的电子商务业务奠定了基础，Internet 反过来进一步扩展了内联网的应用，通过电话和信函与客户联系的方式已越来越少。现代信息技术既提高了服务质量，又降低了公司运送成本。如果没有联邦快递动力船，联邦快递则不得不多雇用2万名雇员来分拣包裹、回答电话咨询和输入货单；有了动力船，大量的简单劳动就可以自动完成，管理员可以花更少的时间记录产品信息，服务代表花更短的时间回答客户的问题并随时联机追踪商品的运送情况，降低日常运营成本。客户每个月使用 Internet 追踪包裹行踪达上千万次，以往多数追踪是使用联邦快递的免费电话服务，现在客户可以选择多种与公司互动的方式（因特网、电话、传真等），不过多数客户发现上网联系更加方便。

2. 旅游业的新服务手段

Internet 以其特有的跨越时空的便利、低廉的成本和传播广泛的特性已经得到了世界各国旅游业的高度重视。通过电子售票系统和基于因特网的客户服务系统大大提高了民航、铁路客运的经济性和游客满意程度。通过 Internet 星罗棋布的网站，旅客可以很方便地了解目的地和旅途中各地的情况，合理安排日程。在一些旅游网站，你可以从世界地图开始，一层层点击进去，查找各国、省州、城市甚至街区的信息，找到你要去的目的地资料。例如，上海的旅客要到悉尼旅游，可能先访问一下悉尼市政府的网站，看看当地气温比上海差多少、机场到市区有多远、游览点的分布范围等。

通过旅游电子商务系统，旅游者坐在家中或办公室里就能查询到相关旅游信息（如城市简介及旅行常识、旅游景点和线路、酒店、票务代理中心、旅行社等）；可以根据自己的需要和旅行预算选择并预订入住酒店及相关服务（如客房、娱乐、餐饮、交通以及接待等）、旅行社的旅游线路和导游服务以及往返机票等。当然，因特网服务的最大优越性是可以轻松实现货比三家甚至三十家，找到物美价廉的旅游服务，2005 年 10 月，笔者在欧洲大陆旅游，就曾在网上买到 Ryan 航空公司巴塞罗那-罗马的机票，票面价格仅 0.01 欧元，威尼斯-布鲁塞尔的机票，票面价格仅 9.99 欧元，即使加上十几欧元的税费，也是物美价廉。

屏幕到屏幕（Screen-to-Screen）的顾客服务模式已成为现实，网上订票、订座、预订房间已经很普遍。一种叫 Ticket Master 的售票服务应用程序，可以让用户在家里上网搜索有关体育比赛、音乐会等信息，并运用虚拟现实技术，感受赛场看台上某个座位的视觉效果，然后选择订票。

要提供这种高质量的网上业务服务，必须具备以下几点：第一，要有丰富的音频、视频、三维信息，才能给顾客亲临实地的感觉，简单的文字已不能满足需要；第二，要实现计算机网络化，可以联机查找所有有关的内容；第三，计算机的性能要强，速度要快，才能进行大量的数据压缩和解压缩，实现虚拟现实。这就是所谓的可视性互联计算机概念，可视性互联计算机是实现互联网业务的基础之一。目前，电子商务市场上世界各国的旅游业竞争激烈，世界各国都在充分利用 Internet 提供旅游服务，扩大行销渠道，发展旅游信息传播系统和旅游预订网络系统，在网上发布自己的业务信息和提供服务支持已成为旅游企业的竞争取胜之道。

5.2.5 其他网络营销手段

1. 病毒式营销

病毒式营销(Viral Marketing)是通过提供有价值的信息和服务,利用用户口碑宣传来实现网络营销的目的。病毒营销典型范例是 Hotmail,著名的 Hotmail.com 是世界最大的免费邮件服务提供商,其在创立一年里就吸引了 1200 万用户注册,现在用户每天仍以超过 15 万的速度增加。其获得成功的重要武器就是利用"病毒式营销",方法很简单:在邮件的结尾处写上 Hotmail 免费邮件的广告词,邮件的接收者可以看到发件人是 Hotmail 的用户,无意中成了 Hotmail 推广者。现在几乎所有的免费邮件提供商都采取类似的推广方法。

美国电子商务顾问 Ralph F. Wilson 博士认为有效的病毒式营销战略需要如下六项基本要素。

(1) 提供有价值的产品或服务。

(2) 提供简单的向他人传递信息的方式。

(3) 传递范围很容易从小规模向很大规模扩散。

(4) 利用公众的积极性和行为。

(5) 利用现有的通信网络。

(6) 利用别人的资源。

2. 网络会员制营销

网络会员制营销(Affiliate Programs)由亚马逊公司首创,目前已不局限于网上零售,在网络广告、域名注册、网上拍卖等多个领域都采用。会员制营销可以采用连锁经营会员制和零售会员制两种形式,其中连锁会员制是其发展的重点。网络会员制营销已成为电子商务网站的有效经营手段,是商家与加盟会员共享利益的网络营销方法,具体做法是:某一网站注册成为某个电子商务网站的会员,在自己的网站设置各类产品和广告的链接,以及电子商务网站提供的产品检索,根据产品销售额业绩,从加盟的电子商务网站获取一定比例的佣金。

3. 无线营销

无线营销指基于移动通信网络或无线局域网络实现的营销,其对应的接收手段或设备可以是手机、便携式计算机、个人数字助理或其他专用接入设备等。

无线营销的贴身性和直接性远高于其他媒介,适用于大众产品的推介或促销。其应用主要包括如下。

(1) 向用户提供信息咨询服务。

(2) 向用户推广和宣传产品。

(3) 与用户进行互动搜集市场信息和用户信息。

(4) 实现无线客户管理关系。

(5) 实现移动电子商务。

4. IM 营销

QQ、MSN、Skype、阿里旺旺等网络工具称为网络即时通信工具(Instant Message, IM),企业利用即时通信工具进行产品和品牌推广称为IM营销。常见的IM营销方式有:一是网络在线交流,如淘宝卖家借助淘宝旺旺提供的在线客服;二是发布广告,企业借助IM发布产品信息,如通过QQ发布的促销信息。由于IM营销具有营销效率高、传播范围大、互动性强等特点,IM的使用已超过电子邮件的使用,成为主要的营销手段。

5.3 企业网络营销战略

5.3.1 网络营销策划的基本原则

1. 客户导向原则

网络营销的目的是增加客户对本企业商品或服务的认同,从而扩大企业的市场占有率,增加销售和利润。因此,网络营销方案的出发点和诉求是客户需求或潜在需求,网络营销方案的成功与否,要以客户认同和满意程度提高为判断标准,并要根据客户的反应对网络营销方案及时做出调整。

2. 系统性原则

网络营销是以网络为工具的系统性的企业经营活动,它是在网络环境下对市场营销的信息流、商流、物流、资金流和人员流进行综合组织管理的系统工程。因此,网络营销方案的策划人员必须有系统化思维和整体观念,对企业网络营销活动的各种要素进行全面整合和优化,选择整体最优方案。

3. 创造性原则

因特网为顾客对不同企业的产品和服务进行比较带来了极大便利。在个性化消费日益突出的网络营销环境中,创造与顾客的个性化需求相适应的产品特色和服务特色,是提高商品附加值的关键,创新带来的特色意味着额外的价值。在网络营销方案的策划过程中,必须在深入了解网络营销环境、顾客需求和竞争者动向的基础上,努力创造增加对顾客价值和效用的服务特色。

4. 操作性原则

网络营销方案必须具有可操作性,可操作性是指策划者根据网络营销的目标和环境条件,就企业在网络营销活动中做什么、何时做、何地做、何人做、如何做的问题进行了周密计划和具体安排。也就是说,网络营销方案是一系列具体的、明确的、直接的、相互联系的行动计划和指令,一旦付诸实施,企业每个部门、每个员工都有明确的目标、任务、责任,并且明了完成任务的途径和方法,清楚如何与其他部门或员工协作。

5. 经济性原则

网络营销策划必须围绕经济效益这一核心展开。网络营销策划不仅本身消耗一定的资源，而且通过网络营销方案的实施，改变企业营销资源的配置状态和利用效率。网络营销策划的经济效益，是策划所带来的经济收益与策划及实施方案的成本之间的差额。成功的网络营销策划，应当是在策划和实施成本既定的情况下取得最大的经济收益，或花费最小的策划和实施成本取得既定的经济收益。

5.3.2 企业网络营销站点的建设

企业网络营销站点的建设，包括域名申请、站点建设的准备、站点设计与开发、站点的推广与维护等。

1. 域名申请

(1) 选择域名。检索确认你要注册的域名还没有被人注册。如果选择的域名已经注册，但企业又特别想要，可以了解域名注册公司的业务情况，如果属于域名抢注，可以协商转让，对于恶意抢注也可以进行起诉。

(2) 登记注册。选择是自己注册还是委托注册，国际域名可采取委托注册；国内域名可以直接向 CNNIC(http://www.cnnic.net.cn)进行注册，也可以委托专业公司注册。一般使用在线注册方式，注册时将选择好的域名及企业有关资料发送给注册机构。注册国内域名的企业，以往要求提供营业执照(副本)复印件、事业法人证书或单位依法登记文件的复印件等，2002 年后已取消此要求。

(3) 域名变更。如果企业情况发生变化，可以申请对域名进行变更，通过互联网直接要求域名管理机构或者代理机构对域名进行转移、修改，或者办理域名过户手续将域名转给他人。国内外域名现在都允许转让。

2. 站点建设的准备

企业网络营销站点建设的准备工作可以从三方面入手，即 Web 服务器建设、准备站点资料、选择站点开发工具等。

(1) Web 服务器建设。企业如独立建设和运行自己的 Web 服务器需要投入大量资金，包括建立内部网络、安装服务器，运转时需要大笔资金租用通信网络。因此，一般企业建设 Web 服务器时，往往采取服务器托管、虚拟主机、租用网页空间、委托网络服务公司代理等方式进行。

① 服务器托管。这种方式是企业建设自己的网站，拥有自己独立的网络服务器，只不过服务器托放在 ISP 公司，由 ISP 代为日常运转管理。企业维护服务器时，可以通过远程管理软件登录和进行相关远程操作。服务器可以租用 ISP 公司提供的服务器，也可以自行购买服务器。采取这种方式建设的服务器，可以节省企业架设网络和昂贵的网络通信费用。

② 虚拟主机。企业要在网上用自己的独立域名建立网站，必须投资一台价格不菲的服务器，而且要专人维护，对于一些中小企业来说，往往难以做到，这时可以向提供网络服务器

服务的 ISP 申请虚拟主机服务，几家甚至几十家企业共享一台服务器，成本大大降低，但网络响应速度也会受到影响。

③ 租用网页空间。与虚拟主机类似而更为简单的方法是租用网页空间。甚至不需要申请正式域名，向网络服务商申请一个虚拟域名，将自己的网页存放在 ISP 的主机上，用户可自行上载、维护网页内容，自行发布网页信息。租用网页空间的费用较虚拟主机更为低廉，如金企网站提供的“企业名片”服务。

④ 委托网络服务商代理。如果企业缺乏网络营销的专门人才，最简单的方法就是把产品或服务的网上推广委托专业代理公司代理。类似的网络服务公司有很多，服务内容和收费方法也有很大差别，在选择时候要慎重比较。

(2) 准备站点资料。网络营销站点建设的重点是根据站点规划设计 Web 主页。如果建设一个能提供在线销售、产品或服务的网上推广、发布企业最新信息、提供客户技术支持等功能的网络营销站点，需要准备以下一些资料：首先，要策划网站的整体形象，要统筹考虑网页的风格和内容；其次，公司的简介、产品的资料、图片、价格等需要反映在网上的信息；最后，准备公司提供增值服务的信息资料，如相关产品技术资料、市场行情信息等。准备资料时，要注意到网页可以包含文字、图像、动画、声音、影视等多媒体信息。

(3) 选择站点开发工具。自行开发设计网站时，必须准备相关工具软件进行开发设计。一般需要这样几种工具软件：主页设计工具软件，如 Adobe 公司的 Dreamweaver 等；图像处理软件，如 Adobe 公司的 PhotoShop 等；声音、影视处理软件；交互式页面程序设计软件，如微软的 ASP 开发系统等。对于具有交互功能的动态主页设计，最好是请专业技术人员开发设计；而相对简单的提供静态信息的主页，可以由企业业务人员经过培训来设计。

3. 站点的设计与开发

(1) 网络营销站点的设计与开发内容。网站的设计和开发包括模式设计、内容设计、网站管理系统开发。模式设计主要是结合网站规划统一设计风格和模式，主要内容包括导航设计、主页规划、模板设计和搜索引擎设置等；内容设计是网站设计的关键，它包括各种放在网页上的信息和资料，还有其他多媒体内容；网站管理系统开发则是针对网站的目标开发出一些辅助管理系统，如数据库管理、网站内容维护与更新管理系统等。

网站模式设计是一个站点开发设计的基础，必须在网页制作前完成。制作网页时必须遵循网站设计好的模式，以保持制作完成后的网站能给访问者留下统一的形象，方便访问者访问网站内容。一般来说，网站模式设计应考虑以下两点。

① 站点导航模式。站点导航是方便访问者在访问网站某一个页面时，可以通过链接直接访问和了解网站其他相关页面。为方便访问，最好每个页面使用格式相同的导航方式。

② 主页规划。主页规划安排主页的版面布局、页面格式等内容。进行主页规划要注意：尽量保持页面静态性，不要使用那些不断运动的页面元素；使用简单的 URL，一个 URL 字符串应该包含具有可读性的目录和文件名，并且能够正确地反映该信息空间的内涵，也应该尽量减少字符使用方面带来的麻烦；统一规划，避免出现独立的网页，每一个页面都应该具有一个通向主页的链接以及一些关于该页面在站点信息体系中的逻辑位置的指示；适当控制滚动的长页面；控制页面的下载时间。

(2) 网站内容设计。网站内容设计是根据网站规划和设计好的网站模式，将有关信息内容制作成网页。网页制作分为静态网页和动态交互功能的网页。在进行网页设计制作时，要注意页面内容的针对性和准确性。

(3) 网站管理系统开发。网站管理系统是一些运行在网络服务器上的网络管理软件，现在有许多网站管理软件，可根据网站模式和营销目的选择使用，也可根据服务对象和营销目的进行二次开发。

4. 营销网站的推广与维护

营销站点的推广有多种方法，如搜索引擎加注、电子邮件、新闻组、BBS、友情链接或广告互换等。网站要精心维护，及时更新商品和服务内容，并注明更新时间，使消费者了解内容的可靠性。

5.3.3 制订网络营销战略

1. 影响网络营销效果的因素

据美国学者 Efraim Turban 等的分析，影响网络营销(广告)效果的因素可能多达 50 个，这 50 个因素可以分为五个方面：一是网页下载速度，速度越快效果越好；二是业务内容，介绍内容应当明确简洁；三是链接的有效性，要有准确、方便的链接；四是隐私权和安全保护机制，必须打消访问者的顾虑；五是对消费者利益的关心程度，如交货信息通知、无理由退货等政策。企业在制订网络营销战略时，必须充分研究和考虑这些因素。

2. 网络营销战略

网络营销战略可以从不同的角度进行划分，但一种基本分类是划分为被动式拉动战略与主动式推动战略，两者各有利弊。

1) 被动式拉动战略(Passive Pull Strategy)

采用被动式拉动战略的企业，等待消费者访问其设计好的营销网站，并不主动出击。采取这种战略的成本较低，适合于没有特定目标的大众化产品，特别是一些著名品牌的大众化产品。采用被动式拉动战略，应当与尽可能多的门户网站和搜索引擎建立链接，使它们成为企业营销的无形助手，以增加企业营销网站被访问的机会。这些营销网站可以只提供商品或服务的介绍，也可以设计为从信息发布到订单接收、货款收付的全功能站点。

2) 主动式推动战略(Active Push Strategy)

采用被动式拉动战略的风险是消费者在网上面临太多的商品服务选择，企业的消极等待可能失去大批的潜在消费者，精心设计的营销网站没人访问。与被动式拉动营销战略相反，主动式推动营销战略则是利用 E-mail 等手段主动向目标客户介绍商品或服务，把企业产品推向消费者，以增加产品被认知和接受成交的机会。采取这种战略的成本较高，关键是要建立适合本企业产品特点的目标客户的邮件列表(Mailing List)，才能有的放矢，提高营销效果。现在一些网上广告服务商已提供这种邮件列表服务，如 Doubleclick 可提供按行业分类的邮件列表，当然要支付费用。

对于多数企业来说，把被动式拉动战略与主动式推动战略结合起来开展网上营销，可能是企业的最终选择。

5.4 网络营销的规范和发展

电子商务及网络营销的发展历史很短，各种做法还在探索之中，需要不断总结经验，逐步规范和完善。目前需要解决的问题主要有以下几个方面。

5.4.1 网络广告参与者的定位

传统平面媒体和电子媒体传播的商业广告，其广告主、广告经营者和广告发布者各自的定位和职责是清晰的。我国《广告法》规定，广告主是指为推销商品或者提供服务，自行或者委托他人设计、制作、发布广告的法人、其他经济组织或者个人。广告经营者是指受委托提供广告设计、制作、代理服务的法人、其他经济组织或者个人。广告发布者，是指为广告主或者广告主委托的广告经营者发布广告的法人或者其他经济组织或个人。

依此规定和政府对媒体的其他管制法规，广告主、广告经营者与广告发布者之间的界限是显而易见的，一家酒厂不可能自己经营媒体为本企业的产品发布广告。但是，在网上，广告主、广告经营者、广告发布者这三者的界限日益模糊，从而使得我们无法用现行法律的概念来理解，这就产生了认知困难。例如，负责网络运营的ISP和提供网上内容的ICP，他们既有类似于传统媒体的传播平台——自己的主页，同时，许多ISP、ICP集广告客户、广告经营代理、广告制作于一身。从某种意义上说，ISP、ICP时刻都在为本企业做广告，当使用者点击这些门户站点时，会感受到强烈的广告气息，其中企业自身的广告占据了重要位置。另一个例子是企业的商业性网站，这些商业性网站存在的基本功能，就是宣传本企业的形象，当然要使用一切可能的传播手段，如目前时髦的网上看房，实际上就是房地产企业的广告。

只要愿意，任何人、任何机构都可以在自己的网站上链接其他人的主页，同时发布自己的信息，而这种信息实质上就是法律意义上的商业广告。今天，你进入互联网，处处可以看到五花八门的广告。个人可以链接商业网站，政府和学术机构的站点也可以如此。因此，法律上对广告主、广告经营者、广告发布者的定义及其规制方式显然不能适应网络广告的状况，需要制定新的章法。

5.4.2 网络广告的管理

1. 网络上的隐性广告

隐性广告是指采用公认的广告方式以外的手段，使广告受众产生误解的广告。《广告法》第13条规定：广告应当具有可识别性，能够使消费者辨明其为广告。大众传播媒介不得以新闻报道形式发布广告。通过大众传播媒介发布的广告应当有广告标记，与其他非广告信息相区别，不得使消费者产生误解。隐性广告是以非广告形式出现的广告。在传统媒体上出现的隐性广告比较容易识别，互联网上的隐性广告则很难识别，其主要形式有下列几种。

1）以网络新闻形式发布的隐性广告

网络新闻是普遍存在的，除了ISP、ICP炒新闻以外，还有各种知名度较高的新闻组等专业性的网站，因为其专业化的程度高，拥有特定阅览群体，一些企业与这类网站有着特殊的关系，网络新闻中往往夹杂有广告性质的内容，网络的特殊性也模糊了新闻与广告的界限。

2）在BBS上发布的隐性广告

在BBS上发布的广告，主要是以讨论问题形式出现的。商业网站在主页上开辟讨论区评价企业产品与服务的性能、质量、功能之类的问题，往往可以发现企业使“托”的迹象，即企业以网民的名义提起论题，讨论一番，在其中兜售自己的观念。

3）利用关键字发布隐性广告

有的商家为了搭载名商标便车，利用Metatag的技术或以关键字的方式把他人的驰名商标写入自己的网页，消费者使用搜索引擎检索该著名商标所属网站时，结果却找到这个搭便车的网站。国外已经发生了一些与关键字广告有关的案例，比如Estee Lauder诉Excite一案，就是因为Excite把Estee Lauder的关键字卖给了其他化妆品公司，这样，当消费者要找Estee Lauder网站时，看到的却是其他化妆品网站的广告。Estee Lauder公司指控Excite有商标侵害、著名商标淡化和不公平竞争行为。

2. 对网络广告主与广告内容进行有效审查

我国《广告法》第9条规定：“广告中对商品的性能、产地、用途、质量、价格、生产者、有效期、允诺或者对服务的内容、形式、质量、价格、允诺有表示的，应清楚、明白。”第10条规定：“广告中的数据、统计资料、调查结果、文摘、引用语，应当真实、准确，并表明出处。”第19条规定：“食品、酒类、化妆品广告必须符合卫生许可的事项，并不得使用医疗用语或者易与药品混淆的用语。”第24条规定：“广告主自行或者委托他人设计、制作、发布广告，应当具备或者提供真实、合法、有效的下列证明文件。

（1）营业执照以及其他生产、经营资格的证明文件。

（2）质量检验机构对广告中有关商品质量内容出具的证明文件。

（3）确认广告内容真实性的其他证明文件。”第34条规定：“利用广播、电影、电视、报纸、期刊以及其他媒介发布药品、医疗器械、农药、兽药等商品的广告和法律、行政法规规定应当进行审查的其他广告，必须在发布前依照有关法律、行政法规由有关行政主管部门（以下简称广告审查机关）对广告内容进行审查；未经审查，不得发布。”

综合上述规定，可以得出的结论是，由于产品广告，尤其是与人民健康密切相关的产品广告，在一定程度上具有证明产品品质、引导消费的作用，任何虚假或不负责任的广告都可能误导或欺骗消费者，导致消费者生命健康或财产的损失，因此对广告宣传的产品及企业进行审查核实是十分必要的。然而在互联网这个虚拟世界里，企业可以自建网站，自行“审查”并发布广告。这使网络广告的质量和可信度大打折扣，容易造成对消费者的损害。

3. 网络广告的规范

美国、日本等发达国家为了推动电子商务的发展，对网络广告的管理采用比较宽松的模式，即除非重大的不正当竞争和恶意广告，政府对网络广告是网开一面。网络具有与传统媒体截然不同的开放、互动式结构，因此，不可能采用传统媒体的办法来规制广告，而应当采用一种比较有弹性的规制办法。

1）政府管理与ISP、ICP等自律相结合

ISP、ICP等是网络运作与管理的重要环节，离开了ISP、ICP等，政府就无法对网络实施有效的管理。这里所说的ISP、ICP的自律包含两层含义：一是ISP、ICP等自身必须遵守广告法和相关法规，抵制不正当竞争和虚假、欺骗广告；二是ISP、ICP等应当在经营的范围内，控制所托管的主页，一旦发现恶意广告行为，要立即制止并给以相应惩戒。

2）法律与业界规章相结合

对电子商务这一新生事物而言，法律不大可能预先完善规则，这就需要行业规章在法律正式出台前的空白期起到游戏规则的作用。例如，对商业网站的规制、对个人主页的管理都必须有一个基本规章。ISP、ICP等在用户电子邮件地址的管理上，负有特殊的责任，也应当制定一定的标准和规章，保护消费者和商家的合法权益。

5.4.3 网络营销中的知识产权和隐私权保护

1. 知识产权保护问题

知识产权保护也是因特网上开展营销活动的必要条件，尤其是商用信息服务。这方面除了制定切实可行的法律规章外，使用技术手段也是十分有效的途径，如Digimarc公司开发的一种保护电子知识产权的“秘密武器”，这项技术可以把电子签名或系列编号直接嵌入相片、录像、录音和其他介质的知识产权产品。这种电子签名不但可以包含能够证明版权的信息，还可以容纳诸如许可证权限、制作数据或发行渠道等信息，知识产权持有者可根据具体情况选择私人专用代码或工业标准代码加密模式。由于电子签名与图像融为一体，因此信号无论如何转换，电子签名始终保持不变。在一般情况下，电子签名听不到也看不到，但必要时知识产权持有人的唯一加密代码可通过简单的计算机分析，即可显示上述电子签名信息，不知道加密代码者不能检测或消除这一电子签名。

2. 保护个人隐私问题

在网络营销活动中如何保护个人隐私也是大家所关注的，国内外多次调查显示，大多数消费者不希望别人了解他们的私人信息。因此，一方面需要制定相应法规，防止商家在营销活动中擅用或滥用客户的个人信息资料，滥发垃圾广告邮件；另一方面要提供技术保护手段。微软公司开发的“私人通信技术”（PCT）安全标准就是为了保证网上商业信息交流和个人通信的安全保密，其主要功能是保护个人隐私、验证身份和相互确认等。

5.5 案例两则

5.5.1 淘宝网

淘宝网（www.taobao.com）由阿里巴巴公司2003年5月投资4.5亿元创办，目前是国

内领先的个人交易网上平台，其目标是成为全球最大的个人交易网站。淘宝网，顾名思义是没有淘不到的宝贝。自成立以来，淘宝网以免费为巨大吸引力，从零开始，迅速占领了国内个人交易市场的领先位置。到 2011 年，淘宝注册会员达到 5 亿，覆盖了中国绝大部分网购人群。2011 年交易额达到 2988 亿元，占中国网购市场 90%的份额。由于用户规模巨大，淘宝网的一些规则改变，不仅产生经济影响，甚至带来社会影响。2011 年，许多中小用户出于对淘宝商城新规的不满，结成声势浩大的反淘宝联盟，对淘宝网进行攻击和抵制，在淘宝网做出一定让步之后，2011 年 10 月 16 日，反淘宝联盟宣布暂停对淘宝商城的攻击活动。此事件也促使 2012 年 1 月淘宝商城正式更名为"天猫"，以使阿里巴巴集团 B2C 业务与淘宝 C2C 业务明确区分开来。

1. 淘宝的商业模式

国内 C2C 模式最初脱胎于国外的电子商务模式，C2C 最大的特点就是利用专业网站提供的大型电子商务平台，以免费或比较少的费用在网络平台上销售或者购买商品，主要特点就是可以给买家带来便宜的商品，卖家网上销售不需要店铺租金，不受地域和时间的限制，可以面对来自全国甚至全世界的客户。

淘宝侧重对商户的吸引，这反映了它的投资方、服务于企业间在线交易的阿里巴巴的意愿。阿里巴巴已经在迫不及待地替淘宝的小业主征求供货商。既然小业主们习惯于在线交易，那么也会倾向于通过互联网采购，一些大的商户就需要批发性质的网站，他们会为此支付几万元或更多的钱。这就同阿里巴巴的业务模式对接起来，B2C 又演绎成了 B2B。淘宝网和经典的 eBay 的 C2C 模式有很大的不同，它实际上是 B2B2C。

2. 淘宝的支付模式

1）在线使用支付宝

支付宝系统的引进在深层次上为交易安全提供了保障。在淘宝网的交易中，买家看好货物拍下后，可以选择给支付宝账户充值、采取和支付宝合作的任意一家银行的网上银行支付、将您的支付宝账户与银行卡连通等几种支付方式，将货款付到支付宝；证实买方已付款后，卖家可放心向买家发货；支付宝在买家确认收到满意的商品后将货款打入卖家的账号。如果遇到买家未收到货物、购买商品不满意等其他原因时，买家可向支付宝申请退款。支付宝作为支付信誉中介为监督买家和卖家的信用提供了网上支付平台，确保网上购物诚信安全，促进了网上交易顺利完成。

2）与多家银行及金融机构的对接

淘宝网意识到企业的诚信不是企业本身说了算，需要第三方独立机构的介入，并在诚信建设中担当第三方监督者的作用，淘宝网诚信建设的外部目标首先锁定在银行。目前，支付宝已经与 85 家银行金融机构全面签署了合作协议，实现了支持淘宝等 46 万家商户的网上支付、数千万卖家海量交易资金的流入和沉淀、迅速接入全球市场，通过支付宝账户用人民币购物等业务，建立了诚信交易的网上银行支付结算模式。淘宝与银行的联姻，既降低了自身失信的风险，也给客户提供了资金流向的监督保证。

3）淘宝诚信认证体系

淘宝网为商品交易设定了系统的诚信认证体系，引入了实名认证制，并区分了个人用户与商家用户认证，两种认证需要提交的资料不一样，个人用户认证只需提供身份证明，商家认证还需提供营业执照，一个人不能同时申请两种认证。买卖双方通过这一系统的认证使诚信状况相互开放。

淘宝的会员认证得到了公安部“全国公民身份号码查询服务中心”的支持，淘宝网将会员注册过程提交的身份信息提交给该中心，该中心进行比对后，将核查比对结果返回淘宝。淘宝引入了信用评价体系，交易之前，可点击查看该卖家以往所得到的信用评价，通过其他买家对该卖家的评价内容判断交易是否诚实守信，货品是否货真价实等。

3. 淘宝与其他企业的合作

1）淘宝网与21CN的合作

淘宝网与21CN的合作集中在内容和网络服务两个方面。

在内容方面，淘宝网利用其在C2C服务领域的成熟运作经验和及时预测商业潮流动向的能力，为21CN打造“中国最具有娱乐特色的综合门户网站”目标，创出精品服务频道品牌提供支持，弥补21CN在此方面的不足，而21CN借助雄厚的网络资源和技术资源优势，为淘宝网打造短信平台，拓展淘宝网会员服务渠道，进一步完善淘宝网的服务网络。

在网络服务方面，21CN在中国首家推出“千万级邮箱系统”，并在多次的第三方互联网权威评测机构评比中各项指标均名列榜首。此次为淘宝网开发邮件系统，其专业的技术水准、强大的系统资源不仅能为淘宝会员提供互联网的各种沟通交流服务，同时其广阔的增值空间也为淘宝网带来深化服务的可能。

2）联手国美拓展C2C模式

淘宝网内部人士表示，目前，各大电器的网上B2C商场生意火暴，说明有很多的人通过网络对家电进行采购，市场份额巨大，对于国美这种企业来说，他们已经有强大的物流和货源能力，但缺乏强有力的信息流配合。淘宝和国美的合作，目的是将国美的物流和供货能力与淘宝的信息流和人气结合起来，实现双赢。而且此次合作销售的商品主要是电视、空调等大家电，对买家而言弥补了淘宝商品的不足，也不会影响淘宝卖家的生意。此外，为了避免网上购物的风险，买家仍可使用“支付宝”进行支付。

淘宝把这一经验延伸至汽车等大型产品领域。2012年4月25日，江淮乘用车与淘宝正式签署战略合作协议，根据协议江淮乘用车将其旗下的热销车入驻天猫商城，进行网上直销。

3）与九大快递企业合作

2012年5月28日，在首届中国（北京）国际服务贸易交易会上，EMS、顺丰、申通、圆通、韵达、中通、宅急送、百世汇通、海航天天9家全国性快递企业与淘宝商城网络有限公司签订战略合作框架协议。签约的快递企业将为淘宝平台上的电子商务企业提供及时、准确、安全、方便的快递服务。九家企业还将根据各自运营特点及优势，针对淘宝会员的快递服务需求，开发新的增值服务，提供晚间配送、退换货预约服务、快捷货到付款、自提服务、在线预约快递等服务。

4. 淘宝的特点

1）强大的商品搜索功能

在进入淘宝的首页后，就可以找到多种分类，方便买家迅速搜索到自己要买的产品或店铺，淘宝一开始和3721网站合作，后来阿里巴巴公司收购了雅虎中国，一次性投入了两万个关键字，提高了自身搜索技术能力，后来又把关键字追加到3万个，实际成交率大大提高。

2）商盟的建立

淘宝网有类似协会的组织——商盟，是具有营业执照的不同等级或同等级的淘宝商家之间就某一领域进行的商业联盟。商盟是由淘宝大学审核、考察并审批同意后授权的淘宝民间组织，可以采用上下游商家结成同盟伙伴，共同面对市场风险；可根据行业、地区、合作类型三种主要方式进行结盟；每月支付一定的费用给淘宝进行广告拓展等活动。淘宝在销售上与众不同，马云出现在一些产品展会上，做电子商务方面的演讲，通常会有类似采购经理之类的人做补充说明。既然是免费，又是顺便，许多商人就去听了，结束的时候，销售人员就会来握手交谈，简单有效。商盟是类似的思维，通过会员自发组织的协会可以大幅度降低销售费用。

3）特色商品

在淘宝网有一个特色的店铺，那里有很多的稀奇物品，根据有关调查：目前国内的C2C网站中存在一些这样的用户，他们并没有什么明确的消费目标，每天花大量时间在C2C网站上游荡只是为了看看有什么新奇的商品，有什么商品特别便宜，对于他们而言，这是一种很特别的休闲方式。当然，他们看到心痒的物品往往会像平常逛街一样忍不住买下来。这样的交易方式也吸引了相当一部分顾客，提高了浏览量。

4）组织会员进行网下的交流和沟通

淘宝最大的特色就是积极地组织会员进行网下的交流和沟通。淘宝组织会员网下进行聚会和沟通交流，组织他们进行培训等。促进会员之间的感情和信任，增加会员对网站的忠诚度，使会员更加放心在网上购物。

案例思考题

1. 请分析淘宝网为什么能在短时间内异军突起。
2. 淘宝网的经验有哪些可以被其他电子商务网站借鉴？

5.5.2 亚马逊的营销策略

亚马逊（Amazon.com）于1995年7月由贝佐斯（Jeffery P. Bezos）在美国西雅图建立，已成为财富500强公司。目前其网站提供数以百万计的商品，包括图书、影视音乐、手机数码、家用电器、家居厨房用品、食品、个人健康用品、汽车用品等。此外，还提供在线拍卖、网上商城等业务。到2006年的11年时间里，以其丰富的产品种类、家喻户晓的品牌、容易操作的网站和可靠性赢得了大众青睐，成为了全球电子商务的成功代表。亚马逊的努力方向是：以消费者为中心，让消费者能找到他们想在网上购买的任何商品，并努力提供可能的最低价格。

亚马逊自成立以来，不断开拓新的业务，其简要的发展历史如下。

1995 年 7 月　Amazon. com 创立

1997 年 5 月　股票在纳斯达克上市

1999 年 3 月　Amazon 推出拍卖业务

2000 年 4 月　Amazon 创办园艺保健与美容商店

2001 年 7 月　Amazon 创办电子资料商店

2002 年 11 月 Amazon 创办服装和装饰品商店

2003 年 9 月　Amazon 创办体育用品商店

2004 年 4 月　Amazon 创办珠宝商店

2004 年 8 月　Amazon 以 7500 万美元收购了中国的卓越网

2005 年 1 月　Amazon 子公司 A9. com 推出黄页搜索

2006 年 3 月　Amazon 推出"页购"新服务

2007 年 11 月　Amazon 推出 Kindle 电子图书阅读器

2008 年　Amazon 以 3 亿美元收购了网络有声图书提供商 Audible. com

2009 年　Amazon 收购或投资了包括 Zappos 在内的 7 家公司

2010 年 11 月　Amazon 云计算部门 AWS(Amazon Web Services)宣布为用户提供一定免费服务

2011 年 5 月　Amazon 推出 Myhahit 闪购网站，以低价出售高端服饰

亚马逊现有 7 个主要商务网站，包括亚马逊主站点(www. amazon. com)、英国站点(www. amazon. co. uk)、德国站点(www. amazon. de)、日本站点(www. amazon. co. jp)、法国站点(www. amazon. fr)、加拿大站点(www. amazon. ca)以及 2004 年 8 月收购的中国卓越网 (www. joyo. com)。目前，亚马逊的中国网站卓越网可以提供 30 万种图书和音像影视产品，已成为世界上最大的中文书店。

亚马逊公司 2012 年 4 月 9 日宣布，2011 年销售额为 480 亿美元，公司股价上升了 397%。亚马逊的商业活动主要是营销服务活动，亚马逊通过不断的技术创新为顾客提供更为便捷的服务。

1. 域名保护——防止恶意注册者和潜在竞争者

一个好的域名对于在虚拟世界从事电子商务的企业来说要比现实世界中的一个地址更为重要，好的域名保证电子商务企业在网络上能被客户等相关各方迅速找到。亚马逊公司在这方面做出了很大努力，除了自己的核心网站 amazon. com 外，为防止恶意抢注和潜在的竞争者，仅仅在. com 方面就注册了 40 个以上的域名，如表 5-1 所示，输入这些域名，几乎都可以直达亚马逊网站，这样即方便了客户，同时也对恶意注册者和潜在竞争者起到了限制作用。

从表 5-1 可以看出，许多域名涉及亚马逊的传统产品，如图书、音像影视产品等，其他一些域名是为了将来业务的拓展或者是为了防范恶意抢注者，其中一个有意思的域名是 amazontv. com，也许是为亚马逊将来涉足在线电视未雨绸缪。

表 5-1 亚马逊公司注册的部分.com 域名

域 名 称	域 名 称	域 名 称
amazon-auction. com	amazonrock. com	bookdrive. com
auctionamazon. com	amazonstore. com	browse. com
amazoncard. com	amazonvideos. com	gift-click. com
amazonclassical. com	amazontelevision. com	musicchat. com
amazonfilms. com	amazontube. com	musichat. com
amazon500. com	amazontv. com	cheapbooks. com
amazongreeting. com	amazonvideo. com	filmchat. com
amazongreetings. com	amzn. com	filmlovers. com
amazonjazz. com	book-store. com	friendclick. com
amazonjr. com	awardwinners. com	friend-click. com
amazonjunior. com	awake. com	musicmatcher. com
amazonkids. com	bestsellers. com	moviematcher. com
amazonmembers. com	bookchat. com	prizewinners. com
amazonmusic. com	bookmall. com	videolovers. com
amazonmovies. com	bookmatcher. com	toysrus. com

2007 年推出 Kindle 电子图书阅读器前后，亚马逊注册了许多与 Kindle 相关的域名；2011 年 5 月，亚马逊又注册了两个新域名：KindleEcoSystem. com 和 KindleEcoSystems. com，Eco System 成了两个新域名的焦点所在，Eco System 译为生态系统。由此可见，不止产品本身，其相关域名也同样被重视。

2011 年 7 月 7 日，亚马逊公司正式启用 wag. com 域名推出宠物产品类销售平台，证实了此前亚马逊保护注册 19 个宠物域名是为新网站准备的猜测，网站平台分有狗、猫、鸟、鱼、爬行类等各类模板，销售相关宠物食品、衣服等。

2. 经营销售策略

亚马逊的经营销售策略在其网页中体现得很充分，以图书、音像制品销售为例：亚马逊将书籍(Book)、音乐(Music)和 DVD 作为一类产品显示在主页上，并且每一类都设置了专门的页面，同时，在各个页面中也很容易看到其他几个页面的内容和消息，它将不同的商品进行分类，重要的内容都以不同程度的橘红色标注，使浏览者一目了然。

1) 低价折让策略

为刺激消费者增加购买，亚马逊为客户提供了实惠的折扣价格，通过扩大销量来弥补折扣费用和增加利润。以图书为例，亚马逊提供的图书有 40 多万种，平均折扣率在 20%～40%，对于特别选定书籍有 40%的折扣，平装本折扣率 20%。此外，亚马逊还推出了 0～10 元、1～3 折和 3～5 折的特惠图书。

2) 便捷促销策略

以书籍为例，对于时间比较紧张的顾客来说，通过传统书店购书有着很大的局限性，需要花费大量的时间搜寻自己感到满意的书，并且书店也不可能提供全部的新书，旧书更难找到。而在亚马逊 Books 网页上，这些都已不是问题。在 Books 网页上，左侧是浏览的各类书籍的主题，右侧是具体书籍的信息，而中间部分则是主打广告的位置，首先是折让信息和各种优惠信息,紧接着是本月的新书(New This Month),方便顾客的选购。亚马逊广告的一大特点是其动态实时性,每天都更换的广告版面使得顾客能够了解到最新的出版物和最权威的评论。为方便顾客同时选购其他商品,在每类子网页的最上方的标题栏中间有一个标题 See all 32 Product Categories,当鼠标触及时,会弹出所有 32 大类商品的名称的小页面,只要单击就可进入相应的商品类别,加快了搜索商品的时间。此外,在搜索栏中,亚马逊专门设置了一个以礼品盒形状标识的 Find Gifts 标题栏,只要鼠标触及也会弹出礼品导购(Gifts Guides)的小页面,有根据价格、类别等的分类目录,给顾客提供各种选择,方便顾客的选购,这实际上是价值活动中促销策略的营业推广活动。

3) 售前售后服务

(1) 搜索引擎和导航器操作简单方便

设置搜索引擎和导航器以方便用户购买是一项必不可少的技术措施。在这一点上,亚马逊书店的主页做得很不错,它提供了各种各样的全方位的搜索方式,有对书名的搜索、对主题的搜索、对关键字的搜索和对作者的搜索,同时还提供如畅销书目、得奖音乐、最卖座影片等的导航器,而且在书店的任何一个页面中都提供这样的搜索装置,引导用户进行选购。这实际上是售前服务的一种。以书籍为例:顾客只要登录亚马逊的主页,就可以任意检索、预览、购买任何书籍。只要输入书名、作者名,甚至笼统的标题,亚马逊就会把资料库中符合条件的书籍全部列出。选好书名后,再接着输入地址及信用卡号码提交系统,就完成了购书过程。此外,亚马逊通过"一点通(1-Click)"设计,用户只要在该网站买过一次书,其通信地址和信用卡账号就被安全地存储下来,下次再购买时,顾客只要用鼠标点一下欲购之物,网络系统就会帮你完成以后的手续,其中包括消费者的收件资料,甚至刷卡付费也可由网络系统代劳。这种简单方便的功能设计,博得了消费者的好评。

(2) 对顾客技术问题的解答

除了搜索服务之外,书店还提供对顾客的常见技术问题的解答这项服务。例如,公司专门提供了一个 FAQ(Frequently Asked Questions)页面,回答用户经常提出的一些问题。例如,如何进行网上的电子支付?对于运输费用顾客需要支付多少?如何订购脱销书?等等。如果个人有特殊问题,公司还会专门为你解答。

(3) 送货及时

亚马逊的快速送货,是其受到客户好评的重要原因。以亚马逊中国网站卓越网为例,接到订单到送货到顾客手中最长为 6 天,且对一次购买超过 99 元的顾客免费送达。在北京、上海等大城市市区 1 天即可送达。

(4) 用户反馈

亚马逊书店通过电子邮件、调查表等获取用户对其商务站点的反馈。用户反馈既是售后服务、也是经营销售中的市场分析和预测的依据。电子邮件中往往有顾客对商品的意见和建议。书店一方面解决用户的意见问题,这是一种售后服务活动;另一方面,可以从电子邮件中获取大量有用的市场信息,常常可以作为指导今后公司各项经营策略的基础,这实际上是一种市场分析和预测活动。另外,它也经常邀请用户在网上填写一些调查表,并用一些免费软件、礼品或某项服务来鼓励用户发来反馈的电子邮件。

3. 不断技术创新，为顾客提供更优质的服务

Amazon Prime 是亚马逊 2005 年 2 月推出的永久会员计划(Amazon. com's first-ever Membership Program)。只要每年缴纳 79 美元，Amazon Prime 的会员就可在超过 100 万种商品中任意选购，得到 2 日内快速无限制免费速递服务，并且没有最低购买额要求，此外，这种优惠还能分享给 4 个家庭成员。

2005 年 11 月，为方便读者、作者和出版商，Amazon 推出了两个创新项目：Amazon Pages and Amazon Upgrade，使顾客可以在线购买和阅读书的任意页面、章节或者整本书。Amazon Pages 可以像现实中一样"拆开"图书，从而在线阅读和购买所需的部分。例如，一个对营销感兴趣的企业家可以从数本畅销经管书上购买所需的章节。Amazon Upgrade 可以允许顾客"升级"其在亚马逊网站购买的图书。例如，一个购买了 Java 编程书的软件程序员可以在网上阅读其购买的书，而不必随时把这本 Java 编程书带在身边。这种灵活的购书和阅读方式正推向其在全球的其他站点。

2006 年 2 月，Amazon 推出创新产品 Amazon Connect，在这一项目中，通过亚马逊网站主页，作者可以将其所写信息直接传递给读者。尽管许多作者有自己的网站，但读者并不一定经常浏览，而通过 Amazon Connect，作者的情况就可自动呈现在其读者面前。这些信息以标准的 blog 格式输出，Amazon Connect 的作者信息将以顾客个人日志形式出现在亚马逊网站主页中间栏中。通过 Amazon Connect，可以使图书的作者和读者轻松地进行交流。

2006 年 3 月，亚马逊推出 Amazon Web Services (AWS)网络服务，为用户提供远程云计算和存储空间。

2007 年以来，亚马逊已先后推出三代 Kindle 电子阅读器。新款 Kindle 采用最先进的 6 英寸电子墨水显示器，即便在强烈的阳光下也能提供如纸质书般的阅读体验。Kindle Touch 是 Kindle 家族新成员，在兼备电子墨水技术全部优点的同时，其触摸屏设计让翻页、搜索、购物和记录等功能更易使用。Kindle Touch 3G 是最高端的电子阅读器，免费的 3G 服务则让阅读更为便捷。Kindle Fire 是 Kindle 家族的新成员，支持电影、电视、音乐、书籍、杂志、应用软件、游戏以及网页浏览等多种功能，并可享受亚马逊的免费云存储服务。

4. 战略合作及并购拓展业务

亚马逊通过"合伙人计划"构筑虚拟的网上零售商群体，从而吸引更多的消费者访问其网址，如亚马逊通过与 Macys. com 和 Proflowers. com 两家专卖鲜花和礼品的顶尖网络零售商实行战略合作，成立了礼品中心。亚马逊还成功地收购了在线药店 Drugstore. com 的 46%股份，取得 Pets. com 的 50%股权，开展宠物饰品等业务，收购鞋类零售商 Zappos 公司等。

正是通过不断的技术创新和新产品新业务的推出，以及一贯的低价策略和便捷送货，亚马逊成为世界上知名的电子商务企业成功范例。

案例思考题

1. Amazon 网络营销经验有无普遍意义？

2. 你对 Amazon 进一步提高营销效果有何思考和建议？

本章思考题

1. 什么是网络营销？网络营销有什么优点？
2. 网络环境对企业和消费者行为有什么影响？
3. 网络广告有哪些特点？
4. 网络广告有哪些形式和手段？计费有哪些方法？
5. 网上隐性广告有哪些形式？
6. 简述电子市场的功能和运作。
7. 简述网络营销策划的基本原则。
8. 简述网络营销站点的建设步骤。
9. 简述网络营销战略的选择。
10. 网络营销中如何保护知识产权和隐私权？

相关内容网站

1. 广告世界(Advertising World)：http://advertising. utexs. edu/world。
2. 淘宝网：www. taobao. com。
3. 亚马逊：www. amazon. com。
4. 京东商城：www. 360buy. com。
5. 网上低价联盟：www. priceline. com。
6. 西尔斯商场：www. sears. com。
7. 网上排名：www. netratings. com。
8. 网上广告调查：www. iab. net。
9. 网络广告手法：www. hotwired. com。
10. 网上广告：www. doubleclick. com/us。

第6章 电子商务与物流

物流活动是人类劳动的一种重要形式，随着社会分工的深化和商品生产及交换的发展，物流的功能和作用也不断强化，在社会经济生活中有不可替代的重要作用。由于电子商务大幅度降低了商流、资金流和信息流的成本和时间，如何提高物流领域的效率就成为提高整个社会经济运行速度和效益的一个关键环节，特别是对物流基础设施和管理方法相对落后的发展中国家而言更是如此。

6.1 现代物流理念与模式

物流作为一个相对独立的经济研究领域，是从20世纪30年代以后才出现。1935年，美国销售学会首先定义了“实物分配”(Phisical Distribution, PD)的概念：“实物分配是指包含于销售之中的物质资料和服务在从生产场所到消费场所的流动过程中所伴随的各种经济活动”。在第二次世界大战中，由于庞大复杂的军需物资供应组织工作的需要，美国出现了“后勤学”(Logistics)，专门研究军需物资的采购、储存、运输、供应、信息传递交流等活动。战后以来，企业界继续对“后勤管理”(Logistics Management)的研究，发展成比较系统的物流理论和物流概念。

6.1.1 物流的含义

物流是指物质资料从供给者到需求者的物理性运动。物流有广义和狭义之分，广义的物流既包括流通领域，又包括生产领域，是指物质资料在生产环节之间和产成品从生产场所到消费场所之间的物理移动；狭义的物流只包括流通领域，指作为商品的物质资料在生产者与消费者之间发生空间位移。物流劳动是创造时间价值、场所价值和一定加工价值的人类活动。物流这一概念是由“物”和“流”两部分组成的，要理解物流也必须从两方面进行分析。

1. “物”的概念

物流中的“物”的概念是指一切可以被人进行物理位移的物质资料。物流中所指“物”的一个重要特征，是其必须可以发生物理位移，且这一位移的参照系是地球，因此，固定的物体如建筑物、桥梁和土地等，不是物流的对象。当然，在研究实物的运输、储存等物流操作时，铁路、公路、仓储设施等也必须考虑在内并给予高度重视。物流中的“物”与我们通常接触的有关物的概念是有差别的。

1) 物流中的“物”与“物资”的区别

物资在新中国成立以来的很长一个时期已成为专指生产资料的一个概念，较多指工业生产资料，在计划经济体制下，甚至形成了庞大的、独立的物资部门。物资与物流中“物”的区别在于，“物资”中包含相当一部分不能发生物理性位移的生产资料，如厂房设施等；而属于物流对象的各种生活资料，又不包含在作为生产资料理解的“物资”概念中。

2）物流中的“物”与“物料”的区别

物料是生产领域的一个专门概念，工业生产企业习惯将最终产品之外的、在生产领域流转的一切材料（包括原料、燃料、零部件、半成品、外协件）以及生产过程中产生的边角料及各种废物统称为“物料”，是与制成品相对的一个概念；而制成品恰恰是物流的主要内容。

3）物流中的“物”与“物品”的区别

物品是生产、办公、生活领域常用的一个概念，在生产领域中，一般指不参加生产过程，不进入产品实体，仅在管理、行政、后勤等领域使用的物质实体；在办公、生活领域则泛指与办公、生活消费有关的所有物件。物流学中所谓的“物”要比物品的内容更广泛。

4）物流中的“物”与“商品”的区别

商品与物流学的“物”的概念在很大程度上是包容的，但也不完全相等。商品中一切可发生物理位移的物质实体，都是物流研究的“物”；但有一部分不能移动的商品（如商品房）则不属于此。另外，物流学的“物”有可能是商品，也有可能是非商品（未进入交换领域），可移动的商品实体仅是物流中“物”的一部分。

2. “流”的概念

1）物流中的“流”与“商品流通”的区别

物流的“流”与商品流通概念是既有联系又有区别的。其联系在于，流通过程中，商品的物理位移常伴随交换而发生，这种物的物理性位移是最终完成流通不可缺少的物的转移过程；物流中“流”的重点领域是流通领域，不少人只研究流通领域，因而将“流”与“流通”等同起来。“流”和“流通”的主要区别有两点：一是涵盖的领域不同，“流”不但涵盖流通领域也涵盖生产、生活等领域，凡是有物发生物理流动的领域，都是“流”的研究领域，“流通”从这个角度来看只是“流”的一个局部；二是“流通”并非以其整体作为“流”的一部分，而是以实物物理位移运动的局部构成“流”的一部分，流通领域中商业交易洽谈、签约、结算等所谓“商流”活动和贯穿于其间的信息流等都不能纳入物理位移运动之中。

2）物流中的“流”与“流程”的区别

流程通常是指生产领域中物料按工艺步骤和环节进行运动，或业务工作的流转程序。流程设计水平高低、安排是否合理对生产成本和企业效益影响甚大，不同的生产规模和业务特点要求不同的生产业务流程与其相适应。物流中的“流”虽然也要考虑流程设计，但不仅仅限于“流程”问题。

3. 现代“物流”概念

美国物流管理协会（The Council of Logistics Management，CLM）1985 年对物流的定义为：为满足顾客需要对商品、服务及相关信息从产生地到销售地高效、低成本流动和存储而进行的规划、实施与控制。1998 年 10 月，该协会修改了物流的定义，将物流定义为供应链管理的一部分。2001 年进一步修订完善：物流是供应链运作中，以满足顾客需求为目的，对货物、服务和相关信息在产生地到销售地之间实现高效率和低成本的正向、反向的流动与存储所进行的计划、执行和控制的过程。

欧洲物流协会(European Logistics Association, ELA)1994 年发表的《物流术语》(Terminology in Logistics)中将物流定义为:物流是在一个系统内对人员或商品的运输、安排以及与此相关的支持活动的计划、执行与控制,以达到特定的目的。

按照我国国家标准定义的物流术语:物流(Logistics)是指物品从供应地向接收地的实体流动过程。在这一过程中,根据实际需要,可将运输、储存、装卸、搬运、包装、流通加工、配送、信息处理等基本功能实施有机地结合。

物流活动的主要内容包括运输、装卸、仓储、包装等,运输业和仓储业是物流产业的主体,在我国国家统计局、国家标准局制定的《国民经济行业分类与代码》中,交通运输、仓储和邮电通信业共同构成 G 门类,其中的第 52～59 类依次为铁路运输业、公路运输业、管道运输业、水上运输业、航空运输业、交通运输辅助业、其他交通运输业、仓储业。

在商品交换产生的最初时期,运输、仓储等物流职能是由商人自己承担的,那时的商人主要以行商形式存在,同时承担商品交易和货物储运两种职能,商品交换的商流和物流过程是完全统一的,即"商物合流";随着集市的兴起和固定为交易中心,行商逐步转变为坐商,独立的运输业和仓储业也就随之产生了,出现了商物"二流分离"。商物"二流分离"是商品交换发展的必然结果,因为随着商品交换规模和市场范围的扩大,需求的多样性和市场多变性,使交易中出现多个交易环节成为必然,如果仍然采用"商物合流"的作法,即商品实体也要依次经过多个交易环节,则会延长流通时间,甚至出现迂回运输;相反,如果把交易活动和实物转移作为两个相互独立的过程,商品实体转移就可能省略若干环节,节省流通费用和时间。

在市场经济条件下,物流的主要内容是作为商流实现条件的商品的物理位移,物流研究的重点领域放在流通领域,其他的实物流动处于相对次要和从属地位。我们这里研究的主要内容也是商品流通领域的物流活动,即使涉及生产领域和消费领域的物流,也是将其视作商品生产或商品消费过程的一部分来考虑,至于未进入流通领域的产品则不在观察研究之列。

在电子商务条件下,物流的组织手段和技术工具都发生了重大变化,物流企业的管理和运营也面临根本性的变革,以现代观念指导和先进技术装备的物流将大幅度提高生产、流通领域的劳动效率,降低物流成本,从而提高整个国民经济的运作效率和社会经济效益。

6.1.2 物流的特点

1. 系统性

物流部门具有强烈的系统性,系统是指由两个以上因素构成的整体,物流部门因为要把许多分散的功能要素集合成一个能动的物流系统,必须有鲜明的系统观念和资源整合思想,这种系统性和整合性对物流管理提出了相当高的要求。物流各功能要素的效益背反关系的解决是系统管理的重要内容。物流企业解决这一问题的传统方法是沿着物流链条,在各种效益背反、相互矛盾的主要功能环节之间,权衡利弊,协调关系,以寻求两条背反趋势曲线的合成曲线的最优范围,或放弃全部流程管理的目标,只管理部分环节;这种传统方法在物流系统变得更庞大、更复杂之后,往往很难奏效,物流的"供应链管理"便是针对这一矛盾而产生的新管理思想。

2. 商品性

由于物流的目的是物品的安全、快速传输，因此必须考虑物品的特点，采取不同的运输、储存手段和技术，比如肉食有专用的冷藏车，原油有专用的油轮和油码头，现代社会物品的复杂多样性决定了物流的复杂性，商品市场以创新为基本手段的激烈竞争要求物流系统必须有较强的灵活性和适应性。

3. 信息依赖性

由于物流是在一个复杂的社会经济系统中组织实物运输，因而对信息有着强烈依赖性，离开准确的信息，物流企业的一切活动将处于无序、盲目的状态，既可能造成巨大的人力、物力浪费，也无法完成物流的任务和职能，影响社会经济生活的正常进行。

4. 层次性

经济活动组织的规模决定着物流的规模和层次，物流可以划分为宏观、中观、微观三个层次。

1）宏观物流

宏观物流是指社会再生产总体的物流活动，或者说是从社会再生产总体角度认识和研究的物流活动。这种物流活动的参与者是构成国民经济整体的不同部门和产业，反映物流业在流通部门和整个国民经济中的地位和作用。

宏观物流还可以从空间范畴来理解，在很大空间范畴的物流活动，往往带有宏观性，在很小空间范畴的物流活动则往往带有微观性，介于两者之间的就是中观物流。宏观物流也可以指物流业整体，从总体看物流而不是从物流的某个构成环节来看物流。因此，下述物流活动应属于宏观物流：社会物流、全国物流、国际物流。宏观物流研究的主要特点是综观性和全局性，主要研究内容是物流总体构成、物流与社会的关系、物流与经济发展的关系、社会物流系统和国际物流系统的建立及运作等。

2）中观物流

中观物流通常是指以一个地区或一个部门为主体观察到的物流活动，这种物流活动的主要参与者是区域内主要物流产业或者是行业部门内部的骨干物流集团。中观物流研究产业或区域内的物流活动的作用影响，如何提高本部门、本地区物流活动的效率，中观物流对研究社会再生产宏观物流有补充作用，在研究和确定区域优势产业和开发重点时更具有重要意义。

3）微观物流

微观物流主要是指物流企业从事的具体物流活动。另外，把物流行业按照活动内容分解开来，其中一个局部、一个环节、一个小地域空间发生的具体物流活动也属于微观物流；企业针对某一种具体产品所进行的物流活动也是微观物流。下述物流概念都属于微观物流：企业物流、生产物流、供应物流、销售物流、回收物流、废弃物物流、生活物流等，企业物流是微观物流最重要的研究对象，也是整个物流业的基础。微观物流研究的特点是具体性和局部性。

按照物流企业完成的物流业务范围的大小和所承担的物流功能，可将物流企业分为综合性物流企业和功能性物流企业。功能性物流企业，也叫单一物流企业，它仅承担和完成某一项或几项物流功能，按照主要从事的物流功能可将其进一步分为运输企业、仓储企业、流通加工企业等。而综合性物流企业能够完成和承担多项甚至所有的物流功能，企业一般规模较大、资金雄厚，并且有较高市场知名度。

按照物流企业是自行承担和完成物流业务，还是委托他人进行操作，可以将物流企业分为物流自理企业和物流代理企业。物流自理企业可进一步按照业务范围划分运输企业、仓储企业等。物流代理企业同样可以按照物流业务代理的范围，分成综合性物流代理企业和功能性物流代理企业，功能性物流代理企业，包括运输代理企业（即货代公司）、仓储代理企业（仓代公司）和流通加工代理企业等。

6.1.3 物流的分类

社会经济领域中物流活动无处不在，虽然物流基本要素是共同的，但是由于物流对象不同，物流目的不同，物流范围、范畴不同，不同领域的物流活动往往有自己的特征，形成了不同类型的物流。对物流做分类分析，有助于全面理解物流在国民经济中的地位和作用。

1. 从物流规模和影响层面来分类

从物流规模和影响层面来看，物流可以分为宏观物流、中观物流和微观物流。如同上面分析过的：宏观物流是社会再生产总体运行过程中的物流活动，反映物流业在流通部门和整个国民经济中的地位和作用；中观物流是指产业部门或区域内的物流活动和物流行为；微观物流主要是指物流企业从事的具体物流活动，或者是某个小范围内发生的物流活动。

2. 从物流的目的和出发点来分类

从物流的目的和出发点来看，物流可以分为社会物流、行业物流和企业物流。

1）社会物流

社会物流是指以社会为范畴面向社会为目的的物流。这种社会性很强的物流往往由专门的物流经营人承担。社会物流的范畴是社会经济的广阔领域，体现服务的社会性，而不局限于某个企业或行业。社会物流要研究如何形成服务于社会、面向社会又在社会环境中运行的物流，研究社会中物流体系结构和运行，因此带有综合性和广泛性。

2）行业物流

由于一个个行业往往有显著区别于其他行业的物流特征，因此虽然同一行业的企业可能相互是竞争对手，但在物流活动及其管理方面也要加强协商和协作，建立统一的行业标准和运作规范，以降低整个行业的物流成本，促进行业物流系统的合理化、科学化、标准化。行业主管部门和行业商会可以在行业物流管理和协调方面发挥重要作用，如制定统一的运输工具标准、商品规格标准、包装材料和方式等。

3）企业物流

企业物流是从企业角度出发开展的物流活动，是企业各项具体物流活动的总和，具体来讲企业物流又可分为以下不同特点的物流活动。

(1) 企业生产物流。生产物流是指企业在生产工艺过程中的物流活动，这种物流活动是与整个生产工艺过程伴生的，实际上已构成了生产工艺过程的一部分。企业生产物流的过程大体为原料、零部件、燃料等原辅料从企业仓库开始，进入生产线，随生产加工过程一个一个环节地流动，在“流”的过程中，本身被加工，同时产生一些废料、余料，直到生产加工终结，再“流”至制品仓库，结束了生产物流过程。

(2) 企业供应物流。供应物流是企业为保证生产节奏，不断组织原材料、零部件、燃料、辅助材料供应的物流活动，这种物流活动对企业生产的正常、高效进行发挥着保障作用。企业供应物流不仅要实现保证供应的目标，而且要在低成本、少消耗、高可靠性的限定条件下来组织供应物流活动，因此有很大难度。

(3) 企业销售物流。销售物流是企业为保证本身的经营利益，伴随销售商流活动，将产品交付用户的物流活动。现代市场环境是完全的买方市场，因此销售物流活动必须有极强的服务性以满足买方的要求，才能最终实现销售；同时在这种市场环境下，销售往往以送达用户并经过售后服务才算终止，因此销售物流的时间和空间范围都扩大了，提高了销售物流的难度。现代企业销售物流的特点，便是通过包装、配货、送货等一系列综合物流服务提高客户满意度以实现销售，这就需要研究送货方式、包装水平、运输路线等并采取各种诸如少批量、多批次，定时、定量配送等特殊的物流方式达到目的。

(4) 企业回收物流和废弃物物流。企业在生产、供应、销售的活动中总会产生各种边角余料和废料，对边角料这类东西的回收是回收物流活动，对企业生产运营过程中产生的废物进行运输、装卸、处理等属于废弃物物流活动，都是企业必需的物流活动。企业回收物品和废弃物如果处理不当，往往会影响生产环境和产品质量，造成浪费，同时会破坏自然环境，造成不良的社会影响，损害企业形象。在绿色环保理念日益强化的现代社会，每个自觉承担社会责任的企业都要对回收物流和废弃物物流业务予以高度重视。

3. 按物流的地域范围来分类

1) 国际物流

国际物流是伴随国际间投资、贸易活动和其他国际交流所发生的物流活动。由于第二次世界大战后国际投资和贸易壁垒减少，国际分工日益深化，国际贸易规模迅速扩大，经济全球化和区域经济一体化速度加快，国际物流成为现代物流系统中发展最快、规模最大的一个物流领域，因特网这一无国界信息媒介和电子商务的推广应用，将进一步推动国际物流的效率提高、规模扩大。

2) 国内物流

国内物流是发生在一个国家范围内的物流活动。由于国家主权的权威性和独立性，政府在一国领土内拥有毋庸置疑的政治、经济控制力，国内物流活动处于同一法律、规章、制度之下，加上受相同文化及社会因素影响，各地经济发展水平比较相近，企业处于基本相同的科技水平和装备水平之中，因而，各国物流往往有其自身的特点。研究各个国家物流的差异，找出其连接点和共同因素，是研究国际物流的重要基础。不同国家物流往往有其特点和特殊性，例如，日本作为海岛国家，其物流体系中海运占有非常突出的地位，同时因为国土狭小，覆盖全国的配送系统也很有特点；美国物流中，高速公路集装箱运输的作用非常突出，远远超过铁路运输的作用；欧盟各国由于一体化经济和政治进程的推动，物流业中各国分工的特点比较突出等。这种比较研究不但对认识各国的物流特点有帮助，而且对博采众长、学习借鉴各国成功经验、促进本国物流业发展有显著作用，日本便是在认真研究美国物流经验的基础上，通过吸收、消化，发展起本国独具特色的物流体系。

3）城市物流

城市物流是以一个城市为地理区域进行的物流活动。由于城市作为经济中心、信息中心、交通枢纽的重要地位和人口密集的特点，使一个城市及其周边地区往往形成中等或小型规模的经济地域，成为参与国内分工、国际分工的中观经济基础。

城市物流要研究的问题很多，例如，城市发展规划中的物流体系，不但要直接规划物流设施及物流项目，如公路、桥梁、车站、机场、货场、仓库等，以减少交通拥挤、交通事故和环境污染，而且要以物流为约束条件，规划整个市区布局，如工厂区、生活住宅区、商业区、文化娱乐区等。整个城市的经济活动、生活活动都是以物流为依托的，所以城市物流还要研究城市生产、生活所需物资如何流入，如何更有效地供应给工厂、学校、商店和家庭，城市大规模的生产和生活消费所形成的废物又如何组织物流回收处理等。城市物流系统已成为世界各大城市规划和建设要研究的一项重点内容。

4. 按物流的内容来分类

1）一般物流

一般物流是指具有普遍适应性的物流活动，由于物流活动是全社会各行各业和居民生活都离不开的活动，必须具有较强的普遍适用性，建立社会物流系统的基础和出发点应立足于此。一般物流要着眼于物流的一般规律，建立普遍适用的物流标准化系统，研究物流的共同功能要素，研究物流系统与其他系统的衔接，研究物流信息系统及管理体制的统一性等。

2）特殊物流

特殊物流是指在专门领域、特殊行业发生的物流活动。特殊物流在遵循一般物流规律基础上，还有自身的特殊制约因素、特殊应用领域、特殊管理方式、特殊劳动对象、特殊装备特点等。按劳动对象的特殊性，物流可划分为石油及成品油物流、煤炭物流、化肥物流、危险品物流等；按服务方式不同有“门到门”的一贯物流、配送等；按装备及技术不同有集装箱物流、托盘物流等；按照特殊的物流领域有军事物流、废弃物物流等。

6.1.4 物流的作用

1. 保证生产的顺利进行

在市场经济中，商品生产者只有通过流通领域把产品售出，才能补偿成本，获得利润，维持简单再生产或进行扩大再生产，而物流是交换顺利完成的必备条件。生产厂商一方面要出售自己的产品，即通过流通而实现产品的价值补偿和增值，另一方面还要从市场获取自己所需的生产工具、零部件和原材料，这种生产消费需求也必须通过物流活动来满足，物流的规模和技术水平在一定程度上制约着生产的发展。

2. 满足居民的生活消费需求

居民的生活消费用品，绝大多数都要通过物流渠道从市场获得。物流的能力和技术装备决定了消费者可选择的商品品种范围，物流的质量决定了消费者购买商品的方便性、安全性和满意程度，物流的效率也在一定程度上影响了消费者采购商品的资金成本与时间成本。总之，物流业的发展水平直接影响到市场所能提供的消费品数量、品种、档次及价格，从而影响着居民消费的层次、质量及丰富程度。

3. 调节产需，平衡供求

国民经济运行是一个动态的过程，资源、技术及消费需求的变化会不断造成经济运行中的不平衡，从而要求阶段性的供求调整。由于生产和消费本身的特点造成的季节性与常年性的矛盾也需要物流活动来解决，物流业的仓储功能使其可以进行数量调控，发挥经济运行的调节器作用。

4. 促进竞争

企业只有通过努力使自己的生产成本低于社会平均成本，才能通过市场交换获取更多的利润，反之将会被市场竞争所淘汰。商品生产企业在商品质量、品种、价格和销售服务等方面的竞争都要通过流通环节进行，而物流业的发展会促进商品流通规模扩大，促使统一市场的形成，这将促进社会整体生产效率的不断提高和资源向优势企业的集中。

5. 价值增值

物流劳动包括直接改变商品的时间及空间形态的劳动以及部分加工劳动。运输劳动通过改变商品的地理位置而增加商品的空间效用，解决生产与消费在空间距离上的矛盾；存储劳动则通过保存和延续商品的使用价值增加商品的时间效用，解决生产与消费在时间上的矛盾。商品的空间与时间方面效用的增加，既是商品使用价值的增加，同时也凝结了物流劳动所实现的价值增值，物流劳动在创造时空效用的同时，还保证了商品交换地域上的广度和时间上的效率。同时，物流领域的加工劳动，如对商品分拣、分批、修理、再包装等，也增加了商品价值，提供了增值服务。

6.1.5 物流学说

1. “黑大陆”学说

著名的管理学家 P. E. 德鲁克曾经讲过：“流通是经济领域里的黑暗大陆。”流通领域的投入产出很难像生产领域那样清楚计算和界定，在一定程度上成为人们认识的盲区，由于流通领域中物流活动的模糊性尤其突出，是流通领域中人们更难认识清楚的领域，所以“黑大陆”现在主要针对物流而言。

2. 物流“冰山说”

物流“冰山说”是日本早稻田大学西泽修教授提出来的，他研究物流成本时发现，现行的财务会计制度和会计核算方法都不可能掌握物流费用的实际情况，因而人们对物流费用的了解有大片空白，他把这种情况比作“物流冰山”，大部分是沉在水面以下看不到的部分，人们看到的不过是物流成本的一部分。

3. “第三利润源”

“第三利润源”的说法出自日本。从历史发展来看，人类经济活动历史上先后出现过两个大量提供利润的领域：第一个是物质资源投入领域，第二个是生产部门的劳动生产率领域。在前两个利润源潜力越来越小、利润挖掘越来越困难的情况下，物流领域的潜力被人所重视，按时间序列称为“第三个利润源”。“第三利润源”的发现是人类对社会经济活动复杂性的认识进一步深化的结果，也为企业提高经营效益找到了新的切入点。有关统计表明，在美国，产品的制造成本已不足总成本的 10%；产品的加工时间只占总时间的 5%（储存、搬运、运输、销售、包装等作业占 95%时间），说明生产领域已不是利润挖掘的主要空间。

4. “效益背反说”

效益背反是物流领域中经常遇到的、具有普遍性的一种矛盾现象，是物流领域内部矛盾的集中反映和表现。例如，在包装方面每少花一元钱，这一元钱从账面来看就转为收益，包装费用越节省，利润也就越高。但是，商品进入流通之后，如果简省的包装降低了商品的防护效果，不能保证商品品质完好和数量完整，甚至造成大量损失，就会造成储存、装卸、运输等整个物流系统的功能降低和效益减少。如何在降低物流费用和顺利完成物流工作之间建立某种平衡，是物流企业必须因地制宜考量并决策的重要问题。

5. 成本中心说

成本中心说的含义是，物流在整体企业战略中，只对企业营销活动的成本发生影响，物流是企业成本的重要发生点，因而，解决物流问题主要是通过物流管理和压缩物流费用的一系列措施以降低企业总成本。所以，物流作为“成本中心”的观点既是指成本的主要产生点，又是指降低成本的关注点，物流是“降低成本的宝库”等说法是这种认识的形象表述。

6. 利润中心说

利润中心说的含义是，物流可以为企业提供大量直接和间接的利润，是形成企业经营利润的重要活动。从现代物流业的发展来看，物流服务领域在向生产和消费领域延伸，不断开发出有价值增值作用的新型物流活动，提高了生产企业和物流企业的效率和效益。对整个国民经济而言，物流功能的强化也可以提高国民经济的运行效率从而产生社会经济效益。

7. 服务中心说

服务中心说反映美国和欧洲一些现代学者对物流的认识，认为物流活动的最大作用，不在于为企业节约成本或增加利润，而在于提高企业对用户的服务水平进而提高了企业的竞争能力。因此，他们在描述物流时往往使用“后勤”一词，特别强调其服务保障职能，通过物流的服务保障,企业以其整体运作能力提高来压缩成本、增加利润。在电子商务时代,完善物流服务来提高企业竞争力是非常重要的观念。

6.1.6 物流配送

1. 物流配送的含义

物流配送是按照用户的订货要求,经过分货、拣选等货物配备工作,并经过配装把配好的货物送交收货人。配送几乎包括了所有的物流功能要素,是物流的一个缩影或在某小范围中物流全部活动的体现。一般的配送服务均集装卸、包装、保管、运输于一身,通过这一系列活动将货物送达目的地货主。但配送的主体活动与一般物流有明显不同,一般物流以运输及保管为主,而配送则以运输及分拣配货为主,分拣配货是配送的独特要求,也是配送中最有特点的活动,以送货为目的的运输则是最后实现配送的主要手段。

物流配送是伴随着大生产、大流通而出现的一种完成资源配置和满足消费需求的方式。物流配送由于实现了定时、定量,准时性、计划性、即时性,低费用甚至可以实现客户的零库存,以至可以完全取代客户原有的供应系统,用更高的供应质量和更低的供应成本,对用户实现供应,实现企业销售和用户供应的一体化。

2. 配送的特点

配送作为一种新型合理有效的物流方式,具有以下基本特征。

1) 目的性

配送的直接目的是追求最短的流通时间。集中高效的配送活动,可以简化流通手续,提高物流系统效率。

2) 计划性

配送必须对用户需求的品种规格、时间、数量以及运输工具和运输路线选择等制订周密合理的配送计划,才能保证将货物及时准确地送至客户。

3) 协调性

配送要求购、存、配、运及加工环节有机配合和相互协调,任何一个环节出现问题或偏差,都有可能延迟或中止配送。早先建立的物流配送中心往往是某一企业为给本企业或本系统用户提供物流配送服务而建立起来的,现在新建立的配送中心则以面向社会服务为基本特征,新型物流配送的社会性要求它具有更强的内外部协调能力。

4) 高技术性

现代的物流配送中心采用了先进的管理技术和信息交流网络,确保了物流有序高效运作。实行信息化管理是新型物流配送的基本特征。这也是实现高效率社会化服务的前提保证。传统的物流方式虽然有些也具备相当的现代化水平,但不是其必需条件和特征,与现代的物流配送、特别是电子商务下的物流配送相比,无论在水平、范围、层次等方面都有差距,现代化技术应用程度的高低是区别新型物流配送与传统物流配送的一个重要特征。

3. 配送的一般业务流程

1）备货

备货是配送的准备工作或基础环节，备货包括筹集货源、订货或购货、集货、进货及有关的质量检查、结算、交接货物等。配送的重要优势之一，就是可以集中用户的需求进行较大规模的进货，因此备货是决定配送成败的基础性工作，如果备货成本太高，会大大降低配送的效益。

2）储存

配送中的储存有储备及暂存两种形态。储备是按一定时期的配送业务要求形成对配送的资源保证。这种类型的储备数量较大，储备结构也较完善，视货源及到货情况，可以有计划地确定周转储备及保险储备的结构及数量，配送的储备保证有时需要在配送中心附近单独设库解决。暂存是指具体执行每日配送时，按分拣配货要求，在理货场地所做的少量储存准备。由于总体储存效益取决于储存总量，所以，这部分暂存数量只会对工作方便与否造成影响，而不会影响储存的总效益，因而在数量控制方面不十分严格；另外，还有一种形式的暂存，即在分拣、配货之后形成的发送货载的暂存，这种暂存主要是调节配货与送货的节奏，时间不长。

3）分拣和配货

分拣和配货是配送不同于其他物流形式的独特功能要素，也是决定配送成败的一个重要环节。分拣及配货是完善送货、支持送货的准备性工作，是送货向高级形式发展所必需的工作，有了高水平的分拣和配货才能大大提高送货服务水平，所以，分拣及配货是决定整个配送系统水平的关键要素，是配送企业提高市场竞争力和自身经济效益必须高度重视的环节。

4）配装

在单个用户配送数量不能达到车辆的有效载荷时，就需要集中不同用户的配送货物搭配装载以充分利用运能、运力，这就是配装。通过配装送货可以大大提高送货水平及降低送货成本，所以，配装也是配送系统中有现代特点的功能要素，也是现代配送不同于以往送货的重要区别之处。

5）配送运输

配送运输属于运输中的末端运输、支线运输，与一般运输形态的主要区别在于：配送运输往往是短距离、小规模的运输形式，一般使用汽车做运输工具。与干线运输的另一个区别是，配送运输的路线选择问题是干线运输所没有的，干线运输的干线是唯一的运输路线，而配送运输由于配送用户多，城市交通路线复杂，如何设计最佳路线，如何使配装和路线有效搭配等，是配送运输的特点，也是反映配送管理水平的一项难度较大的工作。

6）送达服务

配好的货运输到户还不算配送工作的完结，因为送达货和用户接货可能出现不协调，使配送前功尽弃。因此，必须圆满地实现货物的移交，如卸货地点、卸货方式等的衔接和协调，并有效地处理相关手续并完成结算。

7) 配送加工

在配送业务中,加工这一功能不具有普遍性,但在有些客户业务中有时是有重要作用的功能要素,其原因是通过一定的配送加工,往往可以大大提高用户的满意程度。配送加工是流通加工的一种,但配送加工有不同于一般流通加工的特点,即配送加工只取决于用户要求,其加工目的较为单一。

配送流程是比较规范的,但也不是所有的配送都按上述流程进行。有些产品的配送可能有独特之处,如燃料油配送就不存在配货、配装工序;木材和一些建筑材料配送可能在不同环节多出了流通加工的需要。

4. 降低配送成本的途径

配送是流通加工、整理、拣选、分类、配货、装配、运送等一系列活动的集合。配送活动在提高产品价值的同时,也需要付出成本。配送管理就是在满足客户需要与配送成本之间寻求平衡,在一定的配送成本下尽量提高客户服务水平,或在一定的顾客服务水平下使配送成本最小。在一定的顾客服务水平下降低配送成本有以下途径。

1) 混合配送

混合配送物流是指一部分配送物流业务由企业自身完成,一部分配送业务委托其他配送中心完成。尽管全部配送活动由企业自身完成容易形成规模经济,但由于产品品种众多、规格不一、配送数量不等,全部采用自己配送方式有时不仅不能取得规模效益,反而会造成规模不经济。而采用混合配送方式,合理安排企业自身完成的配送和外包给第三方物流完成的配送,往往能使配送成本最低。

2) 差异化配送

差异化配送的出发点是:产品特征不同,顾客不同,需要的服务水平也不同。当企业拥有多种产品线时,不能对所有产品都按同一标准的顾客服务水平来配送,而应按产品的特点、销售水平设置不同的库存、不同的运输方式以及不同的储存地点,忽视产品的差异性会增加不必要的配送成本。对于企业用户或个人用户、工业用户或商业用户也应有所区别,采用不同的配送服务方式。

3) 合并配送

合并配送策略包含两个层次:一是配送方法上的合并;二是共同配送。

(1) 配送方法上的合并

企业在安排车辆完成配送任务时,充分利用车辆的容积和载重量,满载满装是降低成本的重要途径。由于产品品种繁多,不仅包装形态、储运性能不一,在容量方面往往也相差甚远。如果只装容量大的货物,往往是达到了载重量,但容积空余很多;只装容量小的货物则相反,看起来车装得满,实际上远未达到载重量。应当实行合理的轻重配装、容量大小不同的货物搭配装车,提高车辆使用效率。

(2) 共同配送

共同配送是产权层次上的集中协作配送,是几个企业联合起来集小量为大量共同利用同一配送设施的配送方式,其标准运作方式是:在中心机构的统一指挥和调度下,各配送主体以经营活动(或以资产)为纽带联合行动,在较大的地域内协调运作,共同对某一个或某几个客户提供系列化的配送服务。这种配送有两种情况：一是中小生产、零售企业之间分工合作实行共同配送，即同一行业或在同一地区的中小型生产、零售企业单独进行配送的运输量少、效率低的情况下进行联合配送，不仅可减少企业的配送费用，配送能力得到互补，而且有利于缓和城市交通拥挤，提高配送车辆的利用率；二是几个中小型配送中心之间的联合，针对某一地区的用户，由于各配送中心业务量少、车辆利用率低等原因，几个配送中心将用户所需物资集中起来，共同配送。

4）适当延迟

传统的配送计划安排中，大多数库存是按照对市场需求的预测设置的，存在着一定预测风险，当预测量与实际需求量不符时，就出现库存过多或过少的情况，从而增加配送成本。适当延迟策略的基本思想就是对产品规格、数量及其生产、组装、配送应尽可能推迟到接到顾客订单后再确定。一旦接到订单就要快速反应，因此采用延迟策略的一个基本前提是信息传递要非常快。一般说来，实施延迟策略的企业应具备以下几个基本条件：①产品模块化程度高，有特定的外形，产品特征易于表述，定制后可改变产品的容积或重量；②生产技术稳定，设备智能化程度高，定制工艺与基本工艺差别不大；③产品生命周期短，销售波动性大，市场变化快。

实施延迟策略常采用两种方式：生产延迟（或称形成延迟）和物流延迟（或称时间延迟）。由于配送中存在着加工活动，所以实施配送延迟既可采用形成延迟方式，也可采用时间延迟方式。具体操作时，常常发生在贴标签（形成延迟）、包装（形成延迟）、装配（形成延迟）和发送（时间延迟）等领域。

6.1.7 配送中心

配送中心是从事货物配备（集货、加工、分货、拣选、配货）并组织对用户的送货，以高水平实现销售和供应服务的现代流通企业，也是在市场经济条件下，在计算机网络开放的环境下，提高流通企业组织化程度，实现集约经营，优化社会资源配置，创造规模效益的有效形式。

配送中心的出现有其历史原因，实际上是物流系统化和物流规模扩大的结果。由于用户在货物处理的规模上、时间上和服务水平上都提出了更高要求，为了满足用户的这些要求，就必须引进先进的分拣设施和配送设备，建立迅速、安全、低价的配送中心。因此配送中心的发展是物流合理化和市场发展两方面推动的结果。

1. 配送中心的特点

在电子商务时代，信息化、网络化、自动化、社会化的现代配送中心可归纳为以下几个特征。

1）物流配送功能集成化

新型物流配送着重于将物流与供应链的其他环节进行集成和整合，其中包括物流渠道与商流渠道的集成，物流与信息流的集成，物流环节与制造环节的集成。功能集成使得配送服务提供者对上下游的配送需求的反应速度提高，商品周转加快。

2）物流配送服务系列化

电子商务环境下，新型物流配送除了强调传统的进货、理货、储存、加工、分拣、配送等服务外，还向上延伸扩展到订单处理、采购、中转、运输、市场调查，向下延伸到物流咨询、库存控制、决策建议、货款清算等增值服务。

3）物流配送作业规范化

新型物流配送强调作业流程、作业操作的标准化和程序化，使复杂的作业变成简单的和易于考核的运作。

4）物流配送服务的系统化

配送中心从系统化、整体化角度规划企业的各种物流活动，处理好物流配送活动和企业总体目标之间的关系，以求整体供应链效应的最大化。随着电子商务的推广，由各个实物分销网点所组成的网络有可能逐渐被虚拟网络所取代，点与点之间的物流配送活动要保持系统性和一致性。

5）物流配送手段现代化

新型物流配送使用先进的信息技术、设备与管理为客户提供高效的物流服务。生产、流通规模越大，范围越广，物流配送技术、设备及管理越需要现代化手段的支持。配送流程要按照运送规格、仓储货物、货箱排列、装卸搬运等有关标准实现自动作业。

6）物流配送经营市场化

新型物流配送的经营完全采用市场机制，无论是企业自己组织物流配送，还是委托社会化物流配送企业承担物流配送任务，都以“服务—成本”的最佳配合为目标。

另外，在宏观环境上，新型物流配送还要有健全的法规、制度作为保证，有良好的市场信用机制作为基础。

2. 配送中心的构成

1）功能区域

功能区域由以下几部分组成。

(1) 管理区。是中心内部行政事务管理、信息处理、业务洽谈、订单处理以及指令发布的场所，一般位于配送中心的出入口。

(2) 进货区。是收货、验货、卸货、搬运及货物暂停的场所。

(3) 理货区。是对进货进行简单处理的场所。货物在这里被区分为直接分拣配送、待加工、入库储存和不合格需清退的货物，分别送往不同的功能区。在实行条形码管理的中心里，还要为货物贴条形码。

(4) 储存区。是对暂时不必配送或作为安全储备的货物进行保管和养护的场所，通常配有多层货架和用于集装单元化的托盘。

(5) 加工区。是进行必要的生产性和流通性加工（如分割、剪裁、更换包装等）的场所。

(6) 分拣配货区。在这里进行发货前的分拣、拣选和按订单配货。

(7) 发货区。是对商品进行检验、发货、待运的场所。

(8) 退货处理区。是存放进货时残损或不合格或需要重新确认等待处理货物的场所。

(9) 废弃物处理区。是对废弃包装物（塑料袋、纸袋、纸箱等）、破碎货物、变质货物、加工残屑等废料进行清理或回收复用的场所。

(10) 设备存放及简易维护区。是存放叉车、托盘等设备及其维护(充电、充气、加油、紧固等)工具的场所。

2) 物流设备

物流设备主要包括以下几个方面的设备。

(1) 仓储设备：包括储存货架、重力式货架、回转式货架、托盘、立体仓库等。

(2) 搬运设备：如叉车、搬运车、连续输送机、垂直升降机等。

(3) 拣货设备：包括拣货车辆、拣货输送带、自动分拣机等。

3) 信息和管理系统

信息和管理系统由以下两部分构成。

(1) 事务性管理系统。它是配送中心正常运转所必备的基本条件，如配送中心的各项规章制度、操作标准及作业流程等。

(2) 信息管理系统。包括订货系统、出入库管理系统、分拣系统、订单处理系统、信息反馈系统等，由计算机系统完成。

4) 辅助设施

辅助设备包括库外道路、停车场、站台和铁路专用线等。

3. 配送中心的类型

物流配送是一项复杂的系统工程，涉及生产、销售和消费等环节，有多种运作类型。考察配送中心的运作类型，对配送中心进行适当划分，对设计和选择配送中心的模式具有重要作用。从理论上和功能作用上，对配送中心可以有不同的分类，下面就实际运转中的配送中心类别做一些分析。

(1) 从经营业务内容来看，配送中心可以划分为两类：

① 专业配送中心。专业配送中心有两种含义，一是配送对象、配送技术属于某一专业范畴，在某一专业范畴有一定的共同性，可综合这一专业的多种物资进行配送，例如多数制造业的销售配送中心；二是以配送为专业职能，不从事其他经营活动的服务型配送中心。专业配送中心通常为从事第三方物流的企业所拥有，是第三方物流企业根据合同，为了向特定的客户提供特定的物流业务所设立。这种配送中心的专业化、现代化程度较高。

② 柔性配送中心。这在某种程度上是与专业配送中心发展方向相反的配送中心，这种配送中心不向固定化、专业化方向发展，而随时可以对业务内容做出调整，对用户要求有很强适应能力，不固定供需关系，向不断发展新用户和新业务的方向发展。

(2) 按服务的地理范围及规模，配送中心大致有两种类型：

① 城市配送中心。以城市地理范围为配送范围的配送中心。由于城市范围一般处于汽车运输的经济里程，这种配送中心可直接配送到最终用户，且采用汽车进行配送。所以，这种配送中心往往和零售经营相结合，由于运距短，反应能力强。因而从事多品种、少批量、多用户的配送较有优势。

② 区域配送中心。以较强的运输辐射能力和库存处理及供应能力，为全省、乃至全国范围用户服务的配送中心。这种配送中心配送规模较大，一般而言，用户也较大，配送批量

也较大，往往是配送给下一级的城市配送中心，也配送给大型商场、批发商和大型企业用户。这种配送中心虽然也承担零星的配送业务，但不是主要业务形式，其功能更接近于区域物流中心。

(3) 按运营主体不同，配送中心大致有四种类型：

① 以制造商为主体的配送中心。这种配送中心里的商品100%是由自己生产制造，用以降低流通费用、提高售后服务质量并及时将预先配齐的成组元器件运送到规定的加工和装配工位。从商品制造到生产出来后条码和包装的配合等多方面都较容易控制，所以按照现代化、自动化的配送中心设计比较容易，但不具备社会化的要求。

② 以批发商为主体的配送中心。批发环节一般是按部门或商品类别，把不同制造商的商品集中起来，然后以单一品种或搭配品种向零售商配送。这种配送中心的商品来自各个制造商，它所进行的一项重要活动是对商品进行汇总和再销售，而它的全部进货和出货都是社会配送，社会化程度高。

③ 以零售业为主体的配送中心。零售商发展到一定规模后，就可以考虑建立自己的配送中心，为专业商品零售店、超级市场、百货商店、建材商场、粮油食品商店、宾馆饭店等服务，社会化程度介于前两者之间。

④ 以仓储运输业者为主体的配送中心。这种配送中心一般拥有较强的运输能力，地理位置优越，如港湾、铁路和公路枢纽，可迅速将到达的货物配送给用户。它提供仓储货位给制造商或供应商，货物仍属于制造商或供应商所有，配送中心只是提供仓储管理和运输配送服务，这种配送中心的机械化、现代化程度往往较高。

(4) 按配送中心的功能划分，主要有四种类型：

① 储存型配送中心。有很强储存功能的配送中心。一般来讲，在买方市场下，企业成品销售需要有较大库存支持，其配送中心可能有较强储存功能；在卖方市场下，企业原材料、零部件供应需要有较大库存支持，供应配送中心也要有较强的储存功能。大范围配送的配送中心，需要有较大库存，也可能是储存形配送中心。我国目前建设的配送中心，都采用集中库存形式，库存量较大，多为储存型。

② 流通型配送中心。基本上没有长期储存功能，仅以暂存或随进随出方式进行配货、送货的配送中心。这种配送中心的典型方式是，大量货物整进并按一定批量零出，采用大型分货机，进货时直接进入分货机传送带，分送到各用户货位成直接分送到配送汽车上，货物在配送中心里只少许停滞。例如，日本阪神配送中心，中心只有暂存功能，大量储存则依靠一个大型补给仓库。

③ 加工配送中心。配送中心可以有加工职能，但是加工配送中心的实例目前不多见。上海市开展的配煤配送，在配送点进行配煤加工，还有上海六家船厂联建的船板处理—配送中心，属于这一类型。

④ 供应配送中心。专门为某个或某些用户(例如，联营商店、联合公司)组织供应的配送中心。例如，为大型连锁超级市场组织供应的配送中心，保证整个系统每日商品供应需求；代替零件加工厂送货的零件配送中心，可以使零配件工厂对装配厂的供应合理化。

(5) 按物流配送采用的模式可划分为三种主要类型：

① 集货型配送模式。该种模式主要针对上家的采购物流过程进行创新而形成。其上

家生产且有相互关联性，下家互相独立，上家对配送中心的依存度明显大于下家，上家相对集中，而下家分散且有相当的需求。同时，这类配送中心也强调加工功能。此类配送模式适于成品或半成品物资的推销，如汽车配送中心。

② 散货型配送模式。这种模式主要是对下家的供货物流进行优化而形成。上家对配送中心的依存度小于下家，而且配送中心的下家相对集中或利益共享(如连锁业)。采用此类配送模式的流通企业，其上家竞争激烈，下家需求以多品种、小批量为主要特征，适于原材料或半成品物资配送，如机电产品配送中心。

③ 混合型配送模式。这种模式综合了上述两种配送模式的优点，并对商品的流通全过程进行有效控制，有效克服了传统物流的弊端。采用这种配送模式的流通企业规模较大，具有相当的设备投资，如区域性配送中心，在实际流通中，一般采取多样化经营，以降低经营风险。这种运作模式比较符合新型物流配送的要求。

6.1.8 第三方物流

1. 第三方物流的含义

第三方物流(Third Party Logistics，TPL)是物流专业化的一种形式，指物流配送活动由商品的供方和需方之外的第三方提供，第三方不参与商品的买卖，而是提供从生产到销售整个流通全过程的物流服务，包括商品运输、储存、配送以及包装加工等一系列增值服务。

第三方物流产生于20世纪70年代的美国，由于市场竞争的白热化，物流作为联系客户和消费者的最后环节，其质量和水平直接影响企业与客户的关系和企业市场地位，而生产企业由于专注于技术和产品创新，不可能把太多人力、财力投入到物流系统建设，因此，迫切需要有专门的企业提供高水平的专业化物流服务，第三方物流在这种环境下产生并得到迅速推广，如今在发达国家已成为一种主流物流模式。

常见的第三方物流服务内容包括：开发物流系统，货物集运，选择承运人、货运代理、海关代理，进行运费谈判和支付，仓储管理，物流信息管理和咨询等。可以看出，第三方物流的服务内容大都集中于传统意义上的运输、仓储范畴之内，因此运输、仓储企业向第三方物流服务企业转变比较容易，关键是要突破以往单项业务的思维定式，如何将多项服务内容有机地组合起来，提供物流运输的整体方案。随着物流技术的不断发展，第三方物流作为提高物流速度、节省物流费用、提高物流服务质量的有效手段，在物流领域和社会经济生活中发挥越来越大的作用。

2. 第三方物流的特点

与传统的物流运作方式相比，第三方物流整合了多项物流功能，能使被服务的企业集中精力专注于生产和经营，减少雇员并节省物流开支。第三方物流具有以下特点。

1) 第三方物流建立在现代电子信息技术基础之上

信息技术的发展是第三方物流产生的必要条件，射频技术(RF)提高了仓库管理、装卸运输、订货采购、订单处理和配送发货的自动化水平；EFT技术实现了资金快速支付；通过B2B等电子商务模式，委托企业可以更方便地与物流企业进行交流与协作，同时，相关计算机专业管理软件的使用，能有效地管理物流渠道中的各种资源。

2）第三方物流是合同导向的系列物流服务

从物流运行的角度看，第三方物流可以包括一切物流活动以及货主可能从专业物流提供商处得到的各种增值服务，物流代理商提供这一服务，是以与委托人签订的正式合同为依据的，合同中明确规定服务费用、期限及相互责任等事项，因此第三方物流常被称为"契约物流"、"外协物流"。但第三方物流有别于传统的外协物流，传统的外协物流只提供一项或若干项分散的物流功能，如运输公司只提供运输服务，仓储公司只提供仓储服务，第三方物流则根据合同条款的规定而不是根据临时需要，提供多功能、全方位的综合物流服务。

3）第三方物流是个性化的物流服务

第三方物流服务的对象一般都较少，只有一家或数家，服务时间却较长，可以根据合同长达几年。第三方物流有别于公共的物流服务。这是因为物流需求方的业务流程各不相同，而物流、信息流是随价值流流动的，因而要求服务应按客户的业务流程来定制，这也表明物流服务理论从"产品推销"发展到了"市场营销"阶段。

3. 第三方物流与物流一体化

物流一体化是以物流系统为核心的由生产企业、物流企业、销售企业、消费者构成的供应链的整体化和系统化，是物流业发展的高级和成熟阶段。当物流业高度发达，物流系统十分完善，物流业可以担任整个社会生产各个环节的协调者，并为社会提供全方位的物流服务。

作为专业化、社会化物流的承担者，物流代理企业承接了仓储、运输等业务后，为减少费用支出，同时又使物流承担企业有利可图，就必须在整体上加以统筹规划，使物流合理化、一体化。物流一体化是物流产业化的发展形式，必须以第三方物流充分发育和完善为基础。物流一体化的实质是物流管理的问题，即专业化物流管理人员和技术人员，充分利用专业化物流设备、设施，发挥专业化物流运作的管理经验，以求取得整体最优的效果。同时，物流一体化的趋势为第三方物流的发展提供了良好的发展环境和巨大的市场需求。

从物流业的发展看，第三方物流是在物流一体化的第一个层次时出现萌芽的，但那时只有数量有限的功能性物流企业和物流代理企业。第三方物流在物流一体化的第二个层次得到迅速发展，专业化的功能性物流企业和综合性物流企业以及相应的物流代理公司出现并迅速发展。当这些企业的信息管理技术发展到一个较高水平，物流一体化就进入了第三个层次——数字化、网络化阶段。

西方发达国家在发展第三方物流，实现物流一体化方面积累了较为丰富的经验。德国、美国、日本等先进国家的经验表明，实现物流一体化，发展第三方物流，关键是培养一支优秀的物流管理队伍，管理者必须具备较高的经济学和物流学专业知识和技能，精通物流供应链涉及的各个学科，整体规划水平和现代管理能力较强。

6.1.9 第四方物流

第四方物流概念（The 4th Party Logistics，4PL）是由美国 Accenture（原 Anderson Consulting）管理顾问公司于 1996 年首先在《战略供应链联盟》（Strategic Supply Chain

Alignment)一书中提出的，并且对4PL这个术语注册了商标。

第四方物流是指由专业的咨询公司提供的物流咨询服务，咨询公司应企业要求为其提供物流系统的分析和诊断，或提供物流系统优化和设计方案等。第四方物流的供应商不需要从事具体的物流活动，它主要通过其专业背景和相关经验来提供一整套供应链的整合方案。

第四方物流专注于供应链的整合，强调分享资源，主要是对供应链进行规划和监控，不是控制和规划某一部分物流服务，而是专注于整个流程，并通过电子商务将这个过程集成起来。因此，第四方物流是对整个供应链的流程再造，为企业提供全面物流规划服务，包括软件开发、系统集成、信息化平台构建以及全方位物流解决方案。

第四方物流与第三方物流或其他物流企业的关系颇像建筑承包商与分包商的关系，第四方物流企业在签约承担某企业的全面物流保障业务后，通过系统的规划设计，帮助企业开发现代化的物流管理系统，并委托胜任的物流企业承担各项具体业务。第四方物流的特点是：第四方物流企业在以自己的软件开发实力帮助物流委托企业进行企业资源管理的同时，还能以自己在物流行业的专业知识和经验帮助相关物流企业优化业务流程，对物流企业降低成本、增加效益发挥重要作用。

6.2 物流系统及其分类

6.2.1 物流系统

物流包括运输、储存、包装、装卸搬运、配送、流通加工等一系列环节，这些环节也称为物流的子系统，由这些子系统构成了整体物流系统。物流系统是指，在一定的空间和时间里，物流活动所需的机械、设备、工具、设施、线路等物质资料要素相互联系、相互制约的有机整体。

物流系统由物流作业系统和物流信息系统两部分组成。物流作业系统是在运输、保管、配送、装卸、包装等作业中，运用各种技术手段，以最大限度提高效率，使各功能之间实现紧密衔接和配合的系统。物流信息系统也称为物流神经系统，它把企业物流活动与企业其他功能——采购、生产、销售等有机地联系起来从而提高物流作业系统的效率。

1. 物流系统的物质基础

物流系统的建立和运行，需要有一定的技术装备手段，这些手段的有机结合是物流系统正常运行的基础条件，这些要素对实现物流某一方面的功能和整体功能是必不可少的。要素主要包括如下。

1）物流设施

物流设施是组织物流系统运行的基础物质条件，包括物流站场，物流配送中心、仓库等建筑物，公路，铁路，港口，机场等。

2）物流装备

物流装备是保证物流系统运作的条件，包括仓库货架、进出库设备、加工设备、运输设备、装卸机械等。

3）物流工具

物流工具是物流系统运行的物质条件，包括包装工具、维护保养工具、修理工具、清洁工具、办公设备等。

4）信息网络

信息网络是物流企业掌握和传递物流信息的手段，根据所需信息水平不同，包括通信设备及线路、传真设备、计算机及网络设备等。

2. 物流系统的目标

物流的作用在于解决生产与消费之间的时空矛盾，便利商品价值交换的实现，从中体现自己的服务价值，实现业务增值，物流系统的目标主要有6个方面。

1）服务目标

物流系统作为发挥桥梁作用的流通系统的一部分，具体地连接着生产与再生产、生产与消费，因此具有很强的服务性，要有良好的服务意识，并通过优质服务扩大企业盈利空间。物流系统各种送货、配送形式都是其服务性的体现，近年来出现的"准时供货方式"(JIT)、"柔性供货方式"等，也是其服务性的表现。

2）快捷目标

服务快捷和及时性不但是服务性的延伸，也是商品流通对物流提出的基本要求。快速、及时在现代社会变得更为重要，原因是随着社会分工的深化和企业间生产协作、经济联系的加强以及人们生活节奏加快，对交货的及时准点要求更加严格了。在物流领域采取的诸如直达物流("门到门"、"桌到桌"等)、联合运输、高速公路运输、当日快件等方式及其管理和技术，就是这一目标的体现。

3）节约目标

节约是经济领域的重要目标，在物流领域中除流通时间的节约外，由于物流过程的消耗基本上不增加商品使用价值，所以节约物料投入和实物占用，是提高相对产出的重要手段。对于不同的行业和企业，由于业务的类型不同，销售的地理区域大小各异，以及产品和材料的重量/价值比率不同，物流开支占销售收入的比例也会有较大差异。根据美国一些专业机构对物流成本的分析研究，物流开支一般占销售额的10%～35%，物流成本被认为是企业经营成本的重要组成部分之一，仅次于制造过程中的材料费用与营销成本。很明显，物流费用的降低对企业盈利水平甚至企业的经营成败会有至关重要的影响。

4）规模化目标

物流企业要以一定的规模为目标，以此来实现规模效益。生产领域的规模生产是早已为社会所承认的，物流系统比生产系统的稳定性差，因而难于形成标准的规模化模式，但较大的物流规模通常意味着较低的单位物流成本。在物流领域以分散或集中等不同方式建立物流系统，提高物流集约化程度，就是规模优化这一目标的体现。

5）数量调节目标

数量调节目标是服务性的延伸，也是宏观调控的要求，同时涉及物流企业本身的效益。由于生产与消费的节奏经常出现不一致，如季节性生产与常年消费，常年生产与季节性消费的矛盾,客观上需要物流业发挥蓄水池和调节阀的作用,调节供给与需求。在物流领域中合理确定库存方式、库存数量、库存结构、库存分布就是这一目标的体现。

6)物流合理化目标

物流合理化是物流管理追求的总目标,是对物流设备配置和物流活动组织进行调整改进、实现物流系统整体优化的过程。物流合理化就是使物流设备配置和一切物流活动趋于合理,即以尽可能低的物流成本,实现尽可能高的服务水平。

6.2.2 物流系统的分类

物流系统可以从不同角度进行分类,按照物流功能或物品在社会经济活动中的流转环节来分是较为常见的两种划分方法。

1. 按照物流功能的不同,物流系统可以分为不同的子系统

1)运输物流子系统

运输物流子系统是指承担商品物理位移功能的系统,通过空间变换帮助商品完成市场价值交换并实现商品增值,完成商品由生产者向消费者转移的传递过程。运输物流子系统是物流系统最重要的组成部分。

2)仓储物流子系统

仓储物流子系统是承担商品储存、保管职能,通过时间变换帮助商品实现其价值甚至实现价值增值的物流系统,作为连接社会再生产诸环节的"储水池"和"调节器",仓储子系统有着不可缺少的重要作用,是物流系统的重要组成部分之一。

3)装卸搬运子系统

装卸搬运子系统是承担货物在各个储运交接环节以及各海陆空口岸搬运装卸职能的物流系统,在连接各地区和国内外市场、资源、要素交换方面有着重要作用,是连接国内生产与国外消费、国外生产与国内消费所必不可少的中间环节,也是物流系统的重要组成部分之一。装卸搬运系统的装备水平和工作效率影响相关企业的市场竞争力和经济效益,甚至影响一个国家在国际市场上的总体竞争力。

4)包装加工子系统

包装、加工系统已成为现代物流系统的重要组成部分,随着市场竞争的加剧,在物流领域对商品进行必要的加工和包装,是提高消费者满意度和对商品的认同感从而提高市场占有率的一种重要手段,也是降低生产加工总费用、提高对客户需求反应速度的有效手段。

5)配送子系统

配送系统是适应现代市场经济发展的需要,以客户为中心发展起来的一种新型物流系统。配送系统从客户需要出发,依托现代信息技术,把选货、配货与送货结合起来,通过迅速、准确、周到的服务提高客户满意度并实现业务增值。配送系统是物流系统中成长最快、极有发展潜力的重要组成部分。

6)物流信息系统

物流信息系统是整个物流系统的神经系统和指挥系统,在现代物流业中发挥着突出重要的作用。先进的物流信息系统是提高整个物流系统运行效率的基础条件,也是各子系统

之间衔接和配合的桥梁和纽带，是整合企业全部物流资源的关键所在。物流信息系统与其他物流子系统的关系如图6-1所示。

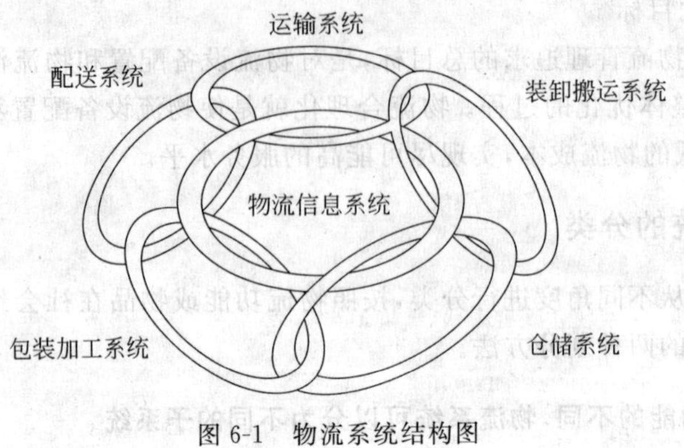

图6-1 物流系统结构图

2. 根据物流活动范围和业务性质，物流系统分为五种类型

1）生产物流

生产物流是从原材料的采购、运输、储存、车间送料、装卸搬运、半成品的流转，分类拣选、包装、成品入库，一直到销售过程的物流。

2）供应物流

供应物流是从物资（这里主要指生产资料）的生产或持有者，经过物资采购、运输、储存、加工、分类或包装，装卸搬运、配送，直到用户收到物资的物流过程。

3）销售物流

销售物流是指生产工厂或商业批发、物流企业和零售商店，从商品采购、运输、储存、装卸搬运加工或包装、拣选、配送、销售，到顾客收到商品过程的物流。

4）回收物流

回收物流是伴随货物运输或搬运中的包装容器、装卸工具及其他可再用的旧杂物等，通过回收、分类、再加工、使用过程的物流。

5）废弃物流

废弃物流是对伴随某些厂矿产品共生的副产物（如钢渣、煤矸石等）以及消费中产生的废弃物等进行收集、分类、处理过程的物流。

6.2.3 物流系统的结构

物流运动是借助劳动手段的作用实现的，这些手段包括包装设备、装卸搬运设备、加工设备、通信设备、运输工具、仓储设施、转运设施、配送设施、公路、铁路、空路、水路等。这些运动和静止的物质手段，是物流的客观物质基础，相互有机地结合在一起，形成了物流运动的网络结构。这些物质手段的功能和水平决定了物流系统的水平，其结构和配置决定着物流合理化及物流效率。

1. 工具设备

工具设备是实现物流功能不可缺少的手段，每一个物流环节都需要相应的工具设备。物流工具设备主要包括以下内容。

1）运输工具

主要包括铁道车辆、卡车及专用货车、船舶、飞机等。运输工具是物流活动最基本的劳动手段，各种运输工具的比例在很大程度上决定了物流系统的结构，运输工具的质量水平反映着社会经济的发展阶段和生产力发展水平。

2）仓储设施

物流过程中常常需要停顿，在各种不同类型的仓库中对货物进行暂时保管。为了保证货物安全、不变质、易于管理和出库，各类仓库都需要相应的存货设备，如货架、容器、计量装置、管理控制系统等。针对货物特点，还需要控制温度、湿度、燃爆等的专用设备。

3）加工设备

流通加工设备按照产品的不同，有相当大的差异。但不论是什么产品，只要在流通过程中需要加工，就需要相应的机械设备。随着社会生产力水平的提高，加工设备的轻捷自动化程度也不断提高。

4）装卸搬运机械设备

大型、沉重及液体产品等的装卸搬运，仅靠人力是十分困难的。各种装卸搬运机械设备的出现，极大减轻了人类劳动，提高了物流效率。装卸搬运机械设备主要包括起重设备（如大型固定吊车、汽车吊车等）、传送设备（传送带、传送管道等）、提升设备（电梯、卷扬机等）、移动搬运设备（叉车、电瓶车等）以及其他专用设备。

5）通信设备

物流离不开信息的传递，仅靠电话、电报、传真等方法，已不能满足现代物流对信息传递的要求。计算机技术、电子技术、通信技术的发展为物流提供了现代化的信息传递手段。

6）包装设备

大规模、高效率的生产和消费要求包装机械化和现代化与之相适应。包装机械化实现了产品装箱、封签、捆包等方面的机械化作业，大大提高了物流效率。

2. 物流节点

物流节点是指物流网络中连接物流线路的结节处，又称物流接点。物流过程按其运动状态来看，有相对运动的状态和相对停顿的状态。货物在节点处于相对停顿的状态，在线路处于相对运动的状态。其中，包装、装卸、储存、配货、流通加工等活动都是在节点上完成的。节点和线路结合在一起，构成了物流的网络结构，节点和线路的相互关系和配置形成物流系统的比例关系，这种比例关系就是物流系统的结构。

1）物流节点的类型

物流节点包括仓库、车站、空港、港口、码头、货运站、包装公司、加工中心、物流中心、配送中心等。这些节点都是以一定的设施形态存在，在物流系统中发挥着不同的作用。按节点的功能来分类，可分为以下几种类型。

(1) 转运型节点。是指处于运输线路上,以连接不同线路和不同运输方式为主要功能的节点。铁道运输线路上的车站、货站、编组站,水运线路上的港口、码头,空运线路上的空港,连接不同运输方式的转运站和中转仓库等节点都处于运输线路上,并且主要通过中转将不同的线路和不同的运输方式连接起来,货物在这类节点上停顿时间比较短。

(2) 储存型节点。是指以保管存放货物为主要功能的节点。包括储备仓库、营业仓库等。由于储备的需要、生产和消费的季节性等原因,一些货物需要较长时间的储存,因此,储存型节点主要是带有储备性质的仓库。由于货物储存量较大,周转速度较慢,因此对仓库的货物保管、养护的要求比较高。

(3) 集散型节点,是指以集中货物或分散货物为主要功能的节点。包括集货中心和分货中心。集货中心是将一定范围内来源分散、批量小而总量大的货物集中起来,以便大批量处理或发货。分货中心是对集中到达的数量巨大的货物进行拆分处理,形成新的货体和新的包装形态,以适应大量、集中生产和小批量、分散消费的要求。

(4) 配送型节点。是指连接干线物流与末端物流,以货物配备和组织送货为主要功能的节点。配送中心是配送型节点的典型代表。配送中心是现代物流业发展中出现的新型物流设施,具有集货、分货、分拣、倒装、加工、配货、为客户调节库存、送货服务和收集、传递信息的功能。在现代物流中,配送活动已不是单纯的物流活动,而是与销售或供应等营销活动结合在一起,成为营销活动的重要内容。

(5) 综合性节点。是指在一个节点中将若干功能有机结合在一起,有效衔接和协调各个工艺流程的集约型设施。流通中心、物流中心等都属于这一类节点。这种具有多功能的节点是为适应物流大量化、复杂化、精确化的要求而出现的。在一个节点中实现多种功能的连接和转化,不仅简化了物流系统,而且大幅度提高了物流效率,是现代物流系统中节点发展的方向之一。

上述物流节点的分类并不是绝对的,现实中各类节点的功能往往是交叉并存的。现代物流的发展对节点的要求不断提高,传统的单一型节点出现向多功能、综合性节点转变的趋势。

2) 物流节点的功能

现代物流系统中的物流节点是物流网络的中枢和纽带,它不仅实现着一般的物流功能,而且越来越多地发挥着指挥调度、信息交互等神经中枢的功能,因此,物流节点是物流系统的关键部分。具体来讲,物流节点在物流系统中具有以下功能。

(1)连接功能。物流节点将物流线路连接起来,使各个线路通过节点成为相互贯通的网络系统,节点的配置规定着物流系统的基本框架。物流活动往往需要经过若干环节,在不同的线路间进行转换,才能达到终点。在这一过程中,不同线路的输送形态、输送装备、输送数量都各不相同。

(2) 信息功能。在物流系统中的每个节点同时又是一个信息点。由于节点是连接线路的枢纽,各方面的信息都在节点流进流出,因此使节点成为信息收集、处理、传递的集中地。若干个节点的信息流与物流系统的信息中心连接起来,形成指挥、管理、调度物流系统的信息网络。

(3) 管理功能。物流系统的管理设施和管理机构一般都集中于节点之中,大大小小的节点都是一定范围的指挥、管理、调度中心。管理功能也是物流系统的软件，物流系统运行的有序化和效率性在很大程度上取决于物流节点管理功能的水平。

3. 物流线路

物流线路是运输工具的载体和通过的路径。物流活动中物质资料的空间转移是通过运输工具在线路上的移动来实现的，没有物流线路，物流就会成为空中楼阁。因此，物流线路是物流的运输功能实现的客观条件。

线路在物流系统中具有十分重要的意义。首先，线路决定了物流系统的结构。节点是伴随线路的产生而存在的，没有线路就不会有节点。不同类型线路的比例关系在很大程度上决定着节点的配置，线路和节点结合起来，形成物流系统的网络结构。其次，线路决定着物流的范围和能力。物流范围是随着线路的延伸而扩大的，线路延伸到哪里，物流才能随之扩展到哪里。最后，线路的长度、密度及其质量还决定着运输的能力和效率，从而也决定着物流的能力和效率。

物流线路按其存在的物质形态，可分为公路、铁路、水路、空路和管道五种线路。

1）公路

公路的种类很多，按通过速度分，有高速公路、快速公路、一般公路等；按所在区域分，有城市公路、郊区公路、乡村公路等；按其重要性分，有干线公路、支线公路等；按管理权限分，由国家公路、地方公路，等等。公路的特点是，建设周期短，投资相对较低，易于因地制宜，四通八达，可承载多种运输工具等。因此，公路是物流线路最重要的组成部分。

2）铁路

铁路是专供铁道车辆行驶的轨道式道路。铁路一般分为高速铁路、快速铁路、电力铁路、一般铁路等，也可分为国家铁路、地方铁路、企业专用铁路等。铁路的特点是，建设周期长，投资大，专用性强，但其承载能力非常大。铁路虽然不如公路密度大，但它发挥着连接大中城市的作用，可以承载大批量、长距离的运输，因此被称为国民经济的大动脉。

3）水路

水路是主要借助自然条件在江河湖海形成的水上通道，也有如大运河这样靠人工开掘的人工河道。水路主要包括内河水路与海洋水路，后者又可以分为沿海水路、近海水路和远洋水路。水路的特点是，它是大自然赋予人类的资源，基本不要投资或较少投资就可以利用。但水路也会受到大自然的较多制约，如水位变化、洪水、台风等对水路运输的影响。

4）空路

空路是飞机和其他航空器通过的空间。空路本身是自然的客观存在，并不要投资就可以利用，但为了利用空间而需要的投资却非常大，包括修建飞机场、制造飞机等。同时，天空虽然广阔无垠，但不是可以随意飞翔的，必须确定飞行线路并实行交通管制。

5）管道

管道是一种较为特殊的线路，它是由密闭的管道来输送气体、液体、粉状固体物质。管道基本没有运动部件，维修费便宜，管道一旦建成，可以连续不断地输送大量物资，不费人力，运输成本低。因此，管道既是线路，又是运输载体。

6.3 物流技术的发展

6.3.1 条码技术

条码技术是在计算机的应用实践中产生和发展起来的自动识别技术，是为实现对信息的自动扫描而设计的数据采集的有效手段。条码技术的应用解决了数据录入和数据采集的“瓶颈”问题，为物流管理提供了有力的技术支持。

由于条码技术具有输入速度快、信息量大、准确度高、成本低、可靠性强等优点，因而发展十分迅速。半个世纪以来，它已广泛应用于商业、邮电、仓储、交通和工业生产控制等生产及流通领域。条码技术的出现，在国际范围内为商品提供了一套完整可靠的代码标识体系，为产、供、销等生产及贸易环节提供了通用的“语言”，为商业数据的自动采集和电子数据交换奠定了基础。

1. 条码技术的起源和发展

1)条码技术的起源

对条码的研究起始于 20 世纪中期，20 世纪 50 年代美国就出现了有关铁路车辆采用条码标识的报道。1960 年，美国的两家计算机公司推出了它们的第一套条码扫描系统。1970 年，美国在食品杂货业首先进行了条码应用的全行业实验。20 世纪 70 年代中期，美国统一代码委员会 UCC 选定 IBM 公司提出的条码系统作为北美的通用产品代码 UPC。

1974 年，欧洲 12 个国家(英国、法国、联邦德国、挪威、丹麦、芬兰、比利时、奥地利、意大利、瑞士、瑞典、荷兰)的制造商和销售商代表决定成立欧洲条码系统筹备委员会，专门研究在欧洲建立统一的商品编码的问题，并于 4 年后开发出了与 UPC 兼容的欧洲物品编码系统。简称为 EAN 码。欧洲物品编码协会成立后，会员国成员迅速增加，会员范围不断扩大，于 1981 年改名为国际物品编码协会，仍简称为 EAN。EAN 的建立，不但在组织上为建立全球性统一的物品标识体系提供了保障，同时促进了条码识别技术在商业、工业、交通、邮电等各个领域的应用。

2) 统一条码技术的发展

(1) EAN 与 UCC 的联盟计划

在 1987 年 EAN 会议上，欧洲物品编码协会(EAN)与美国统一代码委员会(UCC)达成了一项联盟协议，同意 EAN 成员国(地区)的出口商可根据需要通过当地的 EAN 编码组织向 UCC 申请 UPC 厂商代码。

(2) EAN 与 UPC 系统的兼容性

EAN 码是在与 UPC 码兼容的基础上设计出来的，由 13 位数字代码构成，在一般情况下，EAN 系统的扫描设备可以识读 UPC 条码符号，双方是兼容的。随着 EAN 组织成员国数量不断增多，EAN 条码在世界各国逐渐普及，EAN 条码已确立了其作为国际通用的商品标识体系的地位，发展趋势是成为在国际范围内唯一的通用商品标识系统。

2. 条码技术的内容

1）研究对象

条码技术属于电子与信息科学领域的高新技术，涉及的技术领域宽广，是多项技术相结合的产物。条码技术的核心内容是通过光电扫描设备识读条码符号，来实现机器的自动识别，并快速、准确地把数据录入计算机进行处理，从而达到自动管理的目的。条码技术的研究对象主要包括标准符号技术、自动识别技术、编码规则、印刷技术和应用系统设计技术五大部分。

条码应用系统由条码、电子计算机、识读设备、通信系统组成。应用范围不同，条码应用系统的配置也不同。一般情况下，条码应用系统的设计决定了条码应用系统的效果，系统设计需要考虑以下因素。

(1) 条码设计。条码设计包括条码信息元的确定、码制的选择和符号版面的设计。

(2) 符号印刷。在条码应用系统中，条码印刷质量对于系统顺利运行有举足轻重的作用。如果条码本身质量高，即使识读器的质量一般，也可以顺利读取。虽然操作水平、识读器质量等也是不可忽视的因素，但条码本身的质量是系统能否正常运行的关键因素。

(3) 识读设备选择。条码识读设备有光笔、激光枪、台式扫描器、CCD 阅读器等多种，每个种类各有自己的优缺点。因此，在设计条码或应用系统时，应根据识读设备的操作环境和使用环境来做出恰当选择。

2）条码技术的特点

信息输入技术可采用各种自动识别技术，作为一种图形识别技术，条码与其他自动识别技术相比有着以下特点。

(1) 简单。条码符号的制作相对容易，扫描操作也较为简单。这是条码受到用户普遍欢迎和推广迅速的重要原因。

(2) 采集信息量大。利用条码扫描，一次就可以采集十几位字符的信息，而且可以通过选择不同码制的条码来增加字符的密度，使录入的信息量成倍增加。

(3) 信息采集速度快。普通计算机的键盘输入速度是每分钟 200 个字符，而用条码扫描录入信息的速度可以是键盘输入的 20 倍。

(4) 设备结构简单，成本低廉。采用条码技术成本较低，可以节省企业开支，提高经济效益。

(5) 可靠性高。利用键盘录入数据的出错率为三千分之一，利用光学字符识别技术的出错率大约为万分之一，如果采用条码扫描录入方式，误码率仅为百万分之一，首读率可达百分之九十八。

3. 商品条码技术的应用

1）商品条码技术的普及

商业是最早应用条码技术的领域之一，在商业自动化管理过程中，商品条码的普及显得尤为关键。美国的食品零售业为了提高销售率，从 20 世纪 70 年代初，在全行业开始试用条码，1982 年，美国国防部颁布标准，要求军需品生产企业的产品上都必须标上条码符号，对条码转向食品零售业以外应用发挥了推动作用。

条码起步初期，许多企业持不合作态度，应用范围较为狭窄，但随着越来越多的制造商和销售商发现从条码中可以得到自己所需的信息，认识到这一技术的重要性，用户的数量迅速增加。对商家来说，从企业长远发展来看，主动把商品和条码技术结合起来是一种明智的选择。

2）建立商店自动销售管理系统（POS 系统）

在商品上附加条码的目的是要实现商店管理的自动化，货物条码化是建立供应链和实现仓储自动化的基本条件，也是 POS 系统快速准确收集销售数据的必要手段。POS 系统的建立对实现商品管理的数据化和对外作业的自动化具有重要意义。

POS 系统把现金收款机作为终端机与计算机连接，并通过光电识读设备为计算机录入商品信息。当商品通过结算台扫描时，商品条码所显示的信息被录入到计算机，计算机从数据库文件中查询到该商品的名称、价格、包装、代码等，经过数据处理后，打印出数据。零售商店主机的条码数据和商品价格每天或定期更新并下载至店面微机。店面微机具有两个功能：一是管理前台 POS，包括通过扫描器收集数据的 POS 终端；二是管理后台 POS，包括分析销售数据、下电子订单、打印产品价格和条码标签。目前较先进的 POS 系统后台具有较强的功能，可以检验货物、进行存货控制、点数、账务与供应商管理。

3）实现商品信息的 EDI

采集商品信息的目的是为了使用商品信息，为决策服务，而条码作为商品信息的载体，不仅成为生产商、批发商和零售商联系的纽带，而且为电子信息交换提供了通用的“语言”。推广商品条码的目的在于实现商业信息的自动交换，通过 EDI 系统及时地、准确地获得所需要的商业信息，从而提高生产和经营效率。

4. 物流条码

物流条码是物流过程中用以识别具体实物的一种特殊代码，它是由一组黑白相间的条组成的图形，可被识读设备自动识别，自动完成数据采集。运用物流条码可使信息的传递更加方便、快捷、准确，充分发挥物流系统的功能。

举例来说，一个配送中心要为 100 多家零售店服务，日处理几十万个纸箱。计算机在夜班打印出隔天需要向零售店发运的纸箱的条码标签。白天，拣货员在一只只空箱上贴上条码标签，然后用手持式扫描器识读。根据标签上的信息，计算机发出拣货指令。在货架的每个货位上都有指示灯，表示那里需要拣货以及拣货的数量。当拣货员完成该货位的拣货作业后，按一下“完成”按钮，计算机就会更新数据库。装满货品的纸箱经封箱后运到自动分拣机，扫描器识别纸箱上的条码后，拨叉把纸箱拨入相应的装车线，集中装车运往指定的零售店。

6.3.2 无线射频识别（RFID）

1. 无线射频识别技术原理

无线射频识别（Radio Frequency Identification，RFID）是一种非接触式的自动识别技术,其基本原理是电磁场理论,通过射频信号自动识别目标对象并获取相关数据,识别工作无须人工干预,甚至无须光亮,并可同时识读多个对象。只要将嵌有 RFID 晶片的标签贴在商品上,就能通过无线电扫描仪对晶片进行跟踪,并在远达 20 多米范围自动读取晶片上所有信息。此技术始于第二次世界大战中盟军判断敌友,避免士兵在城市作战中被友军炮火误伤。美国国防部军需供应局(Defense Logistics Agency,DLA)也采用 RFID 技术保证军需物资的供应,在美国对伊拉克战争中,所有进入战区的物资都贴上 RFID 标签,实现了军需物资供给的快速、准确,不至出现过量供应。

RFID 系统由阅读器(Reader)和标签(Tag)组成,标签在商品制造过程中预置,也可以利用 RFID 打印机以接触或非接触方式随时重写。阅读器可以固定,也可以手持。工作时标签中印制的线圈接受到阅读器天线发出的射频电磁场后感应产生电能,获得能量供标签电路工作,把 ROM 里预存的数据发出去,阅读器天线接收后解码并将数据传送到后台数据库中,这种方式是被动式工作方式。主动式则是商品标签内嵌电池,电池寿命最长达 10 年。

ROM 的存储容量是 128 位,与 IPv6 的 128 位相似,可以给世界上每个商品都分配一个唯一的标识。这一优点是条形码不具备的,现在的条形码必须给每一类产品定义一个类别码,例如,饼干的条形码是一样的,但过期的饼干不可能靠条形码区分出来。而 RFID 可以做到,因为每包饼干上的 RFID 是唯一的。由于是无线工作方式,所以读取 RFID 的能力取决于无线电频率和发射功率。在功能固定的条件下,频率越高,距离越远,其标签也往往越小。

2006 年出现的第二代 RFID,其识读器和标签更便宜,可靠性更高,识读的距离比第一代 RFID 增加 30%。

2. RFID 的特点和应用

RFID 与条形码不同,RFID 存储的信息量大且可以修改,能读能写,数据加密,可以远距离操作,可识别高速运动物体,并能够区分出每一个具体商品,防水、防磁、耐高温,使用寿命长,读取距离远;而条形码存储信息量小、只能近距离操作、只能识别商品的类别。与现有的条形码相比,RFID 对商品的登记是自动完成,大大降低了人力成本。但 RFID 与条形码的基本关系是互补而不是替代。针对不同的产品,在不同的场合,两者可以各展所长。

RFID 在商业和物流领域可有广泛应用。每个商品的 RFID 晶片都存有独特的商品信息,能准确提供商品的产地、拥有者、地点、有效期、采购期。只要从货架上拿起商品,就会自动将信息传递给企业管理信息系统以至整个供应链系统。客户结账时只要推着购物车通过识别系统就能一次结清,免去了排队等待时间,同时仓库知道何时需要补货。

3. RFID 在我国的应用

我国从 20 世纪 90 年代中期开始使用 RFID 技术,铁道部建立了一个全国性车辆调度系统,通过火车自动抄车号方案解决了手工统计和火车调度速度慢的难题,实现了统计的实时化和自动化,年经济效益达到 3 亿元人民币。

我国在第二代身份证中也采用了 RFID 技术,北京市则在交通一卡通中采用 RFID 芯片。我国在 2004 年 1 月成立了中国电子标签国家标准工作组,负责无线通信频率的频段分配和物品标码标准问题，我国 RFID 的传送频率采用 900MHz。

6.3.3 GIS 技术

1. GIS 的含义

地理信息系统(Geographic Information System，GIS)是在 20 世纪 60 年代开始迅速发展起来的地理学研究新成果，是由地理学、计算机科学、测绘遥感学、城市科学、环境科学、空间科学、管理科学和信息科学融为一体的新兴学科。GIS 系统是多学科集成并应用于多领域的基础平台，这种集成是对信息的各种加工、处理过程的应用、融合和交叉渗透并实现信息数字化的过程，具有数据采集、输入、编辑、存储、管理、空间分析、查询、输出和显示功能，为系统用户进行预测、监测、规划管理和决策提供科学依据。

GIS 系统以地理空间为基础，利用地理模型的分析方法及时提供多种空间动态的地理信息，从而为有关经济决策服务。GIS 在物流领域应用，便于企业合理调配和使用各种资源，提高运营效率和经济效益。

2. GIS 的作用

在具体的应用领域中，GIS 可以帮助分析解决下列问题。

(1) 定位(Location)：研究对象位于何处？周围的环境如何？研究对象相互之间的地理位置关系如何？

(2) 条件(Condition)：有哪些地方符合某项事物(或业务)发生所设定的特定经济地理条件？

(3) 趋势(Trends)：研究对象或环境从某个时间起发生了什么变化？今后演变的趋势是怎样的？

(4) 模式(Patterns)：研究对象的分布存在哪些空间模式？

(5) 模拟(Modeling)：如果发生假设条件时，研究对象会发生哪些变化？引起怎样的结果？

GIS 最明显的作用就是能够把数据以地图的方式表现出来，把空间要素和相应的属性信息组合起来就可以制作出各种类型的信息地图。专题地图的制作从原理上讲并没有超出传统的关系数据库的功能范围，但把空间要素和属性信息联系起来后的应用功能大大增强了，应用范围也扩展了。在 GIS 系统中，空间信息和属性信息是密不可分的有机整体，它们分别描述地理实体的两面，以地理实体为主线组织起来。此外，空间信息还包括了空间要素之间的几何关系，因而 GIS 能够支持空间查询和空间分析，空间分析是制定规划和决策的重要基础。

3. GIS 在物流中的应用

GIS 不仅是一种查询信息的方法，也是一种挖掘信息模式的技术。因此，越来越多的商业领域已把 GIS 作为一种信息查询和信息分析工具，GIS 技术本身也融入了这些商业领域的模型，因而 GIS 技术在各个商业领域的应用无论是在深度上还是广度上都处于不断发展之中。事实上，GIS 技术可以应用在任何涉及地理分布的领域，其在经济管理方面的应用潜力巨大，现在还远未挖掘出来。

GIS 在物流领域中的应用主要是指利用 GIS 强大的地理数据功能来完善物流分析技术，合理调整物流路线和流量，合理设置仓储设施，科学调配运力，提高物流业的效率。目前，已开发出了专门的物流分析软件用于物流分析。完整的 GIS 物流分析软件集成了车辆路线模型、最短路径模型、网络物流模型、分配集合模型和设施定位模型等。

1）车辆路线模型

车辆路线模型用于研究解决在一个起始点、多个终点的货物运输中，如何降低物流作业费用，并保证服务质量的问题。包括决定使用多少辆车，每辆车的行驶路线等。

2）网络物流模型

网络物流模型用于解决寻求最有效的分配货物路径问题，也就是物流网点布局问题，如将货物从 n 个仓库运到 m 个商店，每个商店都有固定的需求量，因此需要确定由哪个仓库发货给哪个商店，使得运输成本最小。

3）分配集合模型

分配集合模型可以根据各个要素的相似点把同一层上所有或部分要素分为几个组，用以解决确定服务范围和销售市场范围等问题，如某一公司要设立 x 个分销点，要求这些分销点覆盖某一地区，而且要使每个分销点的顾客数目大致相等。

4）设施定位模型

设施定位模型用于确定一个或多个设施的位置。在物流系统中，仓库和运输线路共同组成了物流网络，仓库处于网络的节点上，节点决定着线路，如何根据供求的实际需要并结合经济效益等原则，在特定区域内设立多少仓库，每个仓库的位置，每个仓库的规模，以及仓库之间的物流关系等，运用此模型均能得到解决。

6.3.4 GPS 技术

全球卫星定位系统(Global Positioning System,GDS)最早是由美国军方在 20 世纪 70 年代初从“子午仪卫星导航定位”技术发展起来的，是具有全球性、全能性(陆海空)、全天候特点的导航定位、定时、测速系统。

1. GPS 的系统构成

GPS 由三大子系统构成：空间卫星系统、地面监控系统、信号接收系统。

1）空间卫星系统

空间卫星系统由均匀分布在 6 个平面上的 24 颗高轨道工作卫星所构成，每个轨道平面与赤道平面的倾角为 55°，轨道平面间距 60°。在各轨道平面内，卫星升交角距差 90°，每个轨道上的卫星总比西边相邻轨道上的相应卫星超前 30°。在实际的应用中，空间卫星系统的卫星数量一般要超过 24 颗，以便能够及时更换损坏或老化的卫星，来保障系统正常运行。

每 12 个小时各卫星就要沿着近圆形轨道绕地球旋转一周，由星载高精度原子钟控制无线电发射机在“低噪音窗口”附近发射载波，向全球的信号接收系统不停地播发 GPS 导航信号。运用 GPS 工作卫星组网后，全球的任一地点在任一时刻都可以观测到 4 颗以上的卫星，最多可以达到 11 颗，来实现连续、实时的导航和定位。

GPS 卫星向用户发送的导航电文信号包括两种载波和两种伪噪声码即 C/A 码和 P 码。这些 GPS 信号的频率皆源于 10.23MHz(星载原子钟的基频)的基准频率。基准频率与各信号频率之间存在一定的比例，其中以 P 码作为精确码，美国为了自身的利益，只有美国军方、政府机关以及得到美国政府批准的民用用户才能够使用；C/A 码为粗码，其定位和时间精度均低于 P 码，目前，全世界的民用客户均可免费使用。

2）地面监控系统

地面监控系统由 5 个监测站、一个主控站和三个注入站构成。该系统的作用是对空间卫星系统进行监测、控制，并向每颗卫星注入更新的导航电文。

(1) 监测站。监测站的作用就是用 GPS 接收系统来测量每颗卫星的伪距和距离差，采集气象数据，并将这些数据传送到主控站。5 个监控站的数据采集中心均无须人工值守。

(2) 主控站。主控站的作用是接收各监测站的 GPS 卫星观测数据、卫星工作状态数据、各监测站和注入站自身的工作状态数据。

(3) 注入站。注入站的作用是接收主控站送达的各卫星导航电文并将之注入飞越其上空的每颗卫星。

3）信号接收系统

信号接收系统主要由 GPS 卫星接收机和 GPS 数据处理软件构成。

(1) GPS 接收机。GPS 卫星接收机的基本结构分天线单元和接收单元两部分。天线单元的主要作用是：当 GPS 卫星从地平线上升起时，能捕获、跟踪卫星，接收放大 GPS 信号。接收单元的主要作用是：记录 GPS 信号并对信号进行解调和滤波处理，还原出 GPS 卫星发送的导航电文，以实时地获得定位、测速、定时等数据。

(2) GPS 数据处理软件。GPS 数据处理软件是 GPS 用户系统的重要部分，其主要功能是对 GPS 接收机获取的卫星测量记录数据进行"粗加工"、"预处理"，并对处理结果进行再处理。从而解得测站的三维坐标，测体的坐标、运动速度、方向和精确时刻。

2. GPS 技术的分类

GPS 技术按待定点的状态分为静态定位和动态定位两大类。静态定位是指在观测过程中待定点的位置固定不变，如 GPS 在大地测量中的应用。动态定位是指待定点在运动载体上，在观测过程中待定点在运动载体上不断发生变化，如 GPS 在船舶导航中的应用。静态相对定位的精度一般在几毫米到几厘米范围内，动态相对定位的精度一般在几厘米到几米范围内。

对 GPS 信号的处理从时间上划分为实时处理和后处理。实时处理就是一边接收卫星信号一边进行计算，获得目前所处的位置、速度及时间等信息；后处理是指把卫星信号记录在一定的介质上，再统一进行数据处理。一般来说，静态定位用户多采用后处理，动态定位用户多采用实时处理。

3. GPS 在物流领域的应用

1）货物跟踪

GPS 计算机信息管理系统可以通过 GPS 和计算机网络实时地收集全路列车、机车、车辆、集装箱及所运货物的动态信息，实现对陆运、水运货物的跟踪管理。只要知道货车或船舶的编号就可以立即从铁路网或水运网中找到该货车或船舶，知道它们现在所处位置，距离运输目的地里程，以及所有装运货物的信息。利用 GPS 和电子地图可以实时显示车辆或船舶的实际位置，并任意放大、缩小、还原、换图，可以使目标始终保持在屏幕上，还可实现多窗口、多车辆、多屏幕同时跟踪。运用这项技术可以大大提高运营的精确性和透明度，为货主提供高质量的服务。

2）与 GIS 结合解决物流配送

物流包括订单管理、运输、仓储、装卸、送递、报关、退货处理、信息服务及增值业务，全过程控制是物流管理的核心问题。商家必须全面、准确、动态地把握散布在全国各个中转仓库、经销商、零售商以及汽车、火车、飞机、轮船等各种运输环节之中的产品流动状况，并据此制订生产和销售计划，及时调整市场策略。因此对大型供应商而言，没有全过程的物流管理就不可能建立有效的分销网络。对于大型连锁零售商而言，没有全过程的物流管理就谈不上建立配送体系。对于第三方物流服务商，仓储物流中心，没有面向全过程的物流管理服务就很难争取到客户的物流业务。

物流配送的过程主要是货物的空间位置转移过程，在物流配送过程中，要涉及货物的运输、仓储、装卸、送达等业务环节，对各个环节涉及的问题（如运输路线的选择、仓库位置的选择、仓库容量设置、合理装卸策略、运输车辆调度和投递路线选择等）进行有效管理和决策分析，有助于物流配送企业有效地利用现有资源，降低消耗，提高效率。事实上，仔细分析各个环节存在的问题就可以发现，上述问题都涉及地理要素和地理分布。凡涉及地理分布的领域都可以应用 GIS 技术，GIS/GPS 技术是全程物流管理中不可缺少的组成部分。

6.4 电子商务与物流的关系

商业交易过程是复杂的，包括信息收集、询价、报价、发送订单、应答订单、发货接货、支付汇兑等，涉及资金流、物流、信息流的流动。当上述过程都借助电子工具完成时，可称为一次完善的电子商务过程。电子商务与物流的关系是一种互为条件、互为动力的关系。

6.4.1 现代物流是电子商务发展的必备条件

1. 现代物流技术为电子商务快速推广创造条件

电子商务是各参与方之间以电子方式完成的业务交易。通常，每笔成功的电子商务交易都需具备三项基本要素：物流、信息流和资金流。其中，物流是基础，信息是桥梁，资金是目的。每天在全球范围内发生着数以百万计的商业交易，每一笔商业交易的背后都伴随着物流和信息流，贸易伙伴需要这些信息以便对产品进行发送、跟踪、分拣、接收、存储、提货以及包装等。在信息化高度发展的电子商务时代，物流与信息流的相互配合变得越来越重要：在供应链管理中必然要用到越来越多的现代物流技术。

从广义上讲，物流技术是指与物流要素活动有关的所有专业技术的总称，包括各种操作方法、管理技能等，如流通加工技术、物品包装技术、物品标识技术、物品实时跟踪技术等；物流技术还包括物流规划、物流评价、物流设计、物流策略等。物流业在采用某些现代信息技术方面的成功经验，为电子商务的推广铺平了道路。

由于电子商务的发展还处于成长期，人们对电子商务中物流的作用还有待进一步认识，但可以基本明确物流对电子商务可以起到如下作用：集成电子商务中的商流、信息流与资金流，提高电子商务的效率与效益；扩大电子商务的市场范围；协调企业电子商务发展目标，优化资源组合，实现基于电子商务的供应链集成；支持电子商务的快速发展，使电子商务成为更具竞争力的商务形式。

2. 物流配送体系是电子商务的支持系统

现代物流配送可以为电子商务用户提供多方面服务，根据电子商务的特点，对整个物流配送体系实行统一的信息化管理，按照用户网上输入的订货要求，配送服务商家在物流基地进行理货、配货作业，并根据计算机选择的最优路线将配好的货物送交收货人。先进的配送方式对物流企业提高服务质量、降低物流成本，从而提高企业的经济效益及社会效益具有重要意义。

回顾配送制的发展历程，可以说经历了两次革命。初期阶段就是送物上门，为了改善经营效率和巩固市场地位，许多商家采用把货送到买主手中，这是物流业务的第一次革命；第二次物流革命是伴随着电子商务的出现而产生的，这次变革不仅影响物流配送本身，也影响上下游系统，包括供应商、消费者，物流配送的信息化及网络技术的广泛应用所带来的影响，使物流配送效率大为提高。下面对此略加分析。

1）电子商务对物流配送观念的冲击变革

传统的物流配送企业需要置备大面积的仓库，而电子商务系统网络化的虚拟企业将散置在各地的分属不同所有者的仓库通过网络系统连接起来，使之成为“虚拟仓库”，进行统一管理和调配使用，服务半径和货物集散空间都放大了。这样的企业在组织资源的速度、规模、效率和资源的合理配置方面都是传统的物流配送所不可比拟的，物流观念也必须更新。

2）网络对物流配送的实时控制代替了传统的物流配送管理程序

一种先进系统的使用，会给企业带来全新的管理方法。传统的物流配送过程是由多个业务流程组成的，受人为因素和时间影响很大。计算机网络的应用可以实现整个过程的实时监控和实时决策，新型的物流配送的业务流程都由网络系统连接，当系统的任何一个神经末端收到一个需求信息的时候，该系统都可以在极短的时间内做出反应，拟订详细的配送计划，通知各环节开始工作。这一切工作都是由计算机根据人们设计好的程序自动完成的。

3）物流配送的时间在网络环境下大大缩短，对配送速度提出了更高的要求

在传统的物流配送管理中，由于信息交流的限制，完成一个配送过程的时间比较长，现在随着网络系统介入，这一时间变得越来越短，任何一个有关配送的信息都会通过网络管理在几秒钟内传到有关环节。

4）网络系统的介入，简化了物流配送过程

传统物流配送过程较为烦琐，在网络化的新型物流配送中心里可以大大缩短这一过程，大量机械性、重复性的工作都交给计算机和网络系统去处理，留给员工的是能够给人以激励、挑战的工作。

6.4.2 电子商务为物流企业提高效率和效益提供了技术条件及市场环境

电子商务的兴起，为物流产业带来了更为广阔的增值空间，网络技术为物流企业建立高效、节省的物流信息网提供了最佳手段。当然，目前物流业因不能适应电子商务快速发展而暴露出一些缺陷，但这恰恰是现代物流服务产业无限商机的源泉。电子商务对配送需求的多样性与分散性，为物流企业整合系统内资源提供了内在动力与外在需求，电子商务同时为物流功能集成化、物流服务系列化和增值化提供了运作空间。

1. 电子商务为物流功能集成创造了有利条件

电子商务的发展加剧物流业的竞争，竞争的主要方面不是硬件而是软件，是高新技术支持下的服务，提高知识含量，是物流业介入电子商务的实质。电子商务可以表现为很多技术的应用，但只是一种服务形式，只有通过技术和业务的相互促进。才能实现形式与内容的统一。电子商务公司希望物流企业提供的配送不仅仅是送货，而是最终成为电子商务公司的客户服务商，协助电子商务公司完成售后服务，提供一系列增值服务内容，如跟踪产品订单、提供销售统计、代买卖双方结算货款、进行市场调查与预测，提供采购信息及咨询服务、协助选择与规划物流方案、提供库存控制策略建议、实施物流教育培训等系列化服务，进一步增加电子商务公司的核心服务价值。

2. 电子商务为物流企业实现规模化经营创造了有利条件

电子商务这一现代商业模式为物流企业实施网络化与规模化经营搭建了理想的业务平台。物流企业借此契机，可以较方便地建立起自己的营销网、信息网、配送网。当然，网络化经营的运作方式不一定全部要由物流企业自己来完成，第三方物流企业应是集成商，通过对现有资源的整合来完善自己的网络，实现物流功能的集成化。这一集成化重点在于将物流与供应链的其他环节加以集成，诸如物流渠道与商流渠道的集成、物流渠道之间的集成、物流功能的集成、物流环节与制造环节的集成等。物流系统的竞争优势主要取决于它的一体化，即功能整合与集成的程度。

3. 电子商务促进物流基础设施的改善和物流管理水平的提高

1）电子商务促进着物流基础设施的改善

电子商务高效率和全球性的特点，要求物流也必须达到这一目标。而物流要达到这一目标，良好的交通运输网络、通信网络等基础设施则是最基本的保证。

2）电子商务促进物流技术进步

物流技术主要包括物流硬技术和软技术。物流硬技术是指在组织物流过程中所需的各种材料、机械和设施等；物流软技术是指组织高效率的物流所需的计划、管理、评价等方面的技术和管理方法。从物流环节来考察,物流技术包括运输技术、保管技术、装卸技术、包装技术等。物流技术水平的高低是决定物流效率高低的基本因素,要建立一个适应电子商务运作的物流系统,提高物流的软硬件技术水平是必不可少的。

3）电子商务的虚拟技术为提高物流经营管理水平提供了工具

电子商务的虚拟化与全球化发展趋势促使物流企业加强自身网络组织建设。电子商务的发展要求物流配送企业具有在最短的时间内完成广阔区域(包括国内外)物流任务的能力,同时保持合理的物流成本。如果没有这种能力,商品供应、补货及配送的及时性得不到保证,就会影响企业信誉以及商品市场占有率。要完成这种任务,必须建立全程服务的物流配送网络。总体而言,我国整个物流产业的网络化程度不高,尚处于发展的初级阶段。为适应网络经济时代的要求,物流企业应该通过互联网整合、重组现有的物流手段,加强与其他物流服务商的协作,充分利用虚拟技术提供的便利条件,以网络化带动海陆空一体化物流平台的建设,发展物流网上交易市场,从而提高物流资源综合利用率和服务水平。

4. 电子商务影响和改变着物流运作形态

1）电子商务可使物流企业实现网络实时控制

传统的物流活动在其运作过程中,不管其是以生产为中心,还是以成本或利润为中心,其实质都是以商流为中心,从属于商流活动,因而物流的运动方式是紧紧伴随着商流来运动。而在电子商务下,物流的运作是以信息为中心的,信息不仅决定了物流的运动方向,而且也决定着物流的运作方式。在实际运作过程中,通过网络上的信息传递,可以有效地实现对物流的实时控制,实现物流的合理化。

网络对物流的实时控制是以整体化物流为基础的。在传统的物流活动中,虽然也有依据计算机对物流实时控制,但这种控制都是以单个的运作方式来进行的。例如,在实施计算机管理的物流中心或仓储企业中,所实施的计算机管理信息系统,大都是以企业自身为中心来管理物流的。而在电子商务时代,网络全球化的特点可使物流在全球范围内实现整体的系统的实时控制。

2）电子商务改变着物流企业对物流的组织和管理

在传统经济条件下,物流往往是从某一企业出发来进行组织和管理的,而电子商务则要求物流从社会的角度来实行系统的组织和管理,以打破传统物流分散的状态。这就要求企业在组织物流的过程中,不仅要考虑本企业的物流组织和管理,也要考虑全社会的整体系统。

电子商务环境下的物流是信息化物流。物流企业采用网络化设备、软件系统及先进的管理手段,严格按用户订货要求,进行一系列分类、编配、整理、分工、配货等理货工作,定时、定点、定量地交给广阔地理范围内的各类用户,满足其对商品的需求。这种新型物流更容易实现信息化、自动化、现代化、社会化、智能化、合理化、简单化,使货畅其流,物尽其用,既减少生产企业库存,加速资金周转,也提高物流效率,降低物流企业成本。

3）电子商务改变着物流企业的竞争状态

在传统经济活动中,物流企业之间存在激烈的竞争,这种竞争往往是依靠本企业提供优质服务、降低物流费用等方面来进行的。在电子商务时代,这些竞争内容虽然依然存在,但重要性却降低了，原因在于电子商务需要全球性、综合性的物流系统来保证商品实体的合理流动。对于单个企业来说，即使它的规模再大，也难以达到这一要求。这使得企业之间出现了竞争与合作的双重需要，要求物流企业形成一种协同竞争的状态，以实现物流高效化、合理化、系统化。

由于竞争方式的变化，电子商务环境对物流人才也提出了更高要求。电子商务不仅要求物流管理人员具有较高的物流管理水平，而且要具有电子商务知识，并能在实际运作过程中将两者有机地结合在一起。

5. 电子商务环境要求物流企业创新客户服务模式

电子商务的即时性要求物流企业创新其客户响应模式，建立良好的信息处理系统和传输系统，构建供应链系统的信息平台。当经济的原动力已从实物的传递转向大规模的信息电子化传递时，提供专业化的物流服务不但要求物流硬件网络的建设，同时要求信息网络的建设和物流管理水平不断升级。因此，要注重积极开发物流信息技术，增加企业管理中的信息科技含量，建立物流管理信息系统。在大型的国际配送公司里，都建立有高效客户反应(Efficient Customer Response)系统，以便对客户要求在第一时间做出反应。随着互联网的普及，市场竞争的优势不再取决于企业拥有的物质资源的多少，而在于它能调动、协调以及最终能整合多少社会资源来增加自己的市场竞争力。因此，企业竞争将是以物流系统为依托的信息联盟或知识联盟的竞争。在电子商务条件下，速度已上升为物流企业最主要的竞争手段。所以，在物流体系内采用EDI、GIS、GPS等技术已成为重要趋势，从而在物流联盟企业之间建立稳定的信息沟通渠道。

6. 电子商务推动着物流社会化

信息技术和电子商务的发展，推动着传统物流向现代社会化物流的方向发展。Internet在这一转变过程中起了关键作用，Internet在物流领域的应用使物流效率极大提高，加快了对客户需求的反应速度，削弱了行业和地区界限，减少物流环节，简化了物流过程，提高了客户服务水平，合理降低实物库存水平，并且不降低供货服务水平。Internet的关键作用主要表现在三个方面。

1) Internet有利于社会资源的整合

Internet将物流的空间概念转化为时间概念，减少了硬件设施的投入，降低了成本，有利于对现有社会经济资源的整合。目前各地正在或准备建设一些大型的物流配送中心，而基于互联网的信息可以避免重复建设，只需利用Internet整合现有的硬件资源也可达到提高物流能力的目的。

2) Internet为物流企业的发展提供了同等机遇

Internet的平等特性使大型物流企业的信息、技术优势相对削弱了，中小物流企业通过信息共享、运力调配、仓储设施共享等，也可以增强市场竞争地位，有助于打破行业寡头垄断，发展跨行业社会化服务。从市场营销的角度来看，现在顾客所要求的不仅是商品的质量、性能、价格，他们更需要的是无形的服务，并且是连续性服务，自始至终的服务。在客户服务要求激增、时间性成本管理和经济全球化的趋势下，真正的竞争已不在单个的企业间，而是供应链之间的竞争，物流是供应链的重要环节，同时也面临提供高附加值服务的内外压力。传统物流企业的物流服务能力面临严峻考验：物流时间长、物流过程复杂、物流成本高、库存管理效率差以及高风险性等，要缓解这些矛盾的唯一途径是实现物流网络化。通过物流合理化、物流资源共享化等措施来提升物流服务的竞争能力。

3）推动物流信息网络的建设

物流营运网络的建设过程也是物流信息网络的建设过程。我国物流企业目前计算机信息管理应用水平整体较低，信息系统主要采用电话和传真进行信息交流，信息交换渠道不完善，信息管理的方式比较落后，影响物流业的社会化方向发展。研究表明，大型企业通过社会化配送中心进行市场配销，可比自行设立物流网络节省成本2～3成，对企业而言，可大幅降低成本；对整个社会来说，可避免重复建设，节约社会经济运行成本。

6.4.3 电子商务企业的物流模式

完整的电子商务应该能够顺利完成商流、物流、信息流和资金流四方面的交流，在商流、信息流、资金流都可以在网上快速完成的情况下，现代物流体系的建立被看作是电子商务发展的决定性业务环节。电子商务物流体系可以考虑以下几种组建模式。

1. 电子商务与普通商务活动共用一套物流系统

对于已经开展普通商务的公司，可以建立基于 Internet 的电子商务销售系统，同时可以利用原有的物流资源，承担电子商务的物流业务。拥有完善流通渠道的制造商或经销商开展电子商务业务，比 ISP、ICP 或因特网站经营者更加方便。

国内从事普通销售业务的公司主要是制造商、批发商、零售商等。制造商直接销售的趋势在20世纪90年代表现得比较明显，从专业分工的角度看，制造商的核心业务是商品开发、设计和制造，但为了提高市场竞争力，越来越多的制造商不仅建立了庞大的销售网络，而且有覆盖整个销售区域的物流、配送网，有些大型制造企业的生产人员可能只有4000～5000人，但营销人员却有上万人；有些制造企业的物流设施比专业流通企业的物流设施更先进，完全可能利用原有的物流网络和设施支持电子商务业务，开展电子商务基本不需要新增物流方面的投资。对这些企业来讲，比投资更为重要的是物流系统的重新设计和物流资源的合理规划整合。批发商和零售商应该比制造商更具有组织物流的优势，因为其主业就是流通，电子销售物流业务可以与一般销售的物流业务一起安排。

2. 自己组建物流企业

因为国内的物流公司大多是由传统的仓储、运输公司转型而来的，往往不能充分满足电子商务的物流需求，因此，国内一些企业与国外的信息企业合资组建电子商务公司时解决物流配送问题的办法往往是自己组建物流企业。国外企业希望借助他们在国外开展电子商务的先进经验在中国开展物流业务，但因为信息业务与物流业务是截然不同的两种业务，企业必须对跨行业经营产生的风险进行严格的评估，新组建的物流公司必须按照物流的客观规律运作才可能成功。在电子商务发展初期阶段、物流配送体系不够完善的情况下，不要把电子商务的物流服务水平定得太高。可以注意培养和扶持物流服务供应商，让专业物流服务商为电子商务提供物流服务。

3. 外包给专业物流公司

将物流外包(Out-sourcing)给第三方物流公司(TPL Service Provider)是跨国公司管理物流的通行做法。按照供应链的理论,将不是自己核心业务的业务外包给从事该业务的专业公司去做,从原材料供应到生产和销售等各个环节的各种职能,都由在某一领域具有专长或核心竞争力的专业公司互相协调和配合来完成,这样形成的供应链具有更强大的竞争力。例如,康柏公司(Compaq)将物流外包给 Exel 公司;戴尔公司(Dell)将物流外包给联邦快递(FedEx);亚马逊公司(Amazon)在美国国内的电子商务物流业务由自己承担,美国以外的物流业务则外包给联合包裹公司(UPS)去做。将物流配送业务外包给第三方是电子商务经营者组织物流的较为理想的方案。但我国的第三方物流企业目前还相对落后,要适应电子商务的发展需要进行改造。中国加入 WTO 后,发达国家的物流公司进入中国物流领域提供服务,加剧国内物流行业的竞争,对促进电子商务的发展有好处。

4. 第三方物流企业建立电子商务系统

区域性、全国性或全球性的第三方物流企业具有物流网络上的优势,这些企业发展达到一定规模后,会将其业务沿着主营业务向供应链的上游或下游延伸,向上延伸到制造业,向下延伸到销售业。例如,1999 年世界最大的快递公司美国联邦快递决定与一家专门提供 B2B 和 B2C 解决方案的 Intershop 通信公司合作开展电子商务业务。联邦快递一直认为自身公司从事的不是快递业而是信息业,其进军电子商务领域的理由有两个:第一,公司已经有覆盖全球 211 个国家的物流网络;第二,公司内部已经成功地建立了信息网络(Powership Network),可以使消费者在全球通过因特网浏览跟踪其发运包裹的状况,这样的信息网络和物流网络的结合完全可以为消费者提供完整的电子商务服务。联邦快递这样的第三方物流公司开展电子商务销售业务,完全有可能更充分地利用现有的物流和信息网络资源,使两个领域的业务实现专业整合,提高企业效率和效益。

6.5 案例两则

6.5.1 天猫商城的物流体系

1. 天猫商城物流体系的发展概况

天猫商城源自淘宝网的淘宝商城,因此,研究天猫商城的物流体系,需要研究淘宝网物流体系的建设和发展。

淘宝网成立以后,一直坚持不自建物流而选择社会化物流的物流策略。淘宝专心打造网购平台,吸引商家和消费者,而所有物流配送均由第三方的物流快递公司来完成。

在物流的运作上,淘宝网先与各大物流公司签订合作协议,约定物流提供内容、方式、价格、监控、投诉、索赔等,然后把所有物流公司的相关信息汇总发布到网站供买卖双方选择。买卖双方在线完成交易以后,根据淘宝提供的物流供应商来自由选择合适的服务。这种社会化的运作方式推动了淘宝网的快速成长和壮大，交易量的持续高速增长证明了淘宝物流策略的正确性。与此同时，淘宝的快速发展也极大地促进了以"四通一达"(申通快递、圆通速递、中通速递、汇通快运、韵达快运五家民营快递的合称)为代表的我国快递业的发展。

然而，由于我国的物流基础薄弱，物流公司运作效率低下等原因，物流的发展水平远远跟不上淘宝的成长速度，物流配送过程中问题频频出现。淘宝网逐渐意识到物流对于企业发展的重要性，逐渐调整物流策略并做出相应部署。

2008年，马云联手郭台铭投资1亿元成立百世物流，开始涉足物流业。

2009年，淘宝网开始联合诸多国内物流企业，在京、沪、深等地与第三方共建物流基地与配送中心。

2010年3月，阿里巴巴宣布战略投资国内最大的物流企业之一——星辰急便速递有限公司。

2010年6月，在淘宝商城的强力助推下，淘宝的物流战略骤然升级。淘宝网正式推出物流宝平台，物流宝平台是指由淘宝网联合国内外仓储、快递、软件等物流企业组成服务联盟，提供一站式电子商务物流配送外包服务，解决商家货物配备(集货、加工、分货、拣选、配货、包装)和递送难题的物流信息平台。随后，淘宝推出大物流计划，计划包括三大块内容，分别是基于物流信息、交易消息和商家ERP系统全面打通的物流宝平台、物流合作伙伴体系和物流服务标准体系。"淘宝大物流计划"让淘宝拥有更多的话语权，通过"物流服务标准体系"对物流商的送货时间、服务质量等具体环节实现有效控制。

2011年1月，阿里集团对外宣布物流升级战略。一期投资200亿～300亿人民币，在东北、华北、华东、华南、华中、西南和西北七大区域选择中心位置进行仓储设施建设，二期与其他合作伙伴共同集资1000亿元人民币，发展物流系统，搭建更加开放的物流平台。马云表示阿里巴巴仓储定位为专业的物流地产商和开放的社会化仓储服务平台，任何物流企业、淘宝网的卖家、独立的B2C电子商务网站等都可以使用阿里仓储的公共服务，并强调阿里物流只做两件事：一个是淘宝网的订单开放查询系统，二是仓储平台，不会做将货送到家门口的(配送)工作。阿里巴巴集团曾鸣将之概括为"阿里只做两件事情，物流宝(也就是信息管理系统)和仓储(只负责建仓不负责管理运营)，原则上不再介入物流中其他环节"。

以金字塔模型来做类比，仓储相当于塔基、物流宝(信息管理)相当于塔顶。在马云看来，只要控制信息系统(塔顶)与仓储环节(塔底)，就能控制整个物流系统——从进货、上架到接收订单后出货、运输、配送等环节皆可掌控。在物流宝、仓储之间的所有环节，完全可以交给第三方公司处理，因此也可将阿里巴巴物流平台称为"第四方物流平台"——整合第三方物流资源，提供更广泛独特的供应链解决方案。"第四方物流平台"无疑是一项庞大的计划，仅仅建设仓储就将耗费巨资，更艰巨的还在于阿里集团如何将第三方物流服务公司整合到自身的平台上，要平衡多种利益关系，同时也具备强大的数据运算能力。

2012年5月，为应对B2C市场更为激烈的竞争，天猫物流发布新的物流战略，开始整合第三方快递服务，宣布与包括顺丰、EMS百世、汇通在内的九大一线物流公司合作，推出更多优质的特色物流服务。该战略的具体内容是：天猫商城承诺在2012年年底前，为合作快递公司带来超过50亿元的服务贸易交易额，并与9家快递企业实现数据打通和分享。而快递公司则为天猫商城定制多项专属服务，双方共同推动电子商务物流服务的全面升级：其中,EMS将为天猫商城定制覆盖73个城市,总长度超过40万千米,1400多条线路的次日达服务,除打通北上广等一线城市外,在部分二、三线城市也将实现点对点投递;圆通、韵达、中通三大公司也将针对天猫平台推出累计覆盖82个城市、近4000条快递线路的承诺时效服务,承诺在相应城市1～3天规定时限内送达,如果出现延迟,消费者可以获得5～10元快递费赔偿。同时,各公司各线路均按照此前标准,快递价格不会上涨。针对消费者的不同需求,顺丰、申通、宅急送、百世汇通、海航天天等公司还将陆续推出诸如快捷货到付款、晚间配送、预约时间上门、退换货服务、消费者自提等特色产品。这是天猫物流在社会化物流协作方向推进的最新成果之一,敢于推出确定性配送服务,一方面表明天猫物流跟快递公司的合作在深入,另一方面也表明了快递业服务品质在提升。

2. 天猫商城物流模式的优点

(1) 整合第三方的社会化物流模式有助于天猫节省成本,集中精力发展主营业务。相对于京东在仓储、配送等方面的巨额投入,天猫的社会化物流战略在财务上负担较轻。自建物流需要投入大量的资金购买物流设备,包括建设仓库、设立运输队伍等,而天猫的物流策略则省去了很多方面的投入。即使是现在规划的仓储平台建设,天猫也只是负责仓储中心的选址和建设,仓储的管理由高效的信息系统、快递公司以及为数众多的卖家来合作完成。

(2) 社会化物流由专业的第三方物流来操作,更加专业和高效。淘宝系与目前国内的几大民营快递企业是同步发展起来的,淘宝造就了这些民营快递企业,而民营快递企业的快速发展也推动了淘宝的发展壮大。经过多年的积累,各大快递公司已经积累了相当的经验,也打造了一些具有优势的项目和区域,如"四通一达"已经在国内建立了完备的渠道和网络,目前已经占据了国内快递行业的半壁江山,在华东、华南基础更雄厚。天猫则完全可以利用这些专业的快递公司的优质资源,开展更有效率的配送服务。

(3) 社会化物流有助于天猫构建更加专业的物流生态系统,提高物流效率。淘宝系从成立之初就明确了不做物流的计划,与第三方物流企业多年的合作也让淘宝系更加明确自己的物流战略,加深与第三方快递公司的合作,提高整体的物流运作效率。

(4) 社会化物流有利于促进第三方物流公司提高服务质量。首先,第三方快递公司出现的一些问题为消费者所诟病,这些快递公司自身有变革发展的迫切愿望。其次,大物流计划的推广、物流宝系统和物流服务标准体系的建立,会督促第三方物流快递公司改善服务、提高质量以适应不断发展变化的市场需求。

3. 天猫商城物流模式的缺点

(1) 社会化物流不利于天猫商城对于物流服务的管控。天猫商城作为目前国内市场份额最大的B2C平台企业,在为消费者提供质优价廉的商品和便利支付方式的同时,也必须要提供与之匹配的优质物流服务。社会化物流尽管帮天猫商城节约了大量的物流成本,让其能够专注于发展商流、资金流和信息流服务,但对物流服务的掌控能力相对较弱,而物流服务质量会影响到消费者对天猫商城的忠诚度。在配送时效和一些特色物流服务上,虽然2012年天猫推出一系列举措,包括限时到达、晚到赔偿等服务,但是这些物流服务的最终实现需要快递公司来落实,天猫只能起到督促的作用。近年来,天猫的"双十一"促销和年底大促销，往往会让快递公司爆仓，出现发货延迟甚至发错货的情况，影响客户信心。

(2) 社会化物流策略易受到第三方物流公司发展的制约。首先，与天猫合作的第三方物流公司，绝大多数是伴随着淘宝的发展而发展起来的民营快递企业，他们的业务形态单一，一般只能够提供快递服务，而且淘宝的业务量往往占据了他们整体业务量的七成以上。在淘宝网初期迅速发展的阶段，业务量年年剧增，各大物流公司根本无暇顾及企业长远发展战略的规划，单一的业务形态造成了物流服务的重复和低效，不能提供差异化的服务。从长远看，这不符合 B2C 电子商务发展对物流的要求；其次，民营的第三方物流公司多采用加盟模式，虽然能够在短期内实现低成本快速扩张，但由于加盟模式门槛低，加盟企业容易出现各自为政、为自身短期利益而牺牲质量和品牌等弊端，这对天猫的物流服务品质也会带来不利影响。

案例思考题

1. 试分析天猫商城物流模式发展的合理性。
2. 电子商务企业应如何利用社会化物流的优点，避免其缺点？

6.5.2 Bolero 电子提单

1. Bolero 电子商务平台

Bolero. net(Bills of Lading Electronic Registry Organization)电子商务平台是在 1985 年由联运协会 TT Club(Through Transport Club)和 SWIFT(Society for Worldwide Interbank Financial Telecommunication)发起成立。1995 年成立 Bolero Association Limited 公司，1998 年建立 Bolero International Limited 公司。并于 1999 年 9 月 27 日正式向全球推出。

众所周知，SWIFT 专门从事成员国之间金融业务安全通信服务，该组织目前服务于遍布全球 206 个国家和地区的近 8000 个金融机构，已安全运营几十年，在 EDI 数据安全交换和管理电子交易方面有丰富的经验和极高的声誉。因此，借助于 SWIFT 组织可以加快实现全球贸易的电子化金融服务。而 TT Club 服务的对象包括 150 个国家的海运、港口、货物承揽等物流运营商，业务覆盖全球 70％的集装箱船队、2000 多个港口、4000 多个物流企业，足以扮演全球贸易物流中心的角色。因此这两个机构的合作，成为实现跨行业的全程国际贸易服务平台的关键。

在 1999 年春夏季进行的 Bolero. net 测试计划中，参与计划的就有 120 家跨国公司，其中包括当时全球第五大公司(日本最大贸易公司)——三井株式会社 Mitsui、全球最大的邮购公司——德国 Otto Versand、全球最大的货品贸易公司 Cargill、全球最大的集装箱海运公司——中国台湾长荣海运公司(Evergreen Marine Corporation)。目前，Bolero Association 的会员包括了全球几乎所有重要的银行和金融机构、船运公司、保险机构和数百家跨国公司，并有更多的商务机构、管理咨询机构、技术服务提供商不断加入 Bolero，成为其会员(Member)或战略合作伙伴(Partner)。我国的中远集团和香港的中银集团已经是 Bolero 的重要成员。

Bolero 最重要的服务项目有下列两项。

(1) 核心商务平台(The Core Messaging Platform,CMP)负责进行用户之间或用户与Bolero 系统之间的电讯传递,并对所传递的电讯进行记录和跟踪。对电讯内容保存一段合理的时间以备查询。

(2) 权利注册系统(The Title Registry)是记录电子提单的内容、相应权利和义务关系设立及变更的数据库。在一定意义上,该系统能行使纸质提单功能。电子提单的创建、修改和流转均必须由有权用户采用向权利注册系统发出"权利注册指令"的形式进行。Bolero 提供的电子式海运提单称为 Bolero 提单(Bolero Bill of Lading,BBL)。

2. Bolero 电子提单的使用

Bolero 电子提单的创建、转让、质押、交回均需以电讯形式向权利注册系统发出指示,通过在其中创建、更改记录的方式完成。同时,核心电讯系统会监控每一份电讯并进行记录备查(电讯的摘要最长可以保存 20 年)。

(1) 创建。当承运人按发货人的要求签发一份电子提单时,他应通过核心电讯平台向权利注册系统发出一个指令创建一份提单,按规定的格式输入发货人、收货人(或通知方)、货物描述等提单上需载明的内容,然后指定一个提单的持有人。

(2) 流转。提单的流转将通过指定另一个提单持有人的方式进行,"指定"必须由当前的提单持有人向权利注册系统发出指令完成。

(3) 修改。提单内容的修改必须由承运人根据持有提单的发货人的请求,来修改权利注册系统中的记录。

(4) 提货。当最后收货人(或通知方)成为提单的持有人时,他可以将提单交回给承运人或承运人指定的其他人并要求提货。

3. Bolero 电子提单的安全性

可以将电子提单的安全要素概括为网络的安全性、交易者身份的真实性、数据电讯的机密性和完整性、数据电讯的合法有效性。Bolero 提单较好地解决了上述问题。

1) 电子提单网络安全体系的建立

Bolero 与用户之间使用安全套接层协议(SSL)连接。在标记语言方面,Bolero 系统主要使用 XML(扩展标记语言),XML 是"在这里输入资料,我们可以直接将其传送到企业流程中你希望传送信息去的地方",作为一种较新的语言,XML 使设计者容易以标准化的、连续的方式来描述并传输来自任意应用程序的结构化数据。

2) 电子提单的安全认证机构

在 Bolero. net 中,Bolero International Limited 不仅担任信息中介的角色,同时身兼认证机构的功能,负责用户的资格审查。Bolero 系统中的电子证书是将特定公开密钥和确定的人关联起来的数字记录。由于公开密钥与私人密钥是一一对应的,电子证书表明用于创建数字签名的私人密钥的持有人,数字签名可以用于认定该人。Bolero International Limited 是目前在 Bolero 系统中使用的所有证书的证明者,对每个操作服务合同中签发的证书承担重要责任和义务。

3）信息加密——数据电讯的机密性

SSL 协议有两种安全级别：40 位和 128 位，Bolero.net 使用的是 128 位。虽然其安全系数较高，但在加密技术的使用和进出口方面，各国法律限制太多，有待国家之间的法律协调。在 Bolero 为考察其法律可行性进行的调查所涉及的国家和地区中，法国控制加密技术的进口和使用；大多数对加密技术实行国内控制的国家（澳大利亚、加拿大、日本、新西兰、美国、多数欧盟成员国）采取不透明的控制体制，没有明确对密钥长度的规定，允许使用或进口控制的关于加密技术的其他客观标准。

4）数字签名的技术方式

Bolero.net 使用散列函数签名法，此法亦称数字摘要法（Digital Digest）、数字指纹法（Digital Fingerprint）。跟单独签名的 RSA 数字签名不同，它是将数字签名与发送的信息捆在一起，更适合电子商务。

在 Bolero.net 中，每个电讯必须数字签名，使用已经登记的 Bolero.net 用户的已经被鉴定的私人密钥。否则 Bolero 系统将抛弃此电讯。每个用户在电讯上的数字签名用 Bolero 系统数据中的证书核实。电讯在 Bolero International Limited 的数字签名下继续发送。接收者的用户系统可以核实 Bolero International Limited 的数字签名，而证书可以证实 Bolero International Limited 已经核实了原始电讯的数字签名。所有通过 Bolero 系统发送的文件和权利注册指令都附上数字签名和经核实的电讯。每个电讯、文件和权利注册指令的真实性因此得以保证。

案例思考题

1. 从提单性质角度来分析 Bolero 电子提单的安全性问题。
2. 比较 Bolero 电子提单与传统纸提单的区别。

本章思考题

1. 什么是物流？物流有什么特点？
2. 物流有哪些分类？各自说明什么内容？
3. 物流有哪些功能？
4. 对物流的地位和作用，有哪些理论观点？
5. 物流系统的内容是什么？
6. 物流管理包括什么内容？
7. 物流系统化包含哪些内容？
8. 简述电子商务与物流的相互关系。
9. 电子商务企业通常采用的物流模式有哪些？
10. 什么是第三方物流？什么是第四方物流？

相关内容网站

1. 中国商务部：www.mofcom.gov.cn。
2. 中国仓储物流网：www.ec56.com。

3. 货运网：www. cargolog. com。

4. 中国物流网：www. china-logisticsnet. com。

5. 天猫商城：www. tmall. com。

6. 联邦快递：www. fedex. com。

7. 中国国家邮政局速递局：www. ems. com. cn。

8. 全球货运网：www. tradiant. com。

9. 平湖物流中心：www. chinalogistics. com。

10. 戴尔公司：http://www. valuechain. dell. com。

第7章 电子商务与供应链管理

以现代信息技术为依托的电子商务的发展，使市场竞争更加激烈，也使企业与供应商、消费者之间的合作成为企业参与竞争的关键因素。越来越多的企业认识到21世纪的竞争不是企业与企业之间的竞争，而是以核心企业为中心的供应链之间的竞争。

7.1 供应链管理的基本理念

7.1.1 现代物流渠道——供应链

1. 供应链的含义

1）供应链的概念

供应链(Supply Chain)是指从物料获取并加工成中间件以至成品，再将成品送到用户手中的一些企业和部门的业务活动及其相互关系构成的网络，它包括物料来源、产品生产、运输管理、仓库管理甚至需求管理，通过这些功能的集成把产品和服务提供给最终用户。供应链实际上是由产品生产和流通过程中所涉及的原材料供应商、生产商、运输商、批发商、零售商以及最终消费者组成的供需网络系统，每一条供应链中包含的供应商、生产商、配送中心、运输商、零售商及消费者之间是一种相互依存的互利关系。

形象一点，可以把供应链描绘成一棵枝叶茂盛的大树：供应商是树根，生产企业(核心企业)构成树的主干，批发和零售经销商是树枝和树梢，满树的绿叶红花是最终用户，相通的脉络便是运输系统和信息管理系统。

供应链是社会化大生产的产物，是重要的流通组织形式和市场营销方式。它以市场组织化程度高、规模化经营的优势，有机地连接生产和消费，对生产和流通有着直接的导向作用。供应链分为内部供应链和外部供应链。内部供应链是指企业内部产品生产和流通过程中所涉及的采购部门、生产部门、仓储部门、销售部门等组成的供需网络；而外部供应链则是指企业外部的、与企业相关的产品生产和流通过程中涉及的原材料供应商、生产厂商、储运商、零售商以及最终消费者组成的供需网络。内部供应链和外部供应链共同组成了企业产品从原材料到成品到消费者的供应链。内部供应链可以看做是外部供应链的缩小化，如对于制造厂商而言，其采购部门就可看做外部供应链中的供应商。内部供应链与外部供应链的区别在于外部供应链范围大，涉及企业多，协调难度大。

2）供应链流程

供应链给企业提出了一个全新的管理理念，并不是企业内各部门之间建立起分工协作的一套流程就是供应链，也不是几个企业签订一个销售或供应协议就算供应链。整条供应链的关系相当复杂，涉及很多成员，每个成员都是供应链的一个环节。通常可把供应链上的成员分成三部分：供应链的上游是供应商，它提供服务或提供原材料、零部件等；供应链的中间是一个核心企业，通常是一家大型生产企业，它在整条供应链中起支柱作用；供应链的下游是销售商和消费者（见图 7-1）。各部分的相互关系是：首先，由消费者传递需求信息，经销商传递给核心企业，核心企业根据需求信息采购原料，安排生产；其次，从上游传递价值、质量、创新等信息到下游，方便了供应链上各环节选择适合的服务和产品；最后，从下游反馈变化了的真实信息给各环节，有利于各成员改进服务或产品的质量、降低成本，进而增强整条供应链的市场竞争力。

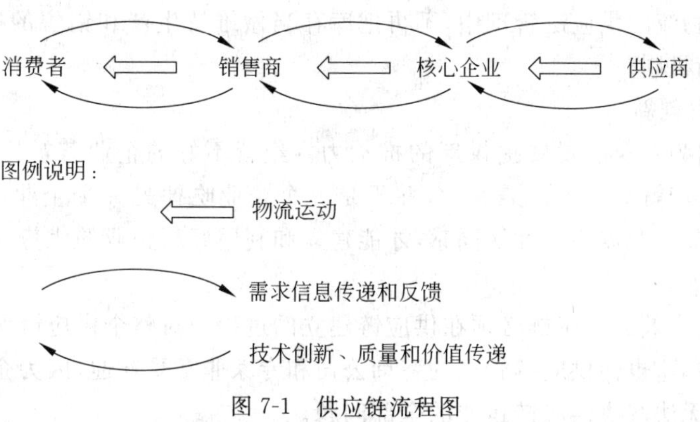

图 7-1 供应链流程图

供应链上的各企业应对自己的强项有明确的认识，根据优势互补的原则，选择合作伙伴，强强联合组成的供应链才是最好的。

3）供应链与传统物流渠道的区别

供应链是现代物流渠道，它改变了传统物流渠道的范围和内容，主要表现在两个方面。

（1）两条物流渠道的起点及环节不同。传统物流渠道是指商品从生产商手中送到消费者手里所经历的全过程。其起点从生产商开始（见图 7-2），包括生产商、销售商（代理商、批发商、零售商）和消费者，供应商不在其中；而供应链是从消费者开始，经销商到生产商、供应商的全过程。

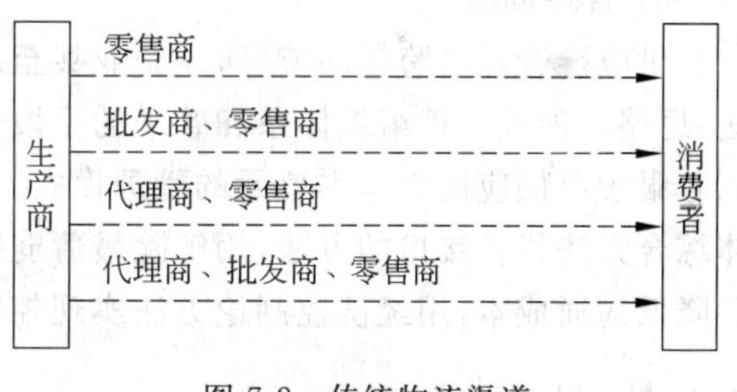

图 7-2 传统物流渠道

（2）两条物流渠道上流动的内容不同。传统物流渠道主要是物的流动，且基本局限于制成品；而供应链上流动的不仅仅是物（包括制成品和原材料），还有信息、资金等。

2. 供应链的特点

供应链扩大了原有的物流渠道，充分考虑整个物流过程及影响此过程的各个环境因素，它向着物流、商流、资金流、信息流各方向同时发展，形成了一套相对独立而完整的体系。供应链具有以下 6 个特点。

1）体制创新

供应链是一个单向过程，链中各环节不是彼此分割的，而是通过链的联系成为一个整体。企业必须改变以往相互隔绝、相互对立的态度，企业之间的利益关系也不是“零和”博弈，而可以通过协作、取长补短、优势互补而共同受益。这种新型企业关系的建立，使企业经营的立足点从以往强调竞争转变为竞争与合作并重，追求双赢的结果。

2）观念创新

供应链管理是全过程的战略管理，从总体来考虑问题，不依赖单个环节的信息，也不从单个环节的得失来决定取舍。例如，由于生产、批发、零售所处链节不同，因而对库存的观点也不一样，而在物流的供应链管理中，不再把库存当做维持生产和销售的措施，而将其看成是供应链的平衡机制。

3）资源配置创新

资源的重组为企业的发展提供新的推动力。经营不好的企业若被经营较好的企业兼并、合并，它的资产就盘活了。兼并、合并不是一个企业吃掉另一个企业，而是资源重新整合，因此新组成的企业需要一种认同感，才能建立和利用好新企业的优势。

4）技术创新

要建立一条高效的供应链必须在供应链建立的过程中对整个供应链所涉及的所有成员的技术进行改造，这也使供应链管理的咨询公司和专家非常受欢迎，因为企业往往缺乏这方面的人才，自身无法解决供应链运作的全部问题。

5）服务创新

以客户为中心是供应链管理的原则之一。哪个企业能够以敏锐的洞察力发现消费者需求，并在最短的时间内运用各种先进技术以最低的成本、最优的服务满足这一需求，它就会在激烈的市场竞争中脱颖而出。

6）管理创新

供应链管理是跨越环节、跨越企业甚至跨越国界的管理，需要在管理上有新的技术、办法、思路。涉及管理组织体系和管理的手段创新，并要求企业从自我为中心的管理模式过渡到着眼于以供应链为基本单元的管理模式。供应链管理采取一些新的管理方法，诸如用总体综合方法代替接口的方法，用解除最薄弱链寻求总体平衡，用简化供应链方法来防止拥堵和降低沟通成本，用经济控制论方法实现控制等。

7.1.2 供应链管理

单个企业的生产已无法满足用户需求的变化，企业渐渐认识到与上下游企业建立战略伙伴关系，实行优势互补，发挥各企业的强势，才能够适应环境的变化，供应链管理也就适时应运而生。

1. 供应链管理的含义

供应链管理（Supply Chain Management，SCM）是指人们在认识和掌握了供应链各环节内在规律和相互联系的基础上，利用管理的计划、组织、指挥、协调、控制和激励职能，对产品生产和流通过程中各个环节所涉及的物流、信息流、资金流以及业务流进行合理调控，以期达到最佳组合和最高效率，通过前馈的信息流（如订货合同、采购单等）和反馈的信息流（如提货单、完工报告等）将供应商、核心企业直至消费者联成一个整体的管理模式。供应链管理的最终目标是缩短产品从设计构思到消费者手中的时间，降低产品成本，满足消费者多样化的需要。供应链管理是在科技发达、产品极其丰富的条件下发展起来的管理理念，它涉及各类企业及企业管理的各个方面，是一种跨企业、跨行业的管理，企业之间作为贸易伙伴，要为追求共同经济利益的最大化而共同努力。近年来，供应链管理已扩展到一种所有加盟企业间的长期合作关系，超越了过去那种主要以短期、基于某些零星分散业务活动的经济关系，使供应链管理成为一种新的管理方式。

2. 供应链管理流程

供应链管理流程包括计划、实施及执行三个阶段，这三个阶段形成三个系统，三个系统都要考虑客户需求。

1）计划系统

计划系统的目的是使合适的产品在适当的时间和地点交货。此系统有助于执行订单、收集客户信息以及使信息沿着整个供应链流动。了解消费者的需求是供应链管理成功的关键，零售商利用其终端接近消费者的有利条件采集准确的市场销售信息，启动消费者需求信息在供应链的传递。

需求预测和补货是计划系统的组成部分。消费者需求信息沿供应链传递直至原材料供应商，其需求的商品沿供应链反向到达零售商。在电子商务环境下，信息通过网络通信设备在整个供应链上流动，各参与方可以共享，供应商、生产商和销售商根据获得的准确信息制订各自的供应计划、生产计划和销售计划，尽可能消除商品流通中多余的库存。

计划系统要设定三个目标：第一，收集客户的有效需求信息；第二，跟踪需求的变动；第三，从需求信息中挖掘出包括安全库存周转量和补货频率在内的库存投资需要信息。

2）实施系统

传统的实施阶段包括客户订单执行和存货控制等应用系统，而新型的实施系统更注重运作效率，要使日常商业运作流水线化和自动化，因此要有新的解决方案。提高效率的关键一步是将主要的商业应用提升为一个简单的集成系统。这一集成系统既能运作于整个商业过程，又能降低成本、提高生产率，只有这样，产品才能在供应链中高效流动。

3）执行评估系统

执行评估的过程是对供应链运行情况的跟踪，这有利于企业确定较为开放的决策，对变动的市场做出灵活有效的反应。执行评估可以使用网络技术工具，如数据库系统，对信息进行审核和分析，但多数商业运作系统与传统汇报工具是基于交易处理而不是为获取决策支持信息而设计的，必须进行改造才能用于分析评估。

3. 供应链管理的原则

1）以客户为中心

企业以往总认为效率和成本比客户重要，这种想法使许多企业提供相同的产品和服务给不同层次的顾客，以求降低成本。供应链管理的观点则截然不同，它不但将主要精力放在满足客户日益增长的需求上，而且从战略上采取客户服务的思想，企业根据不同细分市场要求的客户服务水平，提供多样化的产品和服务，以满足客户多样化的需求。针对复杂、成熟的客户提供高层次的服务，对简单、不成熟的客户提供低层次的服务。很多企业已成功地实施了这一战略。

不论链上企业有多少类型，供应链都是由客户需求驱动的，只有客户满意，供应链才能延续和发展。供应链管理必须以最终客户为中心，把客户服务作为管理的出发点，并贯穿供应链管理的全过程，将改善客户服务质量、实现客户满意作为创造竞争优势的根本手段。

2）相关企业间共享信息、共享利益、共担风险

供应链管理强调供应链整体的集成与协调，要求链上企业围绕物流、商流、资金流以及信息流进行信息共享与经营协调，实现稳定的、高效的供应链关系。供应链管理需要各成员的实时、准确的信息，为了实现信息共享，应做到：建立统一的系统功能和结构标准；统一定义、设计信息系统，实施连续的实验、检测方法；运用恰当的技术方法提高运行速度以降低成本；力求业务信息需求与关键业务指标一致。

3）应用信息技术，实现管理目标

物流信息化是现代物流的基本要求，也是实现管理目标的手段。物流信息化表现为物流信息收集的数据化和代码化，物流信息处理的计算机化和电子化，物流信息传递的标准化和实时化。高效率供应链管理的实现，既需要快速的物流、资金流，更需要快速、正确的信息流，而网络技术和电子商务应用的发展，为信息的快速、准确流动提供了保证。

7.2 供应链管理的策略

供应链中信息量庞大而复杂，如果处理不当或处理不及时，就有可能造成信息的失真，进而影响供应链的稳定。而JIT（准时制）、QR（快速反应）、ECR（有效客户反应）、ERP（企业资源计划）、EOS（电子订货系统）等先进的管理体系策略可以解决供应链上出现的上述复杂问题，提高企业和整个供应链的弹性，迅速对市场需求做出反应，保证企业及供应链的高效运行。

7.2.1 准时制

1. 准时制的含义

准时制（Just In Time，JIT）指将必要的原材料、零部件以必要的数量在必要的时间送到特定的生产线生产必要的产品。简而言之，就是按必要的时间、必要的数量生产必要的产品。准时制是电子商务条件下对生产领域物流的新要求。其目的是使生产过程中的原材料、零部件以及制成品能高效率地在各个生产环节流动，缩短物质实体在生产过程中停留的时间，杜绝产品库存积压、短缺和浪费现象，也消除原材料库存的需要。

对定义中几个“必要”的解释如下所示。

1）必要的原材料、零部件和必要的数量

这是准时生产的第一步，指的是既要按照生产商提出的品质标准、规格型号向生产商提供原材料和零部件，同时又要使生产商的订货数量得到完全满足。因为对生产商来说，衡量订货满足的标准要么是百分之百，要么是零。

2）必要的时间

必要的时间是指完全按照生产商提出的时间条件，将货物准时送到生产商需要的地点。过早会增加生产商的负担，如占压存储空间、增加重复劳动等；太晚则会造成生产商缺货，甚至导致生产商停产。

3）必要的产品

若生产商用必要的原材料、零部件却未生产出必要的产品，如出现次品等，必然会造成成本上升，导致企业竞争力削弱。

2. 准时制的作用

准时制虽然是企业内部的一种管理模式，但它作为一种管理思想，在提高整个供应链对客户的响应时间、实现零库存生产、降低供应链的物流成本等方面，仍然具有重要的作用。

1）零库存生产

电子商务要求企业的物流运作必须符合零库存生产的需要。零库存生产要求企业的每个生产环节都必须从下一个环节的需求数量、时间、结构出发来组织好生产、供应和流通。无论是供应商、生产商还是零售商都应对各自的下游客户做精确的需求预测。电子商务既给零库存生产创造了条件，又要求企业通过零库存生产提高效益。

2）降低物流成本

从供应商到客户的物流成本中，制造成本和包装成本是在物流供应链的增值环节中发生的，其余成本如库存成本、采购成本、销售成本、运输成本和管理成本等都在非价值增值环节发生。由于供应商、生产商与销售商之间建立了战略伙伴关系，供应商可以将原料和配件直接运送给生产商，生产商也直接将产品运送给销售商，企业之间无须再进行采购和销售活动，因而，这两项成本就不存在了。管理成本和包装成本也随着交易简化和物流环节的减少而大幅度降低。

3. 实现准时制（零库存）的形式

JIT 要在无库存或最低库存的基础上实现生产或供应保障，可以采取的形式主要有以下几种。

1）委托保管方式

委托保管方式指接受用户的委托，由受托方代存代管所有权属于用户的物质产品，使用户不再保有库存，甚至可不再保有保险储备库存，实现零库存。

2）协作分包方式

协作分包方式指企业以若干分包企业的柔性生产准时供应使本企业的供应库存为零；同时本企业采用委托集中配送方式使销售企业的销售库存为零。

3）轮动方式

轮动方式也称为同步方式，是在对系统进行周密设计的前提下，使各个环节速率完全协调，从而根本取消中间库存，使各环节之间实现零库存、零储备形式。

4）准时供应方式

准时供应是指依靠有效的衔接和计划达到两个环节之间、供应与生产之间的完全协调，从而实现零库存。

5）看板方式

看板方式是指企业的各工序之间，或在企业之间，或在生产企业与供应者之间，采用固定格式的卡片为凭证，由下一环节根据自己的节奏，逆生产流程方向，向上一环节指定供应，从而协调关系，做到准时同步。

6）“水龙头方式”

用户可以随时提出购入要求，采取需要多少就购入多少的方式，供货者以自己的库存和有效供应系统承担即时供应的责任，从而使用户实现零库存。

4. 实施准时制的条件

1）供应链各企业必须建立自己的基础数据库

供应商的基础数据库内容包括供货品种、供应能力、供货计划等；配送中心的基础数据库内容包括配送计划、运输计划等；生产商的基础数据库内容包括生产能力和生产计划等；销售商的基础数据库内容包括库存状况和销售计划等。需求信息通过网络依次传递反映在每个企业的基础数据库中，企业根据数据库的变动所传递的信息合理调整供应、生产、销售，使物流作业变得准时而顺畅。

2）核心企业的生产和应变能力

核心企业应具备较高的生产能力和灵活的应变能力，以保证有意外事情发生时，能迅速采取有效应对措施，不会打乱整个计划。

3）供应链上各企业通过网络整合成一体

各企业必须齐心协力，合理配置供应链上的资源，才能最大限度地发挥供应链的优势。供应链上各成员应派代表组建协调委员会或类似机构，及时解决可能发生的矛盾，以此减少交易成本。

7.2.2 快速反应

1. 快速反应的含义

快速反应（Quick Response，QR）是在准时制思想的影响下产生的，是为了在以时间为基础的竞争中占据优势，建立起来的一整套对环境反应敏捷和迅速的系统。因此，快速反应是信息系统和准时制物流系统结合起来实现“在合适的时间和合适的地点将合适的产品交给合适的消费者”的产物。

快速反应系统的目的在于减少原材料到消费者的时间和整个供应链上的库存，最大限度地提高供应链的运作效率，对客户的需求做出最快反应。信息技术的发展特别是 EDI、条码及 POS 系统的应用，使之成为可能。

2. 快速反应系统的作用

通过快速反应系统提高对业务信息的处理速度，缩短了前置时间、周转期及调整时间，降低物流成本，加快物流速度，满足客户的多方面需求。具体内容如下所示。

1）缩短前置期，降低物流成本

例如，一般的汽车制造从设计开始，然后把制好的工程图交给配件厂，最后将方案提交给流水线制成实体模型。这种方式因其低质量和前置期很长而引起消费者的不满，Rover公司决定利用新车型 Rover 800 将设计和制造结合在一起，以加快生产成品的速度，并在到达装配线前尽量减少错误。Rover 800 不到 2 年便设计试制完成，而原来的车型则要 39 个月的前置时间。

2）缩短周转期，加快物流速度

越来越多的公司发现加快物流速度可用较低成本获得较多利益。北美最大医药产品分销商 McKesson 将其计算机系统与 1.5 万个药品零售商互联，将其订单直接传入订单管理系统中心，当需要时，系统会考虑到前置期，自动识别进货需要，并从供货商那里增加订货，结果，该分销商不但为该行业提供了高水平的服务，其库存周转期之短也降到同行业最低水平。

3）缩短调整时间，满足客户需求

调整时间是指从一种数量水平变为另一种数量水平的时间间隔。如果调整时间能被缩短到接近于零，满足客户的多方面需求将不成为问题。在降低调整时间的技术上，日本已领先一大步。"一分钟调整"是日本许多厂家的目标，日本企业的管理部门和生产车间把大部分注意力放在降低调整时间的方法上，有时是采用新技术，但更多时候是对日常思维提出疑问来获得更快调整的思路和方法。

7.2.3 有效客户反应

1. 有效客户反应的含义

有效客户反应(Efficient Consumer Response)是指在商品分销系统中，为消除不必要的成本和费用，给客户带来更大效益而进行密切合作的一种供应链管理策略。它的目标是降低供应链各个环节如生产、库存和运输等方面的成本。

实施有效客户反应策略必须满足以下条件：

(1) 联合供应链上各成员来改善供应链中业务流程，使其最合理有效。

(2) 以较低成本使业务流程自动化，进一步降低供应链的成本和时间。

(3) 将条码技术、扫描技术、EDI 和 POS 系统集成起来，在供应链企业之间建立一个无纸信息处理和业务运作系统，确保产品连续不断地由供应商流向最终客户，同时信息能在供应链中循环流动，这样，保证向客户提供优质的产品，给企业传递准确及时的信息。

有效客户反应是一种运用于工商业的策略，它改变了以往以单方面行动来促进生产力的发展。现在相关企业之间通过共同合作，节省由生产到最后销售的交易周期的成本，提高其在货物供应过程中的整体效率。

2. 有效客户反应的策略

1）计算机辅助订货(Computer Assisted Ordering，CAO)

计算机辅助订货系统是由零售商建立的有效客户反应的工具，它通过计算机对有关产品的销售点设备记录、影响需求的外因、实际库存、产品接收等信息进行汇总而实现订单的前期准备工作，其目的是使企业满足客户需求，控制货物的传递，达到最佳存货管理。

2）连续补货程序（Continuous Replenishment Program，CRP）

连续补货程序是由供应商根据从客户那里得到的销售和库存信息，决定补充货物的数量，它改变了销售商向贸易伙伴发出订单的传统补货方式。为了有效降低库存，供应商通过与销售商缔结伙伴关系，积极主动向销售商多批次供货，缩短订货与交货之间的时间间隔，这样可降低货物补充过程的存货，尽量符合客户的要求，同时减轻生产的波动和存货。为确保信息能够通过 EDI 在供应链畅通无阻地流动，所有合作伙伴都必须使用标准编码系统来标识产品、服务等。国际物品编码协会制定的物品与位置编码是能保证连续补货程序顺利实施的有效手段。

3）交接运输（Cross Docking，CD）

交接运输是指将配送中心或仓库的货物不作为存货，而是为下一次货物发送做准备的一种分销系统，它要求所有的到货和出货运输尽可能同时进行，数量尽可能相等。交接运输实施成功的三个条件是：交付至仓库或配送中心的货物采取预先通知；仓库或配送中心要具备对所交付商品包装的识别能力；具备自动确认交货接收的能力。

4）建立产品、价格和促销数据库

要想成功地提高供应链管理的效率，必须建立完善的产品、价格和促销数据库（Item，Price and Promotion Databases），将信息存取到该数据库里对有效客户反应系统的有效运作非常重要。没有这些数据库，无纸交易系统就不可能实现。这些数据库应对供应链上的所有信息节点都是可存取的，企业拥有的产品细目核准程序可减少供应链上出现错误的几率。

7.2.4 企业资源计划

1. 企业资源计划的含义

企业资源计划（Enterprise Resource Planning，ERP）是一种基于企业内部供应链管理思想的系统，它把企业的业务流程看成一条供应链管理，并把企业划分成几个相互协同作业的子系统，如生产、营销和财务系统等，对这条链上的所有环节如订单、采购、运输和分销等进行综合管理。

企业资源计划是在市场竞争全球化的背景下产生的，它包含的管理思想是非常广泛、深刻和科学的，这些先进的管理思想之所以可以实现，是同计算机技术、互联网技术的发展分不开的。企业资源计划不但是一个全新概念的管理系统，而且代表先进的现代企业管理观念和管理模式。

2. 从 MRP、MRP2 到 EPR

物料需求计划（Material Requirement Planning ，MRP）是一种生产物料管理计划，指按照企业制订的主生产进度计划（Master Production Schedule），再根据产品的数量与层次结构，逐层次求出各种零配件和原料的需要时间。实行 MRP 的生产企业通常具有以下特点：

需求的相关性，需求的确定性，计划的复杂性。实施 MRP 后，由于企业所有物资都按照严密的计划适时适量供应，一般没有超量库存，可以降低库存费用和生产成本。

由于 MRP 只形成物料需求计划而没有充分考虑完成计划的能力，在执行中可能发生局部生产能力紧张与闲置并存的情况，甚至使计划不能完成，为此又以 MRP 为基础和核心开发出制造资源计划（Manufacturing Resource Planning）系统，缩写为 MRP2（以与 MRP 相区别）。制造资源计划系统是一个全面的生产管理系统，在企业内部资源的计划和调配上比 MRP 更全面合理：首先，增加了对生产能力资源的管理，包括人力、物力、财力，注意生产能力调配和挖潜，通过车间管理来落实生产任务；其次，增加了仓库管理功能，包括订货管理、存货管理和供应商管理；再次，增加了产品成本管理功能，从每道工序到总生产成本，便于成本监督和控制；最后，建立闭合的信息反馈系统，使整个生产物料供应系统获得了信息支持。通过 MRP2 加强企业生产计划和物料需求计划的衔接，使企业的供产销、人财物得以集成，进而提高了企业竞争能力。

企业资源计划（ERP）是在 MRP2 基础上发展起来的企业管理信息系统，两者既有联系，又有区别。

1）ERP 与 MRP2 的联系

（1）ERP 的核心功能仍是 MRP2。MRP2 主要用于订货管理和库存控制，它根据需求的先后顺序，从产品的结构或物料清单出发，集成企业的供产销信息，解决生产中缺件与超储的矛盾，MRP2 作为生产计划和控制模式，是企业资源计划系统中不可缺少的核心部分。

（2）MRP2 是企业资源计划的重要组成部分。MRP2 将生产中的成本、财务、工程技术和销售等环节集成为一个系统，覆盖了企业所有生产活动的一种综合制订计划，MRP2 有效利用各种生产资源，缩短生产周期，降低生产成本，实现了企业资源的整体优化。MRP2 较好地运用了管理会计概念，实现了物料信息同资金信息的集成，保证了资金流与物流同步，便于做出实时决策。

2）ERP 与 MRP2 的区别

（1）ERP 系统除了 MRP2 系统中的生产、财务和供销功能外，还应用网络通信技术，以实现供应链管理信息集成，扩大了业务覆盖率，提高信息的共享程度，保证快捷通畅，增强了企业的竞争力。通过网络信息对内外环境变化的灵活掌握，为企业进行信息的实时处理和决策提供了有利的条件。

（2）MRP2 系统侧重对企业内部人财物等资源的管理，ERP 则是把客户需求和企业内部的生产资源和生产活动整合在一起，对供应链上所有环节如订单、采购、生产、质量控制、运输、财务管理、人事管理及实验室管理等进行有效管理。

（3）MRP2 系统把企业归类为几种典型的生产方式如重复制造、按单生产、按库生产等类型进行管理，每一类型都有一套管理标准，而在市场经济条件下，企业为适应市场变化，采用了多品种、小批量生产方式和看板生产方式等。ERP 系统正是支持这类新型生产方式，以满足企业多元化的经营要求。

（4）MRP2 系统通过滚动计划来控制整个生产过程，其实时性较差，而 ERP 系统利用在线分析处理和质量反馈等，进行事前控制。它将设计、生产和运输等进行集成，为企业对质量、客户满意度和绩效等信息进行实时分析提供条件。

(5) MRP2 系统中，财务系统只是一个信息的归纳者，它将供产销中的数量信息转变为价值信息，作为物流价值的反映。ERP 系统则把财务功能和价值功能集成到供应链上，增加了许多新计划如销售执行计划和利润计划。

(6) 电子商务使企业内部，企业与外部之间的协调变得越来越重要，ERP 系统可以支持跨国经营的多国家、多币制和多语种等应用需求。

3. ERP 的管理思想

实现对整个供应链的有效管理是企业资源计划系统的核心管理思想，主要体现在以下三个方面。

1) 企业资源计划是对整个供应链资源进行管理的思想

在电子商务时代仅靠企业自身资源不可能有效参与市场竞争，还必须把供应链上有关各方联合起来，才能有效安排企业供销活动，提高效率，在市场上获得竞争优势。企业资源计划系统实现了对整个企业供应链的管理，增强了企业在市场上的竞争力。

2) 企业资源计划思想是精益生产和敏捷制造的思想

企业资源计划系统支持混合型生产方式的管理，混合型生产方式创造了精益生产和敏捷制造。精益生产(Lean Production)是力求以最少的投入获得最大产量，以最快的速度设计和生产，追求残次品，追求零库存，达到生产的尽善尽美。具体来讲，企业组织生产时，要提倡团队意识和协作精神，把供应商、销售商和消费者纳入生产体系，企业与他们的关系不仅仅是业务往来，而且是利益共享、风险共担的合作伙伴关系，这种伙伴关系组成的一条供应链是精益生产的核心思想；在管理过程中要有永不满足的精神，不断对生产流程进行改进。

敏捷制造(Agile Manufacturing)是指制造系统在满足低成本、高质量的同时，能够对多变的市场需求做出敏捷反应，生产出所需产品。例如，当市场发生了变化，企业原先的合作伙伴不能与企业一起开发满足消费者的新产品，这时候，企业就邀请由特定供应商和销售渠道组成的一次性供应链，把这些特定协作单位看成是企业的一个组成部分，用最短时间将新产品投放市场，力求保证产品的高质量、多样化和灵活性，这是敏捷制造的核心思想。

3) 企业资源计划思想是事先计划和事中控制的思想

企业资源计划系统的计划体系包括物料需求计划、采购计划、生产计划、销售执行计划、财务预算和人力资源计划等，这些计划功能与价值控制功能已集成到整个供应链系统当中。企业资源计划系统包含相关的会计核算科目与核算方式，系统在处理事务的同时，会自动生成会计核算记录，以便同时处理资金流与物流，保证了数据的一致性，改变了资金信息滞后于物流的状况，以利于实现事中控制。

4. ERP 的作用

1) 提高企业的应变能力

企业资源计划系统优化了企业组织结构，减少了管理层次，规范了企业内部管理，这些措施增加了企业对市场的敏感程度及对市场的反应速度，大大提高了企业对市场的应变能力。

2）降低企业综合经营成本

企业资源计划系统整合了企业集团的综合优势，企业内部各部门、各分公司之间保持良好关系，有机结合在一起，这样就避免了企业各部门、各分公司的本位主义，防止缺乏信息沟通的盲目决策，减少管理上的失误及由此造成的浪费。

3）加强监督力度，提高市场占有率

企业资源计划的应用可强化公司对各部门、各分公司财务、经营状况的监督力度，尤其可以加强对外地分公司的财务监管，避免因监管不力而造成的巨额经济损失。此外，应用企业资源计划系统能充分发挥集团优势，以低成本扩展销售网点，从而达到低成本扩大市场占有率的目的。

4）相关联部门及伙伴之间可共享信息，赢得客户和市场

利用企业资源计划系统，可使企业各部门及合作伙伴共享信息，共同为客户提供更高层次的服务，加强企业内部及与伙伴之间的联系，从而赢得客户、赢得市场。

总而言之，企业运用企业资源计划，能使企业从以往片面、孤立、静态的管理变为全面、网络化、动态的科学管理，进而使企业成为一个有机整体，降低了企业经营管理成本，提高了企业竞争优势。

7.2.5 电子订货系统

1. 电子订货系统的含义和流程

1）电子订货系统的含义

电子订货系统（Electronic Ordering System，EOS）是指将批发、零售商场需要的订货数据输入计算机，通过商业增值网络中心将资料传递至总公司、批发商、商品供货商或生产商，后者根据收到的信息及时安排出货。电子订货系统涵盖了整个商流过程，它能处理从商品信息获取到会计结算等整个交易过程。在地价昂贵的地方，零售业没有太多空间用于存货，因此，采用电子订货系统可要求供应商及时补货，降低库存水平。电子订货系统因其包含很多先进管理手段而在国际上广泛运用，并且越来越受到商业界的重视。

2）电子订货系统的流程

电子订货系统是由许多零售店和批发商组成的整体运作方式。零售店利用其终端条码阅读器获取已售出的商品条码，并在计算机上输入订货信息，利用电话线或网卡传到批发商的计算机中，批发商开出提货传票及拣货单进行拣货，然后依据送货传票发货，零售商对送到的货物进行检验，根据送货传票付款。电子订货系统流程如图 7-3 所示。

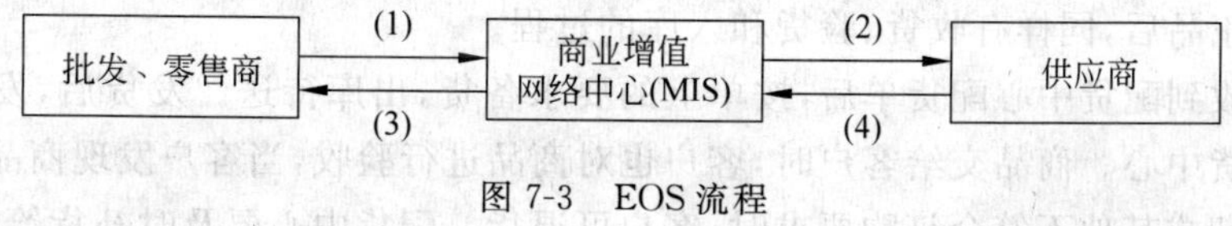

图 7-3　EOS 流程

（1）传递采购指令。

（2）商业增值网络中心 MIS 核实传递者的身份和单证格式后，将标准订单传给供应商。

(3) 商业增值网络中心传递发货信息。

(4) 供应商备货、发货并核实传递者的身份和单证格式后，将确认单传给批发、零售商。

从流程图 7-3 中可以清楚地了解批发、零售商、商业增值网络及供应商在电子订货系统中扮演的角色和作用。

批发、零售商：管理人员利用商业增值网络系统功能，收集并汇总各分部的要货信息，如商品名称、商品数量等，然后根据手中所掌握的各供应商资料，如商品种类、价格、交货期限及供应商的资信等，向合适的供应商传递采购指令，采购指令按商业增值网络中心提供的标准格式填写，经商业增值网络转换成标准 EDI 单证，发送给指定供应商。

商业增值网络中心只提供用户连接界面，不参与交易双方的交易活动，当收到用户发来的 EDI 单证时，就进行电子订货系统交易伙伴关系的自动核查，只有结成伙伴关系的双方才能进行交易，确定有效交易关系后，再检查 EDI 单证格式，只有标准的单证格式才能传递给对方，商业增值网络中心可长期保存每一笔交易记录，保存的单证既可供用户查询，又可作为交易双方发生贸易纠纷时提供的司法证据。

商业增值网络中心的通信界面和 EDI 格式将 EDI 单证转换成标准的商品订单传给供应商，供应商根据订单内容及时安排出货，并将发货信息通过商业增值网络中心传给相应的批发、零售商，从而完成一次交易过程。交易双方交换的信息除了订单和交易通知外，还可能包括变价通知、订单更改、订单回复、对账通知和退换货等信息。

2. 电子订货系统中的物流作业和仓储作业

1) 物流作业

(1) 供应商通过商业增值网络中心将发货单传给仓储中心。

(2) 仓储中心对发货单进行综合处理后，将仓库中的商品信息发送给供应商，让供应商补货或直接将货送至批发、零售商场。

(3) 仓储中心将送货要求传递给供应商。

(4) 供应商对传来的信息进行分析后，根据送货要求将货物送至正确的地点。

通过上述四个程序，完成物流作业过程，物流与信息流的传递是同步进行的。

2) 仓储作业

批发、零售商向供应商发出订单，供应商按订单上商品和数量组织货品，并送货至指定地点，既可向仓储中心送货，也可直接送到指定商场，以下分析前一种情况。

商品送到仓储中心，并卸在指定进货区，在进货区对进入的商品进行验收，合格的商品办入库手续，然后放入指定的库位中；对不合格的商品，填写退货单，另行存放，并登录在册，用次品换回正品后，同样有收货、验货和入库的过程。

当仓库收到配货中心配货单后，按单上的要求备货，出库待送。发货后，发货信息应及时反馈给配货中心。商品交给客户时，客户也对商品进行验收，当客户发现商品有破损或商品已过保质期或其他不符合订购要求时，客户可退货。配货中心要及时补货给客户，对退回的商品暂时保存，待查验后再做处理。这一商品处理的过程影响到总库存量的变化，掌握商品的流转过程也就有效地控制了总库存量。

7.2.6 电子供应链

1. 电子供应链的含义

电子供应链是建立在企业群体实现电子化并形成供应链网络的基础之上，利用Internet或Extranet进行商品交易、信息交换、企业协作等活动的供应链模式，电子供应链从本质来看是电子商务的一种应用。

电子商务改变了传统的经济运行模式，造就了实时互动、多方比价、直接交易的经济运行模式。在这种新环境下，复杂多样的客户个性化要求、大规模的商业需求、更快的速度要求、更具柔性的实现方式等特点，对供应链提出了更高要求。为了树立竞争优势，传统供应链必须利用电子商务技术将市场的空间形态、时间形态和虚拟形态结合起来，将物流、资金流、信息流汇集成开放的良性循环的环路，建立有效、敏捷的供应链。由于这种供应链是与电子商务相结合、建立在网络技术基础上的供应链，因此被称为电子供应链，其结构如图7-4所示。

图7-4 电子供应链的结构

从图7-4中可以看出，电子供应链已不再是一个传统意义上的“链”，而是一个“网”状结构。它是企业与合作伙伴之间电子商务模式的进一步延伸，通过因特网实现相关各方信息系统的对接，商业伙伴之间能创建一个无缝的自动供应链，整条供应链像一个整体一样运作。

电子供应链在一定程度上改变了传统供应链的运行方式。在传统供应链中，供应商是将货物沿着供应链向最终用户的方向推动，这样的系统往往需要在各个节点的仓库里储存一些货物，因而要付出储存成本。而电子供应链是按市场需求的准确数量及时生产顾客所需的产品，可以节省仓储成本。

2. 电子供应链的特点

电子供应链最大特点在于各节点之间的商务活动是通过网络进行的，即通过电子商务技术来实现信息流、物流和资金流的有效控制。它能有效地增强生产企业与供应商、批发商、零售商与用户之间的交流与合作，提高信息系统的效率，实现信息流、物流和资金流在采购、生产、运输和销售整个流程更为高效的运转，从而使核心企业在市场上具有更大的灵活性和竞争优势。电子供应链主要具有以下一些特点。

1）集成化

集成是指“把部分组合成一个整体”。供应链的集成是指供应链的所有成员基于共同的目标而组成的一个虚拟组织，组织内的成员通过信息共享，资金与物资方面的协调与合作，优化组织目标和整体绩效。

2）动态性

在电子商务环境下，供应链必须成为一个动态的网链结构，以适应市场变化、柔性、速度的需要，不能适应供应链需求的企业将被淘汰。企业通过网络商务软件集成在一起以满足用户的需求，一旦用户的需求消失，它也可能随之解体，而当另一需求出现时，这样的一个组织结构又由新的企业动态地重新组成。

3）信息的实时共享性

信息流是供应链的三个流中最重要也是最难以管理的。在传统的产供销体系中，信息流由供应商—制造商—分销商—零售商—消费者自上向下流动。随着网络技术的发展，提供了将商业伙伴聚集在一起来共同提高供应链效率的崭新运作方式。公司能借此改善商务运作，提高自动化程度，使信息的传递由原来的线型结构变为网状结构。同时，由于同一供应链中的商业伙伴之间是合作、互信、互利的关系，它们只有实现信息的实时共享才能紧密合作，提高供应链的效率。供应链的集成化、动态化的实现都是建立在信息的实时共享基础之上的。

4）集优化

供应链的各个节点的选择应遵循强强联合的原则，达到资源共用的目的，每个企业只集中精力于各自核心的业务过程，就像一个独立的制造单元。这些单元化企业具有自我组织、自我优化、面向目标、动态运行和充满活力的特点，能够实现供应链业务的快速重组。

5）简洁性

电子供应链具有灵活快速响应市场的能力，供应链的每个节点都是精干简洁的，能实现业务流程的低成本快速组合，企业拥有更少的有形资产和人员。

7.3 业务流程再造

7.3.1 BPR 的含义和内容

1. BPR 的概念

业务流程再造(Business Process Re-engineering，BPR)是一种崭新的组织学观点，它主张通过对组织流程的分析，重新设计流程，进而改善组织的工作绩效，以最高效率实现或增加产品和服务对顾客的价值。业务流程再造理论由美国著名企业管理大师、原麻省理工学院教授迈克尔·汉默(Michael Hammer)提出，随即形成席卷欧美发达国家的管理革命浪潮，对发展中国家产业界也产生了重要影响。

1990 年，迈克尔·汉默教授在《再造工作：不是自动化，而是重新开始》(Reengineering Work：Don't Automate，But Obliterate)一文中首次提出 BPR 的概念。1993 年，Michael Hammer 和 James Champy 在《Reengineering The Corporation》一书中正式对 BPR 做了如下定义：企业流程再造是对企业的业务流程作根本性的思考和彻底重建，其目的是在成本、质量、服务和速度等方面取得显著的改善，使得企业能最大限度地适应以顾客(Customer)、竞争(Competition)、变化(Change)为特征的现代企业经营环境。

此后，有许多学者对 BPR 做了多方面的分析，综合起来可以对业务流程再造进行更全面的定义：业务流程再造(BPR)是指通过对现有流程的重新分析，改进和设计组织流程，以使这些流程的增值内容最大化，其他非增值内容最小化，从而有效地改善组织的绩效，以相对更低的成本实现或增加产品对顾客的价值。BPR 的原理既适用于单独一个流程，也适用于整个组织。

2. 组织流程的含义

流程是指一个或一系列跨越时间、占有空间的连续有规律的活动。它由一系列单独的任务组成，有开始、结束、输入、输出，输入经过流程后变成输出。用流程的观念分析组织的行为，我们会发现，组织的活动中许多步骤与所需要的输出根本无关，取消这些不必要的步骤可以大大节约成本，同时还能为顾客提供更快的服务。

流程可分为核心作业流程和支持作业流程，核心作业流程包括企业的各项作业活动、管理活动和信息系统活动。各项作业活动主要有接受订单、评估信用、设计产品、采购物料、制作加工、包装发运、结账、产品保修等活动。管理活动是指企业内部的计划、组织、用人、协调、监控、预算和汇报，以确保作业流程以最小成本及时准确地运行。信息系统活动通过提供必要的信息技术以确保作业活动和管理活动的完成。支持作业流程主要包括设施、人员、培训、后勤、资金等，以支持和保证核心流程的正常运作。在传统劳动分工的影响下，流程被分割成各种简单的任务，经理们将精力集中于单个任务效率的提高上，而忽略了最终目标即满足顾客的需求。实施 BPR，就是要有全局的思想，从整体上确认企业的作业流程，追求全局最优，而不是个别最优。

3. BPR 的特点

(1) “流程”(Process)观点。即集成从订单到交货或提供服务的一连串作业活动，使其建立在“超职能”基础上，跨越不同职能与部门分界线实现管理和作业过程重建。组成企业活动的要素是一件件业务和一项项作业，而非一个个部门。重新检查每一项作业活动，识别不具有价值增值的作业活动，将其剔除，把所有具有价值增值的作业活动重新组合，优化作业过程，缩短交货周期。

(2) “再造”(Reengineering)观点。即打破旧有管理规范，再造新的管理程序，以回归原点和从头做起的新观点和思维方式，实现管理理论的重大突破和管理方式的变革。“再造”要求摆脱现行系统，从零开始，展开功能分析，将企业系统需要或希望达到的理论功能逐一列出，经过综合评价和统筹考虑筛选出最基本的、关键的功能并将其优化组合，形成企业新的运行系统。

(3) 技术和流程紧密相关。技术和流程是企业改造的两个关键因素，没有流程的再造，只有技术的应用，那仅仅是自动化；而没有技术的应用，只有流程再造，则只是组织重整。必须把流程再造和技术应用紧密结合，才是真正的 BPR。

此外，BPR 还有以下原则要点：①企业组织应以作业过程而非职能部门为中心；②组织扁平化，适当授权，决策点置于工作进行之处；③控制机制建立在作业过程中，而非单独检验完成品；④所需信息完整地一次性获取，建立集约信息系统；⑤创造性地使用信息，革新过程，而非简单地“改善”原有过程；⑥将各部门活动并行化，尽量避免非顺序式运作；⑦扩大与供应商及顾客的接触，以顾客需求来引导企业经营方向；⑧采用团队方式进行管理。

4. BPR 的目的

BPR 的基本目的是优化流程。流程是由一系列业务活动所组成，各有不同的功能和作用。以零售企业的日常工作为例，企业流程活动基本上可以分为 3 种类型：增值的活动、非增值的活动以及无效的活动。增值的活动主要有企业的生产采购、产品销售、顾客服务等。非增值的活动主要有产品出入库、分拣、装卸、运输等。无效的活动有多种多样形式，如提供无人需要的报告，过多的检查等。

通过对现有流程的重新审视和分析，合理改进和设计组织的流程，使流程的增值内容最大化，非增值内容最小化，可以增加产品对顾客的价值。BPR 的最终目的可表示为以下几点。

(1) 识别企业的核心业务流程，按照经过优化的核心物流流程组织业务工作，这一核心流程必须能最大限度地给企业创造利益。

(2) 简化或合并非增值部分的流程，剔除重复出现和不需要的步骤所带来的浪费。

(3) 全体员工必须以顾客为中心，所有工作必须以满足顾客需求为导向。

5. BPR 的成功要素

尽管业务流程再造形成了世界性的浪潮，并且有许多成功的案例，但是仍有超过一半的业务流程再造项目走向失败或是达不到最初设定的目标。这中间最主要的三个原因是：①缺乏高层管理人员的支持和参与；②不切实际的期望；③组织对变革的抗拒。正是因为这些原因，业务流程再造的“关键成功因素 (Key Success Factors，KSF)”就变成一个重要的研究领域。

认识 KSF 将有助于企业进行有效的业务流程再造。业务流程再造的“关键成功因素”主要有：核心管理层的优先关注，企业的战略引导，可以量度的重组目标，可行的实施方法，把业务流程重组作为一个过程来看待，资金的持续支持，组织为流程而定而不是流程为组织而定，将客户与供应商纳入业务流程的重组范围，重组的一致性优先于完善性，等等。

6. BPR 的作用

企业流程再造的实施将使企业发生根本性的变革，增强企业的活力和盈利能力。BPR 的主要作用有以下几点。

1) 使企业更贴近市场

企业为了提高顾客满意度，将主动进行市场调研，预测市场需求，及时掌握市场走向。同时，管理层次的压缩，使高层管理人员与第一线业务人员和顾客之间缩短了距离，能够直接获取一线人员的调研信息，倾听顾客对产品的反应和新的需求，及时调整经营决策。

2) 使生产成本大幅度减少

企业流程再造吸收了先进的管理理论和技术，利用并行工程等思想，可大幅度缩短产品的开发周期，加快产品的更新换代频率；同时，再造工程以企业过程为核心，彻底消除了传统管理模式中人为因素的影响,减少了中间环节传递、协调、控制而产生的成本;企业流程再造否定了传统管理模式中的多余监控,管理层级的减少使得管理成本大大降低。

3) 使产品质量得到全面提升

企业流程再造将全面质量管理思想贯穿于整个过程中,从市场调研阶段开始就把产品质量作为重要指标来监控。从理论上讲,企业流程再造不必设立专门质量监督部门就可以保证最终产品合格。而且,企业流程再造考虑了市场反馈信息的作用,采用柔性制造系统等先进理念开发、生产产品,可以最大限度地保证产品质量的全面提升。

4) 服务质量提高

由于企业流程再造彻底抛弃了职能分工的思想,确立了以过程为核心的观念,因此,企业所有员工都把更好满足顾客需求作为自己工作的首要目标。在工作方式上,员工由被动服务变为主动服务,传统管理模式下企业管理人员的许多监管工作已变得多余,员工工作的主动性和自觉性大大提高,企业的整体服务水平上升到新的层次,服务质量得到提高。

7.3.2 运用 BPR 原理改造企业

1. 用 BPR 改造企业的程序

从某种意义上来说,信息就是变化,就是差异。当企业的经营状态发生变化或偏离预定轨道的时候,信息系统就会捕捉变化、记录差异、分析结果并发出信号。为了实现企业运营状态数字化的要求,首先必须进行业务流程的再造(从技术的角度来说这是一个模拟、综合的过程),即根据各种约束条件规范业务流程;其次是对连续的业务流程进行功能的模块化分解(这是一个"数字"的过程、"微分"的过程、"分析"的过程),即根据各个环节的功能要求进行岗位职能分析;再次是用一系列的数字组合(即评价指标体系)来反映这些功能模块的运行状态和彼此间的联系;然后将企业的运行状态与设定的标准状态进行比较分析并得出管理信息;最后运用电子化手段对企业的运行状态进行调整。

2. 企业 BPR 的目标及其监控

1) 提高顾客满意程度是 BPR 改造的基本指导思想

(1) 培养以顾客为导向的服务意识

树立主动服务的意识,与客户一起研究和开发适宜的业务解决方案,包括与客户一起研究市场开发计划,一起进行市场调查,一起商定服务标准,开发支持技术,一起分享服务信息,一起承担服务风险等。除了要有服务的意识,还要有相应的服务技术手段支持。如美国的 Welch 公司发现它的客户 HEB 公司由于业务快速增长导致其分销中心发生拥堵时,就与 HEB 公司一起商定解决的办法,先垫付资金对问题进行调查并收集数据。最后,双方决定对托盘的结构进行改造,共同承担有关费用,并同意分享有关信息。方案实施的第一年,Welch 公司的销售就增长了 25%,制作新托盘的费用和运输成本只是稍有增加。

企业服务意识的一个重要标志是看它是否有向供应链管理商转变的强烈愿望,在面对客户需求而自身资源有限时,是否积极在市场上寻找其他合作伙伴,延伸供应链,整合市场资源为客户服务。这需要供应商、制造商、物流企业和客户之间在共同的目标市场开发方面保持密切的信息沟通。显然，电子商务可以提供有效的技术支持。

(2) 确定适宜的客户服务标准

要确定适宜的客户服务标准首先应当弄清楚客户的真正需要是什么。许多企业在确定客户服务标准的时候，一方面自觉地把企业的行业属性、传统习惯和企业管理人员的判断作为确定客户服务标准的依据；另一方面忽视市场需求多样化的基本特征，即忽视不同的客户需要不同类型和不同水平的物流服务，以至于企业单方面确定的客户服务标准往往缺乏市场的针对性。客户的真正需求就是客户认为在服务过程中最重要的东西。例如，经营鲜活商品的客户最关心的是速度和运输条件；经营零售的客户最关心的是存货控制和补货条件；经营高价值货品的客户最关心的是货物的安全性；生产商最关心的是交货期、订货周期和订单完成率；最终用户最关心的是订货的方便性、付款的灵活性和退货条件等。因此，在确定客户服务标准的时候，同样存在战略选择的问题。一旦确定了客户服务的战略重点，服务资源的配置就应当向这些重点集中。

电子商务条件为企业与客户之间进行一对一的深入沟通创造了条件。企业可以在互联网上与广大的潜在客户进行互动式交流，共同商定适宜的服务标准，实现双赢。如美国一家名为 Owens & Minor 的医疗器械分销商不仅在网上与客户一起商定服务的标准，而且与客户一起商定服务的价格。该公司还开发了一个基于物流服务活动的成本监测系统，当发现客户在一个星期内 6 次小批量采购时，就会帮助客户设法把采购次数降到 2～3 次，一般也不增加客户存货水平。这样不仅降低了公司的配送和搬运成本，也节约了客户的内部搬运费用。所以说，真正适宜的客户服务标准是服务企业与客户共同商定的，这实际上为企业实行客户价值管理建立了基础。

2) 对服务过程进行有效的监测和控制

有监测才有控制，监控的过程包括跟踪监测、绩效评价和做出响应，也即收集信息、捕捉偏差、分析后果和协调管理。监控分两种情况：一是以企业边界为限的，即只对企业自身的业务活动进行跟踪监测；二是超越企业边界的，即企业与供应商和客户一起根据设定的客户服务标准来商定监测的内容和需要测定的指标，然后通过信息共享机制共同制定改善业务过程的解决方案。实现有效监控需要注意以下几点。

(1) 选择适宜的监控指标

企业中常见的情况是测定的方法不合适。这又分两种情况：一是数据过剩，信息不足。特别是那些经过系统集成改造的企业最容易发生这种情况，各种数据满天飞，或是来不及处理，或是真正有价值的信息被淹没了，等发现时已经过期。二是测定的对象不合适，即企业所测定的不是客户真正关心的。比如有个做仓储物流的企业，已经通过 ISO 9002 认证，最后却发现业务不断萎缩。原因是其周围盗贼猖獗，客户存放货物的损毁率不断上升，但企业却没有对这个指标进行监测。因此，所谓有效的测定指标应是围绕既定的客户服务标准设计的。

客户服务的绩效测定指标体系可以按照客户服务过程的三个阶段来划分。在售前服务阶段包括向客户报送货单，销售代表访问客户频率，对客户存货水平的监测，向客户提供咨询的次数等。在售中服务阶段包括订货的便利性，收到订单后的答复时间，给客户的信用期限多长，对客户询问的处理，配送频率，订货周期的可靠性，准时交货率，发货延误率，紧急订货的处理能力，订货满足率，订货情况信息反馈，订货跟踪能力，延期交货比例，供货率，发货短缺率和产品替代率等。在售后服务阶段包括发票准确性，退货或者调剂情况，货物损毁情况，包装物回收情况等。

(2) 选择适当的监控手段

除了选择适宜的绩效测定指标以外，还要选择适当的物流服务过程监控方法。普遍采用的报告单监测方法用于服务活动的监测简单实用，但用于服务过程的监测则不容易反应客户对监测的结果是否认同。也就是说，报告单方法缺乏服务过程监测的互动性。先进的信息技术手段已广泛用于进行服务过程监测，常用的有因特网、EDI、基于服务活动的成本核算或成本管理(ABC/ABM)、物料需求计划或分销需求计划(MRP/DRP)、仓库管理系统(WMS)、运输管理系统(TMS)、企业资源计划(ERP)等。其中最常用的是 EDI 和 MRP/DRP 方法，但由于 EDI 成本较高，所以越来越多的企业转向利用互联网来进行服务过程的绩效测评，并可提高企业反应速度。这也从一个侧面反映了电子商务环境对企业经营运作的影响。

7.3.3 BPR 的技术手段

业务流程再造主张根本性地分析、改进和重新设计组织的流程，以使流程的增值内容最大化，非增值内容最小化，在实施过程中，BPR 的技术手段主要有流程图的设计与分析、标杆瞄准法等。

1. 流程图的设计与分析

流程图是指通过图示的方法将流程表示出来，使流程易于阅读和理解。绘制流程图，要意识到对同一工作流程，不同的人会有不同看法和不同的处理方法。流程图提供了讨论的角度，有助于形成工作方式的共识，因而成为 BPR 的一种主要的技术手段。

1) 流程图的实用性

理解现有流程的最有效方法是将流程画在图上。图形比文字更能清楚地解释和说明流程，它使企业领导者和业务人员能全面观察和思考业务程序，判断其价值与合理性，从中发现存在的浪费和需要改进的地方，进而改进流程。

2) 绘制流程图本身的作用

流程图的主要优点体现在制图过程中而不是图的本身。在绘制流程图的过程中，员工互相合作，积极讨论，最后达成共识，形成新的流程图，这为今后流程的顺利实施打下良好的基础。

2. 标杆瞄准法

标杆瞄准法(Bench-marking)也称为基准比较、基准评价。标杆瞄准法是指企业将自己的产品、服务、成本和经营实践，与那些在相应方面表现最优秀、最先进的企业(并不局限于同一行业)进行比较，在竞争者或非竞争者之间寻找学习的榜样，进而确定数量化的评定标准，以此为目标展开系统再造活动，以改进本企业经营业绩和业务表现的一个不间断的向领先者看齐的过程。

下面从福特(Ford)汽车公司的例子来看一看BPR技术手段在企业实际情况中如何运用。福特汽车公司北美应付款部门雇佣500多员工,冗员严重,效率低下。他们最初确定的改革方案是:运用信息技术,减少信息传递,以达到裁员20%的目标。但是参观了马自达(Mazda)公司之后,通过比较,运用标杆瞄准法分析,发现马自达公司的应付款部门仅有5人,如果按相同的业务额来比较,福特公司多雇佣了5倍的员工,于是他们推翻了第一种方案,决定彻底重建其流程。

Ford传统应付款流程图如图7-5所示。

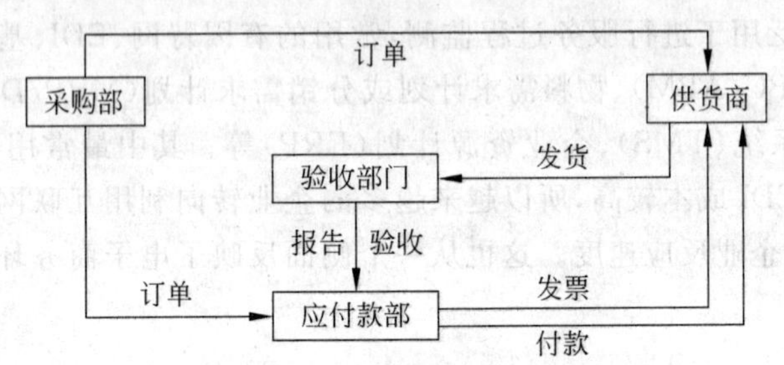

图7-5　Ford传统应付款流程图

在Ford传统流程中,只有当订单、验收报告、发票三者一致时,应付款部门才能付款。而该部门的大部分时间往往花费在处理这三者的不符上,从而造成了人员、资金和时间的浪费。

福特公司的新流程采用的是无发票制度,大大地简化了工作环节,带来了如下结果。

(1) 以往应付款部门需在订单、验收报告和发票中核查14项内容,而如今只需3项——零件名称、数量和供货商代码。

(2) 实现裁员75%,而非原定的20%。

(3) 由于订单和验收单的自然吻合,使得付款及时准确,从而简化了物料管理工作,并使得财务信息更加准确。

Ford新应付款流程图如图7-6所示。

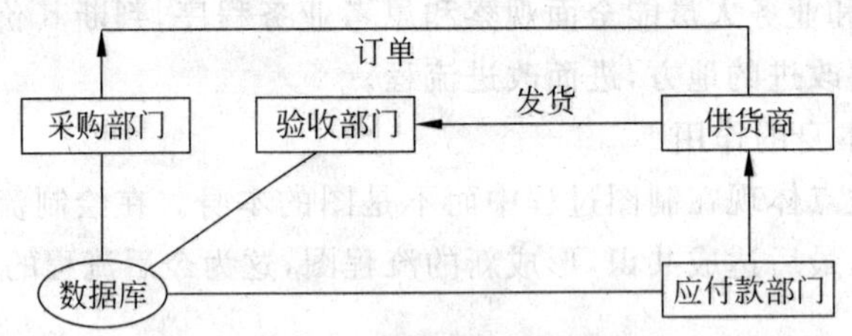

图7-6　Ford新应付款流程图

7.3.4　BPR的实施步骤

1. BPR的实施结构

根据BPR的思想精髓,我们可以将BPR的实施结构设想成一种多层次的立体形式,即整个BPR实施体系由观念重建、流程重建和组织重建三个层次构成,其中以流程重建为主导，如图 7-7 所示，而每个层次内部又有各自相应的步骤过程，各层次也交织着彼此作用的关联关系。

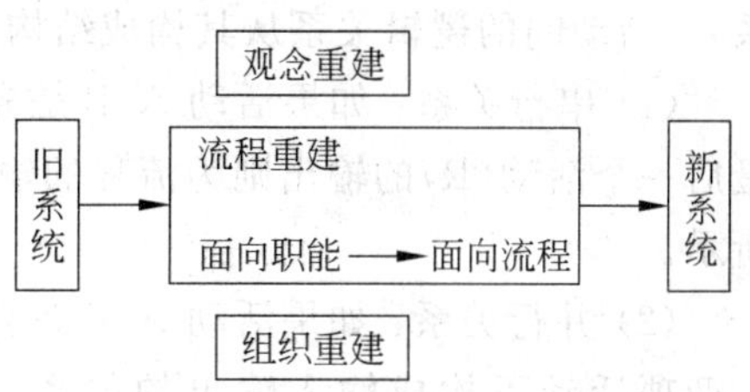

图 7-7　BPR 实施体系结构图

在流程再造层次，首先要进行全面系统的调研，通过资料分析、流程分析和现场实测结果，得出对流程问题的认识和解决问题的思路，利用模型检验设计的解决方案是否可行，如果效果满意，就确定实施；如果效果不满意，就重新来过，发现原有分析的缺陷，提出新的解决方案。具体的实施步骤过程如图 7-8 所示。

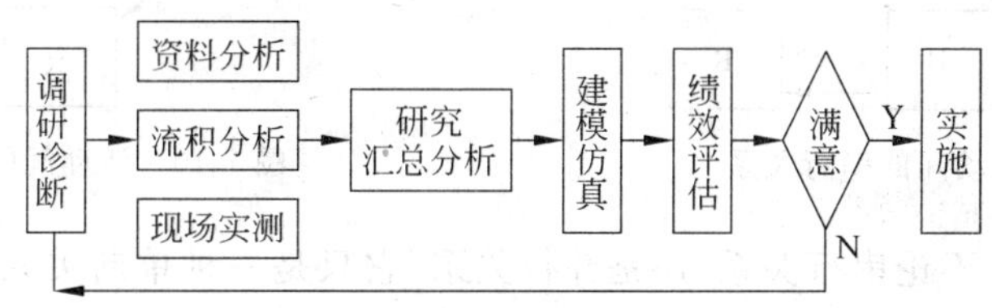

图 7-8　流程再造实施步骤

2. 流程分析

在一个流程中，构成流程的基本要素有四项：组成流程的基本活动、活动间的逻辑关系、活动的实现方式、活动的实施步骤。企业流程再造也正是要改善这四项基本要素。

1) 活动

活动是一种变换，就是接受某一类型的输入，在某种规则控制下，利用某种资源，经过变换转化为输出。活动的改善包括活动删除、简化、整合等。

活动删除指取消那些不增值的业务活动，流程中所有对客户没有价值的步骤都应该尽量清除掉。日本丰田公司总结出 7 种常见的不增值活动：①过量生产(Waste from Overproduction)；②等待时间(Waste of Waiting Time)；③不必要的运输(Transportation Waste)；④不必要的库存(Inventory Waste)；⑤无效加工处理(Processing Waste)；⑥无效移动(Waste of Motion)；⑦次品(Waste from Product Defects)。这些不增值活动都应该努力消除。

活动简化指对复杂的活动进行分解或改得更简易。例如，简化表格(Forms)、程序(Procedures)、技术(Technology)、流程(Process)等。

活动整合就是把分散在不同部门的由不同人员完成的几项活动压缩成一项任务，由一个人完成。活动整合在逻辑上可延伸到由不同专家组成团队，整合顾客、供应商等。

2) 活动间的逻辑关系

在一项工程(任务、计划)中，工作之间都存在着先后顺序关系，这种关系称为逻辑关系。活动间的逻辑关系从是否容易变动角度可分为工艺关系(生产性工作之间由工艺技术决定的、非生产性工作由程序决定的先后顺序，是一种不易变动的逻辑关系)和组织关系(工作之间由于组织安排需要或资源调配需要而规定的先后顺序关系，是一种较易变动的逻辑关系）。活动间的逻辑关系从其构成结构角度可分为串行关系、并行关系和反馈关系。

(1) 串行关系：如果活动A、B是先后发生，即前一个活动的输出是后一个活动的输入，最后一个活动(R)的输出则为流程的输出，则称活动A、B的逻辑关系为串行关系，如图7-9所示。

(2) 并行关系：如果活动A、B各自独立进行，共同对输出的结果产生直接的影响，并且这两项活动不构成输入输出的关系，则称活动A、B的逻辑关系为并行关系，如图7-10所示。

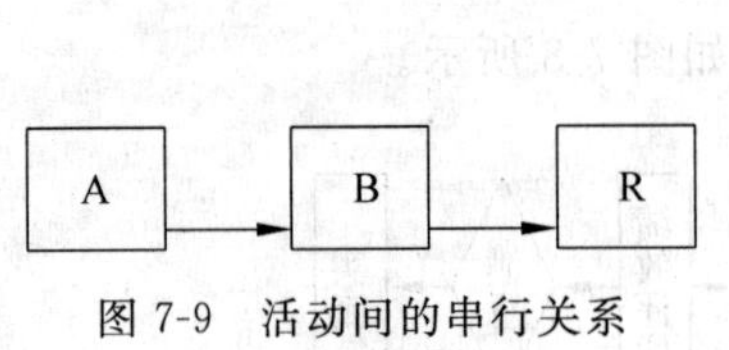

图7-9 活动间的串行关系

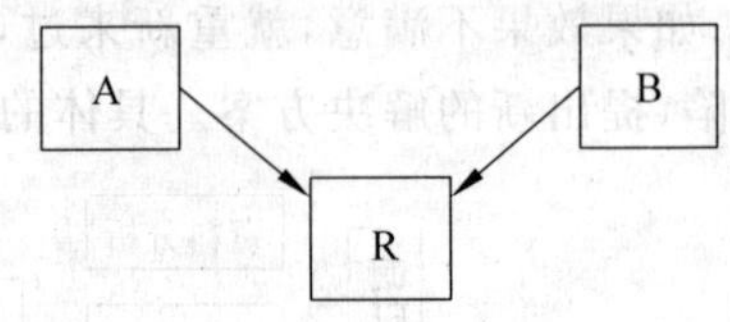

图7-10 活动间的并行关系

(3) 反馈关系：不论串行关系，还是并行关系，它只是一种单向关系，即从A到B再到R，或从A、B到R，后面(或并行)的活动对前面(或并行)的活动没有影响。反馈关系表示后面(或并行)的活动是前面(或并行)活动的输入，如图7-11所示。

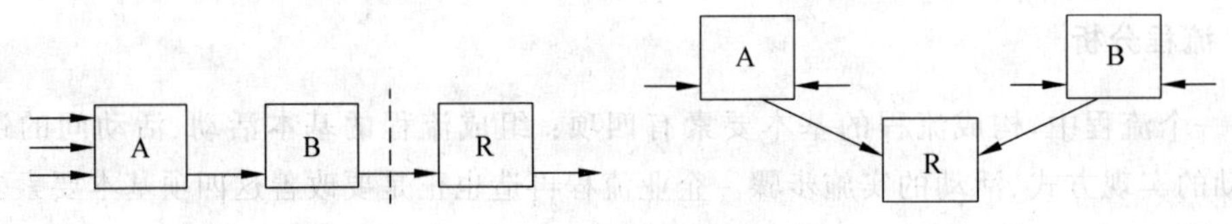

图7-11 活动间的反馈关系

活动间的逻辑关系改善，最常见的是把串行关系改为并行关系。例如，传统的开发设计程序，首先由市场部门进行研究，然后交由设计部门设计，再由管理部门、财务部门评价，最后交给制造部门加工制造，如果在哪个环节发现问题，设计部门得重新修改设计，然后再按照顺序行动，如此循环，拉长了设计开发时间。

采用并行方式就是组建任务小组，小组成员分别来自市场部、财务部、生产部、研发部等部门，这样能及时发现问题并进行处理，大大缩短了开发时间。柯达公司对新产品开发采用并行处理，结果把35mm焦距相机开发时间缩短了50%，从原来的38周降低到19周。3M公司采用并行处理，产品开发时间从两年缩短到两个月。

在订货配送过程中，在一些环节上往往涉及单据处理，并制约着实物处理。一般的处理方式为先进行票据处理，如开发货单、运货单等，然后根据发货单、运货单拣选运输等。但也可以采用自动化技术，如自动仓库技术把票据处理和实物处理并行化，这样可缩短订货配送周期。

票据处理过程本身并行化也可以缩短订货配送周期。将一批任务分成几个小批量，然后交叉完成，将会缩短完成这批任务的总时间。比如采用正常流水作业，完成整批任务需要6小时，而交叉作业则只需4小时，可以大大节省时间。

3) 活动的实现方式

活动的实现方式是指完成活动的技术或工艺。例如，订货信息传输，可以通过邮寄传输，也可以通过传真传输，还可以通过网络传输。这三种传输方式都能完成订单传输这项活动，但由于完成活动方式的不同，其所需时间和费用也不同。

活动实现方式改善就是利用信息技术、计算机辅助技术、网络技术等让脏活、难活、险活自动化，让乏味的工作自动化，自动实施数据采集、数据传送及数据分析等。

4）业务流程再造的实施步骤

业务流程再造的实施步骤，可分为计划、调查研究、设计、审批、实施和有关后续工作。有关的活动内容如表 7-1 所示。

表 7-1　业务流程再造的实施步骤和内容

阶段	相关活动
计划	识别准备变革的关键业务并评估如果不进行变革将产生的结果； 识别重组的关键流程； 任命高级主管并成立专门委员会； 获得高层经理人员对业务重组项目的支持； 准备一份项目计划书：定义项目范围，确定量化的目标，精心挑选的实施方法以及详细的项目进度计划； 挑选业务重组小组； 精心挑选咨询顾问或外部专家； 向小组主管传达项目目标，并开始与(企业)组织进行沟通； 训练业务重组小组
调查研究	对其他公司进行基础性研究； 通过与客户面谈，识别当前需求及未来需求； 与雇员及经理人员交流以了解业务实际并通过头脑风暴法获取业务变更的灵感； 参加学术交流，研究相关著作及杂志以了解行业发展趋势； 深入业务现场，记录 As-Is 流程及相关数据，寻找差距
设计	创新设想，创造性思维； 进行"如果——那么"设想，借鉴其他公司的成功经验； 由本企业专家建立 3～5 个模型，吸收不同模型长处形成综合模型； 定义新的流程模型并用流程图描述这些流程； 设计与新流程适应的组织结构模型
审批	成本与收益分析报告；明确的投资回报； 对客户及雇员影响的评估；对竞争地位变化的评估； 为高级经理人员准备实际案例； 通过评估会向委员会和高级经理人员展示并获得批准
实施	业务流程及组织模型的详细设计；详细定义新的任务角色； 开发支撑系统； 与员工就新的方案进行沟通；制订并实施业务再造管理计划； 制订阶段性实施计划并实施
后续工作	定义关键的衡量标准以进行周期性评估； 评估新流程的效果； 对新流程实施持续改进方案； 向企业和高层经理人员提交最终报告以获得认可

7.4 案例两则

7.4.1 点击科技与"协同"软件

作为一个新兴的朝阳产业，2005年协同软件进入高速发展阶段。随着中国经济和信息产业的发展，信息化应用水平的提高，国内协同软件市场呈现出机遇与挑战并存的格局。

1. 协同软件的快速兴起

王志东创办的点击科技公司是从2001年开始做协同软件的。起初，点击科技也不知道自己做的是"协同"软件。2002年点击科技才对外说做的是协同软件，当时许多人尚不认同。2003年初点击科技推出竞开协同之星后，在市场培育方面做了很多工作，对外做了很多宣传，尤其到了2004年初点击科技融资成功，国内厂商、媒体和一些研究机构等开始关注协同。与此同时，从2003年开始，国内有些厂商也开始陆续推出协同软件。

2004年初，中国软件协会推出了中国软件业年度报告，第一次把协同软件业当做独立的分类推出，年中赛迪顾问推出了有关协同政务的研究报告，年底计世资讯推出了关于协同软件的市场分析报告。协同软件逐渐进入主流产品链。

继2004年6月IBM推出Workplace后，2005年Microsoft收购Groove，也正式进入了协同领域。媒体、客户、产业都开始认同协同，国内外都关注协同，证明协同软件有巨大发展潜力。

2. 协同软件的产生和作用

协同软件的产生可以从两个角度来看：一是用户需求的拉动，即企业对敏捷性、实时性的需求拉动；二是产业和技术的发展，由于互联网的出现，由于新的技术出现，特别是软件、网络、通信三大技术的融合，使得协同软件水到渠成。协同软件跟过去的群件有本质的区别，群件是互联网以前的技术，协同软件是互联网时代的产物。

企业需要通用管理平台，只有通用管理平台才能做到随机应变、动态适应、柔性管理等。由于每个企业的管理风格、管理要求都不一样，管理软件很难通用，但是很难不等于不可能。要实现随机应变，不仅要在技术上创新，还需要管理上的创新。要构造一个知识协作平台，以人为中心组织各种数据及其应用。

"以人为本"的管理理念是协同软件出现的重要背景。过去企业管理软件比较侧重于物流、资金流的管理，现在更关注人的管理，而协同软件正是以人为核心的软件。协同软件更重视提高企业的执行能力，物流和资金流毕竟是死的，企业最难管的其实是人，协同软件的核心就是人的管理。

人的管理最重要的就是沟通，但沟通不是简单的通信和信息传达，要让沟通变成一种组织行为，转化为一个团队的协作。要想做好协同，沟通是基础，由沟通出发，延伸到团队协作，再延伸到流程的管理。

3. 协同软件与传统 OA 的区别

(1) 协同软件能够支持完全的移动性(无缝的网络连接)。协同软件能够支持各种网络环境,并可支持跨网络、跨地区的应用。也就是说不管在任何地方,用什么样的网络,无论是宽带还是窄带,有线还是无线,局域网还是互联网,协同软件都能实现无缝的连接,确保用户在各种应用情况下保持很高的工作效率。

(2) 协同软件拥有跨组织、跨系统的互通性。协同软件不是局限于企业内部,而是形成了通用的工作模式,通过这种模式自由组合,能够实现各种跨组织、跨系统的交叉应用。

(3) 协同软件拥有良好的动态适应的能力。协同软件能够基于一种团队管理模型,快速构造各种不同的项目管理或业务管理系统。

(4) 协同软件比 OA 更强调安全性、可管理性和系统操作性。

传统的 OA 作为政府和企业最早使用的信息化手段,解决的问题是如何提高日常办公效率,但不论是第一代、第二代还是第三代 OA 产品,都无法与企业的财务、库存、生产、销售、人力资源管理等系统直接连接并协调工作,企业领导无法利用 OA 系统辅助决策,员工也不能实现动态办公。

4. 协同软件模拟应用举例

大连某公司的业务经理小陈到昆明出差,得知当地老同学小刘公司正要上一个重大项目,而这一项目正是小陈公司的业务强项。

机不可失,对方的项目第二天就要开标了,小陈觉得应努力争取一下,于是好说歹说,让小刘在当天下午安排一个与这个项目相关人员的会议。

离下午的会仅剩几个小时,小陈赶紧打电话向在海南度假的公司王总做个简单汇报。按照王总的指示,小陈打开笔记本电脑,启动竞开协同之星(GK-Star)软件,并接上了互联网,使用 GK-Star 的网络会议功能立即安排了一个网络会议,把远在大连的几位同事邀请进来,简单介绍了项目情况,王总指定由技术、市场、商务等几个部门的员工组成了项目小组,立即投入工作。

会后,小陈利用 GK-Star 建立了一个“协作区”,并向这个项目小组的所有成员,连同王总等领导都发出了协作区邀请。项目成员通过 GK-Star 收到并接受邀请后,便可以自由进出协作区,阅读、更新相关的文档、日程、联系人名片等信息,还可以随时留言,使用 BBS、白板等工具进行讨论,大家也可以就地举行网络会议。这相当于为这个项目建立了一个专用的虚拟办公室,可以随时随地按需建立,所有成员无论属于哪一个部门、哪一家企业、在哪一个地方、使用什么样的网络,都可以随时进入,而不必担心信息安全的问题,做到“天涯若比邻”。

协作区建完,小陈通过 GK-Star 里面的电子邮件系统,把小刘传来的有关项目资料放到了协作区的共享文档目录里。随后,在 BBS 里讲述了自己对该项目的分析。差不多同时,远在大连的同事也开始了工作,在协作区里,小陈很快看到了相应参考资料、应用方案模板、竞争对手资料等,也看到了王总的指示,用 GK-Star 的即时通信功能与相关同事进行了交流。

中午时分，项目方案的第一稿在协作区里出现，大连同事们的工作效率很高。小陈用GK-Star的短信功能通知王总也连上线，提出了修改意见，讨论之后，大连同事立即进入第二稿的修改工作。

下午，小陈单枪匹马会见小刘公司一干人等。会议洽谈涉及技术、产品、市场、实施、竞争对手等多个方面，大连成了小陈的大后方，随时收集相关的资料并通过协作区传给小陈，有些问题，小陈也通过即时通信功能与王总进行沟通，而王总则通过VoIP功能参与了整个会议。对方的表情从开始的好奇、惊讶到满意，一个小时后会议愉快结束了。

小陈回到旅馆后，王总决定由大家做一个会议总结，并对项目方案进行第三稿的修改。这时，小刘打来了电话："我们领导没有想到你们的工作效率这么高，对与你们合作很有信心。"

案例思考题

1. 在不同经营特色的前提下，如何满足企业对通用管理软件的需求？
2. 协同软件与传统OA的区别何在？

7.4.2 戴尔公司进入亚太市场及其"客户三角"

戴尔公司成立于1984年，是全球成长最快的个人电脑公司，21世纪初成为世界最大的PC销售厂商，雇员33 000多人，2006财政年度销售额达到559亿美元，利润48亿美元，但2006年第4季度业绩下滑，利润远低于预期。2007年初，为应对惠普、中国宏基的市场挤压，戴尔公司宣布更换CEO，由公司创始人迈克尔·戴尔重新掌舵。戴尔重新出山后推出一项名为"戴尔2.0"的业务再造计划，他在"就职"声明中称，"戴尔未来还有许多机会。我将积极推动'戴尔2.0'业务计划，包括提供最佳用户体验、建立一个强大的全球服务业务体系，并保证产品提供最佳的长期客户价值"。

迈克尔·戴尔2007年重掌公司不久即安排访华，可以看出戴尔对新兴市场的重视，也可看出他把扭转戴尔业绩的希望寄托在以中国为主的新兴市场上，戴尔公司在中国大陆和中国台湾地区采购额已经达到190亿美元。对于戴尔公司在中国市场的表现，迈克尔·戴尔表示满意："根据IDC的数据，戴尔2006年第四季度在中国内地和中国香港地区的服务器市场位列榜首。综览全局，我们在中国八年以来所取得的业绩是我们在美国创立十年后所取得成绩的两到三倍。"

2007—2012年，戴尔公司一直在提升全球销售业绩方面积极努力，但接连遭遇次贷危机、国际金融危机、欧债危机的打击，公司陷入苦战，成效不明显。相对而言，戴尔公司在中国市场的经营状况较好。

戴尔公司在20世纪90年代已进入中国和亚太市场。作为电子商务的早期应用者，戴尔公司目前每天在线销售额已达上亿美元。戴尔公司最成功的地方，在于它的"直线订购模式"，即按照客户要求制造计算机，并向客户直接发货。"直线订购模式"源于供应链管理的基本理论，使公司与客户结成了无形的利益联盟。

1. 进入中国和亚太市场

1993 年，戴尔公司在日本和澳大利亚开始运营，进入亚太市场，并逐步加大在区域性设施、管理、服务和技术人员等方面的投入。

目前戴尔公司在亚太区 13 个市场开展直线订购业务，包括澳大利亚、文莱、印度、日本、韩国、澳门、马来西亚、新西兰、新加坡等。除此之外，还有 38 个合作伙伴为其他 31 个市场提供服务。

戴尔公司通过其“全球客户计划”，向拥有全球业务的亚洲用户提供订制的成套服务和支持。它为全球客户提供统一订货、结账、订制产品(包括安装专有软件)，以及本地供货和现场服务等。

戴尔公司亚太业务的核心是设在马来西亚槟城的“亚太客户中心”(APCC)。这间占地 23.8 万平方英尺的生产厂房于 1995 年 10 月投产。2001 年 2 月，占地 37 万平方英尺的戴尔“亚太客户中心”二期(APCC2)落成。亚太客户中心为亚太地区的客户(中国和日本除外)按订单生产台式机、工作站、笔记本电脑、服务器和存储产品。APCC 和 APCC2 都通过了 ISO 9001:2000(质量管理)、ISO 14001:1996(环境管理)以及 OHSAS 18001:1999(职业安全与健康管理)的认证。

戴尔公司参考“亚太客户中心”的生产与专业功能，于 1998 年 8 月建设了位于福建厦门的“中国客户中心”(CCC)。为了满足中国市场日益增长的需求，2000 年 11 月，中国客户中心拓展为约 3.5 万平方米的规模，在生产、管理、营销、财务等各个方面都按照戴尔模式运作。CCC 于 2001 年 3 月获得 ISO 9001 和 ISO 14001 认证。2002 年 9 月，它成为了戴尔全球首个获得 OHSAS 18001 职业安全与健康管理认证的工厂。

亚太地区的客户可以向戴尔公司直接订购产品，并可在 7～10 天内收到订货。客户还可以获得终生免费的技术支持热线，并得到现场服务。

戴尔首创技术支持热线，并使之成为业内标准。“亚太客户中心”内掌握多种语言的技术支持工程师，能够通过电话解决 80%以上来电客户的技术问题，因为戴尔所付运的每套系统都有一个与其详细技术规格相联的产品编号。

戴尔公司的亚太区网址 www.dell.com/ap 目前采用 4 种语言，包括汉语、英语、韩语和日语，支持亚太地区 11 个国家的站点。

戴尔公司 2012 财年第四季度在亚太区收入为 32 亿美元，与去年同期相比增加 10%，全财年亚太及日本市场收入 127 亿美元，比去年增加 13%。其中中国区表现最为出色，全年增长 20%。

2. “直线订购模式”的技术手段

伴随着信息技术的发展，戴尔公司的“直线订购模式”也经历了两个阶段：电话时期和电子商务时期。

1) 电话时期

戴尔公司的业务遍及欧洲、亚太地区以及美国本土，通过拨打免费(800)电话，客户可以与精通多国语言的销售人员或技术代表取得联系，获取有关销售和技术方面的信息。由于客户能直接和负责生产、服务和技术支持的人员联系，提出有关软硬件要求、价格、安装和技术支持等问题，技术和商业条件都能迅速确定，在客户发出订单后的七个工作日内，戴尔就完成产品的生产并发货。

2）电子商务时期

戴尔公司的网上商店自 1996 年 7 月开业至今，客户的需求可以通过因特网传递给戴尔公司，戴尔公司通过电子邮件与客户沟通联系。由于电子商务的普遍应用，公司的物流速度明显加快，库存期压缩到六天以下，大大降低了成本。

3. “直线订购模式”的优点

(1) 不必通过经销商销售计算机，每卖一台计算机都取得现金，现金流量大，提高了企业营运的弹性。

(2) 订单与库存信息联系互动，有订单才进货，因此大幅降低库存成本。

(3) 将先进信息技术与供应链管理理论有机结合，使得售前活动、生产制造、产品发送、系统安装、技术支持等环节形成一条和谐的供应链，使各个环节成本降到最低。

(4) 通过网上直销渠道，戴尔公司直接与消费者建立关系，公司可以提供个性化的服务，而且充分掌握所有客户的资料。在线销售方式的核心是灵活地对待客户，形成所谓“客户三角”，如图 7-12 所示。戴尔公司实行基于客户重要性的在线信息政策，客户收到的信息因客户级别而异，如表 7-2 所示，越重要的客户收到的信息越全面，得到的服务也越广泛，价格往往也更优惠。

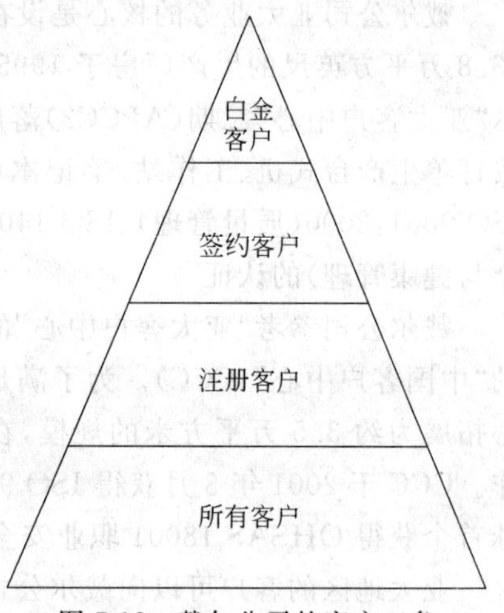

图 7-12　戴尔公司的客户三角

表 7-2　戴尔公司不同级别的客户所得到的信息

客户层次	所得到的信息范围
所有客户	产品信息、订购信息和备货时间、计算机订购、配置器（价目清单）、投资者关系、雇用情况、支持和表格
注册客户	新闻稿、电子邮件服务
签约客户	折扣定价、订购历史情况、习惯链接和广告
白金客户	上述服务的订制、客户自己的主页、客户互联网站的复制

由于是直销，业务人员直接面对最终用户和消费者，如果销售服务人员不能对客户诉求做出及时、妥当的回应，满足客户合理的个性化需求，也会引起客户的强烈不满，甚至引起连锁反应，这是直销方式所要面临的市场口碑和信誉风险，厂家对此要有充分考虑和应对准备。

戴尔公司的客户三角反映了在各个级别中客户数量与客户收到的信息范围之间的对应关系。在这个三角的底部是“所有客户”层，这一层覆盖面最广，对任何访问戴尔公司网站的人都适用；接下来的各个层次关系越来越紧密：注册、签约（这时的关系已经扩展到正式的采购协议）；在三角的顶部是白金客户，双方建立了广泛牢固的业务往来。

戴尔公司的所有客户层得到的信息都比较充分，包括产品细节、配置一部计算机的能力、报价清单、一般技术支持、用户论坛，以及其他与公司有关的信息。从注册用户开始，公司提供附加的个性化信息。一个注册用户可以要求对有关信息的跟踪：如当新的特定信息出现时，就自动发出一封电子邮件；或根据客户需要定制在线新闻稿件。签约客户的采购历史都得以保存，他们可以查询这些历史资料，了解累计的销售额，建立习惯链接，享有定制化的服务和特殊折扣。白金客户得到的服务最具有个性化，公司翻译了 18 种语言，在 36 个国家设立了客户网站，白金客户可以在线与产品设计者一起讨论，保证新产品能够充分满足客户的需求。

戴尔公司对客户关系良好管理的前提是拥有全面的客户信息。可以说，戴尔公司的最大优势在于信息占有，以对白金客户之一 Oracle 公司的服务为例，只要 Oracle 公司一有新员工报到，戴尔公司立即就会把该员工所需要的计算机配置齐全，新员工很快就可以上网工作了。

通过向不同层次的客户提供不同层次的信息和不同级别的服务，使公司的活动能够反映客户个人的特殊需求和希望。客户与公司之间方便、灵活的互动帮助戴尔公司建立并不断加深与客户的关系，使公司从相对固定的客户群中获得利益最大化和关系的持久发展。

案例思考题

1. 戴尔公司的"直线订购模式"对其客户关系管理系统有何影响？
2. 如何评价戴尔公司的"客户三角"？

本章思考题

1. 简述供应链的含义。
2. 简述供应链与传统物流渠道的区别。
3. 简述供应链管理的含义。
4. 简述供应链管理的要求和方法。
5. 简述什么是电子供应链。
6. 简述 JIT、QR、ECR 的含义及其作用。
7. ERP 的演变来源是什么？简述其在企业管理中的作用。
8. 简述 BPR 的定义及特点。
9. 简述 BPR 对企业的影响和作用。
10. BPR 有哪些主要技术手段？

相关内容网站

1. 上海商业物流中心：www.logistics.online.sh.cn。
2. 沃尔玛公司：www.walmart.com。
3. 联合包裹服务公司：www.ups.com。

4. 福特公司：www.ford.com。

5. 宜家家居：www.ikea.com。

6. IBM 公司：www.ibm.com。

7. Dell 公司：www.dell.com。

8. 思科公司：www.cisco.com。

9. 锦程物流网：www.jctrans.com。

10. 电子商务世界：www.ebworld.com.cn。

第8章　电子商务环境下的客户关系管理

20世纪90年代以来，随着市场竞争的深化和现代信息技术的发展，客户关系管理作为一种新型管理理念在发达国家以至发展中国家得到迅速推广，对于提高企业科学管理水平、更充分地满足消费者需求发挥了重要作用。由于客户关系管理对信息网络系统的高度依赖，它与电子商务有着某种天然联系。

8.1　客户关系管理理念

8.1.1　客户关系管理的含义

客户关系管理(Customer Relationship Management, CRM)的概念由美国的Gartner Group提出，表述建立一种使企业在客户服务、市场竞争、销售及服务支持方面彼此协调的关系系统，帮助企业确立长久的竞争优势。CRM的思想可以追溯到20世纪80年代初期的"接触管理"(Contact Management)，即专门收集整理客户与公司联系的全部信息；到20世纪90年代初期又演变成为包括电话服务中心和支援资料分析的"客户关心"(Customer Care)；到20世纪90年代中期以后，在先进信息技术的推动下，才产生了鲜明的CRM理念并得到迅速推广。当今的CRM概念可以从三个层面来表述。

1. CRM是一种现代经营管理理念

作为一种管理理念，CRM源于西方的市场营销理论，市场营销的理论和方法长期以来推动了西方国家工商业的发展，深刻地影响着企业的经营观念以及人们的生活方式。近年来，信息技术的快速发展为市场营销管理理念的创新开辟了广阔空间。以客户为中心、视客户为资源、通过客户关怀提高客户满意度等是这种新理念的核心。

2. CRM是一整套解决方案

作为解决方案，CRM集合了当今最新的信息技术，它们包括Internet和电子商务、多媒体技术、数据仓库和数据挖掘、专家系统和人工智能、呼叫中心以及相应的硬件环境，还包括与CRM相关的专业咨询等。

3. CRM是一种应用软件系统

作为应用软件系统，CRM凝聚了市场营销等管理科学的核心理念，销售管理、客户关怀、服务和支持等构成了CRM软件模块的基石。

综合起来，对CRM的理解可以分为理念、战略、技术三个层面，正确的战略、策略是CRM理念实施的指导，信息系统、IT技术是CRM成功实施的手段和方法。总之，企业实施 CRM 主要有 6 个重要领域：理念、战略、战术、技术、技能、业务流程。其中，理念是 CRM 成功的关键，它是 CRM 实施应用的基础和土壤，如图 8-1 所示。

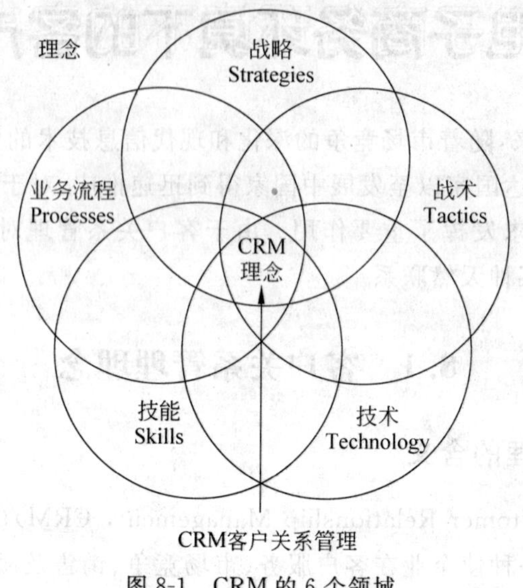

图 8-1　CRM 的 6 个领域

8.1.2　客户关系管理与客户服务的区别

1. 主动性不同

传统的客户服务是被动的，客户不提出问题就不发生客户服务；而客户关系管理则是主动的，不但要解决客户提出的种种问题，更要主动与客户联络，了解客户新的需求，介绍企业新的产品服务，促使客户再度上门。

2. 对待客户的态度不同

在传统的客户服务中，无论是客户打电话询问，还是给客户打电话，都被看做麻烦事，增加企业成本。而在客户关系管理理念中，客户不联络、不响应，是疏离的表现，比抱怨还可怕。抱怨表示客户对企业存有希望，还想继续使用产品或服务，因此企业还有弥补的机会；疏离则代表客户生命周期的终结，企业永久失去了客户。客户关系管理不但要在抱怨阶段化解客户的不满，更要在不断联络的过程中，创造客户对新产品的期望。

3. 与营销的关系不同

传统客户服务与营销是分开的，营销依靠具有说服技巧的业务人员，客户服务多依赖维修工程师等。客户关系管理则将营销与客户服务合为一体，将客户服务视为另一种营销途径，把新产品推荐给老客户或者依照老客户的特定需求创造新产品，都可以通过根据 CRM 观念建立的新型客户服务中心处理，因此称为“后端营销”。通过网络、电话与数据挖掘等，客户服务中心本身成为公司的市场调研中心、新产品的开发中心，与前端营销形成合作协调的互动促进关系。

对企业前台的销售、市场、客户服务及技术支持等部门而言，CRM 是一个使企业各业务部门可以共享信息和自动化的工作平台。它可以协调并改进原有的商业流程，使企业在所有的业务环节更好地满足客户需求和降低运营成本，从而保留现有客户，发掘潜在的客户，提高盈利。

对企业后台的财务、生产、采购和运输等部门而言，CRM 又是提供有关客户需求、市场分布、市场对产品的反应及产品的销售状况等信息的重要来源。CRM 丰富的数据和智能化分析，成为企业进行决策和经营活动的科学依据。

8.1.3 电子商务环境下的客户关系管理——eCRM

1. 网络时代的客户价值判断

互联网在为人们带来种种利益的同时，也要人们为此付出代价。这些利益与代价都与以前有了不同含义，网络时代的客户价值已发生了改变。

1）客户价值的含义

按照菲利普·科特勒的定义，提供给客户的价值(Customer Delivery Value)是指整体客户价值与整体客户成本之间的差额部分。在网络时代，整体客户价值是指互联网用户在上网过程中期待得到的所有利益，而整体客户成本是指用户在上网过程中必须付出的所有代价。三者的关系可以用图 8-2 表示。对于上网客户来说，整体客户价值越是大于整体客户成本，他们上网的频率就越高、上网时间也会越长；反之，则会相应地减少上网次数和时间。

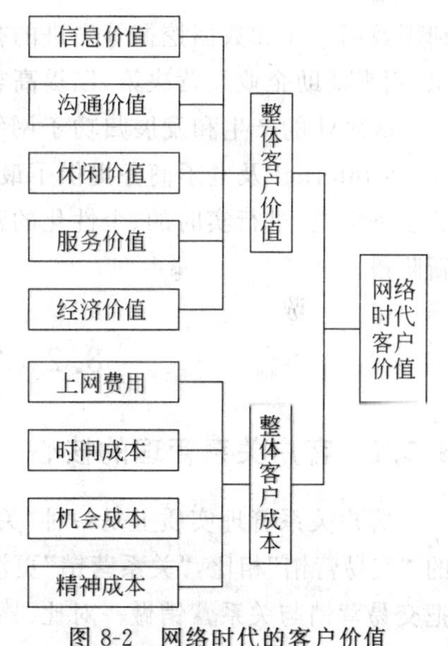

图 8-2 网络时代的客户价值

2）整体客户价值的内容

(1) 信息价值。互联网上有几亿个数据库，人们足不出户能查到所有需要的信息，最大程度地实现了资源和信息的共享。

(2) 沟通价值。借助网络，企业完全可以实现与客户 24×365 沟通模式，真正实现全天候、无障碍的交流，网络的互动功能使信息发出与及时的信息反馈很好地结合，实现双向沟通的顺利进行。另外，由于网络传播的无疆界特性，企业比任何时候都更关注自己的形象和为客户提供的价值，真正实现了长期以来所宣传的“客户是上帝”的宗旨。

(3) 休闲价值。这是主要针对个人客户的一项价值。现代社会的显著特点是生活节奏快、工作压力大、竞争激烈。人们希望在工作或学习之余利用网络来放松自己，目前许多休闲娱乐网站可以满足用户的这方面需求。

(4) 服务价值。虽然人们的个性化需求并不是有了网络才出现，但是借助网络才能更好地实现。客户可以向企业提出偏离普通产品或服务标准的要求，企业在尽可能短的时间内为其提供定制的产品或服务。

（5）经济价值。互联网由于较好地消除了信息不对称问题而大幅度降低了交易成本。如在线采购可以轻松地货比三家，甚至货比百家，消费者从中获得实惠。

3）整体客户成本的内容

（1）上网费用。以拨号上网为例，目前用户上网的主要费用有：计算机和软件购置费用、电话费用、Internet 服务费用等。

（2）时间成本。

（3）机会成本。上网使人们从事其他活动的时间和收益减少。

（4）精神成本。上网使人们要承受新的精神压力，如信息的可信度、网络完全问题。另外，由于上网的环境原因，也会对用户的身心造成负面效应，如视力下降、心情焦虑（上网速度慢）等。

网络时代的客户价值概念为企业经营者提供了一个指导原则，即增加整体客户价值的同时降低整体客户成本。只有这样，企业的网站才能吸引并留住更多的网上客户。

2. 电子客户关系管理

电子客户关系管理（eCRM）是指企业借助网络环境下信息获取和交流的便利，并充分利用数据仓库和数据挖掘等先进的智能化信息处理技术，把大量客户资料加工成信息和知识，用来辅助企业经营决策，以提高客户满意度和企业竞争力的一种过程或系统解决方案。

eCRM 的产生和发展归功于网络技术的快速发展和普及。企业关注与客户的及时交互，而 Internet 及电子商务提供了最好的途径，企业可以充分利用基于 Internet 的销售和售后服务渠道，进行实时的、个性化的营销。因特网把客户和合作伙伴的关系管理提高到一个新阶段。

8.2 客户关系管理的内容

8.2.1 客户关系管理的核心

客户关系管理实质上是一种“关系营销”。与以往只注重吸引新顾客、达成一次性交易的“交易营销”相比，“关系营销”更注重保留客户，建立长期稳定的关系。通过表 8-1 可以把交易营销与关系营销做一对比。

表 8-1 关系营销与交易营销的对比

关系营销	交易营销
专注保留顾客	专注一次性交易
高度重视顾客利益	以产品功能为核心
着眼于长期关系	着眼于当期销售
强调客户服务	不太重视客户服务
很多的顾客承诺	有限的客户承诺
所有部门都非常关心产品和服务质量	质量首先被看做生产问题

营销大师科特勒认为：企业营销应该成为买卖双方之间创造更亲密工作关系和相互依赖关系的艺术。关系营销的目的在于和客户结成长期的、相互依存的关系，以提高客户品牌忠诚程度并巩固市场，促进产品的持续销售。关系营销根据客户的忠诚度对客户进行如下划分。

对于企业来说，寻找新客户固然重要，但忽视维持现有客户关系是绝对错误的，因为吸引新顾客的成本是保持老顾客的成本的 5 倍以上，现有客户是企业最重要的利润增长源泉，常客能为公司带来更高利润，因为一方面企业节省了开发新客户所需的广告费用，而且随着客户对产品及企业的信任程度增加，能明显地激发客户购买相关产品的愿望和频率。

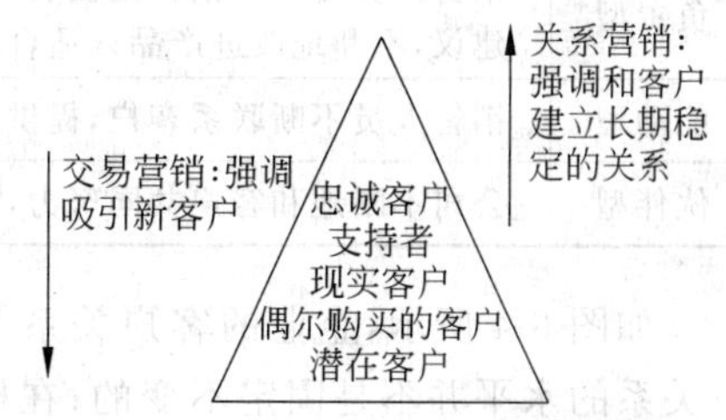

图 8-3　根据忠诚度进行的顾客层次划分

根据忠诚度进行的顾客层次划分如图 8-3 所示。

由两位美国学者雷奇汉（Frederick F. Reichheld）和赛塞（W. E. Sasser, Jr）做的一项关于客户保持的研究结果表明，如果客户背叛率降低 5%（或客户保持率提高 5%），对于利润率将会产生巨大影响。他们计算了在目前的客户背叛率情况下客户平均生命期内给公司带来的利润流量的净现值，再计算了在客户背叛率降低 5%的情况下平均客户生命期内给公司带来的利润流量的净现值，然后将两者进行比较，比较结果如表 8-2 所示。

表 8-2　行业及利润增长比

行　业	客户保持率提高 5%使利润增长（%）
邮购	20
汽车维修连锁店	30
软件	35
保险经纪	50
信用卡	125

另外，根据口碑效应，一个满意的客户会引发 8 笔潜在的生意；一个不满意的客户却会影响 25 个人的购买意愿，因此一个愿意与企业建立长期稳定关系的客户能为企业带来加倍的利润，而失去一位客户的损失要远远超过这个客户的价值。因此，客户流失率是客户关系管理过程中严格控制的一个指标。

客户关系管理可以理解为这样一个过程：建立关系→维持关系→增进关系；或者是：吸引客户→留住客户→升级客户。

8.2.2　客户关系类型

科特勒把企业与客户之间的关系水平归结为五种类型，这五种客户关系类型并不是一个简单地从坏到好的顺序。企业所能采取的客户关系类型，一般取决于它的产品和客户状况。科特勒根据企业客户数量以及企业产品的边际利润水平，提供了 5 种企业与特定客户之间的关系类型，如表 8-3 所示。

表 8-3　企业与客户之间的五种关系类型

基本型	销售人员把产品销售出去就不再与顾客接触
被动型	销售人员把产品销售出去并鼓励顾客在遇到问题或有意见的时候，及时与公司取得联系
负责型	销售人员在产品销售出去后，主动向客户询问产品是否符合需要，有何改进产品或服务的建议，不断地改进产品以适合客户需求
能动型	销售人员不断联系客户，提供有关改进产品用途的建议以及新产品的信息
伙伴型	公司不断地和客户共同努力，帮助客户解决问题，支持客户的成功，实现共同发展

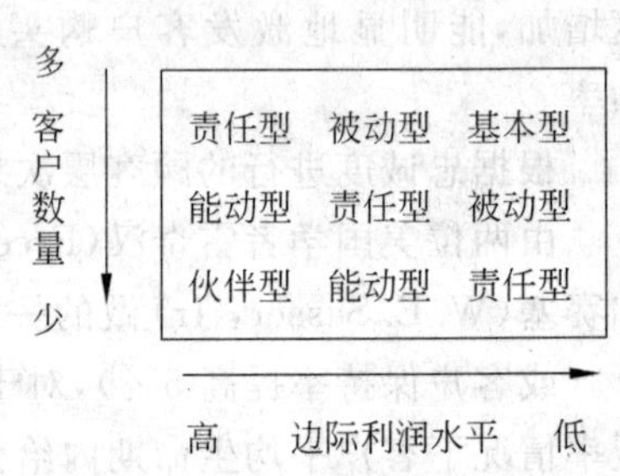

图 8-4　客户数量与对应的客户关系类型

如图 8-4 所示，企业的客户关系类型，即企业管理客户关系的水平并不是固定不变的；在横轴上，企业客户关系管理应该积极地向左推动。现在有越来越多的公司正在这样做，并且效果显著。例如，在 20 世纪 80 年代末期，生产塑胶的道化学公司在竞争中并不占有优势，公司的调查表明，自己在了解并满足客户偏好方面落后于杜邦和通用橡胶，处在第三位；不过，调查还表明客户对于三家的服务都不满意。这个发现促使道公司改变了经营策略，不再局限于提供优质产品和按时交货等服务，而是谋求与客户建立更加密切的伙伴型关系，除了出售产品和服务，还提供帮助客户成功的解决方案，这种双赢的伙伴型关系策略，很快使公司成为橡胶行业的领先者。

8.2.3　客户关系管理的业绩考核

科特勒根据客户的忠诚度给出了一个阶梯，可以作为客户关系管理工作考核的工具。对这个阶梯进行改造：以每个层次的宽度代表这个层次客户的数量，每个层次的高度代表这个层次的客户为企业带来的收入，于是就得到如图 8-5 所示的企业收入客户分布结构图。这样，控制和调整每个层次客户的数量（层次宽度）和每个层次客户的平均盈利水平（层次高度）就是企业客户关系管理工作的内容。

在短期内，企业对客户关系进行管理的结果往往无法从销售业绩上体现出来，如果用图 8-5 的面积代表企业总收入，而销售业绩的增长是通过大量新客户来实现的，那么可以得到面积同样大小、结构一致的一个客户收入结构图，如图 8-6 所示。

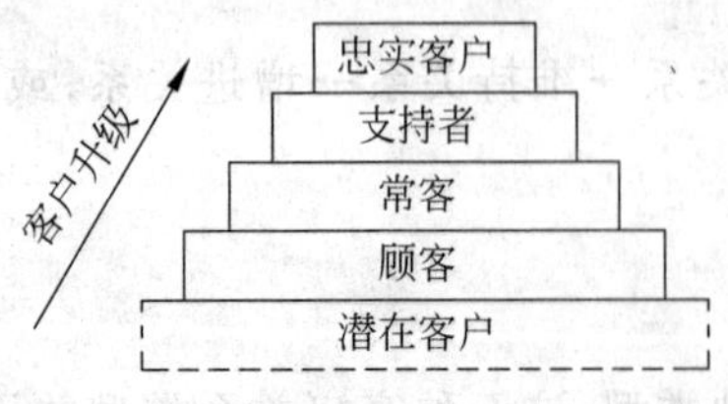

图 8-5　企业收入客户分布结构图

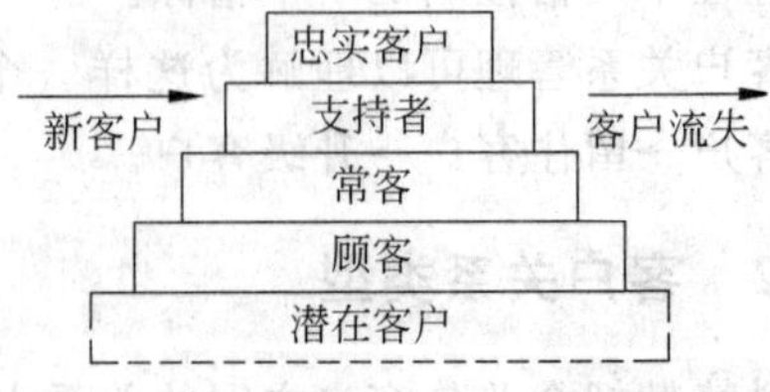

图 8-6　不理想的收入客户分布结构

客户流动的方向体现了交易营销与关系营销的根本区别，客户关系管理的最终目标是与客户建立长期稳定、互惠互利的关系。所以，考核客户关系管理水平的指标应该包括如下。

1. 新增客户的绝对数量或相对比率

关系营销的目标是“赢得并保持客户”，因此新增客户数量是业绩考核最重要的内容之一，也可以用新增客户的增长率或新增客户占客户总数的比例来衡量。

2. 流失客户的绝对数量或相对比率

由于争取新客户的成本高于老客户，而带来的利润却比老客户少，所以客户流失率被看做是客户关系管理水平的一个重要预警指标，过高的客户流失率意味着企业客户关系管理的失败。

3. 升级客户的绝对数量或相对比率

升级客户是客户关系管理的新内容之一。不断升级的客户给企业带来的好处是多方面的，升级的客户意味着满意的客户，客户升级的最终目标是使客户成为企业、品牌的忠诚客户，他们愿意与企业建立和保持长期、稳定的关系，并且义务宣传企业的产品和服务。

由于绝对指标与相对指标的内在联系，对以上三个指标可以采用绝对指标与相对指标相结合的方法来进行考核。

4. 客户平均盈利能力

对客户阶梯可以赋予客户平均盈利能力的新内容，也就是客户关系管理里面的客户平均盈利能力具有层次性。

在具体操作的时候，如果把成本加入上面的图形中，那么对收入的分析就更明确，如图 8-7 所示。

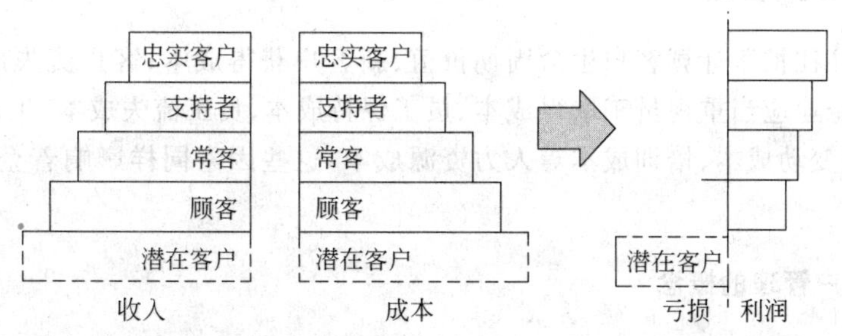

图 8-7　不同层次的客户为企业带来的利润水平

8.2.4　客户保持管理

1. 建立并充分利用客户数据库

公司必须重视客户数据库的建立、管理工作，注意利用数据库来分析现有客户的简要情况，并找出人口数据及人口特征与购买模式之间的联系，为客户提供符合他们特定需要的定制产品和相应的服务。并通过各种现代通信手段与客户保持密切联系，从而建立起持久的合作关系。

信息技术的发展使得数据库营销成为可能，它使公司能够利用客户偏好、购买行为等信息的多元数据库进行综合分析，以便更好地留住老客户并争取新客户。如对多个客户档案和多组相关数据进行组合分析，对特定客户的多次购买行为进行分析，识别出各个客户的购买模式；也可以按照任何标准对客户源进行各种归类，有的放矢地联系交流。

2. 通过客户关怀提高客户满意度

客户关怀活动应包含在从购买前、购买中到购买后的客户体验的全部过程中。购买前的客户关怀活动主要是在提供有关信息的过程中的沟通与交流，这些活动为公司建立与客户之间的关系打下基础，就好比向客户开启了一扇大门，作为鼓励和促进客户购买产品或服务的前奏；购买期间的客户关怀与公司提供的产品或服务紧密地联系在一起，包括订单处理以及相关细节，都要与客户期望吻合；购买后的客户关怀活动，集中于高效的服务跟进和圆满地完成产品的维护和修理等相关步骤。持续客户关怀的目的是提高客户的满意度和忠诚度，使客户重复购买公司的产品或服务，并向其周围的人多作对产品或服务有利的宣传，形成口碑效应。

3. 分析客户流失原因

公司失去客户的原因很多，如客户搬迁、自然流失、因他人建议而改变主意等，但最重要的原因往往是厂商置他们的要求于不顾而愤然离去。为了提高客户保持率就必须及时了解和分析客户的投诉或抱怨。如果客户对产品或服务不满时不说出来，而是一走了之，那对企业是更大的损失，企业连消除他们不满的机会都没有，而且难以发觉产品或服务的缺陷。

8.2.5 内部客户管理

很多企业往往忙于计算客户生命周期价值、新客户获得成本、客户流失成本等，却忽视了员工成本。企业应当重视员工取得成本、员工保持成本、员工流失成本、生产力降低成本、道德风险、岗位变动成本、培训成本等人力资源成本，这些因素同样影响着企业竞争力和盈利水平。

1. 内部客户管理的概念

内部客户管理是将员工视为公司的内部客户，像对待客户那样对待他们，像管理外部客户关系那样管理公司的内部员工关系，同样关注员工资产、员工忠诚度和员工生命周期价值。

2. 内部客户管理的重要性

内部员工的合作和尽责与外部客户的满意度有很强的正相关关系，如果组织内部的员工不得不花精力对付同事间的纠纷，或者自己感觉工作很不开心，那就没有人去理睬最终客户的要求或期望，结果是客户不满意和流失，利润下降；反之则相反。

内部客户管理与外部客户管理的良性互动关系可以表述为：内部服务质量高→内部客户满意度高→员工保持度高→外部客户的满意度高→外部客户的保持度高→利润提升。

企业面对两个相互关联的问题：如何吸引和留住高价值客户？如何招聘和留住高生产率的员工？我们知道公司80%的销售收入来源于20%的客户，这些客户就是高价值客户，留住高价值的客户可以使公司盈利；同样，20%的优秀员工也是企业的重要财富，通过他们高生产率、高质量的客户服务促成公司的经营成功，这些优秀员工就是高价值员工，留住他们与留住高价值客户一样重要。

3. 保持并提高内部客户忠诚度的方法

1）确保实际提供的待遇与承诺的一致性

管理者招聘员工时的承诺履行都将影响员工的忠诚度：所承诺的必须是自己所能提供的，如果不能实现承诺，员工会有受骗上当的感觉，产生消极工作甚至报复心理。

2）创造以人为本的企业文化

要让员工知道公司像看重客户一样看重他们，公司关注的是如何提高客户和员工的满意度，进而获得他们的忠诚。这样，客户会更经常地、更多地购买公司的产品和服务，公司获得更多的利润；员工将会更加努力地、长期地为公司工作，降低员工培训成本和道德风险。

3）设计个性化的奖励计划

不同的员工有不同的特点和需要，特别是优秀员工往往有一些鲜明的个性特征，企业需要设计个性化、特色化的表扬和激励计划，才能有效地保留优秀员工。

8.3 客户关系管理的手段

8.3.1 数据挖掘技术

1. 数据挖掘的含义

数据挖掘是由英文 Data Mining 翻译而来，也译为数据开采、数据采掘等，按照 W. J. Frawley和 G. Piatetsky-Shapiro 等人提出的定义：数据挖掘是从大型数据库的数据中提取人们感兴趣的知识，这些知识是隐含的、事先未知的、潜在有用的信息，提取的知识表示为概念（Concepts）、规则（Rules）、规律（Regularities）、模式（Patterns）等形式。这个定义把数据挖掘的对象限定为数据库。

如果使用广义的概念：数据挖掘是指在一些事实或观察数据的集合中寻找模式的决策支持过程。数据挖掘的对象不仅是数据库，也可以是文件系统，或其他任何组织在一起的数据集合，如WWW信息资源等。

2. 数据挖掘的目的

数据挖掘的任务是从大量数据中发现知识。那么，什么是知识？它与数据、信息之间是什么关系？发现的知识以什么样的形式表达出来？

1）数据、知识与信息的关系

数据是由原始事实组成的，如企业原材料的采购量、库存量、商品销售量等。数据可以分成数值数据、图形数据、声音数据和视觉数据等几种类型。

信息是按特定方式组织在一起的事实的集合，即具有了超出这些事实本身之外的额外价值。如管理人员从按月汇总的销售额的变动中发现公司产品销售受季节变动的显著影响，在发现这一有用信息的过程中，要借助统计学中的时间序列分析工具对原来一笔笔分散的、各自独立的销售数据做加工分析，也就是说，通过对数据的处理把它转变为有价值的信息。在处理过程中，要运用知识来选择、组织和操纵数据，因此，可以认为数据通过应用知识变为有用的信息。这个转换过程是这样的：

数据→转换过程（通过选择、组织数据并应用知识）→信息

原始的数据经过加工变成信息、知识，最后用于支持企业经营决策等。

通过前面的讨论，已经对数据、信息与知识之间的关系有了一定的认识。知识是人类认识的成果或结晶，包括经验知识和理论知识。从工程角度来定义，知识是有助于解决问题的、有格式、可以重复利用的信息。在传统的决策支持系统中，知识库中的知识和规则是由专家或程序人员建立的，是由外部输入的，而数据挖掘的任务是发现大量数据中尚未被发现的知识，是从系统内部自动获取知识的过程。对于那些决策者明确了解的信息，可以用查询、联机分析处理（OLAP）或其他工具直接获取，而另外那些隐藏在大量数据中的关系、趋势，即使是管理这些数据的专家也难以发现，只能靠数据挖掘技术来解决。

2）数据挖掘的知识形式

数据挖掘发现的知识通常用以下形式表示。

（1）概念（Concepts）。

（2）规则（Rules）。

（3）规律（Regularities）。

（4）模式（Patterns）。

（5）约束（Constraints）。

（6）可视化（Visualizations）。

这些知识可以直接提供给决策者，用以辅助决策过程；或者提供给各领域的专家，修正专家已有的知识体系；也可以作为新的知识转存到知识存储的应用系统中，如专家系统（Expert System）、规则库（Rule Base）等。

3. 数据挖掘的分类

可以从不同的角度对数据挖掘技术进行分类。

1）根据发现的知识种类来分类

根据发现的知识种类，可以把数据挖掘分为总结（Summarization）规则挖掘、特征（Characterization）规则挖掘、关联（Association）规则挖掘、分类（Classification）规则挖掘、聚类（Clustering）规则挖掘、趋势（Trend）分析、偏差（Deviation）分析、模式（Pattern ）分析等。如果从挖掘知识的抽象层次划分，又有原始层次（Primitive Level）的数据挖掘、高层次（High Level）的数据挖掘和多层次（Multiple Level）的数据挖掘等。

2）根据挖掘的数据库分类

数据挖掘基于的数据库类型有关系型（Relational）、事务型（Transactional）、面向对象型（Object-Oriented）、主动型（Active）、空间型（Spatial）、时间型（Temporal）、文本型（Textual）、多媒体（Multi-Media）、异质数据库（Heterogeneous）和遗留系统（Lengacy）等。

3）根据使用的技术分类

常用的数据挖掘技术包括如下。

（1）人工神经网络：它从结构上模仿生物神经网络，是一种通过训练来学习的非线性预测模型，可以完成分类、聚类、特征挖掘等多种数据挖掘任务。

（2）决策树：用树型结构来表示决策集合，这些决策集合通过对数据集的分类产生规则。分类回归树（CART）是典型的决策树方法，主要应用于分类规则的挖掘。

（3）遗传算法：它是一种新的优化技术，在生物进化的概念基础上设计了一系列的过程（基因组合、交叉、变异和自然选择）来达到优化的目的。为了应用遗传算法，需要把数据挖掘任务表达为一种搜索问题而发挥遗传算法的搜索能力。

（4）最近邻技术：这种技术通过 K 个与之最近的历史记录的组合来辨别新的记录，有时也称这种技术为 K-最近邻方法，它可以用作聚类、偏差分析等挖掘任务。

（5）规则归纳：通过统计方法来归纳、提取有价值的 IF THEN 规则。规则归纳技术在数据挖掘中被广泛应用，如关联规则的挖掘。

（6）可视化：采用直观的图形方式将信息模式、数据的关联或趋势呈现给决策者，决策者可以通过可视化技术交互式地分析数据关系。图形显示所带来的直观性是简单的数据表所无法提供的。

8.3.2 数据仓库

1. 数据仓库的概念

1993 年，时任 Prism Solutions 公司副总裁的 W. H. Inmon 在其著作《建立数据仓库》（Building the Data Warehouse）中首次明确提出了“数据仓库”的概念。他在书中对数据仓库的定义是：“数据仓库是面向主题的、集成的、稳定的、不同时间的数据集合，用以支持经营管理中的决策制订过程。”从此以后，有关数据仓库的研究和应用迅速成为最受关注的领域之一，也产生了一系列新的概念和解释。

如斯坦福大学数据仓库研究小组给数据仓库下的定义是：“数据仓库是集成信息的存储中心，这些信息可用于查询或分析。”

“数据仓库是作为 DSS 服务基础的分析型数据库，用来存放大容量的只读数据，为制订决策提供所需的信息。”

“数据仓库是与操作型系统相分离的、基于标准企业模型集成的、带有时间属性的、面向主题及不可更新的数据集合。”

1996 年，由 A. Silberschatz、M. Stonebraker 和 J. Ullman 等专家发表的一份权威性报告《数据库研究：面向 21 世纪的机遇与成就》，重点讨论了数据仓库和数据挖掘问题，把数据仓库定义为“来自一个或多个数据库的数据的拷贝”，指出了数据仓库最根本的特点，即物理地存放数据，而且这些数据并非最新、专有的，而是来源于其他数据库。

2. 数据仓库的主要特点

虽然对数据仓库的定义至今尚存在分歧，但认同度较高的 Inmon 的数据仓库定义涵盖了几个基本要素，即主题性、集成性、稳定性及时间相关性。以这些基本要素为核心，构成了数据仓库的四个主要特点。

1）数据仓库是面向主题的

数据仓库的面向主题与传统的数据库面向应用形成对比。主题是指一个在高层次上对数据抽象分类的标准，每一个主题对应一个目标分析领域。例如，一个保险公司的数据仓库的主题可以是客户、保险金、索赔等，而如果按传统的数据库来组织则可能是医疗保险、生命财产保险、信用保险、伤亡保险等。两者不同之处在于：基于主题组织的数据被划分为各自独立的领域，每个领域有自己的逻辑内涵，相互之间没有交叉；基于应用的数据则是为了处理具体应用而组织在一起的。

2）数据仓库是集成的

数据仓库的集成特性是指在历史数据进入数据仓库之前，必须经过数据重组，以有效地支持后续的联机数据分析和数据挖掘等技术应用。实际上，这一步是数据仓库建设中最关键、最复杂的一步。数据重组的第一步是消除原始数据中的所有矛盾之处，如字段的同名异义、异名同义、单位不统一、字长不一致等，然后才能把业务数据库中面向应用的数据结构转为数据仓库要求的面向主题的数据结构。

将历史数据重组后“物理地”存放在数据仓库中，是数据仓库的特点。数据仓库中的数据管理通常还是用数据库管理系统实现的。但目前数据仓库技术研究已产生了虚拟数据仓库概念，它利用“指针”的概念形成数据仓库的视图，而不是“物理地”存放数据。这样就不必投入巨资建立大型单一数据库，而是将原来分散的数据库通过指针联系起来，实际上类似数据库中视图的概念。这样既可以看到分散的数据库，又可以利用逻辑上的数据仓库。

3）数据仓库的时间相关性

数据仓库中的数据都是按照不同时期来组织的，也就是说，数据仓库中的数据通常是按某一固定时间段进行总结的，如按月、季度或者年度。这种时间特性非常重要：首先，数据仓库中的数据保存时限要能够满足决策分析的需要，一般为 5～10 年，而操作型环境中的数据保存时限只有 60～90 天；其次，操作型环境包含当前数据，即在存取一刹那是正确、有效的数据，而数据仓库中的数据都是历史数据；最后，数据仓库数据的码键都包含时间项，用以标明该数据所属的历史时期。

4）数据仓库的数据是相对稳定的

数据仓库的相对稳定性是指数据仓库不进行实时更新。一般说来，数据是每天或每周升级进入数据仓库中去。这一升级过程包括复杂的提取、概括、聚集和老化的过程。一旦数据进入仓库之中，就不能再由用户进行更新了，它是历史数据，而不是日常事务处理数据，因而进入数据仓库的数据是极少或根本不修改的。

3. 数据仓库的两个重要概念

1）粒度

“粒度”是指数据仓库所保持的信息的概要程度，它既影响数据仓库中数据量的多少，也影响数据仓库所能回答问题的种类和回答问题所需资源的种类。粒度越高，表示细节程度越低、综合程度越高，回答综合性问题的效率较高，但降低了回答细节问题的能力；粒度越低，表示细节程度越高、综合程度越低，相应地提高了回答细节问题的能力，但回答综合问题的能力降低。

在数据仓库中往往存在着多重粒度。根据数据被使用的频率高低和被关心程度的不同，把不同粒度的数据存放在不同的存储介质上。

2）分割

分割是指把数据分散到各自的物理单元中去以便能分别地、独立地处理，从而提高效率。数据在分割时可以依据不同的标准，如日期、地域或业务领域等，也可以采用多个标准的组合。一般而言，分割标准中应该包含日期项，它十分自然而且分割均匀。数据分割后的数据单元称为分片，各个分片内的数据独立，处理起来更快、更容易。同时，数据分割也使数据的重构、索引、重组、恢复、监控和顺序扫描等操作更容易。

8.4 案例两则

8.4.1 Cisco的网络客户服务系统

Cisco公司是专营网络设备和软件的公司，它的潜在顾客都在网上，因此，Cisco非常重视发展销售产品和提供顾客服务支持的网站。由于独特的网上顾客服务系统，能与顾客建立良好的一对一关系，赢得顾客的信任和忠诚度，它的销售业绩骄人，自20世纪80年代后期起，Cisco销售的路由器比其他公司销售的总和还要多，公司股票价格飞涨，短短十几年间即成为全球市值最高的公司，股票市值达到5000多亿美元。

1. Cisco服务系统的管理方式

Cisco公司从1992年就开始利用网络为顾客提供服务。迄今，对网络的利用经过了工具、服务手段和贸易三个阶段。最初在网上建立站点的目的是向顾客销售产品；随后，又将网上顾客服务作为一个主要发展方面，逐步开发出独具特色的顾客服务体系。随着顾客服务的整合，Cisco网站已经从单纯的售货途径变成服务和贸易的有力手段。

Cisco网上联络（Cisco Connection Online）的管理人员是由一群权力界限相互交叉的编辑和作者组成的。Cisco的信息交流小组（Communication Group）是站点内容管理者（Content Manager），他们的责任类似总编辑，对服务的内容从较高的视角进行全局的把握。站点其他部分如Software Library，Technical Tips，Commerce Agents，Market Place等由相关人员管理，他们称为执行编辑（Managing Editor）；Techinical Tips部分由Cisco的技术支持中心(Technical Assistance Center，TAC)的逐步升级小组(Esdalation Team)成员负责；Commerce Agents 及 Marketplace 由电子商务小组(Electronic Commerce Team)管理。这些站点的各部分都有高级内容管理工程师和项目经理为新手们提供咨询、顾问和帮助，引导他们进入新的领域。在每个具体组成部分，也有专人负责某一页面或一小块内容。如在 Software Library 中，一人负责新闻稿编排，一人负责软件的储存，一个程序员负责杀毒软件，一个程序员负责升级计划。Cisco 的这些负责人员还经常相互学习、交叉培训，当某一负责人员出差或缺席时，其他人员也能代他处理有关问题。

为了能调动员工参与的积极性，Cisco 公司允许公司的所有雇员都可以在站点上添加内容，为此 Cisco 还创建了许多使用方便的自动工具，内容管理系统(Content Management System)、确保产品营销部(Product Marketing)及知识产品部(Knowledge Product)等部门的作者可把他们的文章放在系统中，供公司网站提取使用或将它们传送到相关的部门。这个系统由交互技术小组负责，他们的另一个重要职能就是将内容管理系统中的有关信息转化为 HTML、GIF 或 PDF 文件"推"到站点上。Cisco 甚至为作者直接创建了 HTML 写作环境，作者只要在此环境中写作，内容即能添加到站点上，而不用经过内容管理系统的再度制作。

2. Cisco 网络客户服务系统的运作

以上介绍了 Cisco 系统的概况，下面来看看 Cisco 网络顾客服务系统的具体措施。首先，它的站点上有一个专门介绍负责 Cisco 站点的高级顾客服务系统小组成员的页面，这个页面详细介绍了小组中每个成员的职能，使站点人格化，给顾客以亲切感和责任心。其次，对于顾客的提问，除 FAQS(经常性问题)外，Cisco 采用以下两个措施：一是开放论坛(Open Forum)，二是案例库(Case Library)。开放论坛是由顾客服务部门管理的私人新闻组(所谓私人，就是需要有密码才能进入)，是面向顾客的、对较复杂的技术问题提供帮助的工具。

回答顾客的问题时分两步操作：第一步，对问题解析，得出其关键词。利用关键词在 CCOQ&A(Cisco Customer Online Questions&Answers)数据库中搜集答案。第二步，当搜集结束时，系统会给你一系列可能答案，并根据与关键词的匹配程度给你权重。如果搜索结束后，系统不能返回任何相关的答案，或返回的答案不能满足顾客要求，顾客可以换一种方式重新叙述问题，或单击 Send to Forum 按钮，将问题发给 Cisco 负责寻找问题答案的专职人员。如果他们仍不能找到令人满意的答案，系统会在 Cisco 的 TAC(技术服务中心)以你的名字打开一个新的案例。问题创建者应将需要答案的时间告诉 Q&A Timer，比如 48 小时、一周还是无论什么时候都可以。这样顾客服务小组会按照你的紧急程度确定先回答哪个问题。问题的答案提交给开放论坛的同时，也会给问题创建者发出 E-mail，他会发现一个电灯泡的图标，提示他问题的答案已经发至，正等候阅读。在图标上单击，即可看到你提的问题和一个或多个答案，顾客可以根据自己的需要选择合适的解决方法。

顾客接受答案后，他所提的问题及答案会被添加到 Q&A 数据库中，以后出现类似提问，通过 Q&A 库的搜集即可解决。

在开放论坛中不能搜集到答案的问题都要进入案例库由 TAC 负责解答。TAC 是由一组资深顾客服务专家组成，他们技术业务经验丰富，可当场回答问题，通过适当试验后再回答，或请其他部门经理帮助解决。Cisco 公布对各类问题回答的优先顺序，如果出现的问题涉及你的根本利益，他们建议你打电话。他们还公布各层次问题回答的时间限制，如果你的问题处于第三层次而未能在规定时间内得到答案，那可能是你的问题被提升到第二层次，并请其他专家协助解决。如果你遇到非常严重的问题，你甚至可以找 Cisco 的总裁、首席执行官，他的地址可以在公司人员联络表中找到。

3. Cisco 的顾客分类服务

Cisco 网络顾客服务最具特色的内容是将顾客分类服务。Cisco 建立了用户的 Entitlement Database，利用这个数据库可使一部分用户获得密码，允许他们接近公司某些重要的信息，而对另一部分用户则保密。这就使 Cisco 能灵活地按顾客的不同类型创建内容和服务。

第一层次是最广泛的网民，他们没在 Cisco 系统中登记，是只想浏览一下 Cisco 产品目录或阅读产品介绍而不愿让人知道他是谁的普通网络浏览者。这类访问者获得的关注和信息优先权最少，他们只能接触有关公司、产品、服务等最基本的信息。但 Cisco 并不忽视这类顾客，同样欢迎他们的反馈信息。

第二层次是从 Cisco 的零售商、代理商手中购买 Cisco 产品的顾客。他们可以获取 Cisco 的有关信息，但由于他们不是 Cisco 的直接贸易伙伴，所以 Cisco 无法知道其订货需求，他们也无法获取公司关于价格方面的信息，因为零售商要求将这类信息对其顾客保密。这个层次中还有一类叫做“公司用户”(Enterprise Users)，他们可以获取价格及订货状况的信息，但只能得到他们所在市场区域的这类信息，他们也只能查看自己的订货状况。某些时候，企业对这类交易的历史信息保密，甚至不愿意让同一组织中的其他成员知道。因此，Cisco 要求有专职人员(顾客服务代表)处理这类问题，而不采用自动查询的方法。

第三层次的用户是所谓的“签约服务顾客”(Contracted Service Customers)。他们是由 Cisco 商业伙伴保证并接受 Cisco 商业伙伴服务的顾客群，他们可以浏览 Cisco 技术细节和参考内容。另外，用户也可以创建自己的网络环境，通过 E-mail 接受 Cisco 软件的更新。签约服务顾客可能获得接触软件库中全部信息的权利，这取决于 Cisco 商业伙伴和顾客之间的支持合同是只对硬件还是同时兼顾硬、软件。签约服务顾客一般不能使用技术支持的案例管理工具，因为他们应从 Cisco 的商业伙伴那里获得技术支持。

第四层次的顾客是 Cisco 的直接购买者，他们和 Cisco 之间有服务约定。本层次的顾客可以获取第三层次顾客所接触的所有信息，此外，他们能直接从 Cisco 获得开放的技术支持，可以自由地下载软件库中的所有软件。

案例思考题

1. Cisco 是如何利用网络进行客户服务的？
2. Cisco 的网络客户服务对中国企业有哪些可借鉴之处？

8.4.2 汇丰银行的客户关系管理

汇丰银行是全球最大的银行及金融服务机构之一，130 年前成立于香港。今天，汇丰集团在欧洲、亚太、美洲、中东及非洲的 81 个国家和地区设有约 7000 家业务机构。总体来说，汇丰集团的核心业务是国内商业银行和金融服务，资金来自本地，业务面向本地。先进的服务理念和技术把业务运营高效地联系在一起，提供的产品和服务涉及宽广的领域，适合客户的多种需求。

要使客户满意，提供好的服务与提高客户关系管理水平同等重要。如果一家机构给了客户好的印象，就有可能吸引住他们并产生多次的业务。汇丰银行建立了自己的客户关系管理系统，目的是给客户以最大的方便，提供随时、随地、任意类型的银行业务，提高客户满意度和忠诚度，在市场竞争中立于不败之地。汇丰在客户关系管理方面的主要经验是鉴别最佳客户，设计最佳体验。

1. 定义最佳客户

汇丰以"全面理财总值"为依据，对客户进行分类。汇丰的客户金字塔如图 8-8 所示。

(1) 顶端客户。这个类别客户的全面理财总值超过 10 亿港元。他们是汇丰卓越理财客户，也是占汇丰个人理财部门客户总数 5%的那部分价值最高的客户。

(2) 高端客户。这个类别中客户的全面理财总值超过 100 万港元。他们也是汇丰的卓越理财客户，客户价值位于顶级客户之后，占总人数的 15%。

(3) 中端客户。这个类别中的客户的全面理财总值超过 2 万港元。他们是汇丰的运筹理财客户，占总人数的 60%，是个人理财部门比例最大的一个客户群。

顶端客户
高端客户
中端客户
低端客户
不活跃客户
潜在客户
怀疑对象

图 8-8　汇丰的客户金字塔

(4) 低端客户。这个类别中的客户的全面理财总值在 2 万港元以下。他们是个人理财部门的常规客户，占总人数的 20%。

(5) 不活跃客户。这些客户的账户处于"休眠" 或者"结清"状态。休眠账户指那些 2 年甚至更长时间没有使用过的账户。结清账户是指客户申请结清的账户。

(6) 潜在客户。这些客户使用汇丰银行别的部门的产品，比如公司理财。银行内有他们的一些数据，并且和他们保持着联络。

(7) 怀疑对象。这是其他银行的客户。汇丰搜集到他们有关数据，但还没有与他们联系过。

通过精确的客户分割，汇丰的目标是：保持活跃客户，争取准客户，想办法吸引潜在客户。

汇丰深知保留老客户特别是中高端客户对于公司盈利的重要意义。这不仅因为保留老客户相对于吸引新客户的低成本，更因为公司 80%的利润来自于占客户比例 20%的高利润率客户(顶端、高端客户)。通过 CRM 系统，汇丰可以知道主要客户是谁。汇丰为高利润客户提供一种特别的银行服务，称为卓越理财客户(HSBC Premier)。无论在地球任何地方，卓越理财客户都享有尊崇的地位、优质的服务和丰厚的礼遇。他们拥有个人的客户关系经理或者专门的执行团队，随时准备提供财务解决方案以帮助满足他们的需求。

2. 设计最佳体验

1）多渠道客户接触点

汇丰银行为顾客提供多种渠道服务，使他们感觉便捷和服务的灵活性，从而增强客户体验。

2）通过网络提升客户体验

在传统银行业务中，客户往往要排长队来进行如转账、汇兑、存款、提款、支付之类简单的交易。通过使用电子银行技术，客户的时间节省了，满意度提高了，银行的人力也节约了。今天，汇丰的电子银行（E-banking）提供的个人服务包含支票账户结算、票据支付、本地及海外账户间的转账，以及个人信息的更新。除了 E-banking 的个人服务之外，汇丰对其商业客户也非常关注，通过互联网来提升其商业服务、企业服务、机构服务的质量，提高客户保持率。E-banking 提供的服务是流水线型的，客户还能够方便地购买保险和股票等产品。

汇丰银行还与 IBM 合作实施了 E-CRM 计划，在提高银行横向销售能力、使交易服务自动化、成为涵盖整个金融领域服务和产品提供者、在成本降低情况下调整客户服务目标进而提高营销能力与经营效率四个核心目标上获得突破。汇丰的远期目标是利用其拥有的优秀银行家、技术和创新能力以及 IBM 的 IT 战略家来创造虚拟私人银行家——一个能与客户产生智能互动的计算机资源系统。

3）以客户为中心

汇丰很清楚客户的业务繁忙，希望每件事情都能迅速办理，甚至没有时间在办公期间去银行一趟。因此，它把一些分支机构改为昼夜银行业务中心（Day & Night Banking Centers），客户可以在方便的时候处理自己的账户。同时，汇丰也建立起了电话及 E-banking 银行业务，便于客户利用电话和互联网随时随地进行交易。

如今，人们要求的银行服务比传统银行提供的服务更多。他们希望银行提供财务建议，希望银行提供一站式（one-stop）的金融服务以满足自己的投资、保险和储蓄方面的需求。汇丰知道这些种类的服务比传统银行服务具有更高的盈利性，正加强这些领域的服务。它已开始寻求专业人士，为其投资、个人理财计划、保险等各方面职员提供培训。

4）在内部更有效地分配资源

在实施 CRM 系统之后，汇丰银行得到了客户倾向和习惯的更多信息，以及主要客户对不同种类产品、服务和投资组合的要求。在分析了经数据挖掘获得的资料后，公司在必要的方面改进技术，对职员进行新的培训，创造新的产品以满足不同客户的需求。

"为每个客户度身定制不同的方案"是当今世界银行服务的大趋势，也是银行获得竞争优势的有力法宝。通过客户关系管理系统的建立，汇丰得到了更多关于客户倾向和习惯的信息，辨别高利润的客户群体，不但容易针对客户需求进行取舍，满足差异性需求，更由于提供不同级别的服务，提高了客户的忠诚度，保留了重要客户。同时，通过电子商务在 CRM 中的广泛应用，提高了整个银行业务的便利性，种种便捷而特性化的服务使汇丰得到良好声誉，赢得了越来越多的客户。

最后设计如表 8-4 所示。

表 8-4 设计表

肢体接触点	银行分支机构	前	在香港有超过 190 家分行
		现	为新开账户的客户提供一对一的注册服务
		后	在一系列的金融服务上得到一对一的帮助和建议
	主要服务中心	前	在香港约有 40 家主要服务中心
		现	在舒适的环境中为新开账户的客户提供一对一的注册服务
		后	由专门的客户关系管理团队提供卓越的个性化服务和帮助
	自助式银行	前	在香港有 1000 家 ATM 机和自助服务银行中心
		后	提供一系列的银行业务
	活动	前	• 展览 • 慈善募捐
		现	促销
		后	VIP 聚会
电话银行业务	顾客打入电话	前	• 电话询问 • 获取银行投资服务
		现	确定投资订单
		后	• 电话询问 • 电话投诉
	客服中心拨出电话	前	电话营销
		现	电话销售
		后	电话进行进一步调查和服务
网络银行业务	客户主动发送电子邮件	前	电邮询问
		后	• 电邮询问 • 电邮投诉 • 电邮进行进一步调查和服务
	客服中心主动发出电子邮件	前	电子营销
		现	电子销售
		后	电子跟踪调查和服务
	在线银行	现	• 为一系列新服务提供实时注册 • 进行实时投资订单的确定
		后	• 提供一系列银行业务的实时服务 • 随时随地管理个人账户
其他业务	广告	前	树立形象
		后	推荐购买
	直邮	前	搜集信息
		现	通过电子邮件推荐购买
		后	月度报告

案例思考题

1. 汇丰银行为何十分重视客户体验？如何改善客户体验？
2. 汇丰银行的客户关系管理系统对中国企业有什么参考借鉴？

本章思考题

1. 什么是客户关系管理？
2. 客户关系类型有哪些？
3. 如何保持客户？
4. 简述客户关系管理与客户服务的区别。
5. 什么是内部客户关系管理？
6. 什么是数据挖掘？它在把数据加工成有用信息的过程中起什么作用？
7. 数据挖掘获得的知识有哪些表现形式？
8. 数据仓库有哪些特点？
9. 数据仓库和数据挖掘技术对现代企业管理有什么意义？
10. 举例分析一个企业开展客户关系管理的成败得失。

相关内容网站

1. 花旗银行：www.citi.com.cn。
2. 海尔公司：www.ehaier.com。
3. 通用电气公司：www.ge.com。
4. 微软公司：www.microsoft.com。
5. 思科公司：www.cisco.com。
6. 波音公司：www.boeing.com。
7. 欧洲空中客车公司：www.airbus.com。
8. Oracle 公司：www.oracle.com。
9. 汇丰银行：www.hsbc.com。
10. 中国企业评价协会：http://www.ceea.gov.cn。

第9章 电子政府与电子政务

在世界各国积极倡导的“信息高速公路”的五大应用领域中,电子政府(E-government)被排在第一位(其余四个领域分别为电子商务、远程教育、远程医疗、电子娱乐)。目前,许多国家在构建电子政府、推广电子政务方面取得了积极进展。我国制定的《2006—2020 年国家信息化发展战略》也指出:电子政务在提高行政效率、改善政府效能、扩大民主参与等方面的作用日益显著。

9.1 电子政府的作用

9.1.1 政府在电子商务发展中的角色

政府与企业在电子商务发展中可以扮演不同的角色。作为市场经济的主体,企业理所当然应当在电子商务发展中担任主角,特别是在建立数据库、内部网络、通信网络和开发各种网上服务和业务方面。但是,市场经济的运作,必须有法律作保障,用法规调整市场主体之间的关系,使其秩序化、规范化,否则会造成经济的无序发展和混乱状态,产生负面影响。政府的主要任务是制定、完善有关电子商务的法规,同时担当部分信息基础设施建设投资,特别是在一些投入金额庞大、盈利前景不明朗的社会基础设施建设项目方面,这些带有公益性质的基础建设项目往往是盈利导向的企业投资的盲区,但对电子商务的发展有至关重要的作用。但要注意防止政府事事包办,甚至形成垄断经营,那样会减弱电子商务发展的活力和动力,影响其持久发展。

虽然电子商务及因特网发展主要由市场机制和民间投资推动,但各级政府仍然可以发挥五个方面的作用,即管理者、协调者、宣传推动者、基础设施建设者和电子商务应用者。

1. 管理者

政府应修改或制定有关法规,承认电子商务及有关电子合同、电子单证、电子签名的合法有效,提供当事人行为的基本法律规范,使交易各方有所遵循,并在发生争议时能得到合理解决,对网上诈骗消费者的公司予以制裁。在执行这一监督职能的同时,政府对日常电子商务业务活动要尽可能少干预,鼓励企业在电子商务发展中担任主角,不使政府行为扭曲市场,对一些处于试验、摸索中的电子商务新方式、新做法不要急于做出肯定或否定的判断,尽量为电子商务的发展创造较为宽松的社会环境。

各级政府都有责任制定和维护一定的政策和法律框架,为电子商务发展创造良好的环境,保护所有参加方的合法权益。比较而言,中央政府应当侧重于建立健全有关网络安全、认证、税收、知识产权保护、预防和打击网上犯罪、ISP 和 ICP 责任和义务等基本法律规章,而地方政府在保证法律法规在本地区得到执行的同时，可能更关心调控本地区的电子商务发展目标，并制定一定的鼓励和引导政策。

政府对于电子商务中一些特定行业的经营许可权也需要进行控制，以保持经济稳定运行和维护社会公众利益。比如网上经营药品、远程医疗、远程教育、音像制品、网上银行、保险和证券业务等领域。在目前电子商务的发展过程中，放松政府的管制、给企业以更大的活动范围已成为国际上的共识。但从另一方面来看，对于新闻发布、药品经营、证券、保险等需要相关政府主管部门审批才能经营的行业，如果放松管制甚至完全放开，难免出现一些混乱及有损消费者权益的情况。所以，政府管理电子商务领域必须掌握适当的尺度，既要为电子商务的发展创造良好的环境，又不能无序发展给社会带来混乱或危害。

2. 协调者

由于 Internet 是一个国际性网络，不受任何一国法律的管辖，电子商务从本质上讲也是没有国界限制的，因此加强国家或地区间政府的协调对于电子商务的健康发展是十分必要的。各国政府可以共同努力，使因特网成为一个安全、可靠、高效的市场环境，减少其中的犯罪、欺骗和其他不法行为，增强企业和消费者对电子商务的信心。统一的国际标准还可以使电子商务交易更加顺畅、成本更低。一些国际组织加强成员之间关于电子商务发展的协作，有利于电子商务推广。

电子商务建立在新型信息技术基础上，其推广应用需要有高素质的劳动力，因此政府有责任动员和组织社会力量培训合格的劳动力，以满足这种需要。电子化教育或网上远程教育本身是一种培养或培训电子商务人力资源的重要途径。

3. 宣传推动者

由于政府所处的宏观管理地位和对经济信息的全面掌握，因而对经济发展趋势往往有更清楚的观察和认识。对于电子商务这种具有影响一个国家或地区经济发展基础的重大技术的应用，政府有义不容辞的宣传和推动义务。各国政府对电子商务和现代信息技术的推广越来越重视。

2006 年 6 月，新加坡政府公布了“智慧国 2015”的十年规划，设定了六个目标，即在 2015 年时，新加坡在利用信息通信为经济和社会增值方面领先于世界各国；信息通信业增加值翻一番，达到 260 亿新元；信息通信出口的收入翻两番，达到 600 亿新元；在信息通信科技领域创造 8 万个就业机会；九成的家庭使用宽带网络；有学龄儿童的家庭百分之百拥有计算机。

“智慧国 2015”规划同时确定了四项策略以实现这六个目标。第一项策略是发展新一代的网络基础设施，包括建设有线和无线两种宽带网络。第二项策略是协助本地 IT 企业加强自身技术能力，让它们以“新加坡制造”的产品品牌在国际市场竞争。第三项策略是培养精通 IT 的劳动力和具国际竞争力的专业人才队伍。第四项策略是利用信息科技提升七大经济领域，即数码媒体与娱乐、教育与学习、金融服务、电子政府、保健与生物医药科学、制造与后勤、旅游与零售。

4. 基础设施建设者

电子商务的发展需要具备几方面基础条件：其一是要实现企业内部经营管理的计算机化和网络化；其二要有费用低廉、快捷方便、安全可靠的计算机通信网络；其三要有相应商业管理法规，以保护业者和消费者的合法权益。打个比方来说，企业实行计算机网络化管理，建立各种数据库，相当于购置车辆，提供运输货源；计算机通信网络相当于高速公路；管理法规相当于交通规则。只有车好、货多、路宽、速快，才能充分发挥整个运输系统的功效，交通规则合理有效才能减少交通事故和违章行为。

完善各项法律和管理规定属于软件建设，建立计算机系统和通信网络则属于硬件建设，也就是基础设施建设。随着企业内部计算机化管理的普及和内部系统的完善，如何提供安全可靠迅速的通信网络成为电子商务发展的关键。Internet 作为全球信息高速公路的雏形，其发展很不均衡，在一些区域通道狭窄，网点稀疏，特别是在一些低收入发展中国家。与欧美发达国家拥有亿万网络用户、信息高速公路密如蛛网的景况形成鲜明对比，一些贫困发展中国家成为信息高速公路建设的"荒漠"，出现了发达国家与发展中国家之间的"数字鸿沟"(Digital Devide)。要真正建成四通八达、覆盖全球的信息高速公路，发达国家需要向发展中国家、特别是最不发达的发展中国家提供技术上和资金上的帮助。

在一些贫困地区，因为低收入和低消费水平使得企业投资仍无利可图，政府以公共设施的形式建设和提供宽带网，对于这些落后地区摆脱贫困、缩小与发达地区的数字鸿沟、融入世界经济一体化格局往往具有决定性意义。

人们在谈论信息作为 21 世纪最重要的战略资源的时候，也忧虑着发展中国家"信息贫困化"的发展"瓶颈"。多数发展中国家在信息基础设施建设方面的落后状况，有可能进一步拉大其与发达国家在经济发展水平方面的差距，造成贫者愈贫、富者愈富的局面。经济两极化的加深不利于世界经济的稳定发展，最终将影响发达国家的经济繁荣。联合国与世界银行等国际组织应当在倡导南北经济合作、帮助发展中国家建立信息基础设施和发展信息产业方面发挥积极作用，这无疑也将加快全球经济一体化和经济信息化的步伐。

各国正在加强建设全球信息高速公路的合作，全球信息高速公路是由地下光缆、海底光缆和通信卫星组成的海陆空立体化的高速通信网络。2000 年 9 月 15 日，中国电信参与建设、连接 33 个国家和地区的亚欧海底光缆系统全线开通。这一光缆系统西起英国，连接欧洲大陆法国、意大利等国，通过红海进入印度洋到新加坡，再向东经马来西亚、菲律宾、文莱、越南等国后到达我国，最后通达日本、韩国，全长约 38 000 千米。亚欧海底光缆在我国上海、汕头各设一个登录站，与此前已开通的中美海底光缆连通，加上欧美海底光缆，亚欧美已形成了全球贯通的海底光缆通信网络，成为全球信息高速公路的主要通道，对于推动全球电子商务发展具有重要意义。

5. 电子商务使用者

企业—政府(B2G)是主要的电子商务模式之一。作为民用和军需物品的大买家，政府有力量推动多数卖主建立网上交易系统。小到办公文具，大到卫星、飞船，文的有公立学校和博物馆，武的有飞机、导弹，政府每年的巨额采购是任何企业都不会轻易放弃的，如果政府规定网上投标是唯一的报价方式，绝大多数公司会认真考虑政府的这种要求。网上采购还增加交易透明度，可以减少政府官员采购活动中的腐败和其他违法行为，降低政府采购成本。

政府不仅是客户，也是现代信息技术手段的主要使用者之一。电子政府可以提高政府部门的办公效率，电子邮件、电子文件、电子表格、内联网、网上远程会议、网上公告牌等各种信息技术应用可以加强政府部门之间的沟通和政府与企业的联系，税收、审计、登记注册、社会福利发放等各种工作都可以通过数字化、无纸化来节省费用，提高效率。电子政府是电子商务和电子政务的有力推动者，也是主要的受益者之一。

9.1.2 政府网上采购

无论中外，政府都是首屈一指的大买家，政府建立自己的网络订货系统，会大大加快电子商务的推广，还易于对政府官员采购行为进行监督。美国联邦政府各部门从 1997 年 1 月起全面采用网上采购，委托美国国民银行和波士顿银行建立网上支付系统，使用 IBM 的电子支付软件向承包政府工程的商家支付款项，银行根据政府网络输入的结算指令，通过网络从联邦储备银行把款项直接划入有关承包商的账户，不需要书面支付凭证。此种结算方法无疑对商家接受和推广电子支付方式有积极示范作用。

政府网上采购在我国也早已开始使用，1999 年 4 月，河北省政府网上发布第 8 号公告，采购 91 套办公自动化设备，邀请商家网上投标，由纪检委、公证处监督开标，当众确定中标人，结果比预计采购费用节省 41 万元。我国每年各级政府采购金额高达上千亿元，若按网上公开招标能节省 10%的采购费用计算，就可以节约财政支出上千亿元。

9.2 电子政务的应用领域

在市场经济环境下，政府要承担大量的社会、经济、文化方面的管理职责和服务功能，尤其在调控国民经济整体运行方面有着难以替代的重要作用。在网络时代，政府的这种职责和作用不会消失或削弱，但在企业经营活动和个人行为逐步虚拟化、数字化、网络化的形势下，政府服务和管理手段必须更新，并根据网络时代企业和大众行为特点以及人际关系变化重新设计管理程序和业务流程，才能适应时代要求，推动社会经济发展。

9.2.1 电子政务的内容

电子政务包括政府职能机构介绍、办事程序说明、规章制度介绍、电子档案和公众数据库上网，进一步实现政府部门日常活动上网和网上办公等。在我国，电子政务还处于初级发展阶段，电子政务更多的是发挥提供信息的功能，1999 年，中国电信和国家经贸委启动了“政府上网工程”，48 个国家部委共同发出中国政府上网工程倡议书，确定 1999 年为政府上网年。据中国互联网络信息中心统计，截至 2012 年 6 月底，CN 下注册的政府网站域名已达 54 808 个，国务院各部委和省市县地方政府都建立了自己的网站，在此基础上，不断开发电子政务功能，如海关总署的报关单审核系统和外汇核销系统、外经贸部的进出口配额许可证网上发放、国家税务总局的电子报税和增值税发票稽核系统等。

1. 办公网络化

政府作为现代网络经济的“组织管理者”，管理手段必须加快电子化、网络化。政府应尽可能实现网上办公，除了少数手续必须有书面或实物证明外，多数手续可以在网上远程办理，以提高社会运行效率。可以建立文件资料电子化中心，把各种证明和文件电子化，以便交税、项目审批等工作在网上完成。在政府内部，各部门之间通过 Intranet 相互联系，加快公事的周转和批复，缩短申报单位的等待时间；负责人在网上做指示，指导各部门的工作，及时收集意见反馈，提高工作效率。政府可在 Internet 上设立电子公告牌，发布面向大众的电子公告。一些重要政府部门开通部门微博，也可以加快官方信息发布传播。

新加坡的电子政务发展水平处于全球领先地位，在世界经济论坛报告中，新加坡连续多年在电子政府指数中名列首位。新加坡政府推行电子政务坚持“以公民为中心”的思想，从公民需求出发设计政府网站。例如，申领营业执照牵涉一系列政府部门，往往要耗费大量的时间和精力，新加坡政府通过构建 OBLS(Online Business Licensing Service)系统，实现 30 多个政府部门的业务整合，通过“一次申请、一次支付”即可实现超过 200 项商业执照申领业务，开办新公司的办理时间从 5 天减少到 1 天。

2006 年，新加坡政府投入 20 亿新元实行“整合政府 2010”(iGov 2010)五年计划，要从电子政府(eGov)过渡到整合政府(iGov)，强调打破部门结构及改进规则程序，根据用户的需求和目的重新组织和整合政府。iGov 2010 计划提出了“提升电子服务的普及性和多样性”、“增进居民在电子政府中的参与度”、“强化政府的能力和协同性”以及“提高国家竞争优势”四项推进战略。

值得各国学习借鉴的是，从 1980 年至今，新加坡政府在推进国家信息化方面不遗余力，先后提出了 6 个计划，前 5 个分别是：1980—1985 年的“国家计算机化”计划，成立国家计算机化委员会和国家计算机局，在政府机构内部普及计算机和推进办公自动化；1986—1991 年的“国家 IT 计划”，建成 23 个政府主要部门的计算机网络，实现数据共享，并在政府和企业之间开展电子数据交换(EDI)，3 个主要 EDI 系统是贸易网、法律网和医疗网；1992—1999 年的“IT2000 计划”，将新加坡建成公民可以在任何时候、任何地点获得 IT 服务的“智慧岛”，1998 年全面运行覆盖全国的高速宽带网络(Singapore ONE)，对企业和社会公众提供全天候的网络接入服务；2000—2003 年的“Infocomm21 计划”(21 世纪信息通信技术计划)，内容包括促进电信市场自由化、构建宽带和无线通信基础设施、创建值得信赖的电子商务中心等；2003—2006 年的“互联新加坡计划”，通过资讯通信技术使公民个人、组织和企业变得更富效率和更具效能。目前新加坡正在实施 2006 年 6 月启动的第 6 个计划——智慧国 2015(iN2015)。该计划的发展目标包括：至 2015 年，在利用信息通信为经济和社会创造附加值方面名列全球之首；实现信息通信业价值增至原来的两倍，达到 260 亿新元；信息通信业出口额增至原来的 3 倍，达 600 亿新元；至少 90％的家庭使用宽带，拥有学龄前儿童的家庭计算机普及率达到 100％。

2. 调控电子化

加强和改善国家对经济的宏观调控是政府主要职能之一，网络技术的应用对政府调控职能的实现带来重大变革，可以实现“电子调控”。

首先，可以建立国民经济动态信息监测网，确定主要经济指标的预警线（点），随时收集汇总本地区的经济活动指标，如物价、就业率，一旦发现异常，立即采取微调措施，避免发生大的经济波动。政府可以根据掌握的全面、准确、及时的企业信息，对数据进行汇总、处理、加工，建立大型的专业和综合数据库，形成决策支持系统，应用统计模型进行分析，有针对性地确定或调整政府经济政策；也可以向企业开放部分数据库，引导企业科学决策，根据市场变动趋势调整经营方向，避免投资的盲目性。

其次，财政税收是重要经济杠杆，通过电子手段完善对税种、税目、税率、课税对象、纳税期限、减免税的管理，严格对滞纳税、逃税和抗税者的惩罚措施，也能实现对生产、流通、消费的调节，保护和支持守法经营，打击灰色经济活动。

最后，中央银行作为“银行的银行”在宏观经济调控中起着重要作用。随着金融电子化的不断深入，央行对银行信贷活动和市场行为的调控将更加方便、迅速。各商业银行的信贷规模、资金流向等，也可通过网络及时上传，以便央行对金融信息的监督和分析。

3. 规范电子商务活动

政府要适应电子商务发展状况，制定相应的网上商业管理法规，诸如电子合同、电子签名的形式和电子资料证据的法律效力等，提供一些当事人行为的基本法律规范，使交易各方有所遵循，并在发生争议时能及时得到合理解决。

9.2.2 好而省的“电子公仆”

1. 服务电子化

在网络时代，政府作为“服务者”的职能可以从两方面加强：一是建设部分社会信息基础设施，包括一些网上公共交易平台；二是上网提供官方信息和业务服务。国家经贸委建立的“中国商品交易市场”网站被称为“永不落幕的交易会”，有数十万家厂商及其产品信息供用户查询交易，远比举办真正的交易会节省；此外，首都电子商城、上海商务网等都由政府部门牵头组建，具有较高的权威性和信誉度，“政府搭台，企业唱戏”，可吸引大众参与，迅速形成规模，产生社会示范效应和规模经济效益。政府可以在网上公布政府部门的职能、组织机构、办事章程等，以便公众了解办事程序和政策法规，增加办事的透明度。政府网站通过友好的访问界面、丰富的内容，可以增进与公众的沟通，自觉接受公众监督。

在澳大利亚，按传统方式注册公司，可能需要 10 个工作日，而通过政府网站在网上注册只需要 15 分钟。按传统方式退税，需要 14 个工作日，而网上申请退税，只需要 4 个工作日。

欧盟的电子政府计划不仅节约了时间，而且节省了金钱。根据英国国家统计局的报告，英国的成年网民中，有 60%以上使用政府机构网站获取服务或官方文件等信息，每星期的访问请求超过 2000 万，大大节省了时间。葡萄牙通过使用电子公共采购计划节约了 30%的资金。

2006 年 4 月 25 日，欧盟委员会发布“电子政府行动计划”，表示在 25 个欧盟成员国中实施的行政管理现代化行动可使纳税人每年少缴纳上千亿欧元的税。这项电子政府行动计划应用在以下 5 个主要领域中。

(1) 全民参与：欧盟委员会将同各成员国一起保证到2010年以前，所有的欧盟成员国公民，不论性别、年龄、国籍、收入、是否残疾都将能平等接入数字电视、个人电脑和移动电话等一系列科技手段中。

(2) 提高效率：公共服务覆盖欧盟的4.7亿公民、2000万公司以及数以千计的行政管理部门。所有成员国都保证到2010年前使用信息与通信技术来实现"提高效率方面相当可观的收益"和"有效减轻行政负担"的目标。

(3) 执行电子采购计划：政府采购占到了欧盟各国GDP份额的15%，每年约合1.5万亿欧元。欧盟各成员国到2010年将实现100%或者至少50%的网上采购，每年预计能节省400亿欧元的资金。

(4) 欧盟范围内服务的安全接入：当欧盟成员国公民旅行或外出时，他们需要更简便的服务接入。欧盟各国政府同意简化其中涉及的手续，建立在公共管理网站和服务方面国家电子身份证的互相承认的安全系统。

(5) 保证有效的公共参与，加强民主决策。

2. 资料电子化

网络的特点就是能开放地提供"海量"信息，政府管理部门的各种资料、档案、数据库的上网可使政府更好地为社会公众服务。例如，工商局可以把所有注册公司的情况在网上公布，供公众查询，在商业交往时，可以方便地了解对方资信情况，避免商业诈骗活动；教育部门可以把大专院校的情况上网，供考生在报考时查询选择；统计局可以把各行各业的年度、月度统计资料上网并提供检索服务。

3. 沟通电子化

由于网络的交互式特点，能在网上建立起政府与公众之间相互交流的桥梁，便于发挥民众的主观能动性，在网上行使对政府的民主监督权利，检举政府公务人员的违法行为。政府通过对民众来信的及时处理，提高工作效率，减少腐败的产生，树立政府在民众中的威信；还可以就一些社会经济问题展开网上调查，作为政府各部门工作的参考。

9.3 电子商务管理的国际协调与合作

9.3.1 电子商务改变全球市场结构

电子商务的发展，从宏观上讲，进一步密切各国之间的经济联系，扩大国际贸易和国际经济技术合作规模，加快全球经济一体化进程；电子商务的发展也会推动信息产业的发展，加快国民经济信息化进程，优化产业结构，为各国提供新的经济增长点，并改变全球市场结构。

1. 数字差距

1) 国际差距

由于在信息基础设施和信息技术发展方面的差距，在发达国家(包括一些新兴工业化国家）与发展中国家之间出现了“数字鸿沟”，削弱发展中国家的经济发展能力，这种情况也存在于我国与发达国家之间。

根据2006年6月联合国公布的世界各国和地区“数字化机会”排行榜，韩国、日本、丹麦、冰岛和中国香港名列前五位，中国大陆仅排在第74位。2012年4月世界经济论坛公布的《2011—2012年度全球信息技术报告》显示，在信息与通信技术发展和使用程度方面，中国位列全球第51位。该报告的合作伙伴博斯公司相关研究指出，数字化进程处在成熟阶段的国家，比处于起步阶段的国家要多获取近20%的经济效益，而中国正处于数字化的发展阶段。博斯公司对全球150个经济体的研究结果显示：一个国家的数字化程度每提高10%，将平均提高GDP 0.6%，降低失业率0.8%，并使创新指数提升6.4%。根据数字化程度，博斯公司将150个经济体划分为四个发展阶段：落后阶段、发展阶段、过渡阶段以及成熟阶段。目前金砖国家中的印度和南非处于落后阶段，中国和巴西正处于发展阶段，而俄罗斯已处于成熟阶段。亚洲四小龙的新加坡、韩国、中国香港及中国台湾均已发展到成熟阶段。数据显示，处于落后和发展阶段的人口占世界总人口的71%。

我国必须努力克服与发达国家的数字差距，才能参与国际分工和国际合作。以海尔为例，它在美国开设分部，销售公司在纽约，工厂在南卡罗来纳州，技术开发中心在洛杉矶，三大机构彼此联网；美国分部实现了电子商务，国内总部和其他机构在业务上必须与之接轨才能实现有效的信息交流和业务联动。

2）国内东西部差距

由于我国的地区经济发展差距，东西部之间在因特网和信息技术应用方面也有明显差距。在西部大开发中，西部省区面临着信息化水平低的问题。因特网和电子商务在中国起步于东部大城市，北京、上海、广州、深圳、杭州迄今仍是网络企业较多、电子商务相对发达的城市。根据中国互联网络信息中心（CNNIC）2012年7月发布的调查报告，截至2012年6月，拥有IPv4地址最多的八个省市全位于东部地区，即北京、广东、浙江、山东、江苏、上海、辽宁、河北，而最后五名都在西部地区，分别是西藏、青海、宁夏、贵州和甘肃。提高西部地区信息化水平、努力缩小东西部数字差距是缩小东西部经济差距的前提和首要选择。

2. 数字机会

应当指出，尽管我国的生产力水平包括信息技术应用水平与欧美发达国家还有很大差距，但从许多方面来看，Internet和电子商务技术手段的出现为我们加快经济发展速度、提高经济发展质量、尽快赶上发达国家提供了机会。首先，Internet使企业能以很低的费用进入国际市场，让自己的产品面对全球客户并得到全球的市场供求信息，这无形中把欧美日大型跨国公司的资金、技术、信息优势减弱了，对资金、技术、信息相对缺乏的中国企业不失为一个发展机遇；其次，因为Internet技术日新月异，电子商务的做法尚不成熟，各国都在摸索之中，市场远未饱和或形成垄断，后来者可以居上，我国企业如果注重研究开发，也能迅速扩大自己的国内外市场份额。一些经营困难的企业如果及时调整经营方向，立足电子商务进行相关产品技术开发，把“数字鸿沟”变为“数字机会”（Digital Opportunity），可能因此走出市场困境，找到新的生存和发展基础。

对于电子商务的发展来说，网络设施是个关键问题。可以利用后发优势，高起点建设我国的信息基础设施。举例来说，1998年韩国发生特大洪水，旧的电话线系统遭到严重毁坏，但因祸得福，韩国索性破旧立新，在国内大规模全面铺设光缆，建设无线通信网络；而美国电话网线早在20年前已全部铺设完毕，一时难下决心推倒重来，全部改为光缆通信。从这一点也可以看出，在硬件设施上发展中国家并不是没有超越西方发达国家的可能。

9.3.2 国际协调的重要性

Internet是一个无国界的全球性网络，不受任何国家的管辖；网上交易往往也具有国际贸易的性质，且各国海关更难对其进行监管。因此，要对电子商务实行有效的监督管理，在完善国内各项法规的同时，各国政府必须加强电子商务管理方面的国际协调和合作。1996年6月14日召开的联合国国际贸易委员会专门会议对电子商务发展给予了高度评价，并通过了《电子商务示范法》，数据电文与书面文件一样得到法律的承认，在全球范围内为电子商务提供了法律保障，有利于促进国际电子商务的发展。

目前需要各国政府协商解决的问题仍有许多：其一是全面修订法律规章和调整商务监管机制，以适应无纸贸易的商务环境，为网上公司的注册和跨国运营提供法律保证，防止有人利用Internet进行非法活动和产生黑色经济；其二是资助和推动信息高速公路建设，发达国家应从资金和技术上帮助发展中国家发展信息基础设施，以形成完整的全球信息高速公路网络，并提高网络运行的可靠性，为国际电子商务扩大铺平道路；其三是加强电子商务技术的国际协调，如加密技术、传输技术、网络技术等，以降低电子商务的运行成本；其四是通过政府间协商，建立争议解决机制和仲裁规则，以保障交易双方的合法权益，减少交易风险；其五是制订适合电子商务特点的税收政策和方法，鼓励这种新型技术和经营方式的推广应用，以提高整个社会经济活动的效率。

应当指出，因为各国有不同的利益和考虑重点，这种国际协调工作将是费时费力的过程。各国国内法规的差别也是电子商务管理困难的一个方面。例如，加拿大顾客通过网络从墨西哥商家订购家庭用HIV测试用具，在墨西哥这样做是正常合法的，而按照加拿大法律不准向个人家庭出售HIV测试用具，这项交易应当适用销售地法律还是消费地法律、是否合法就成为一个新的问题。

9.3.3 美国政府的“纲要”

1997年7月1日，美国政府正式发表了由克林顿总统和戈尔副总统签署的《关于全球电子商务的纲要》(A Framework for Global Electronic Commerce)。这个文件在美国政府经过长时间讨论，九易其稿，反映了美国政府的观点和利益，主张让Internet成为不征关税的自由贸易区，不对电子商务征收超过常规商务的国内税，建议通过国际协商制定适用于电子商务的全球“统一商法典”，并提出了发展电子商务的五项一般性原则和九条问题处理建议。

欧洲贸易委员会(European Trade Commission)立即做出积极响应，认为美国政府的主张与欧盟在1997年4月发布的“欧洲电子商务动议”相吻合。许多国家政府和大企业领导人也表示支持。无论这个纲要的出发点是什么，它对电子商务的发展产生了重要影响。

1. 五项原则

电子商务是指通过 Internet 进行的各项商务活动，包括广告、交易、支付、服务等活动，全球电子商务涉及各国，美国对 Internet 上进行商业交易提出五项一般原则。

(1) 由民间主导电子商务发展，发挥领导作用。依靠市场竞争实现技术创新、服务领域扩大和价格水平降低，同时鼓励行业自律。Internet 的快速成长，主要由民间带动，未来电子商务的发展壮大，有赖于民间继续主导，政府应尽可能鼓励民间企业自行建立交易规则，少干预、少限制。

(2) 政府应避免对电子商务的不适当限制。买卖双方应签订合法的电子商务协议。鉴于科技的快速进步，今天的法令在明天可能不适用，任何只顾眼前利益的法令和做法，均可能阻碍电子商务发展。不必要的规定会扭曲市场，提高商品和服务的成本，减少供给，因此政府应保持最低限度的卷入或干预。

(3) 在政府卷入必要时，其目的应是维护一贯的、简便的、可预期的商务法律环境，如保护竞争，保护知识产权和隐私权，防止欺诈，方便争议解决。

(4) 政府应认识到 Internet 的特点，即自主分散的性质和由下而上的管理传统。许多过去的传统法令规章不能适应电子商务的特点，如何修订法令利于电子商业繁荣发展，对所有国家都是一项挑战。

(5) 网上电子商务应在全球范围得到便利。Internet 具有跨国境的特点，各国制定电子商务相关法令，必须考虑到便利全球贸易活动。

2. 九点建议

1) 通关与赋税(Customs and Taxation)

Internet 应成为自由贸易区，凡商品经由网络进行的交易，如计算机软件及网上服务等，无论是跨国交易或是在美国内部的跨州交易，均应一律免税。美国还向世界贸易组织提出建议，有形商品如机械设备等，交易是在网上进行，但货品仍须经海陆空运输送达，其赋税应比照现行规定办理，不应另外课税。

2) 电子支付制度

信息技术已使电子支付成为可行，许多软件应用已开始使用 Internet 进行货币支付，包括电子银行、电子钱包以及智能卡等。在科技日新月异、电子支付尚未定型之际，不宜匆忙订立法令约束，以免妨碍进步与发展，但可以视个别方面需要订立暂行办法。鉴于 Internet 的跨国特性，美国财政部已与各国政府研讨全球性电子支付相关措施，世界十大经贸国的财长也已组成工作小组，负责制定共同电子支付政策。

3) 电子商务规制

一般来说，买卖双方的合同或约定，能规范贸易顺利进行，在万一发生纠纷时，政府须从全球贸易着眼，根据简单扼要的法令，促进电子商务的公平实现。联合国国际贸易法律委员会为支持订立电子商务合约制定出一套示范法(Model Law)，为国际间电子商务树立了法则，美国对此支持，并希望世界各国在考虑电子商务国际贸易法时，遵循下述原则与精神。

(1) 买卖双方有充分自由决定适合双方的合约关系。

(2) 法令应不受现行技术的约束,具有长远适应性。

(3) 现行法令仅在电子商务发展到有必要时,才做出修订。

(4) 对高科技商业及尚未上网的产业一并加以考虑。

4) 保护知识产权

网上交易包括销售知识产权商品,为促进电子商务,卖方须确知产权未被盗用,买方须确知买的商品为非盗用、非仿冒品。为此国际间必须建立保护知识产权的协议,包括保证版权、专利与商标等,而各国更应立法以遏制产品的仿冒和知识产权的盗用。

5) 保护隐私权

信息在网上顺利充分交换,有助于电子商务的发展,但对保护隐私权应予充分注意。美国政府信息基础建设任务小组中发表了名为"隐私权与国家信息基础建设"的报告,规定了有关个人信息的收集、处理、储存与再使用等相关原则。

6) 安全可靠性

安全的全球信息基础设施环境应包括如下内容。

(1) 安全可靠的通信网络。

(2) 有效防护连接在网络上的信息系统。

(3) 有效防止资料被窃取或盗用。

(4) 培训因特网使用者,使其了解如何防护其信息系统与资料安全。

电子签名与身份认证制度是目前保障网络安全的重要手段,应鼓励民间发展公钥与私钥的加密方法。美国政府与民间企业合作,加快形成市场带动的通用标准、公钥管理体系及加密解密产品。2000 年 11 月,克林顿总统同时以手签和数字签名方式签署了《数字签名法案》,宣布数字签名在美国已取得了与传统签名同样的法律地位。

7) 电信基础设施建设与信息技术

全球电子商务的发展,有赖于网网相连的全球信息基础设施建设,而电信自由化又是加速信息基础设施建设的前提条件,美国政府鼓励各国开放通信事业的公平竞争。美国向 WTO 提出信息产品免税建议,并获得许多国家的支持,谈判达成了《信息技术协议》,实现了包括计算机软硬件、网络设备在内的年国际贸易额达数千亿美元的信息技术产品的自由市场。

8) 信息内容

美国政府支持信息跨国流通,包括 Internet 上的新闻发布、信息服务、虚拟商场、娱乐节目与艺术作品等。与传统电视广播相比,网络内容有更大的取舍选择,对认为有不合适内容的网站,新科技给予父母加锁的能力,使儿童不能看到,因此电视与广播的多种限制,可不必用于 Internet,以使网络内容能向多元化发展。

9) 技术标准

从长远来看,技术标准对电子商务极为重要,标准不仅有利于网络连通,也可促进公平竞争。但如果过早制订标准,极可能阻碍新技术发展,由政府订立标准还可能形成贸易障碍。美国政府鼓励由企业界协商订立标准。为促使全球电子商务的繁荣,下述标准非常重要。

(1) 电子支持。

(2) 安全。

(3) 电子版权管理制度。

(4) 电子视讯会议。

(5) 高速网络技术。

(6) 数据与资料互换。

9.4 案例两则

9.4.1 青岛市电子政务网

作为我国重要的沿海开放城市,青岛市的经济和社会信息化建设处于全国前列,青岛市的电子政务应用在国内也处于领先地位。青岛市从1996年开始,就在全市机关实施了"全市宏观决策和办公信息服务网络系统"工程(简称"金宏工程"),建成了"金宏电子政务系统"。"青岛政务信息公众网"作为全国第一个以党委、政府名义主办的政府站点于1998年5月18日正式接入因特网。同年11月18日,青岛政务网的英、日、韩三种外文站点正式开通,在全国政府网站中属于首创。到2011年,"青岛政务网"网上信息资源已达到40多个大类,300多个子类,5000多万字和5000多张图片,基本形成了政府为公众提供信息服务的较完整的资源体系,发挥着政府联系市民的桥梁纽带作用。

青岛政务网实现了市委、人大、政府、政协四网统一。该网上联中办、国办、省委、省政府,下联12个区县并通达全部乡镇和街道办事处,横向实现市属单位全部入网,形成了统一、完整的网络基础设施。不仅是全市机关公文、信息传递的主渠道,也越来越多地承担部门间的业务应用。

1. 青岛政务网的主要特点

1) 统一通用性

政府各部门内部的基础办公软件实现基本统一。目前已有市委办公厅、市政府办公厅、市计委、经委、建委、财办、财政局、人事局、工商局、地税局、劳动保障局、国土资源局、公安局、司法局、教育局、科技局、文化局等近20个部门和12个区市,建立了内部网络办公系统,绝大多数单位统一采用了"金宏电子政务系统"。不仅节省了近千万元软件开发和购置费,而且为形成全市统一的电子政务流程创造了良好条件。

金宏电子政务系统有强大的适应伸缩性,适应于UNIX、Windows NT等多种操作系统。大到可支持多台服务器、多级网络互联的广域网络系统,小到有一台普通计算机作为服务器,连接几个工作站即可运转。系统的各种功能可以灵活配置,任意定义办公流程。

2) 完整性

金宏电子政务系统的10个子系统几乎覆盖了机关日常办公的所有领域。各个子系统的功能设计深入细致,可以支持复杂、多级流程下的无纸办公。各个子系统之间联系紧密,一体化程度高,能够发挥办公自动化系统的综合效能。

3）可靠性

金宏电子政务系统以 Lotus Domino/Notes 作为数据库平台和开发平台，经过了长时间测试、试用和修改完善，目前在青岛市及所属各市、区和全市教育、地税等系统正式使用，充分证明了其安全可靠的性能。而且，电子文件在 JHOA 系统的流转过程中，可进行加密、电子签名、防止复制、反馈回执、邮递报告等，保证传输过程的安全可靠。

4）实用性

金宏电子政务系统充分考虑了领导和各类工作人员工作和应用水平的实际情况，尽量简化操作，方便使用，提高效率。例如，领导通过“待办”一个入口，即可完成公文、信息、会议、活动等所有事项的阅、批、审操作。

2. 青岛政务网的主要功能

青岛政务网主要栏目有为民服务、网上办公、市长信箱、市长主页、公文库、政府公报、组织机构、政务公开、政策法规、为民服务、要闻回顾、新闻发布会、青岛概况、开放之窗、城市规划、青岛名牌、重大节庆、青岛统计、专题、大事记、友好往来、市情库等。金宏电子政务系统具有下述六个方面的功能。

1）电子邮件

电子邮件功能包括发送邮件、接收和阅读邮件、打印和保存邮件、应答及转发邮件以及设定与跟踪工作。系统具有丰富的电子邮件选项，包括标识重要文件、发送邮件类型、邮件签名、邮件加密、邮件传递优先级、确认传递的邮件、对收到的邮件返回回执、防止收件人复制或打印邮件。

2）公文管理

公文管理分为“收文管理”和“发文管理”两个主要部分：“收文管理”主要处理各级来文，解决收到文件的登记、拟办、传阅、转办、反馈等的电子化处理；“发文管理”主要处理本级文件的制发工作，解决文件的起草、审核、会签、签发等过程的电子化处理。在公文处理的整个过程中，需要涉及公文的登录、跟踪、催办、分类、统计、归档、销毁等管理。在这些方面，系统具有公文的收发登记、级别管理、加密管理和流转功能，能够对正在处理的文件进行跟踪，确定文件所处的状态，对超时未办的文件和加急文件发出催办信息，并可在特殊情况下对没有处理结束的文件强行办结。

金宏电子政务系统可以按文号、级别、部门、主题、内容对公文进行分类，根据需要对文件强制销毁，并建立销毁档案。利用多媒体接口和 Lotus Notes 的电子签名技术，系统可以进行领导签名，有权限的人员可以对领导批示内容进行查询。公文综合查询功能可以使用视图查询、全文索引查询、自制查询等多种方式，对收发的各类公文、公文处理状态和公文批示进行查询，并支持模糊查询。统计分析功能可以对收发公文进行分类统计，并对公文办理人员对公文的处理效率、处理时间、处理数量进行统计并进行比较。公文流转过程中每一步都有催办机制，对于没有按时处理结束者，系统自动进行催办，提示其尽快办理。这一功能可以防止公文不按正常流程进行流转，避免许多人为因素对办文过程的影响，有利于公文办理的规范化。

3）会议和活动管理

采用会议日程管理可以避免以往手工安排会议造成的通知不及时、疏漏人员、会期安排不合理等弊病，对日常会议安排具有重要意义。会议日程管理可以完成的主要功能包括会议文件的起草、提出会议议程、会议审批、会议场所安排、会议记录、会议归档、会议室管理和日程安排信息处理。

4）信息管理系统

信息管理系统完成对公共信息、信息统计、外部接口及出版刊物的处理；实现信息接收、编辑、传递、筛选、送阅、批办、反馈检索、批示、组刊、转制发文等全过程的计算机处理。从功能上划分为信息处理模块、刊物编辑模块、条目接收模块和领导查询批示模块。

5）档案管理

金宏电子政务系统提供对档案文件的一系列处理，包括档案文件的筛选、顺序调整，档案案卷的移卷、拆卷、封卷、解封等。纸质文件可以手工立卷归档，对于从金宏系统公文管理办结的文件则可以进行电子归档。JHOA 系统同时提供灵活的档案借阅手段，包括电子邮件借阅、联机借阅的电子手段以及填写借阅单等手工借阅手段。通过全文索引，提供对档案的强大检索功能，还可以对档案的借阅进行查询。

6）信访处理

金宏电子政务系统的“人民来信”功能可以对人民来信进行登记、分类、办理、反馈，对领导批示信进行流转，对人民来信进行统计、分析等，并对处理流程进行实时跟踪。“人民来访”用于对人民来访进行登记、分类、办理、反馈；对集体上访、重复上访、越级上访等做出统计；对相应部门进行考核等。

3. 电子政务应用情况

青岛市政府电子政务建设坚持“以应用为导向”的原则，较好地平衡了硬件建设、软件建设和推广应用的关系，最大限度地发挥了投资效益。目前，市委、市政府领导桌面全部配备了多媒体计算机，通过计算机网络查阅内部信息和因特网信息。市委、市政府的公文实现了自动化流转和无纸化传输。信息处理实现了报送、筛选、组稿、审批、出版、入库、下发全过程的自动化处理，即信息交流电子化、网络化，使行政部门的办事效率明显提高。

全市绝大部分机关都通过青岛政务网办理事务，青岛政务网成为信息资源最丰富的国内政府站点之一，吸引着越来越多的国内外访问者，对促进对外开放，推动政务公开，密切政府与人民群众的联系，发挥着越来越重要的作用。

青岛政务网根据市民关心的主要问题在主页设置了一系列“专题”，有“交通专题”、“就业专题”、“社保专题”、“教育专题”、“医保专题”、“婚嫁生育”等，便于市民快速查阅相关信息，办理有关事务。

政府网站一方面可以使各级领导和机关干部开阔信息视野，在世界范围内更及时全面地获取所需信息；另一方面，通过设立市长信箱、区长信箱、局长信箱和专门论坛等多种形式，及时收集社会各界的意见和建议，增加了政府与民众的联系渠道。

目前，全市已有 48 个政府部门将履行行政职责的依据、办事程序、办事时限以及办事机构，全部公布在公众网上。市工商局实现了企业注册登记网上并联审批；市国税局实行了网上办税；市规划局实施了网上审批；市建委推行了IC卡报建系统；市劳动保障局推行了社会保障一卡通；市城市管理局开通了98111服务热线。电子政务正高效率、低成本地发挥着传统政务的各项功能和作用。

案例思考题

1. 电子政务系统在技术上实现统一性、通用性、完整性的意义何在？
2. 青岛政务网如何保障和拓宽政府与社会各界的联系？

9.4.2 美国的电子政务

美国最著名的政府站点是白宫站点，它的内容既包括正式严肃的最新新闻以及联邦热点事件，也包括较为轻松的有关总统、副总统的家庭情况介绍等话题。白宫站点实质上是所有美国官方网站的中心站点，该站点有一个美国联邦政府站点的完整列表，可以连接到美国政府所有已上网的官方资源。同时白宫站点以及所有内阁级站点都提供文本检索功能，可以通过关键词查找这些站点上的所有文献资料。目前，美国2.8亿人口中有四分之三的人不同程度地使用互联网。从1985年到2005年，美国人在办公场所和家里使用计算机的比例从30%增长至80%，拥有计算机的美国家庭比率从15%猛增到75%。大量民众使用计算机和上网，是美国建立电子政府的良好社会基础。

1. 政府的积极推进和各方监督

在美国，从政府到民众，都对"电子政府"建设持积极支持态度。前总统克林顿在2000年6月宣布，在90天内建成一个超大型网站——"第一政府网"(firstgov.gov)，目的是减少"橡皮图章"，创建一个"高效率、高技术的政府"。从内容分类来看，该网站一方面按地区划分，囊括了全美50个州以及地方县、市的有关材料及网站链接；另一方面又按农业与食品、文化艺术、经济与商业等行业来划分，各行各业的有关介绍及网站也是随点随通。布什总统上台后提出，要加速完善"电子政府"的功能，包括投资10亿美元改进残疾人上网条件、拨款4亿美元改进网上教育等。到2006年，美国各级政府从网上接收3.33亿份来自企业和民众的各种申请和报告，在政府网站上推出1.4万种网上申请服务项目。美国政府为推进电子政府建设投入了大量资金我，2007年度预算为650亿美元，2008年预算为655亿美元。

为保障政府信息化发展，美国制定了《政府信息公开法》、《个人隐私权保护法》、《美国联邦信息资源管理法》等一系列法律法规，对政府信息化发展起着保障和规范的作用。根据《政府纸张消除法案》要求，美国在2003年10月前实现多数政府办公程序的无纸化作业，使公民与政府的互动关系实现电子化。2002年12月，美国国会通过了《2002年电子政府法案》。2003年，美国总统办公室发表了《电子政务战略》，从350项备选方案中选出24项电子政务优先计划。

由美国联邦政府及一些社会团体联合组织，共组成10个监管政府信息化的机构，冠以一个总名称——政府技术推动组。这些机构主要有政府信息化促进协会联盟、IT产业顾问协会、州级信息主管联盟、国家电信信息管理办公室、政府评估组、首席信息化小组等，政府信息化所涉及的各种日常事务均由他们承担。

2. 美国电子政务发展的特点

（1）网站多。美国联邦级的行政、立法、司法部门都拥有独立网站，州及地方政府也拥有规模不小的网站，就连偏远地带的一些小镇也照样建立了网站。

（2）分类细。美国电子政务网中既有政治、经济、军事方面的网站，也有国民求职、贷款、消费等方面的网站。日常生活中凡是与政府有关的事情，总有相关网站提供信息或服务。

（3）网联网。美国联邦一级的部门已经实现了网套网、网联网。联邦部门的网站不只介绍本部门的情况，提供相关服务，而且将下属机构的网站连起来。各州的网站既有全州范围的内容，也有州内各县、市网络的连接。

3. 美国电子政务的用户和类型

美国的电子政务，按照用户的不同可分为四大类型。

（1）政府——公民：简称 GtoC，其主要目的是建成一站式在线服务，并引入现代管理工具，以改善服务质量和效率，使公民得到高质量的政府服务。

（2）政府——商界：简称 GtoB，其主要目的是通过大量削减数据收集的冗余度，减轻商界的负担，对商界提供顺畅的一站式支持服务，使用 XML 与商界建立数字化通信系统。

（3）政府机构之间：简称 GtoG，其主要目的是整合和共享联邦、州和地方三级政府的数据，以改善对信息系统的应用，为各种政府行为（如救灾行动等）提供更好的综合服务。

（4）政府内部：简称 IEE（内部效率和效能），其主要目的是借鉴产业界的先进经验（如供应链管理、财务管理和知识管理），利用现代化技术减少政府支出，改善联邦政府机构的行政管理，提高工作效率，消除工作拖沓现象，改善雇员的满意度和忠诚度。

4. 美国电子政务的内容

（1）政务公开。美国各级政府都广泛利用功能强大的政府网站向社会公开大量政务信息。这些信息包括：政府领导人的重要活动及演讲，政府工作的最新动态，民众到政府办理注册、登记等事项的有关信息，与政府工作相关的研究、支持机构的有关信息等。可以说，大部分与民众相关的政府事务，都能及时通过政府网站获得详尽的信息。例如，在美国教育部网站，打开有关政府资助的栏目，就可以查阅到政府资助的项目及具体要求，包括申请书如何填写以及以往资助项目的详细情况等。

（2）提供网上服务。美国各政府网站，大都在首页设有网上服务（Online Service）栏目，用于为民众提供各种查询、申请、交费、注册、申请许可等服务。由于这些栏目充分发挥了网络的优势，将分属政府各部门的业务集中在一起，具有“单一窗口”特点，体现了网上虚拟政府的优越性，方便了民众办事。

（3）实现资源共享。各级政府通过政府网站，向大众提供政府所拥有的公用资料库信息资源，从而实现公共信息资源的充分利用。例如，洛杉矶市政府将地理信息系统（GIS）用于为市民提供环境信息查询（My Neighborhood），市民只需输入自己的家庭地址，即可在地图上清楚地了解到周围政府部门、医院、学校等与市民生活相关的各种公共服务机构的信息。各种社会经济统计指标、地区经济发展状况、旅游资源状况、网上图书馆、网上地图也在政府网站提供的服务之列。

(4) 内部办公电子化。美国政府部门一般较少层层下达的强制性文件，机关内部的办公事务主要依靠电子邮件、电子表格来传递信息，同时，传统的纸质文件、书面签名方式仍然在处理一些重要事务时使用。政府机关内部办公软件主要包括文档处理软件、电子邮件系统以及各种专门业务处理软件。会议通知、政策宣传、法规颁布、意见调查等，都以电子邮件方式处理，以加快信息的流通。

案例思考题

1. 美国政府是如何实现电子政务应用的？
2. 美国电子政务的经验有哪些可以被我国政府借鉴？

本章思考题

1. 简述电子政府和电子政务的重要性。
2. 简述政府在电子商务发展中的角色。
3. 简述政府网上采购的作用。
4. 简述电子商务法规国际协调的重要性。
5. 简述美国《全球电子商务纲要》的基本内容。
6. 简述 OECD 的《全球电子商务行动计划》的主要内容。
7. 简述电子政府与经济信息化的关系。
8. 简述电子政务的主要功能。
9. 简述我国与发达国家之间、国内东西部地区之间的数字鸿沟问题。
10. 如何把数字差距转变为数字机会？

相关内容网站

1. 中国政府网：www.gov.cn。
2. 美国白宫：www.whitehouse.gov。
3. 经济合作与发展组织：www.oecd.org。
4. 南海区政府网站：www.nanhai.gov.cn。
5. 青岛政务网：www.qingdao.gov.cn。
6. 欧亚贸易桥：www.eatb.com.cn。
7. 中国商品交易中心(金贸网)：www.ccec.com.cn。
8. 首都电子商城：www.beijing.com.cn。
9. 中国外经贸网：www.chinamarket.com.cn。
10. 中国国际电子商务网：http://www.ec.com.cn/main/index.jsp。

第 10 章 电子商务法律制度

10.1 电子商务的法律体系

10.1.1 法律介入的必要性

互联网提供了一个无国界限制、无时间限制、无人员限制的信息传播渠道,这既是它的优点,也是它的缺点。从好的方面看,网络传递信息无所不至、迅速快捷的特点使它成为政府机构和社会大众快速获取信息的有效渠道,近年来,通过在网络上收集破案线索,仅在美国已侦破上千宗刑事案件,其中有费时经年、茫无头绪的重大疑难案件。但另一方面,一些谣言也通过网络迅速散布传播,网上商业欺诈行为屡屡发生。事实说明,网上活动与网下活动一样,需要法律的规范和约束。

考虑目前电子商务尚不成熟,在今后一个时期发展变化仍然会很快,在制定有关法规时,要留有余地,不宜过分严格和具体琐细。在保护合法经营、保障合法权益、打击违法犯罪行为的同时,给企业创新留下空间。要更多地依靠行业自律,鼓励企业自我约束,自我发展,尽量减少政府干预,为电子商务的发展创造较为宽松的外部环境,鼓励企业探索各种新的服务方式和服务领域,使这一新兴商业科技手段能为消费者带来更多的福利和便利。

现有的民商法对于商业交易当事方之间(商家与商家、商家与消费者、商家与政府)进行交易的法律和商业框架是在非数字化时代设计的,电子商务导致了对法律框架的重新反思。当消费者和商家采用新的数字化交易平台时,他们希望政府能保证其“游戏规则”与现实世界的游戏规则是尽可能对等的,在必要时引进新的法律和规则,或对现有规则进行修订,并能保证规则的透明性、可预测性。

电子商务涉及的法律问题非常多,如电子合同的签订、网上支付、网上税收、知识产权问题、安全保密问题等均需法律规范,而且,政府管理电子商务的合法手段和方式也是需要解决的问题,由于电子商务发展迅速,有关的法律问题也日益突出。对涉及电子商务的法律问题,特别是涉及电子商务交易中消费者保护问题,其中包括公正地披露信息、广告业务、投诉处理、纠纷解决、赔偿以及其他与保护消费者有关的问题做出合理的解释和分析,将有助于电子商务的正常发展。

10.1.2 电子商务立法应遵循的原则

1. 个人按意愿选择交易方式

电子交易方式与常规交易方式应处于平等地位,参加商业交易的各方可以自由选择商定交易方式,应当能够以电子方式或常规方式交流并选定交易方式,能够按双方自主意愿确定交易条件即合同的各项条款。

2. 电子交易与常规交易应具有同等效力和约束力

电子签名和电子合同等文件应当与手签和书面文件具有同等的地位，这在电子商务活动中至关重要，一桩成功的电子交易需要参与交易者之间有一个有约束力的合同，明确知道彼此希望得到的利益，也清楚各自承担的合同义务。不仅是电子合同，其他所有涉及的电子单证、电子文件，都应该与传统贸易过程中相应的文件具有同等法律效力，国际贸易还必须建立使电子文件和交易得到国际认可的机制。电子商务环境中，能够核查有关公司、客户和合同的某些信息对于交易各方建立信任是必需的，在双方初次交易时更是如此。

3. 技术和媒介中立

电子商务的法律框架在技术上必须是中立的，也就是说，它必须允许使用各种现有技术来解决诸如电子签名之类的问题，还要能容纳日新月异迅速发展的新技术。如果规定采用某种技术太具体，在技术革新后将不再适用，又要重新修改，会影响法律的权威性和效力。例如，在美国，一些州的数字签名法具体规定了必须使用某种数字签名才有效，对技术进一步发展形成制约；而多数国家的电子签名法案则规定任何保密的、可接受的技术制作出的电子签名都是有效的，这样规定比较恰当。

电子商务法应以中立的原则来对待各类信息载体，如无线通信、有线通信、电视、广播、互联网等，允许各种媒介相互融合，相互促进，使各种媒介资源得到充分利用。

4. 保护消费者利益

电子商务的发展最终要靠消费者的认同和参与，如果在电子商务活动中，消费者利益不能获得充分保障，消费者必然会选择其他更合适的方式。所以必须为这种新的电子交易模式建立恰当的消费者保护机制，使消费者明了某一交易如何安全操作以及该交易所适应的消费者保护法。同样，还需要制定出有预见性的法规，来明确解决争端的方式和负责部门。只有当消费者充分相信进行电子购物至少与传统的购物同样方便有效，遭遇损害同样可以获得补偿时，才会积极地参与。

5. 国际协调性

电子商务以Internet为基础，具有跨国性特征，制定相关法规必须考虑其他国家的法律规定。我国作为发展最快的发展中国家，在参与电子商务的过程中，在注意与国际公约及其他国家有关法规衔接的同时，应当采取必要的措施保护我国人民的利益。总起来说，要遵循以下几条原则。

(1) 体现国家意志，把国家民族利益放在第一位，这是一切法律法规共同遵守的重要原则。

(2) 与宪法和其他现存法律及我国认同的国际法一致。

(3) 要有利于推进电子商务的进一步发展，促进相关的科技研究和开发，推进社会和经济进步，电子商务发展会不断遇到新的问题，应从长远着眼使法律更具科学性和可操作性。

(4) 优先制定纲领性、基础性、紧迫性的法律法规。

10.1.3 电子商务法律的内容

数据电文和网上交易给商事法律关系带来了一系列新问题，为解决这些问题而形成的电子商务法律制度，也应是一个完整的体系，涉及各有关方面的法律问题。

1. 电子商务合同的法律

电子商务合同法用于规范电子商务交易各方的权利与义务关系等，买卖双方权利和义务是对等的，卖方应当承担三项义务：一是按照合同的规定提交标的物及单据；二是对标的物的权利承担担保义务；三是对标的物的质量承担担保。买方同样应当承担三项义务：一是按照网络交易规定方式支付价款，如信用卡、智能卡、电子钱包等，在合同中对采用哪种支付方式应明确肯定；二是按照合同规定的时间、地点和方式接收标的物；三是验收标的物。

2. 数据电文的法律

这方面包括：数据电文的概念与效力，数据电文的收发、归属及完整性与可靠性推定规范等。

3. 电子签名的法律

这方面包括：电子签名的概念及其适用范围，电子签名的归属与完整性推定、电子签名的使用与效果等。

4. 电子认证的法律

这方面包括：电子认证机构的设立与管理，认证机构的运行规范及风险防范，认证机构的责任等。

此外，还会涉及电子支付法律、电子商务税收法律、电子商务安全法律、电子商务知识产权法律、电子商务隐私权法律、电子商务消费者权益法律、电子商务司法管辖制度等。

10.1.4 各地的电子交易法规

新加坡电子交易法案称为“1998 电子交易法令”。法令做出了与安全电子交易有关的法律规定，反映了信息时代对电子文件及其签名的保密性、完整性和不可抵赖性的要求；兼顾了先进性与可行性两方面，有一定前瞻性，不拘泥于具体的技术和标准。此法令的目的在于提供和维护一个合理的电子商务环境，具体如下。

(1) 促进在可靠的电子记录基础上的电子交流。

(2) 促进电子商务，消除因书面签名要求给电子商务带来的障碍，满足实施安全电子商务的需要。

(3) 促进政府机构和公司的电子化文件归档，鼓励政府在可靠的电子记录的基础上提供高效的服务。

(4) 最大程度地减少伪造电子记录、故意和无意的记录修改，以及在电子商务和其他电子交易中的欺诈行为。

(5) 建立一套与电子记录的真实性和完整性有关的法律法规和标准体系。

(6) 提高公众对电子记录及电子商务完整性和可靠性的信心。法案对以下问题做了规定：网络服务提供商的责任，电子合同、安全电子记录、电子签名的作用，与电子签名有关的一般责任，认证部门的责任，用户的责任，政府对电子记录和签名的利用等。

2000 年 7 月，我国香港特区颁布了"电子交易条例"；2001 年，我国台湾地区出台了"电子签章法"。2002 年 11 月，上海市发布了《上海市数字认证管理办法》。2003 年 2 月，我国内地第一部电子商务法案——《广东省电子交易管理条例》正式实施，其中用两章来规范"电子记录与电子签名"及"电子合同"，并对电子认证的办法、网上消费者权益保护等做了规定。

2004 年 8 月，第十届全国人大常委会第十一次会议通过了《中华人民共和国电子签名法》，2005 年 4 月 1 日正式实施，同时实施的还有与之配套的信息产业部发布的《电子认证服务管理办法》。我国电子签名法共分 5 章 36 条，首次赋予"可靠的电子签名与手写签名或者盖章具有同等的法律效力"，为电子签名在我国电子商务中应用提供了法律依据和保障。

2005 年 10 月，中国人民银行发布《电子支付指引(第一号)》，对电子支付业务申请、电子支付指令发出和接收、安全控制、差错责任等做出了详细规定。

2007 年 3 月，我国商务部发布《关于网上交易的指导意见》，对网上交易及买卖双方进行了界定，并提示有关交易风险及其防范措施。

2007 年 12 月，我国商务部发布《关于促进电子商务规范发展的意见》，从电子商务信息传播行为、交易行为、商品配送行为、电子支付行为四个方面提出了电子商务规范发展的意见。

2010 年 6 月，中国人民银行发布《非金融机构支付服务管理办法》，对网络支付等活动中防范支付风险、保护当事人合法权益做出了一系列具体规定。

10.1.5 电子商务立法的国际合作

电子商务是一个全球范围内运作的、复杂的国际系统工程，不仅涉及经济、管理和技术领域，而且涉及法律、公共政策、社会行为等方面，需要全面加强国际合作。在法律法规方面，各国政府和有关国际组织需要考虑知识产权保护、隐私权保护、关税和贸易管理、出口管制、电子合同、电子签名合法性等一系列问题，涉及国内法、国际法、民法、刑法，内容复杂，除了要修改现行法规外，还要制定新的法规。

除了商业交易方面的法律规定之外，各国还应就网上内容管制和网上安全保密方面进行协调和合作。网上内容管制主要是有关信息接入的国际合作问题，有关外国信息内容、广告内容限制，互联网内容平台要尊重各个国家的文化、语言、历史、传统，保护消费者不受下流的、暴力的内容的损害。网上的安全保密，主要针对商家、个人安全、公共安全、国家安全等，建立相应的产业标准和法规，明确政府责任，加强国际合作。

1. 有关国际组织和机构

各国之间进行有关电子商务法律、公共政策的国际协调和合作，必须通过一定的组织形式，才能更有效、更权威、作用面更广。联合国国际贸易法律委员会主持制定一系列调整国际电子商务活动的法律文件，主要包括《计算机记录法律价值的报告》、《电子资金传输示范法》、《电子商务示范法》、《统一电子签名规则》等。除了联合国国际贸易法律委员会之外，下述国际机构也在这方面发挥了重要作用：世界贸易组织（WTO）、世界知识产权组织（WIPO）、国际商会（ICC）、经济合作与发展组织（OECD）、欧盟（EU）、亚太经济合作组织（APEC）、世界银行（WB）。

2. 电子商务立法的国际合作努力

1996 年 12 月，联合国国际贸易法律委员会制定通过了《电子商务示范法》。

1996 年 12 月，占全球信息贸易额 83%的世界贸易组织 28 个缔约方签署了《信息技术协议》，协议要求各方在 2000 年前取消 200 余种信息技术产品的关税，此举对推动电子商务的发展有重要意义。

1997 年 2 月，占全球电信服务收入 95%的世贸组织的 68 个成员国达成《全球基础电信协议》，承诺从 1998 年 1 月起，取消对电信部门的垄断，在所有电信服务领域实现自由化。

1998 年 5 月，世贸组织 132 个成员国签署《电子商务宣言》，规定至少一年内免征互联网上所有贸易活动的关税，以减低税收给电子商务造成的负面影响，此约定至今仍延续适用。

1998 年 10 月召开了被称为“全球电子商务里程碑”的经济合作与发展组织（OECD）关于电子商务的部长级会议，就全球电子商务的基本法律和公共政策问题达成了一系列共识。

2000 年，欧盟发布了“电子欧洲行动计划”（E-Europe Action Plan）。

2001 年，亚太经合组织（APEC）首脑上海会议通过了《E-APEC 战略》行动方案。

2002 年秋，联合国大会第 56 届会议通过了联合国国际贸易法律委员会制定的《电子签名示范法》。

2002 年底，APEC 首脑在墨西哥会议上一致同意可持续经济增长应与发展数字经济相结合，通过了《贸易和数码经济协定》。

2005 年，联合国大会第 60 届会议通过了《联合国国际合同使用电子通信公约》，对营业地位于不同国家的当事人之间签订或履行合同使用电子通信手段做出了具体规定。

10.2 电子合同与电子签名

10.2.1 电子合同

1996 年 6 月 14 日，联合国国际贸易法委员会第 29 届年会通过了《电子商务示范法》。这项示范法允许贸易双方通过电子手段传递信息、签订买卖合同和转让货物所有权，以往不具法律效力的数据电文现在与书面文件一样得到法律的承认。该法律的通过为实现国际贸易的“无纸操作”提供了法律保障。我国新修订的《合同法》也引入了数据电文形式，从而在法律上确认了电子合同的合法性。了解电子合同这一新的合同形式，对于依法开展电子商务具有重要意义。

1. 电子合同与传统合同的区别

传统的合同形式主要有两种：口头形式和书面形式。口头形式是指当事人采用口头或电话等直接表达的方式达成的协议，而书面形式是指当事人采用非直接表达方式即文字方式来表达协议的内容。在电子商务中，合同的意义和作用没有发生改变，但其形式却发生了极大变化。

(1) 订立合同的双方往往是互不相识、互不见面的。所有的买方和卖方都是在虚拟市场中运作，其信用依靠密码辨认或认证机构的认证。

(2) 传统合同的口头形式在贸易上常常表现为店堂交易，并将商家所开具的发票作为合同的依据。而在电子商务中标的额较小、关系简单的交易没有具体的合同形式，表现为直接通过网络订购、付款，例如，网上直接购买视听软件，这种形式往往既没有合同，也没有电子发票。

(3) 表示合同生效的传统签字盖章方式被电子签字所代替。

(4) 传统合同的生效地点一般为合同成立的地点，而采用数据电文形式订立的合同，收件人的主营业地为合同成立的地点；没有主营业地的，其经常居住地为合同成立的地点。

电子商务这种新的交易方式和电子合同这种新的契约形式，给世界各国带来一些新的法律问题。例如，由于现代计算机技术、网络通信技术的发展，商人们可在任何地方，包括在飞机等移动交通工具上，发出和接收信息，电子合同难以确定合同成立的确切地点，因而难以确定适用法律。对于各国法律界来说，就有一个怎样修改现存合同法以适应新的贸易形式的问题。

2. 电子合同的形式

在电子技术引进之前，法律很少碰到文本在什么中介载体上呈现的问题。在电报、电传和传真产生之后，也没有出现不可克服的困难，尽管电报、电传和传真都包含电子脉冲的应用，但接收方从接收机中得到的一张通信记录纸就足以形成书面的证据了。电子商务所利用的电子邮件和电子数据交换与电报、电传、传真非常相似，都是通过一系列电子脉冲来传递信息的，但电子商务通常不是以原始纸张作为记录的凭证，而是将信息或数据记录在计算机中或记录在磁盘、光盘等中介载体中，这种方法具有以下特点。

1) 电子数据的易消失性

电子数据以计算机储存为条件，是无形物，一旦操作不当可能删除部分甚至全部数据，如果有人故意为之则更可能让数据消失得无影无踪。

2) 电子数据作为证据的局限性

传统的书面合同只是受到当事人保护程度和自然侵蚀的限制，而电子数据不仅可能受到物理灾难的威胁，还有可能受到计算机病毒等计算机特有的无形灾难的攻击。

3) 电子数据的易改动性

传统的书面合同是纸质的，如有改动，容易留下痕迹。而电子数据是以键盘输入的，用磁性介质保存的，改动、伪造后可以不留痕迹。

根据联合国《电子商务示范法》第 6 条，"如法律要求信息须采用书面形式，则假若一项数据电文所含信息可以调取以备日后查用，即满足了该项要求"。这一概念提供了一种客观标准，即一项数据电文内所含的信息必须是可以随时查找到以备日后查阅。使用"可以调取"字样是指计算机数据形式的信息应当是可读和可解释的，使这种信息成为可读所必需的软件应当保留;“以备”一词并非仅指人的使用,还包括计算机的处理;“日后查用”指的是耐久性。

我国新《合同法》也将传统的书面合同形式扩大到数据电文形式。第十一条规定:“书面形式是指合同书、信件以及数据电文(包括电报、电传、传真、电子数据交换和电子邮件)等可以有形地表现所载内容的形式。”也就是说,不管合同采用什么载体。只要可以有形地表现所载内容,即视为符合法律对“书面”的要求。这些规定,符合联合国国际贸易法委员会建议采用的“功能等同法”(Functional-equivalent Approach)的要求。

3. 收到和发出数据电文的时间和地点

收到和发出数据电文的时间和地点关系到双方合同关系成立的时间和法律管辖权问题,需要有明确的界定。

1)收到和发出数据电文的地点

关于发出和收到数据电文的地点。“示范法”规定,数据电文的发件地和收件地应分别为发端人和收件人的营业地。若任何一方拥有一个以上营业地,则与交易最密切地或主营业地为收、发件地。

关于数据电文的归属及无授权第三人发送电文的问题,《电子商务示范法》确立了一个前提性假设,在某些情况下,一项数据电文能被认为是发端人发出的,即如果某数据电文是由发端人亲自发送的,或是由有权代表发端人行事的人发送的,则收件人有权将该数据电文视为发端人的数据电文,只要收件人为确定该数据电文是否为发端人的数据电文,正确地使用了一种事先经发端人同意的核对程序,或使用了一种在当时情况下合理的程序;当某人由于其与发端人或发端人的代理人间的关系,使其得以动用发端人用来确认数据电文确系出自发端人的某一确认方法发出电文时,收件人有权将该数据电文视为发端人的数据电文,并按之行事,即使该人实际上并无发端人的授权。

从以上规定可以看到,收件人要想说服法院其依照数据电文行事是合理的,首先必须证明在当时情况下其所采用的核对程序是合理的。这样,“示范法”给予收件人较重的举证责任,以此来平衡发端人可能承担的、其名义被人冒用的风险。

2)收到和发出数据电文的时间

关于发出和收到数据电文的时间。“示范法”规定,除非发端人与收件人另有约定,一项数据电文的发出时间以其进入发端人或代表发端人发送数据电文的人控制范围之外的某一信息系统的时间为准。该信息系统可以是收件人的,也可以是某个中间人的。如果收件人为收件目的已经指定了一个信息系统,则数据电文进入该指定信息系统的时间为收件时间。如果数据电文进入非指定的、但属于收件人的另外的信息系统,则收件人收到该数据电文的时间为收件时间。

4. 数据电文的法律有效性

根据《电子商务示范法》第2条:数据电文“系指经由电子手段、光学手段或类似手段生成、储存或传递的信息,这些手段包括但不限于电子数据交换、电子邮件、电报、电传或传真”;根据《电子商务示范法》,利用数据电文进行的各种信息传输是有效的,“不得仅仅以某项信息采用数据电文形式为理由而否定其法律效力、有效性或可执行性。”我国新《合同法》也已将数据电文列为“可以有形地表现所载内容的形式”。

《电子商务示范法》第 9 条规定：“在任何法律诉讼中，证据规则的适用在任何方面均不得以下述任何理由否定一项数据电文作为证据的可接受性。

(1) 仅仅以它是一项数据电文为由。

(2) 如果它是举证人按合理预期所能得到的最佳证据，以它并不是原样为由。对于以数据电文为形式的信息，应给予应有的证据力。在评估一项数据电文的证据力时，应考虑到生成、储存或传递该数据电文的办法的可靠性，保持信息完整性的办法的可靠性，用以鉴别发端人的办法，以及任何其他相关因素。”这一规定的目的是确立数据电文在法律诉讼中作为证据的可接受性，同时确立其证据价值。

《电子商务示范法》第 11 条进一步规定：“就合同的订立而言，除非当事各方另有协议，一项要约以及对要约的承诺均可通过数据电文的手段表示。如使用了一项数据电文来订立合同，则不得仅仅以使用了数据电文为理由而否定该合同的有效性或可执行性”。第 12 条同时规定：“就一项数据电文的发端人和收件人之间而言，不得仅仅以意旨的表示或其他陈述采用数据电文形式为理由而否定其法律效力、有效性或可执行性。”

电子数据作为合法证据在我国没有太大问题。根据《中华人民共和国民事诉讼法》第 63 条规定，有 7 种法定证据可以采纳，虽然没有明确提到电子数据能够作为证据，但如果对其中之一“视听资料”进行扩大解释，一般可以将电子数据资料划入此类，因为电子数据可显示为可读的形式，也就是“可视的”。此外，我国的证据法规明确规定，在提交原件确实有困难时，可以提交复制品或副本。可见我国法律在采纳电子数据证据方面没有根本性障碍，但仍要在司法实践中观察，不断改进和完善相关法律规定。

10.2.2 电子签名

1. 电子签名的定义

电子签名是指通过一种特定的技术方案来鉴别当事人(主要指发件人和收件人)的身份及确保交易资料内容不被篡改的电子化安全保障措施。联合国国际贸易法委员会电子商务工作组第 35 届会议通过的《电子商务统一规则草案》第 2 条规定：“‘电子签字’系指在数据电文中，以电子形式所含、所附或在逻辑上与数据电文有联系的数据和与数据电文有关的任何方法，和数据电文有关的签字持有人和表明此人认可数据电文所含信息。”

电子签名不仅包括数字签名，如通常讲的“非对称密钥加密”(Asymmetric Cryptography)，也包括其他电子符号、标记、图形、计算机口令、生物笔迹和个人特征辨别法(如眼虹膜透视辨别法)。数字签名是电子签名中最常见形式之一，即以加密字符串作为签字手段。

在电子商务中，双方或多方可能远隔万里，在整个交易过程中自始至终不见面，传统的签字方式很难应用于这种交易。因此，人们试图采用电子签字机制来相互证明自己的身份，这种电子签字是由符号及代码组成的，它具备了传统签字的身份识别特点和作用。对每一方来讲，具体采取什么电子符号或代码，将根据现有的技术、相关经验、可应用标准的要求及使用的安全程序来决定。任何一方的电子签字可以不时地改变，以保护其机密性。

公钥私钥加密法是数字签字常用的一项技术，这项技术使人们能以数字形式来标记文件和合同，而且接收者可以证实发送者的身份。组成数字签字的是发送者私钥加密信息的一个唯一信息数字指印，接收者的计算机运用同样方法对收到的信息解密，用发送者的公钥解开签字，并对指印进行核查。如果指印完全一致，接收者可以确认发送者的身份和信息的完整性，证实在传送过程中没有受到侵入和修改。初看起来会认为数字签字很容易伪造，而事实上，由于它所涉及的算法和数字签字对每一交易和信息都是唯一的，数字签字比手书签字更加安全可靠。

2. 电子签字的有效性

电子签字推行中存在的问题是，由于网络通信可能在中途被他人截获并篡改，接收方可能怀疑收到的附有电子签字的合同文本的真实性；数字形成的签字可能被模仿或破译；而利用所接收到的贸易合同约束对方也是比较困难的事。解决上述问题的技术方案已提出多种，比较可行的是通过电子商务认证中心建立起类似印鉴管理和登记制度，担当起对电子文书的真实性证明和鉴定的责任。在法律上，应当承认有相应技术保证的电子签字的合法性，并严厉禁止任何一方泄露他方的签字，以保证电子签字只代表签字者的意图。这样，电子商务中的签字就与传统签字的意义和作用相一致了。

对电子签名效力的认可与对电子合同有效性认定是紧密相关的，多数国家通过专门立法或扩大对签字的原有法律解释来保证电子签名的效力，双方也可以采用用户协议来明确电子签名的约束力。

10.2.3 电子签名法

联合国国际贸易法委员会于 1996 年 12 月出台了《电子商务示范法》，2001 年出台了《统一电子签名规则》，这两个文本已成为各国电子签名立法可资参照的示范性文本。各个国家和地区先后颁布了一些相关的法律。

1. 各国电子签名立法的类型

从目前掌握的材料来看，国外相关立法大致有以下几种情况：一是只对电子签名进行专门立法，如日本、俄罗斯、马来西亚、我国台湾地区等；二是既有电子签名法，又有电子商务法，如美国、欧盟、英国、韩国等；三是只制定电子商务法，电子签名作为电子商务法的一个内容加以约定，如新加坡、印度、我国香港等地区。

在电子签名立法中，比较典型的有三种。

(1)《欧盟关于建立电子签名共同法律框架的指令》。该法是欧盟委员会于 1999 年 12 月 13 日制定的。其主要目标是：推动电子签名的使用，促进法律承认；协调成员国之间的规范；提高人们对电子签名的信心；创设一种弹性的、与国际的行动规则相容的、具有竞争性的跨境电子交易环境。

(2) 美国《全球和国内商业法中的电子签名法案》(Electronic Signatures in Global and National Commerce Act)。2000 年 10 月，美国国会通过《电子签名法案》，并由总统克林顿

以电子方式签署生效。它是一项重要的电子商务立法，其最突出的特点是，采纳了“最低限度”模式来推动电子签名的使用，而不规定使用某一特定技术。

(3) 德国在 2001 年 5 月 16 日公布的《德国电子签名框架条件法》。该法令有 6 章，共 25 条，属原则性的立法。鉴于欧盟发布的《关于建立有关电子签名共同法律框架的指令》，德国作为欧盟成员国，有义务在规定期限内制定或修改国内法，所以该法既是国内立法，又是实施欧盟电子签名指令的具体措施。

2. 我国的电子签名法

在我国，随着电子商务的迅速发展，电子签名的应用范围越来越广泛，但在过去一段时间内缺乏比较完善的法律保护环境，诚信和安全一直是我国电子商务发展的最大障碍。我国《电子签名法》的制定实施适应了电子商务、电子政务发展的需要，保障了电子商务交易安全，维护了有关各方的合法权益，成为促进电子商务加速发展的护身符。

2004 年 3 月 24 日，国务院常务会议讨论并原则通过《中华人民共和国电子签名法》(草案)；2004 年 8 月 28 日，第十届全国人民代表大会常务委员会第十一次会议正式通过；2005 年 4 月 1 日开始生效施行。

1) 我国电子签名法的基本内容

《中华人民共和国电子签名法》遵循“最少干预、必要立法”的原则，旨在扫除我国电子商务和电子政务发展过程中的法律障碍，促进电子商务和电子政务的继续扩大和发展，增强网上作业的安全性、有效性。全文约 4500 字，共 5 章 36 条，分为总则、数据电文、电子签名与认证、法律责任、附则。

第 1 章“总则”对电子签名法的立法目的、适用范围和电子签名概念给予了明确定义，此外还给予了当事人选择使用或不使用电子签名、数据电文的权利；第 2 章“数据电文”对数据电文的书面形式、原件形式、保存要求、证据效力、真实性的条件等做了具体规定；第 3 章“电子签名”明确了可靠电子签名的法律效力，可靠电子签名的条件，第三方认证机构的设立条件、行为规范和管理机关；第 4 章“法律责任”规定了电子签名各方违反本法相关义务时应当承担的法律责任；第 5 章“附则”部分对该法涉及的专门术语做了明确的解释。

2) 我国电子签名法的意义

电子签名法是我国立法史上的一个里程碑，它标志着除文书形式外，电子介质也同样得到了法律上的正式确认，这对促进我国电子商务发展，并对未来政务活动和社会生活都将产生深远影响。电子签名法是我国专门规范电子商务活动的第一部法律；也是行政许可法实施以来，以法律形式对直接关系公共利益的电子认证服务业设定行政许可，并授权信息产业部作为实施机关对电子认证服务提供者实施监督管理的第一部法律。电子签名法中明文规定：民事活动中的合同或者其他文件、单证等文书，当事人约定使用电子签名、数据电文的文书，不得仅因为其采用电子签名、数据电文的形式而否定其法律效力。

电子签名法的出台对我国信息化的发展以及经济社会发展都有巨大的促进意义。第一，电子签名法的颁布实施是我国信息化法制建设中的一件大事，是我国信息化立法的一个突破，符合我国信息化战略的发展要求。第二，电子签名法解决了我国电子商务发展中面临的一些关键性法律问题，确定了电子签名的法律效力，规范了电子签名的行为，明确了认证机构的法律地位。第三，电子签名法的施行将对人们的工作和生活产生深远的积极影响。第四，电子签名法可以提升公信力，推动电子商务和电子政务发展，推进我国信息化建设进程，促进生产力发展。

3）我国电子签名法的共性和个性

与国外相关法律相比，我国的电子签名法有共性也有个性。共性主要体现在三个方面：第一，电子签名技术问题复杂但法律问题相对简单，这一点与国际上相关法律十分吻合；第二，具有很强的国际统一协调性，我国电子签名法的基本规定与联合国的《电子商务示范法》和《统一电子签名规则》基本一致；第三，同样采取了技术中立的立法原则。我国电子签名法的个性特点有两个方面：一是体现引导性而不是强制性，如在电子商务活动或电子政务活动中，可以使用电子签名也可以不使用电子签名，可以用第三方认证也可以不用第三方认证；二是体现开放性而不是封闭性，虽然电子签名法主要适用于电子商务，但不完全局限于电子商务，电子政务也同样适用。

4）我国电子签名法有待进一步完善的方面

一是电子签名认定条件不够严格，认证机构成立条件过于笼统。该法规定"当事人也可以选择使用符合其约定的可靠条件的电子签名"，如果说当事人任意设定的条件都可以算可靠的电子签名，会使可靠电子签名的认定条件形同虚设，容易在运用中造成混乱。而且该法对认证机构人员的要求没有做出具体的行业规定，对认证机构成立的资金没有做出最低限度的规定，对认证机构的担保问题未做出规定等，这些不确定因素会导致审批行政机构拥有过大的自由裁量权，不利于执法的规范。

二是用户隐私与商业秘密的保护问题。该法对电子数据与隐私权保护、消费者权益保护等相关方权益保护问题很少涉及。

10.2.4 网络交易的相关法律问题

1. 网络交易中心的法律地位

网络交易中心在电子商务中介交易中扮演着介绍、促成和组织者的角色，这一角色决定了交易中心既不是买方，也不是卖方，而是交易的居间人，它按照法律规定、买卖双方委托业务范围和具体要求进行业务活动。

网络交易中心的设立，根据《中华人民共和国计算机信息网络国际联网管理暂行规定》第8条，必须具备以下4个条件。

(1) 是依法设立的企业法人或者事业法人。

(2) 具有相应的计算机信息网络、装备以及相应的技术人员和管理人员。

(3) 具有健全的安全保密管理制度和技术保护措施。

(4) 符合法律和国务院规定的其他条件。

网络交易中心应当认真负责地执行买卖双方委托的任务，并积极协助双方当事人成交。网络中心在进行介绍、联系活动时要诚实、公正、守信，不得弄虚作假，招摇撞骗，否则须承担损失赔偿等法律责任。

网络交易中心必须在法律许可的范围内进行活动，网络交易中心经营的业务范围、物品的价格、收费标准等都应严格遵守国家的规定；法律规定禁止流通物不得作为合同标的物；对显然无支付能力的当事人或尚不确知具有合法地位的法人，不得为其进行居间活动。

买卖时双方之间各自因违约而产生的违约责任风险应由违约方承担，不应由网络交易中心承担，因买卖双方的责任而产生的对社会第三人（包括消费者）的产品质量责任和其他经济、民事、行政、刑事责任也不应由网络交易中心承担。

2. 网络交易客户与虚拟银行间的法律关系

在电子商务中，网络交易客户与虚拟银行的关系变得十分密切，除少数邮局汇款外，大多数交易要通过虚拟银行的电子资金划拨系统来完成。电子资金划拨依据是虚拟银行与网络交易客户所订立的协议，这种协议属于标准合同，通常是由虚拟银行起草并作为开立账户的条件递交给网络交易客户的，网络交易客户与虚拟银行之间的关系仍然是以合同为基础的。

在电子商务中，虚拟银行同时扮演发送银行和接收银行的角色，其基本义务是依照客户的指示，准确、及时地完成电子资金划拨。作为发送银行，在整个资金划拨的传送链中，承担着如约执行资金划拨指示的责任，一旦资金划拨失误或失败，发送银行应向客户进行赔付，除非在免责范围内。如果能够查出是哪个环节的过失，则由过失单位向发送银行进行赔付，如不能查出差错的来源，则整个划拨系统分担损失。作为接收银行，其法律地位似乎较为模糊，一方面，接收银行与其客户的合同要求它妥当地接收所划拨来的资金，也就是说，接收银行一接到发送银行传送来的资金划拨指示便应立即履行其义务，如有延误或失误，则应依接收银行自身与客户的合同处理；另一方面，资金划拨中发送银行与接收银行一般都是某一电子资金划拨系统的成员，相互负有合同义务，如果接收银行未能妥当执行资金划拨指示，则应同时对发送银行和受让人负责。

在实践中，电子资金划拨中常常出现因过失或欺诈而致使资金划拨失误或延误的现象。如系过失，自然适用于过错归责原则；如系欺诈所致，且虚拟银行安全程序在电子商务上是合理可靠的，则名义发送人须对支付命令承担责任。

3. 认证机构在电子商务中的法律地位

在网络交易的撮合过程中，认证机构（CA）是提供身份验证的第三方机构，由用户信任的、具有权威性的组织实体担任。认证中心扮演对买卖双方签约、履约过程进行监督管理的角色，买卖双方有义务接受认证中心的监督。在整个电子商务交易过程中，包括电子支付过程中，认证机构都有着不可替代的地位和作用，它不仅要对进行网络交易的买卖双方负责，还要对整个电子商务的交易秩序负责。如果由于认证机构的失误或认证系统失灵而造成买方或卖方的损失，认证机构对当事人有赔偿责任。

10.3 网上知识产权和隐私权保护

电子商务发展，要求建立清晰的、有效的网上知识产权保护体系，解决网上著作权、专利权、商标权和域名的保护问题，制止盗版行为。同时，要给予消费者包括隐私权在内的充分保护。

10.3.1 新的知识产权保护内容

1. 版权领域

计算机技术、网络技术和电子商务的发展，对知识产权保护提出了新的要求，如计算机程序、数据库、多媒体作品等的保护；数字化产品的暂时复制、网络传输应如何对待；网上版权、复制权的管理等。

1）计算机软件

1972 年，菲律宾在版权法中，首先把"计算机程序"列为"文学艺术作品"中的一项，纳入版权管理范围。美国于 1980 年、匈牙利于 1983 年、澳大利亚和印度于 1984 年先后把计算机程序或软件列为版权法的保护客体。1985 年之后，日本、法国、英国、联邦德国、智利、新加坡等国以及我国台湾和香港地区，先后把计算机软件列入版权保护范围之中。1990 年我国《著作权法》将计算机软件作为作品来加以保护，并制定了《计算机软件保护条例》和《计算机软件登记办法》。

2）数据库

根据《保护文学艺术作品伯尔尼公约》、《世界知识产权组织版权条约》（WCT）和世界贸易组织的《与贸易有关的知识产权协议》的有关规定，数据库应当纳入版权法的保护范围中，并对数据库提供版权保护以外的特别权利保护。1996 年 3 月 11 日，欧盟通过《欧洲议会与欧盟理事会关于数据库法律保护的指令》，强化对数据库作为知识产权的保护。

3）多媒体

多媒体是将原先单纯以文字方式表现的信息在程序的驱动下以文字、图形、声音、动画等多种方式展现的制品。多媒体作品可以归属为计算机程序、视听作品或汇编作品等不同类别。

多媒体的版权归属和使用：首先，多媒体制作者对自己所有的材料享有版权；其次，通过委托合同、转让合同和使用合同从他人那里获得的材料，享有合同所规定的版权权利（关于委托作品的最后权利归属，各国规定有所不同）；再次，对于公共领域的材料，人人可以自由利用，制作网页时可以对这类材料加以利用而不用征求任何人的同意。

复制权的规定：美国 1995 年 9 月制定"知识产权和国家信息基础设施"法案和欧盟的"1996 年数据库指令"，都将暂时复制权规定在权利人的专有权之中。世界知识产权组织 1996 年通过《世界知识产权版权条约》和《世界知识产权组织表演和唱片条约》时，暂时复制权是争论的焦点之一。认定发行权属于向公众提供复制件的专有权，发行就是经过权利人许可向公众提供复制件的行为。复制和传输权要保护作者的精神权利，如署名权和保护作品完整权，承认作者的智力劳动，防止轻易改变他人作品，并且广泛传播，保证社会公众从网络上获得真实可靠的信息资料。

2. 专利领域

研究涉及的问题包括：计算机软件能否成为专利保护的客体；在因特网的广泛性和开

放性环境下专利的“新颖性”如何体现；专利的电子申请方式等。

世界知识产权组织（WIPO）的《专利法案条约》和《专利合作条约》细则的修改中，已经确认了电子申请的合法性。日本专利局第一个成功地建立起电子申请系统，并于 1990 年 12 月开始接受专利的电子申请。目前，美国、日本、欧洲三个专利局已把通过 Internet 联机申请专利作为一种基本方式，并把实现专利文献无纸化作为今后发展的方向。

3. 商标领域

各国商标法通常规定可受保护的商标标识为“文字、图案或其组合”，而网上企业的特殊标识往往是一个动态显示过程，这种动态过程可否以及如何作为商标来有效保护，需要研究解决。

4. 域名

域名是因特网主机的字符地址，由它可以转换成特定主机在因特网中的物理地址，Internet 中的地址方案分为两套：IP 地址系统和域名地址系统，两套地址系统实际上是一一对应的。域名具有作为知识产权的法律特征：标识性、唯一性、排他性，但作为一种新的知识产权形式，其有效保护手段需要不断研究完善。

10.3.2 域名注册和域名保护

1. 域名的注册管理

域名具有商业价值，有的域名甚至可以获得上千万美元的转让费，设计精巧的域名可以迅速提升企业的知名度和影响，是企业的重要无形资产。域名的命名规则是按照多级域名控制和构成的，分别由不同国家和地区的网络信息中心控制域名的注册登记。

1996 年 11 月由因特网协会、因特网结构委员会、国际电信联盟、国际商标协会、世界知识产权组织等发起成立了研究域名注册和管理办法的国际特别委员会（International Ad Hoc Committee，IAHC），该委员会于 1997 年 2 月发布了《通用顶级域名管理操作最终方案》。针对电子商务飞速发展可能带来的影响，制订了几项对策以减少域名争议。

（1）应当确立一种建立在竞争基础上允许所有域名注册机构自由进入的市场机制。

（2）关于域名注册与域名争议的解决。IAHC 的使命是协调域名空间的争议解决问题，为此，方案提出申请人在域名申请时必须提供的内容；关于其自身联络及域名用途的详细信息；为域名注册申请及相关事物指定代理人；关于发生商标与域名争议时指定管辖的约定；调解与仲裁条款。

（3）域名的有效性管理。IAHC 建议二级域名注册应每年续展一次，即注册的有效期仅为一年，逐年续展，而且续展注册申请必须核定注册时事项的变化并加以更新，以保证注册机构掌握的注册人信息始终有效。

（4）争议解决方式的选择。IAHC 建议通用顶级域名下注册的二级域名申请人，在申请时应包含一个格式条款：当发生争议时，依据世界知识产权组织仲裁与调解中心的调解规则接受在线调解，或者参与有约束力的简易仲裁程序。

(5) 域名争议行政调处机制。IAHC 建议成立域名争议行政调处机制，以保证凡属国际知名的名称设计的知识产权权利人有权享有或授权将其注册为域名。域名行政调处庭应由知识产权及 Internet 域名领域的专家组成，其组成程序及调处程序均由世界知识产权组织仲裁与调解庭制定。

2. 域名的法律保护

在将域名作为一种新的知识产权客体或是作为商标加以保护时，知识产权与域名的冲突有时在所难免。美国政府提出一种"域名服从于商标"的基本法律定位，并将域名与商标的争议分为域名纠纷与网络盗用。

合法的域名，一经注册，就受到法律的保护。通常用于注册的域名为注册用户的商号名称或其缩写，或者是注册用户拥有的商标名称或其缩写。非正常注册他人商号、商标或其缩写(分纯属巧合和恶意抢注)，商号或商标的合法持有人可提出异议，制止其注册。

由于域名是一种重要的无形资产，是企业开展电子商务活动必须掌握的资源，而网上注册域名的成本很低、手续简便，因此，有些机构和个人利用许多企业对域名保护的反应迟钝，大量抢注知名企业的名称和商标作域名，以谋取暴利。例如，瑞士一家公司就抢注了包括英国广播公司(BBC)、法国《世界报》、瑞士军刀等在内的数十个域名；我国的"红塔山"、"全聚德"等驰名商标也被海外机构恶意抢注。

因特网域名的最高管理机构 ICANN 对于恶意抢注是这样定义的：注册者对该域名没有正当的权利，并且注册以后明显表现向合理拥有者高价出售或租用的企图。知名企业应该尽早把自己的所有品牌及其相关组合的中英文注册成各个后缀的域名。并且，一个新域(如 info、biz 等)开启注册时，应及时提交国际、国内商标登记证书，让抢注者没有机会。

先来先得的域名注册惯例意味着抢注现象常会发生。有关域名抢注行为的法律对策，各国采取的法律行为主要依据商标法或者关于商业标志保护方面的法律以及反不正当竞争法等。ICANN 早在 1999 年就颁布了 UDRP 仲裁机制，使知名品牌可以通过仲裁在很短的时间内(一般在两个月内)夺回自己的域名。UDRP 仲裁适用以 com、net、org、biz、info 结尾的中英文域名。该仲裁机制明显倾向知名品牌，甚至认定包含知名品牌的组合也应该受到保护。

3. 我国的域名注册和保护

国务院信息化办公室及工业和信息化工部是我国互联网络域名系统的管理机构，负责制定中国互联网络域名的设置、分配和管理的政策及办法；选择、授权或者撤销顶级和二级域名的管理单位；监督、检查各级域名注册服务情况。中国互联网络信息中心(CNNIC)工作委员会协助国务院信息办管理互联网络域名系统。1997 年 4 月，国务院发布《中国互联网络域名注册暂行管理办法》，CNNIC 据此制定出《中国互联网络域名注册实施细则》。

中国的顶级域名即一级域名是 cn，顶级域名下，采用层次机构设置各级域名。中国的顶级域名 cn 由 CNNIC 负责管理和运行，采用逐级授权的方式确定三级以下(含三级)的管理单位。各级域名管理单位负责其下级域名注册。中国互联网络的二级域名采用各国通常的做法，设置"类别域名"和"行政区域名"两类："类别域名"包括商业(com.cn)、教育(edu.

cn)、科研机构(ac. cn)、政府机构(gov. cn)等国际通行的类别;"行政区域名"则由各省市区的缩写构成,如北京(bj. cn)、上海(sh. cn)、河北(he. cn)、山西(sx. cn)等。截至2012年6月底,cn注册量达到398万个,是亚洲最大的国家顶级域名。

2000年1月18日,CNNIC还开通了中文域名系统,为避免恶意抢注,CNNIC在正式开放注册之前,在"公司"和"网络"两个二级域名下对我国驰名商标、著名企业名称、行业名称、地理名称等几万个名词进行了保护性预留。为了适应中文域名注册快速发展的需要,2000年11月,工业和信息化部发布《关于互联网中文域名管理的通告》,规定中文域名注册体系分为三层,即注册管理机构、注册服务机构和注册代理机构。经工业和信息化部批准,CNNIC为我国中文域名注册管理机构。由于一些传统民间节日的重要性和唯一性,其中文域名也具有特殊价值,如果被外国机构抢注,会造成我方的被动和损失。2005年10月,端午节的中文主域名"端午节. cn"被一家韩国企业抢先注册,为避免"端午节. cn"域名流失海外,我国公民姚劲波以3万美元从韩国人手中买回这个域名,并无偿送给秭归市。2005年11月11日晚,在2008年北京奥运会吉祥物"福娃"正式发布一小时内,就有"福娃"、"五福娃"、"福娃贝贝"、"福娃欢欢"、"福娃晶晶"等几十个相关域名被抢注,而按照国务院制定的《奥林匹克标志保护条例》等,这些域名应当归北京奥组委所有。

2001年2月14日,国家质量技术监督局开通《中文域名规范》标准系统,按照中文的地址书写习惯排列一级、二级、三级域名,例如,中国. 教育. 北京大学。三级域名以下的子域名可自己定义。

10.3.3 因特网上的侵权行为

网络环境与现实环境一样,也可能出现各种各样的侵权违法行为,这些行为包括直接侵权和间接侵权两种情况。

1. 直接侵权

直接侵权包括如下。

(1) 网主在提供实在的材料时的直接侵权责任。

(2) 网主提供虚拟材料时的直接侵权责任。

(3) 网络服务提供者(ISP)的直接侵权责任。

(4) 用户的直接侵权责任。

2. 间接侵权

间接侵权一是指某人的行为系他人侵权行为的继续,从而构成间接侵权;二是指某人须对他人的侵权行为负一定责任,而他自己并没有直接从事任何侵权活动。网上的间接侵权责任主要是指因特网服务提供者(ISP)和网主因用户的侵权行为而承担的侵权责任。

3. 不正当竞争行为

电子商务中也存在着不正当竞争行为,主要分为四类。第一类是网上的虚假广告,那些诈骗广告、贬损他人抬高自己的广告、故意用相似商标和缩略语攀附名牌引起消费者误解的广告均属于不正当竞争行为;第二类是网上商业诽谤,通过电子公告牌上张贴诽谤竞争对手的材料,在网上论坛散布谣言,对竞争对手的商业信誉、产品或服务声誉进行诋毁,以削弱对手的竞争能力,降低其市场占有率;第三类是网上倾销,在网上压价销售排挤竞争对手也属于不正当竞争行为;第四类是通过网络窃取、破坏他人的商业秘密,网上的资源有些是公开的,有些是保密的,只有授权访问者才能获得保密的商业信息,任何非法侵入他人保密网络系统、窃取商业机密的行为均属于不正当竞争行为。

10.3.4 隐私权保护

1. 隐私权保护的定义

隐私权是指公民享有的私人生活安宁与私人信息依法受到保护,不被他人非法侵犯、知悉、搜集、利用和公开的一种人格权。隐私权保护涉及三个问题: ①个人数据过度收集; ②个人数据二次开发利用; ③个人数据交易。

2. 网上隐私权保护

网络与电子商务中的隐私权,从权利形态来分有隐私不被窥视的权利、不被侵入的权利、不被干扰的权利、不被非法收集利用的权利;从权利的内容分可以有个人特质的隐私权(姓名、身份、肖像,声音等)、个人资料的隐私权、个人行为的隐私权、通信内容的隐私权和匿名的隐私权等。其中,隐私不被窥视、侵入的权利主要体现在用户的个人信箱、网上账户、信用记录的保密性上;隐私不被干扰的权利主要体现在用户使用信箱、交流信息及从事交易活动的安全保密性上;不被非法收集利用的权利主要体现在用户的个人特质、个人资料等不得在非经许可的状态下被利用上。这些权利之中,受到威胁最大的恐怕要算个人资料、特质等不被非法利用的权利了。因为网络是一个虚拟的世界,人们在网上漫游访问感兴趣的网站,收集有价值的信息,在BBS上发表自己的看法,在网上玩游戏、购物,在网上交友、通信、谈情说爱,在网上加入各种团体,如果把人们从事这些活动的所有信息集中起来加以分析并公之于众,可能会比其本人对自己了解得更多。而在网上要达到这样的目的,显然比在现实生活更容易。

多数网民不知道别人能监视他们的网上漫游习惯,这种监视运用Cookies技术来实现,它类似一种电子印记,用来记录网民在网上的活动情况,比如你查看了什么广告,你点击了什么按钮来查看信息等。这些数据均存储在你的浏览器中的Cookie文件内,下次你访问同一个Web网点时,服务器就会选出你的印记,搜集更多的可供广告公司使用的信息。网站经营者认为这并不侵犯隐私权,因为网上漫游者只要单击浏览器上的一个选项,便可停止Cookie功能,但主张保护隐私权的人反对使用Cookie。

在电子商务环境下,客户与商家之间有必要建立一种相互信任关系,商家有责任为客户提供的个人资料保密,未经客户的同意不得把这些资料泄露给第三方,以免顾客成为“广告轰炸”和“垃圾邮件”的牺牲品,双方在网上交易之前要就顾客隐私权保护和厂家知识产权保护达成一定共识。

10.3.5 网上消费者权益保护

电子商务条件下,如何完善相关法律法规,切实保护消费者权益,是迫切需要解决的重要问题。

1. 消费者信息知情权

我国《消费者权益保护法》第 8 条规定:"消费者享有知悉其购买、使用的商品或者接受的服务的真实情况的权利。消费者有权根据商品或服务的不同情况,要求经营者提供商品的价格、产地、生产者、用途、性能、规格等级、主要成分、生产日期、有效期限、检验合格证明、使用方法说明书、售后服务,或者服务的内容、规格、费用等有关情况。"消费者知情权的实施,是与传统购物方式中的看货、演示、试用、交易、送货等一系列环节配套的,而这些环节在电子商务中往往变成了虚拟方式,消费者与供应者不见面,通过网上广告了解商品信息,通过网络远距离订货,通过电子银行结算,由配送机构送货上门。在这样的情况下,如何保证消费者获得充分、真实的商品信息。

2. 消费者安全使用产品的权利

消费者网上购买商品或服务,与通过常规方式购买商品或服务一样,享有商品安全使用权,如果商家出售的商品给消费者造成人身或财产损害,商家要承担法律规定的责任。

3. 消费者退换货的权利

我国《消费者权益保护法》第 23 条规定:"经营者提供商品或服务,按照国家规定或者与消费者的约定,承担包修、包换、包退或者其他责任的,应当按照国家规定或者约定履行,不得故意拖延或者无理拒绝。"在电子商务环境下,消费者退换货的权利也遇到一些新问题,其中,数字化商品的退换货问题就非常典型。数字化的音乐及影视产品、软件、电子书籍等,一般都通过网上传递的方式交易,并且消费者在购买这些数字化商品前,大多有浏览其内容的机会,若根据传统的消费者保护原则,消费者在通过线上传递的方式购买了数字化商品之后,又提出退货的要求,则很可能产生对商家不公平的情形,因为商家无法判断消费者在退还商品前,是否保留了复制件。所以,传统的消费者权益保护法中关于退换货的规定,在数字化商品的电子商务中,需要重新考虑。

4. 网上购物契约的效力问题

网上购物重要的一环就是要通过网络与商家签订相关的契约,这些契约内容一般是商家事先准备好的固定条款,称为定型化契约。这些定型化契约,由于其条款完全由商家方面制定,难免会偏袒商家的利益,存在一些有违公平合理、等价有偿原则的条款,比如商品有瑕疵时,消费者只能请求免费修理,而不能退货或要求赔偿的条款。这会使消费者认为这些契约有违民法的基本原则而请求认定无效。要解决这类问题,需要对网上购物中定型化契约的效力及民法、合同法一些基本原则在网上购物如何具体认定等做出法律上的判断。

10.4 电子商务税收制度

10.4.1 电子商务市场与税收

电子商务是一种全新的商贸形式,电子商务市场的交易活动与传统商业活动的不同之处在于:电子商务是电子化完成整个交易过程,浏览商品、订货、签合同、付款全部在网上实现,客户在任何接入网络的地点可以自动完成交易过程。因此,在电子商务中涉及的税收问题主要有两个方面:①如何实施电子商务市场中交易的税收;②如何实现电子商务环境中的税收电子化。

从税务角度看,通常把网上订货、网下支付类的交易活动称为准电子商务,而把网上订货、网上支付的交易活动称为完整电子商务。准电子商务的交易活动与传统的商务活动并没有本质上的区别,完全可以根据交易的营业额等按照常规方式征税。而对于完整电子商务的交易活动,如果是一般的购物交易,也可以参照准电子商务一样处理;但对于信息商品或信息服务这一类无形商品交易,要发现和核实交易规模比较困难,如果是国际贸易也很容易绕过国家的关税壁垒,这都需要制定或调整相应的税务法规加以解决。

10.4.2 对电子商务交易征税的依据

多数国家政府和企业界认为,对电子商务应当与常规商务一样征税,理由如下。

1. 税收公平原则

只要对传统商务交易征税是合理的,则电子商务享受任何税收优惠是没有理由的。公共政策出于国家战略发展和产业调整的需要,可以对某些产业暂时给予一定的优惠,但从长期发展看,公共政策不能有意识地阻碍或鼓励市场形态的改变,政策上的长期倾向可能导致市场非健康发展和行为扭曲。

政府为支持电子商务的发展可以做出各种努力,但其底线是不能破坏市场公平原则。电子商务的特点和巨大潜力不能成为免税或税收优惠的理由。认为对电子商务征税将阻碍以网络为基础的新经济发展是没有根据的,其错误在于把对电子商务征税等同于对网络本身征税,这与把电子商务征税等同于征收比特税一样荒谬,而这两者有明显区别。1997 年,荷兰林堡大学的经济学家泽特曾向欧盟各国政府建议对互联网征收"比特税"(Bit-tax),即根据计算机网络中流通信息的比特量征收税款,这种税的缺点是不能区分在线交易和数字通信,而是不加区别地征税,一旦征收比特税,对数字通信事业的发展无疑是沉重打击。

2. 征税不会根本影响电子交易的成本优势

根据美国《商业周刊》的评估,即使包括配送成本,在线销售的平均价格仍比传统零售价格低 13%左右。即使对在线销售征收与传统商业同样的税,如果消费者感到其提供了更多的选择、更优惠的价格和更好的服务,电子商务也能保持高速增长。

3. 电子商务免税会削弱政府财政能力

政府作为社会公共商品和服务的提供者，资金主要来源于税收。由于电子商务的迅速发展和巨大发展潜力，若对电子商务免税，必然严重侵蚀税基，电子商务在GDP中的份额越大，意味着税基的更大侵蚀，财政收入的更大幅度减少。政府财力的降低，反过来必然是公共物品提供不足，国家宏观管理调控能力下降，阻碍整个经济的健康发展。

4. 电子商务税收在技术上可以实现

电子商务环境下，税收通过公共计算机网络以数字和无纸化的方式自动、双向完成，税务系统完全可以完成税务申报、支付、传输证明等功能，税务机构从网上监控纳税人的经济活动，以电子发票取代传统的发票形式。人们在家里即可完成购物、投资、理财及纳税活动，电子化的税务管理系统完全可以适应电子商务的需要。

10.4.3 电子商务发展带来的国际、国内税收问题

1. 因特网对传统税收制度的冲击

网络环境及由此产生的电子商务对税收法规造成的影响主要表现在两个方面：其一，由于电子商务代替了传统贸易方式，在纳税环节、纳税地点、国际税收管辖权等方面都出现了一些新情况；其二，传统税收理论、税收原则也受到不同程度的冲击。由于因特网无国界的特点，电子商务发展必然要触动各国的海关关税制度，同时对各个国家内部的税收制度也带来新的挑战。商家对商家的电子商务交易从贸易伙伴的联络、询价议价、签订电子合同一直到发货运输、货款支付都可以通过网络实现，整个交易过程是无形的，这给海关统计、监管、税款征收工作带来一系列新问题。在信息技术的推动下，电子商务在税收方面产生双重影响：一方面，信息技术使得海关和税收管理部门能够更加及时准确地完成有关数据、信息的交换，从而提高工作效率，改善服务质量；另一方面，由于电子商务的一些特性，使国家税务机构对网上交易征税遇到许多实际困难。

1）关税征收的困难

电子商务带来跨境交易中新的税收和关税问题，包括是否免税、税收管辖、防止双重收税、税款流失等问题；如何防止虚报交易额、伪造电子合同和电子单证的问题。

电子商务活动中，有些是实物商品通过电子化手段进行交易，这些交易活动由于涉及实物商品跨国界的运动，关税的征收还可以实现，但是无形商品交易，比如计算机软件可以直接在网上传输，整个交易过程很难设卡征税，使得关税的征收变得非常困难。而且，各国的税收制度千差万别，对跨国电子商务征税必须在税收制度上取得某种协调。

2）交易地点难以确定

在传统贸易方式下，税收与关税的管辖权通常是建立在地理界限的基础上。在传统征税工作中，某项特定交易的实际发生地点是非常重要的概念，例如“供应地原则”是各国增值税征收通常采用的主要原则。而在电子商务的情况下，由于确定交易人所在地、交易发生地往往十分困难，甚至是不可能的，从而使得在确定应由哪国政府的税务机构向何人征收税款

时遇到新的问题。在这种情况下，税务机构难以对交易进行追踪，无法确定交易人所在地、交易发生地，因而给税收工作增加了难度。

3）国际电子商务中税收管辖权

这主要是由于世界各国所采取的确定税收征管辖权的标准不同引起的。税收管辖权是指一国政府对一定的人或对象征税的权力。不同国家确定税收管辖权的标准主要有两个：属地原则与属人原则。属人原则也称为居民或公民原则，是指一国依人员范围作为其征税权力的原则；属地原则也称为行为发生地原则，是指一国依地域范围作为其征税权力的原则，根据这一原则，一国行使其征税权力要受该国地域界限的限制。例如，传统的消费税主要是以商品供应地为基础而享有管辖权。在网络空间，从事电子商务的主要服务器的固定地可以被认为是服务地，消费者所在的国家被认为是消费地，但货物与服务在互联网上的处理使消费税的征收管辖权变得模糊起来。如果消费者在A国，有关该产品销售信息的商务网站服务器安装在B国，而拥有该产品的商家位于C国，哪个国家有权征收消费税就会成为一个问题。在国家间不同税制条件下，互联网上的国际贸易可能导致双重征税或者逃税。

4）税收部门难以获得全面准确的交易信息和证明文件

传统的税收征管是建立在各种票证和账簿的基础上的，为此，各国税法普遍规定纳税人必须如实记账并保存账簿、记账凭证以及其他与纳税有关的资料若干年，以便税务机关检查，从法律上奠定了以账证追踪审计作为税收征管的基础；税务机关由此掌握大量有关纳税人应税事实的信息和精确的证据，作为判断纳税人申报数据准确性的依据。而电子商务实行无纸操作，各种销售依据都是以电子形式存在，订单、合同、各种票据都以电子形式存在，且电子凭证又可被轻易地修改而不留任何痕迹，导致传统的凭证追踪审计失去了基础，税收征管监控所依赖的书面文件消失了，原有审计方法已不适用，税务机构在获取可被法庭采纳的证明文件方面也遇到新的困难。此外由于电子信息与其相对应物体之间缺乏联系，税务机构在交易追踪时也会遇到困难。

5）纳税主体的核实

传统税制规定，无论是从事生产、销售还是提供服务的单位和个人，都要办理税务登记，税务登记与工商登记捆绑式的。税务登记是税务机关对纳税人实施管理、了解掌握税源情况的基本手段，它对于税务机关和纳税人双方来说，既是征税关系产生的基础，又是法律关系成立的依据和证明。然而电子商务环境下，任何企业和个人只要缴纳一定的注册费，无须税务登记，就可获得自己专用的域名，在网上从事商贸活动和信息交流，提供网上服务。

即使企业进行了税务登记，由于电子商务的交易主体往往是无形的，无形交易与匿名支付结合在一起，各种保密技术的应用使税务部门往往难以确定纳税人身份及交易的细节。

电子商务的发展还使得参加交易的企业的数量，特别是中小企业的数量大大增加，同时削弱了中介机构在交易中的作用，这就使得税务部门难以像过去一样，通过贸易中介机构这种相对便利的征税点集中征税，而是必须从更多的分散纳税人那里收取金额相对较小的税款，增加了征税的成本。此外，在电子商务的交易方式下，某些预扣税以及某些消费税将难以再作为政府的税收来源。

因特网为企业和个人避税开辟了一条新途径。高税率国家的消费者通过互联网只要付少许的网上费用便可以从低税率国家购买到比本国价格便宜得多的商品，进行贸易的公司也可以类似的方式逃税或减轻税负，其结果是对税率较高的国家产生极为不利的影响，造成税收损失。因特网环境还使得对跨国公司内部价格转移的监管、控制变得更加困难。网络技术应用，特别是内联网的发展，进一步增强了跨国公司组织机构与服务提供的一体化，提高了跨国公司经营活动的统一性和隐蔽性，使得确定公司内部交易的情况更为困难。

6）税收电子化问题

税收电子化主要包括电子申报与电子缴税，电子申报是指纳税人利用各自的报税工具（如个人电脑），通过电话网、分组交换网、DDN网等通信网络系统，直接将申报资料发送给税务局，完成纳税申报；电子缴税是指税务局、银行、国库间通过计算机网络进行税款结算、划解的过程。该环节完成了纳税人、税务局、银行和国库间电子信息及资金的交换，实现了税款收付的无纸化。

同传统缴税方式相比，电子报税提高了申报的效率和质量，降低了税收成本。对纳税人来说，申报不受时间、空间的限制，方便、省时、省钱；对税务机关来说，不仅减少了数据录入所需的庞大人力、物力，还可提高数据的正确率；由于采同现代网络技术，实现了申报、税票、税款结算等电子信息在纳税人、银行和国库间的传递，加快了票据传递，缩短税款在途滞留时间，确保了国家税收及时入库。

电子报税不仅涉及税务系统与其他部门间的信息共享，包括纳税人、税务局、国库、银行等部门在数据格式、传输频率、数据传输控制、安全机制等方面进行协调，建立部门间的数据交换机制，还涉及电子申报的法律效力等问题。

2. 制定电子商务税收政策的原则

面对电子商务给税收工作带来的挑战，各国的税收管理部门一方面要充分利用互联网带来的效率提高的潜在收益，另一方面要在保护税收的同时，避免阻碍新兴技术的发展。各国政府对电子商务税收基本上采取谨慎的态度，至今没有一个国家政府就如何将现行税收概念应用于互联网商业活动颁布法律。这种谨慎的态度使网上征税增加了许多不确定因素，招致许多企业的不满，但鉴于互联网的全球性及其发展变化的速度，从政府的角度看，也是不得已的选择。

从理论上讲，各国政府对一般的商品贸易、服务贸易征税，包括对网上进行的电子交易征税应当无可非议，但由于电子商务是一种数字化的商品与服务，有别于一般贸易，对目前各国政府，特别是发达国家，对电子商务税收问题越来越重视，研究也不断深化。一般认为解决电子商务税收问题，应遵循以下一些原则。

1）公平和中性原则

新的税收体系应该是公平的。对于进行类似交易的纳税人来说，其税赋应当一样。在电子商务各种形式之间，电子商务与体统商务之间，税收应力求中性、公平，例如，应保证实物商品与电子商品税收之间的公平合理。避免倾斜征税、重复征税或不征税。新的税收体系应力求避免产生经济行为扭曲，商业决策应以经济本身为激励因素，企业的决策者在制定各项决策时，应该主要受商业因素而非税收因素的驱动，纳税人在相同情况下执行相同的交易应被课以同样水平的税收。

2）效率性

新的税收体系应力求简化，最大程度地降低税收部门的管理费用及纳税人的有关费用。对于纳税人来说，新的税收方法应具有确定性，税收法规应该清楚、简单，易于理解，使纳税人能在交易之前预期纳税义务，包括纳税时间、地点和税率等，从而使得纳税人能预先确定一项交易所产生的税收后果，如哪些交易应当纳税、应在何时纳税。新的税收体系应有较高的效率，在适宜的时间、按适宜的规模征税，并使潜在逃税、避税的刺激最小化从而减少税款流失，从长远考虑，税收成本和政府的管理成本都应尽可能最小。

3）灵活适应性

新的税收体系应该是弹性、灵活的，具有较好的适应性，以确保其与传统商务和电子商务的发展能够适应，并能跟上技术与商业的发展而不需要做出频繁的调整。

4）国际协调性

由于电子商务的特点决定在线销售将空前发展，消费者面临的是一个真正的全球市场，一个无国界的世界。这使得电子商务征税问题带有明显的国际性。国际税收协调问题一直是国际经济贸易的焦点，问题的解决必须依赖于国际合作，在这方面 OECD 做了有益的探索，主张各国国内方案的设计与实施必须是在国际框架下的具体化，加强国际交流与协调。

3. 电子商务税收应解决的问题

电子商务的特殊性、复杂性以及与传统税制体系的冲突，使得征税面临新问题，主要表现在以下几个方面："提供地"与"消费地"、转让定价、税收管理。

1）"提供地"与"消费地"

商品和服务的提供地或消费地是征税中十分重要的概念，在增值税（Value Added Tax，VAT）和消费税（Goods and Services Taxes，GST）体系中，都需要明确发生地。从一般角度看，提供地规则通常有两种形式：一种是基于相关机构设立或登记的确认；另一种是基于执行或享用地点。电子商务使提供环节、企业所在地和服务的使用地（或消费地）变得更加难以确定和不透明，这对实施这类税收体系的税务当局提出了新的挑战。对于这一问题的解决，OECD 提出以下原则：①过境交易的税收应由消费所在地国家征收；②对数字化产品的提供应视同服务处理；③对于服务和难以辨别的资产交易使用自行估税（Self-assessment），也称反向定价机制，作为维护税收收入的一种手段。如何使这些规则变成切实可行的、易测度的税收方案，需要加强各国税收机构的国际合作。

2）企业所在地

在税收条款中确定税收权限的中心问题是企业所在地，即常设机构，在一个国家的存在或设立行为是否能作为常设机构看待成了重要问题。OECD 对此给出一个定义：常设机构指一个企业开展全部或部分营业的固定地点或场所，某些行为不足以使一国将一个企业纳入征税管辖权内，比如常设机构不包括那些仅仅为了企业商品储存和运输目的而使用的场所和相关设施。能否将一个站点或服务器的存在视为常设机构，并因此行使对企业征税的权力，仍是一个需要根据具体情况判断和协商解决的问题。

3）转让定价

转让定价（Transfer Price）是指公司集团内部机构之间或关联企业之间相互提供产品、

劳务或财产而进行的内部交易作价，是处理关联企业税收问题的一个重要概念，在国际税收协调中也占有重要地位。转让定价可以发生在国内，但更多的是发生在国家间，电子商务环境使转让定价的确定更为复杂，如何确定哪些是关联企业、交易的内容是什么，对税务部门来讲是比较困难的工作。

10.5 案例两则

10.5.1 IKEA 域名诉讼案

1. 案情介绍

荷兰英特艾基系统有限公司是商标 IKEA 的注册权人，该商标起源于 1947 年瑞典的农场主 Ingvar Kampargd 的独创设计，IKEA 是取其姓名的起首字母与其家乡地名 Elmtaryd Agunnaryd 的起首字母组合形成的。英特艾基公司迄今在世界 29 个国家和地区拥有以 IKEA 命名的大型专卖店 150 余家，经营家具及家居用品。1983 年，英特艾基公司经中国国家工商行政管理局商标局核准，在中国商品分类和国际商品分类以及服务上分别获得了 IKEA、IKEA 及图形组合商标和中文“宜家”的注册商标。在国际上，该公司在美国、英国、加拿大、法国及中国香港等 90 多个国家和地区的多种商品和服务项目上注册了 IKEA 及图形组合商标。1998 年，世界范围内光顾 IKEA 专卖店的顾客达 1.9 亿人。同年，作为国际商标咨询机构的 INTERBRAND 公司，评估并列举了世界上 60 个市场价值超过 10 亿美元的商标品牌，IKEA 商标位列其中。

自 1998 年以来，上海、北京已经开设多家以 IKEA 商标为标识的家居用品专卖店，IKEA 和“宜家”商标已被当地众多消费者熟悉及认同，成为一定品质的象征。1998 年该公司在中国支付的广告宣传以及推广费用为 600 万元人民币，1999 年增加到 1700 万元人民币。1999 年，英特艾基在全球范围内投入的 IKEA 商标的宣传和推广费用达 3.73 亿美元。正当该公司准备在网上注册以自己商标 IKEA 为标志的域名时，却发现北京国网信息有限责任公司已经抢先注册了域名 ikea.com.cn，遂向法院提起诉讼。

2. 双方理由

庭审中，原告提出，将该公司的注册商标 IKEA 与被告抢注的三级域名 ikea 相比较，不难发现两者的读音、文字外形、字母组合以及消费者的呼叫方式等方面完全相同。所以，被告抢注的域名是对该公司已经使用多年且极具原创性的注册商标的公然冒仿，不仅会造成中国消费者误认为该域名所有人是 IKEA 商标的所有人，进而上网查询 IKEA 商品或服务，而且会对其他国家的消费者造成同样的误导。原告主张 IKEA 作为国际驰名商标，不仅受中国法律的保护，更受中国参加的《保护工业产权巴黎公约》的保护。原告还指出被告注册数千个域名的行为不仅违反了中国域名管理行业的基本立场，还违反了诚实信用原则，构成了不正当竞争。而且被告在抢注 ikea 域名后，长期闲置未用，其行为违反了《保护工业产权巴黎公约》的原则。因此原告荷兰英特艾基系统有限公司请求法院判令被告立即停止使用和注销 ikea.com.cn 域名并承担案件诉讼费。

被告北京国网信息有限责任公司辩称：被告公司注册的域名，系经中国政府授权的中国互联网络信息中心(CNNIC)依法审查批准注册的，应受法律保护。被告公司注册的IKEA主要是准备在互联网上开展语音信箱服务业务，从1997年11月开始，被告投入大量精力和资金进行策划和品牌培植。其中IKEA的含义是I和Kea的结合，I代表Internet，Kea在英文中是一种羽毛漂亮、喜欢吃肉、会学人说话的鹦鹉，被告正是基于"鹦鹉学舌"这一人尽皆知的联系而注册该域名的。被告辩称事先并不知道原告的商标IKEA，因此抄袭或模仿原告商标的创意无从谈起；而且被告认为，域名和商标是两种完全不同的客体，对商标的保护并不能延伸到域名上。被告注册了ikea域名后，虽然目前尚未经营，但正在筹划开通网上语音服务业务，与原告的家居业没有任何联系。被告还指出，在1997年被告申请注册ikea域名时，原告在中国还未开设任何专卖店，在中国市场上并未享有较高的声誉，IKEA商标未通过我国工商行政管理局商标局《驰名商标认定和管理暂行规定》认定，不属于驰名商标，被告注册ikea域名不是恶意注册。

3. 判决结果

北京市第二中级人民法院认定，由于原告的商品及服务具有较高品质，而且长期投入巨资进行宣传和推广，其商标IKEA在世界各国的消费者中已享有较高知名度和良好信誉。在中国，IKEA商标因大力宣传和推广其独特的经营方式及其良好的服务，而为相关行业及消费群体所知悉。因此，法院认定IKEA商标为驰名商标(此判决开创了由人民法院在审判过程中确立驰名商标的先例)。

法院认为，被告国网公司注册的域名与IKEA商标相同。由于域名已逐渐成为重要的商业标识，国网公司的行为易误导消费者认为该域名的注册人也是IKEA驰名商标的所有人或与商标权人有合作关系，进而误认为该域名可以查到IKEA相关商品的情况，从而提高国网公司网站访问率。同时，国网公司注册IKEA后并没有实际使用。经查证，被告国网公司还注册了大量与其他具有一定知名度的商标相同的域名，且均未积极使用，其待价而沽的非善意注册行为的主观动机十分明显。因此，法院认定国网公司行为构成不正当竞争，抢注IKEA域名无效，责令其在判决生效十日内撤销该域名，并承担本案件受理费1000元。

案例思考题

1. 如何看待域名和商标的联系与区别？
2. 对驰名商标予以特殊保护的依据何在？

10.5.2 雅宝网址竞拍争议案

1. 中文网址竞拍

2000年1月，著名的拍卖网站雅宝(www.yabuy.com)与中文网址提供商北京因特国风网络软件科技开发有限责任公司(www.3721.com)签订拍卖协议，在雅宝网站上竞拍3721的黄金中文网址"免费邮件"、"软件下载"、"招聘"的1年使用权。竞拍规则称：商家在规定的2小时内，谁出价最高，黄金中文网址的1年使用权就归谁所有。2000年1月6

日～10日，3721网站（www.3721.com）将三个中文网址交由雅宝网站（www.yabuy.com）进行竞拍，最终 Chinaren.com、Soyou.com、Zhaopin.com 三家网站分别获得“免费邮件”、“软件下载”、“招聘”1年的使用权。雅宝也在此次拍卖过程中收取了3721网站3%的交易佣金。

2. 竞拍结果的争议

但是，2000年1月11日，在3721与雅宝联合举办的竞拍结果新闻发布会上，记者们接到了一份由赛龙（www.SINOi.com）公司散发的“关于‘招聘’中文网址不公平拍卖的声明书”，声称“招聘”中文网址应该由 SINOi.com 公司最后竞得，该公司宣布将在第二天（即1月12日）在同一地点召开新闻发布会，对外宣布自己受到的不公正对待。由此引发了中国第一例网上竞拍纠纷。在1月12日的新闻发布会上，SINOi.com 的新闻发言人详细描述了竞拍过程：SINOi.com 于1月10日中午12时开始应价竞买“招聘”中文网址，13点57分，输入应价37 000元，13点59分，发现其他竞买人出价40 000元，遂迅速输入应价41 000元，单击“应价键”和“确认”后，系统接受竞价，并在拍卖网页头条显示出来，“应价键”随即变灰失效，应价活动自动停止。5分钟后，SINOi.com 收到3721网站发来的电子邮件以及人员来电，恭贺 SINOi.com 获得“招聘”中文网址，邀请该公司参加1月11日的新闻发布会，并安排 SINOi.com 公司进行短暂演讲。不料当日下午6点多钟，雅宝网站忽然通知，称 SINOi.com 的最后竞买超过规定时间17秒，因此应价失败，“招聘”中文网址归 Zhaopin.com 网站竞得，并称雅宝享有此次活动的最终解释权。

SINOi.com 方面认为：网上竞价的实质是一种竞拍活动，应该遵守我国的《拍卖法》，而不应由拍卖网站说了算。《拍卖法》第51条规定：“竞买人的最高应价经拍卖师落槌或者以其他公开表示买定的方式确认后，拍卖成交。”由于网上拍卖的特点，无法实际落槌，只能以“应价键”代替。成交确认方式不是时间而是“应价键”功能。雅宝在竞拍活动中，竞拍的2小时由程序来控制，“应价键”变灰后，“应价健”上的文字也由“我同意竞标”变成“物品过期或已售出”，竞拍者将无法继续竞价，因此，只要能被系统接受的竞买都是合法的竞买。系统并没有对竞买者提出时间的概念，竞拍的结果不应该由计算机经过一定时间的运算后在屏幕上刷新的时间决定，何来“超时17秒”之说？雅宝的拍卖规则应当具有法律约束力，岂能事后随意更改？网上竞拍的一项主要优势是避免人为干预和作弊，体现互联网特有的公平、公开、公正原则，雅宝的做法违背了这一原则。

面对 SINOi.com 的指责，雅宝公司负责人表示主要是因为“技术缺陷”引发了这一争端。事后，雅宝在一份声明中对 SINOi.com 的竞标过程没有否认，但声称是由于工作人员的疏漏，才在没有正式确认的情况下就把恭贺函发给了 SINOi.com，并对由于工作失误给赛龙带来的麻烦及伤害表示诚挚的歉意。但是声明中同时强调：“传统拍卖与网络竞价存在很大的不同，目前的网络竞价都是以时间点为限来截止交易的。而由于网络技术和网络速度等原因，竞买者在自己的系统上投的标再反映到竞价网站的系统上会有时滞，因此在最后时刻的把握上存在不可控因素，导致个别竞买者错失良机。鉴于这种情况，在1月4日3721网站与雅宝联合召开的面向此次竞买企业的活动说明会上，主办者已明确宣布截止时间以雅宝系统标识时间为准。”

此次竞标的获胜方——Zhaopin.com 网站的代表则表示，当日竞标结束后，他们就发现最后应价显示时间分别是 Zhaopin.com 13 时 59 分 18 秒和 SINOi.com 14 时零分 17 秒，于是与 3721 网站联系澄清，得知竞标结果须等待雅宝最终确认，并为此与雅宝交涉，雅宝也一直在对其系统进行检查。由于此次竞价激烈程度超过以往，在技术和拍卖方式上难免会出现一些意想不到的情况，但是不能因此认定此次活动违背了公平公正的原则。

3. 案件分析

(1)适用法律的选择。1997 年 1 月 1 日正式实施的《中华人民共和国拍卖法》第 2 条规定："本法适用于中华人民共和国境内拍卖企业进行的拍卖活动。"第 3 条规定："拍卖是指以公开竞价的形式，将特定物品或者财产权利转让给最高应价者的买卖方式。"那么本案是否符合这两条规定呢？根据雅宝公布的竞拍规则：商家在规定的 2 小时内，谁出价最高，黄金中文网址的 1 年使用权就归谁。拍卖标的"中文网址"虽然不是一种特定物品，但可以认为是一种财产权利。因此这次拍卖活动从法律性质上讲属于《拍卖法》中讲的拍卖活动。但问题是本案拍卖活动是在网上进行的，网络作为一个虚拟世界，已经没有空间地域概念。这就为确定本案的拍卖活动是否在中国境内进行及受相关法律约束带来了争议。

(2)拍卖成交的确定。根据《拍卖法》第 51 条："竞买人的最高应价经拍卖师落槌或者其他公开表示买定的方式确认后，拍卖成交。"但由于网络本身的特点，本案没有也不可能由拍卖师来主持拍卖活动，因而也就没有落槌的概念了。只能用"其他公开表示买定的方式"来确定拍卖成交。根据雅宝的竞拍规则：商家在规定的 2 小时内，谁出价最高，黄金中文网址的 1 年使用权就归谁。但本案的焦点就在于这 2 小时最后时刻的确定。网上拍卖不能由拍卖师来主持，只能由特定程序来执行。但由于网络速度和程序运行时间等问题，这个时刻是以"应价"发出时刻，还是以"应价"到达拍卖网站系统时刻或者以拍卖网站服务器程序接受"应价"并标识出来的时刻为准？拍卖网站在制定拍卖程序时必须仔细考虑和确定，并清楚告知竞价者。

自 1999 年下半年开始，网上拍卖作为一种崭新的电子商务模式风行内地，不但国内 ICP 纷纷尝试开展此项业务，一批专业的拍卖网站也应运而生。在这一领域内如何制定并完善相应的法律法规，是亟待解决的问题。在专门的电子商务法没有建立的前提下，修改完善传统法律不失为一种好方法。例如，针对本案所涉及的《中华人民共和国拍卖法》针对网上拍卖这一新的商务模式，可以在以下几个方面做出调整。

(1) 适用范围和监督管理方面：1997 年《拍卖法》第 2 条规定："本法适用于中华人民共和国境内拍卖企业进行的拍卖活动。"第 3 条规定："国务院负责管理拍卖业的部门对全国拍卖业实施监督管理。省、自治区、直辖市的人民政府和设区的市的人民政府负责管理拍卖业的部门对本行政区域内的拍卖业实施监督管理。公安机关对拍卖业按照特种行业实施治安管理。"第 11 条规定："拍卖企业可以在设区的市设立，设立拍卖企业必须经所在地的省、自治区、直辖市人民政府负责管理拍卖业的部门审核许可，并向工商行政管理部门申请登记，领取营业执照。"上述规定都有必要针对网络无地域概念这一特点做出调整。

(2) 关于拍卖人方面的问题：1997 年《拍卖法》第 14 条规定："拍卖活动应当由拍卖师主持。"这样的规定显然不适于网上拍卖活动。

(3) 关于拍卖程序方面的问题：1997 年《拍卖法》第 51 条规定："竞买人的最高应价经拍卖师落槌或者其他公开表示买定的方式确认后，拍卖成交。"针对网上拍卖的特点，该法应在拍卖成交方式的确认方面做出更为具体的规定。该法第 53 条规定："拍卖人进行拍卖时，应当制作拍卖笔录。拍卖笔录应当由拍卖师、记录人签名；拍卖成交的，还应当由买受人签名。"第 54 条规定："拍卖人应当妥善保管有关业务经营活动的完整账簿、拍卖笔录和其他有关资料。前款规定的账簿、拍卖笔录和其他有关资料的保管期限，自委托拍卖合同终止之日起计算，不得少于五年。"网上拍卖一般是由系统自动记录拍卖过程，这涉及电子记录的法律效力问题，《拍卖法》应确认电子记录的法律效力，以适应并促进网上拍卖的发展。

4. 案件结局

本着互谅互让的原则，赛龙(SINOi. com)、雅宝(yabuy. com)、3721(3721. com)三方就解决此次活动过程中出现的纠纷达成一致意见。雅宝对该事件给赛龙带来的麻烦表示遗憾和道歉。3721 也对未得到雅宝最后确认就通知赛龙成为竞标成功者一事表示道歉。三方愿进一步发展深层次的合作，包括 3721 与赛龙合作免费提供给赛龙"房地产"中文网址广告一年使用权、赛龙与雅宝合作互相交换首页的 Banner 广告、3721 与赛龙和雅宝合作定制其专用版本中文网址软件等。最后取得了一个"三赢"的结果。

案例思考题

1. 网上拍卖活动是否应受《拍卖法》的规范管辖？
2. 拍卖网站(如此案中的雅宝)与拍卖行承担的责任有无区别？

本章思考题

1. 电子商务涉及哪些法律问题？
2. 简述电子商务立法应遵循的原则。
3. 简述电子合同与传统合同的区别。
4. 简述电子商务交易中买卖双方当事人的权利和义务。
5. 简述电子签名的法律效力。
6. 简述电子签名法的类型。
7. 简述域名管理和保护涉及的问题。
8. 简述电子商务立法的国际合作。
9. 简述电子商务发展带来的国际、国内税收问题。
10. 对电子商务交易征税的依据是什么？

相关内容网站

1. 经济合作发展组织：www. oecd. org。
2. 世界贸易组织：www. wto. org。
3. 世界知识产权组织：www. wipo. org。

4. 中国国家税务总局：www. chinatax. gov. cn。
5. 世界银行：www. worldbank. org。
6. 网上知识产权保护：www. cyberlaw. com。
7. 电商网：www. ebwang. com。
8. 电子商务法律百科全书：www. nolo. com。
9. 域名管理：www. vo. org。
10. 网上消费者保护：www. bbbonline. org。

参考文献

[1] 李琪. 电子商务概论[M]. 北京：高等教育出版社，2009.

[2] 陈德人. 电子商务概论(第二版)[M]. 杭州：浙江大学出版社，2008.

[3] 李洪心. 电子商务概论(第三版)[M]. 大连：东北财经大学出版社，2011.

[4] 杨坚争. 电子商务概论基础与应用(第7版)[M]. 西安：西安电子科技大学出版社，2010.

[5] 方美琪. 电子商务概论(第三版)[M]. 北京：清华大学出版社，2009.

[6] 欧阳峰等. 电子商务技术[M]. 北京：中国财政经济出版社，2001.

[7] 张耀辉等. 电子商务企业创业教程[M]. 北京：中国财政经济出版社，2001.

[8] 马敏. 电子金融概论[M]. 北京：中国财政经济出版社，2001.

[9] 李友根. 网络营销学[M]. 北京：中国财政经济出版社，2001.

[10] 曾凡奇等. 基于INTERNET的管理信息系统[M]. 北京：中国财政经济出版社，2001.

[11] 邹志波. 网络理财学[M]. 北京：中国财政经济出版社，2001.

[12] 林丹明. 电子商务案例[M]. 北京：中国财政经济出版社，2001.

[13] 朱爱群. 客户关系管理与数据挖掘[M]. 北京：中国财政经济出版社，2001.

[14] 张小蒂，倪云虎. 网络经济(第二版)[M]. 北京：高等教育出版社，2008.

[15] 陈禹，方美琪. 信息化先锋[M]. 北京：清华大学出版社，2002.

[16] 兰宜生. 电子商务与经济变革[M]. 汕头：汕头大学出版社，1998.

[17] 兰宜生. 新编电子商务概论[M]. 北京：中国财政经济出版社，2001.

[18] 兰宜生. 电子商务物流管理[M]. 北京：中国财政经济出版社，2001.

[19] E. Turban，etc：ELECTRONIC COMMERCE：A Managerial Perspective，Prentice Hall Inc.，2004.

后　记

因撰写与母亲合著的自传《母子人生》而使《电子商务基础教程》(第三版)的编写一再推迟,对清华大学出版社及读者朋友感到抱歉。在纪念母亲逝世四周年之际,《母子人生》顺利出版,作为对老人的告慰,完成了自己一大心愿,我随即全力投入《电子商务基础教程》(第三版)的最后修订。

本书较为全面地介绍了网络经济的特点和电子商务原理、电子商务模式及其应用领域、电子商务应用技术、网络营销原理和手段、电子金融(包括网上银行、网上保险、网上证券交易等)、物流信息化与电子供应链、数据挖掘技术与客户关系管理、电子政府与电子政务、电子社区与网络媒体、电子商务法律法规等。为便于读者进一步理解思考有关内容,每章后插入两个案例,并附有思考题和相关网站。

本次修订涉及全部10章的内容,修改部分约占全书的30%。我的博士生张源媛参与编写了本书第3章、第5章。

本书在编写过程中,参阅了国内外许多教科书、著作和学术论文,在此向有关作者致谢。另外,编写中也从国内外许多网站检索、查阅了有关资料,在此向相关网站表示感谢。

本书可作为高等院校电子商务专业和其他专业的本专科学生的教材,也可用作政府管理部门干部、企业经营管理人员了解掌握电子商务原理知识的培训教材或自学参考用书。

由于作者水平有限,加之电子商务发展变化很快,书中难免有疏漏之处,欢迎各位同行专家和读者批评指正。

兰宜生
2012年9月
于上海财经大学